랩소디 만화방창

K-문학페스티벌

샘문시선 **8015**

열다섯 번째 Convergence 시선집

검은 물소리에 풀려오는
소리가 손끝에 만져질 때가 있다
돌의 울음소리?
아무렴 숱한 낮과 밤을
생각으로 갈고 사랑으로 닦으면서
저렇듯 살이 패어지기까지
닿았던 손길들을 돌인들 어찌 무심할 수 있으랴
사실은 들을줄 아는 귀도 없으면서
벼루를 만나서는 눈을 반짝 뜨던
속울음을 듣는 척도 해보는
(이근배 시, 사랑 앞에서는 돌도 운다 일부 인용)

눈을 부릅 뜨고 악 써야
정신이 드는 것 아니다
작고 보잘 것 없는 몸짓들 모여
온 산을 불러 일깨우는 진달래 진날래를 보아라
작은 키 야윈 가지로도
화들짝 놀라게 하는
철쭉꽃 산철쭉꽃 보아라
(도종환 시, 봄 산 일부 인용)

산 넘어 산촌 외톨이 판자촌에서
등 굽은 광대, 조선팔도 떠돌다 객사한
서방의 아이를 밴 무녀가
애비없는 호로자식
팔다리가 뒤틀린 병신자식
정조의 호위무사 백동수를
해산하는 어미의 초극보다
차라리 더 고통스런 극한의 소리다
(이정록 시, 천하제일 검, 칼바람 일부 인용)

_____ 님께

_____ 년 _____ 월 _____ 일

_____ 드립니다.

샘문 : 샘터문학의 준말
왕의 연못이라는 뜻
(출전: 라이프 성경사전)

sam 문학

도서출판 샘문

샘문시선 8015

sam문학

열다섯 번째
Convergence 시선집

contents

신춘문예 축하시
김소엽 - 풀잎의 노래 7 외 1편 ················ 30
- 시인, 대전대석좌 교수, 한예총 회장, 샘문그룹 고문
손해일 - 한우물 살구 산조散調 외 2편 ········ 33
- 시인, 국제펜한국본부제35대 이사장, 샘문그룹 고문
도종환 - 동안거 외 1편 ·························· 39
- 시인, 3선의원, 전 문화체육부장관
이정록 - 천하제일검 칼바람 외 2편 ············ 41

신춘문예 초대시
서정주 - 상사초 외 1편 ·························· 50
- 시인, 교수, 대한민국예술원 창립회원
이근배 - 사랑 앞에서는 돌도 운다 외 2편 ·· 52
- 시인, 대한민국예술원 39대 회장, 샘문그룹 고문
김소엽 - 겨울나무 1 외 2편 ····················· 57
- 시인, 대전대 석좌교수, 샘문그룹 고문, 한예총 회장
손해일 - 할매집 대구大ㅁ 뽈때기 외 2편 ······ 61
- 시인, 국제PEN한국본부제35대 이사장, 샘문그룹 고문
도종환 - 어떤 날 외 2편 ·························· 64
- 시인, 3선국회의원, 전 문화체육부 장관
김유조 - 시 맨발 걷기 외 1편 ··················· 67
- 시인, 건국대 부총장(전), 샘문그룹 고문, 국제PEN 부이사장
이정록 - 백자 외 2편 ······························ 70
- 시인, 교수, 샘문그룹 회장, 한국문학 회장
심종숙 - 새해 첫날에 외 1편 ···················· 75
- 시인, 샘문예술대학 시창작학과 교수, 전 외국어대학 교수

샘문학상 특별초대석
한용운 - 거짓 이별 외 2편 ······················· 78
- 시인, 독립운동가, 종교철학가
서정주 - 동백꽃 타령 외 2편 ···················· 81
- 시인, 교수, 대학민국예술원 창립회원

베스트셀러 유고 특별초대석
서창원 - 마음의 향기 외 2편 ···················· 85
- 시인, 샘문예술대학교 총장, 샘문그룹 고문

신춘문예 초대석 시 (가나다 순)
강성범 - 봄이 오는 소리 외 2편 ················ 90
김민채 - 연의緣磯 외 1편 ························· 94
신재미 - 이름만 간직해도 외 1편 ·············· 97
유미경 - 인연 외 1편 ···························· 100
유호근 - 이월을 보내며 외 1편 ················ 103
이동현 - 먼 곳의 연인 외 1편 ·················· 106
이수달 - 할아버지 조기 외 1편 ················ 109

신문학헌장 ································ 6
- 헌장문 저자 이정록

환영사 & 발간사 ······················· 7
■ 2025 신춘문예 샘문학상 수상을 축하 드리며
■ 제15호 컨버전스공동시선집 발간을 축하 드리며
- 샘문그룹 회장 이정록(시인, 교수)

발간 축하시
이정록 - 강산 풍월주인, 설화 외 1편 ········ 11
- 샘문그룹 회장 이정록(시인, 교수)

샘문그룹 소개
□ 문학그룹 샘문에 대하여 □ ················· 16
- 문학그룹샘문, 한국문학 회장 이정록

권두시
이근배 - 겨울 자연 외 1편 ···················· 24
- 대한민국예술원 제39대 회장, 샘문그룹 고문

서시
한용운 - 꽃이 먼저 알아 외 1편 ·············· 27
- 시인, 독립운동가

이연수 - 외갓집 외 1편 ·························· 112
이영하 - 꽃비 내리는 날 외 1편 ·············· 115
이의영 - 봄의 노래 외 1편 ······················ 118
이종식 - 밤을 지새우는 등대 외 1편 ········ 121
이형준 - 고려대 안암병원으로 ················ 124
정용규 - 홍매화와 푸른 솔 외 2편 ··········· 126
조기홍 - 인연 찬미 외 1편 ······················ 130
표시은 - 핑크빛 연가 외 1편 ··················· 133

샘문학상 초대석 시 (가나다 순)

김기홍 - 늦가을의 환상 외 1편 ················ 138
김애숙 - 투명한 이별 외 1편 ··················· 141
김영남 - 엄마의 눈물어린 식혜 외 1편 ····· 144
김정형 - 교환 외 1편 ······························ 150
류선희 - "템페스트"를 들으며 외 1편 ······· 154
용 원 - 무지개 다리 외 1편 ···················· 157
이동완 - 술잔에 어리는 얼굴들 외 1편 ····· 160
장복순 - 낮에도 별은 뜬다 외 1편 ············ 166
정승운 - 눈 내리는 호산리 외 1편 ············ 169
정철웅 - 이때 쯤이면 외 1편 ···················· 172
최경순 - 바람꽃 외 1편 ··························· 174
황주석 - 해바라기 외 1편 ······················· 177

신춘문예 초대석 시조

김동철 - 모란 외 1편 ······························ 182
오순덕 - 세상사 파란만장 외 1편 ············· 185

신춘문예 초대석 동시

고태화 - 장독대 외 2편 ·························· 190

신춘문예 초대석 소설

인정희 - 편지 ·· 194

신춘문예 샘문학상 특집 문/학/칼/럼

이정록 - 앙드레 지드의 이원론적 세계관 ··· 204
- 시인, 교수, 문학그룹샘문 이사장

신춘문예 샘문학상 특집 역/사/칼/럼

이정록 - 가훈의 역사는 살아있다 ············ 206
- 시인, 교수, 문학그룹샘문 이사장

신춘문예 샘문학상 특집 - 시창작 이론

이정록 - 시를 잘 쓰는 16가지 방법 ·········· 214
- 시인, 교수, 문학그룹샘문 이사장

2025 신춘문예
제15회 샘문학상「본상」수상작

[대상]-소설부문
권영재 - 나가사키長崎는 오늘도 비가 내렸네 ···· 220

[최우수상]-시부문
이동현 - 닳은 신발 설화 외 2편 ··············· 244
정승기 - 풀의 무덤 외 2편 ······················· 250
이정애 - 우수 외 2편 ······························ 256
고태화 - 연민의 늪 외 2편 ······················· 263

[최우수상]-수필부문
박수진 - 그해 우리는 외 1편 ··················· 267

[최우수상]-시조부문
오순덕 - 백설의 여운 소곡 외 2편 ············ 279

[우수상]-시부문
최명옥 - 원앙새 외 2편 ··························· 284
안은숙 - 희망가 외 2편 ··························· 291
정순영 - 바통터치 외 2편 ························ 298
유미경 - 곰국 탄생기 외 2편 ··················· 304
강민기 - 복사꽃이 피는 순이네 집 외 2편 ··· 309
김민서 - 설날 아침에 외 2편 ··················· 315
김준한 - 아버지의 전동드릴 외 2편 ········· 321

[우수상]-시조부문
김정한 - 고향의 설 외 2편 ······················ 328

[우수상]-수필부문
김경배 - 해운대의 밤 외 1편 ··················· 333

신춘문예 특집 도/덕/칼/럼
이정록 - 덕이 운명을 바꾼다. ················· 338
- 시인, 교수, 샘문그룹 회장

신춘문예 특집 - 시창작 이론
비유는 어떻게 만들 것인가 ····················· 341
- 시인, 교수, 샘문그룹 회장

제15회 샘문학상「본상」
샘문특선상 수상작
(가나다 순)

[샘문특선상]-시부문
김영창 - 우리 부모님 외 2편 ·················· 354
정은석 - 사이버 전쟁사 외 2편 ·············· 358
이동완 - 그리운 어머니 외 2편 ·············· 364
황주석 - 뻥튀기 설화 외 2편 ·················· 371
정승운 - 그대를 사랑하는 증거 외 2편 ····· 377
이영하 - 현미경과 망원경 외 2편 ·········· 381
유호근 - 그리움이 별빛 되어 외 2편 ······ 386

[특별작품상]-시부문
박승문 - 나룻배 사랑 외 2편 ·················· 392
김영기 - 어머니 외 2편 ·························· 397
김애숙 - 최화우崔花雨 외 2편 ················ 401
이승아 - 자유 선언서 외 2편 ·················· 406
강개준 - 서투른 오해 외 2편 ·················· 412
옥귀녀 - 덕석 외 2편 ····························· 417
김명희 - 임진강 외 2편 ·························· 424

[특별창작상]-시부문
박무원 - 화사花死 외 2편 ······················· 430
고은경 - 홀딱새 외 2편 ·························· 435
김정형 - 목련화 외 2편 ·························· 440
김영남 - 밤하늘 별이 된 영혼 외 2편 ····· 444
오영민 - 사계 설화 외 2편 ····················· 454
김기홍 - 겨울 나무 외 2편 ····················· 461
박주곤 - 핫팩 외 2편 ····························· 466

[특별창작상]-시조부문
최경순 - 부부 여정 외 2편 ····················· 471

[샘문뉴스회장상]-시부문
정현숙 - 아미산 굴뚝 외 2편 ·················· 476
장복순 - 동백꽃 외 2편 ·························· 480
이태복 - 나목 외 2편 ····························· 484
박호제 - 유정은 말한다 외 2편 ·············· 489
이종숙 - 비는 어머니 눈물꽃 외 2편 ······ 494

샘문학상 특집 인/생/칼/럼
이정록 - 독고다이 스타일 ······················ 499
- 시인, 교수, 칼럼니스트, 샘문 회장

샘문학상 특집 철/학/칼/럼
이정록 - 무측은지심 비인간 ··················· 502
- 시인, 교수, 칼럼니스트, 샘문 회장

2025 신춘문예
제15회 샘문학상 「신인문학상」

시부문
김강현 - 춘화연서 외 2편 ······················ 506
김주은 - 콩나물 김칫국 외 2편 ·············· 511
김희창 - 시한부 외 2편 ·························· 518
유광호 - 일장춘몽一場春夢 외 2편 ········· 524
이다은 - 향수 외 2편 ····························· 530
이상록 - 처음 본 달 외 2편 ··················· 535
전은수 - 모란牡丹 외 2편 ······················ 540
한상국 - 아이들 수묵담채화 외 2편 ······· 546

수필부문
강원자 - 예기치 못한 우리의 특별한 데이트 외 1편 ··· 554
박용수 - 물에 대한 인식의 전환 외 1편 ··· 563
민병미 - 미륵암 빼꼼이 외 1편 ·············· 572

평론부문
김영규 - 의사 파업 관련한 사회적 파장 小考 ··· 582

소설부문
김종진 - 칠월 칠석날 설화 ····················· 588

제15호 컨버전스공동시선집 「선정작」
(가나다 순)

[선정작]-시부문
김경배 - 당신은 보약 외 2편 ·················· 618
김종순 - 고사리 외 2편 ·························· 621
박수진 - 카페 호야에서 외 2편 ·············· 625
변양임 - 흔들려도 우리 함께 외 2편 ······ 630
유경옥 - 보조병 물방개 외 2편 ·············· 633
이미경 - 도토리의 이력 외 2편 ·············· 638
전승오 - 꿈의 동반자, 세월 외 2편 ········ 642
정철웅 - 환희의 눈물 외 2편 ·················· 646
최경순 - 하늘길 1 외 2편 ······················· 650
최정옥 - 잡초 철학 외 2편 ····················· 655
홍윤지 - 춤추는 격동의 세계 외 3편 ······ 658
황재학 - 열매 외 2편 ····························· 663

[선정작]-시조부문
고지연 - 가을날 쪽빛 꿈 외 2편 ············ 668

샘문뉴스 ··· 671
|편집후기 ·· 673
샘문시선 출간안내 ································· 675
베스트셀러 명품브랜드 시리즈

샘문시선 8015

열다섯 번째 Convergence 시선집

2025 봄호

신춘문예 2025

샘SAM
MUNHAKSANG
문학상

랩소디 만화방창

sam 문학

도서출판 샘문

신 문 학 헌 장

   문학이 인간에게 어떤 역할을 하는지, 주는 감동이 얼마나 큰 것인지를 알아야 한다.

   작품을 출산하고 매체를 통해서 보여주고 이를 인간이 향수할 때 비로소 본질을 찾을 수 있다.

   시인, 작가들은 청정한 생명수가 솟아나는 샘물을 제공하는 마중물이 될 것이며 노마드 신문학파로서 별들이 꿈꾸는 상상 속 초원을 누비며 별꽃을 터트려야 한다.

   문학활동은 인간의 영성을 승화시켜 은사적, 이타적 인생을 살아가도록 구축해 주는 도구로 인간이 창조한 가장 심원한 예술이며, 갈구하는 본향을 찾아가고 이상을 실현시키는 수단이다.

   문학인은 시대정신을 바탕으로 황폐화된 인류의 치유와 날선 정의로 부패한 권력과 자본을 정화하고 보편적 가치로 약한 자를 측은지심 으로 대하는 보호자가 되어야 한다.

   우리는 작금의 한국문학을 점검, 반성하며 이를 혁신하여 시대와 국민과 문학인이 함께하는 문학헌장을 제정하여 신문학운동을 전개할 것을 선언한다.

  첫째 : 삶에 기여하는 숭고한 문학을 컨버전스화 하고 고품격 콘텐츠로 승화 시켜 인류가 향수하게 한다.

  둘째 : 수천 년 역사의 한민족 문화콘텐츠를 한류화하여 노벨꽃을 피우고, 인류의 평화, 자유, 행복에 기여한다.

  셋째 : 위대한 가치가 있는 문화이기에 치열한 변화를 모색하고 품격을 최선상으로 끌어올려 세계문학을 선도하자.

2021. 06. 06

헌장문 저자 이정록

(아호 : 지율, 승목 | 필명 : 샘터)

환영사 & 발간사

■ 2025 신춘문예 샘문학상 수상을 축하 드리며 ■
■ 제15호 컨버전스공동시선집 발간을 축하 드리며 ■

샘문그룹 회장 이정록

안녕하십니까. 샘문그룹 회장 이정록입니다.
오늘은 매년 샘문그룹에서 거행해오는 K-문학 페스티벌 행사가 열리는 날입니다.
2525년 제15회 신춘문예 샘문학상 당선자분들을 축하하고 제15호 컨버전스공동시선집 발간식을 축하하는 날입니다.

(사)문학그룹샘문, (사)샘문학, 샘문뉴스 주최, 주관하고 서울특별시와 중랑구 그리고 샘문그룹 13개 계열사와 20여 개 단체 및 기업이 후원하는 행사입니다.

(사)샘문뉴스, (사)샘문학, (사)한용운문학, (주)한국문학, (사)문학그룹샘문, (사)도서출판샘문(샘문시선), (사)샘문그룹문인협회, (교육부인가)샘문평생교육원(샘문예술대학) 샘문사이버교육원, (사)샘문쇼핑몰, 네이버샘문스토어, (사)아마존샘문스토어, (사)샘문번역원, 샘문해외사업부, 샘문민간자격증, 이정록문학관, 지율문학, 한국문학상운영위원회, 한용운문학상운영위원회, 한용운전국시낭송대회운영위원회, 김소엽전국시낭송대회운영위원회 등 13개 계열사를 경영하는 모그룹인 샘문그룹은 회원이 15만여 명의 달하는 오프라인, 온라인을 아우르는 순수 문인들로만 구성된 문학 단체로 성장하였습니다.

문단 사상 최초로 표준화 한, 융합시집 컨버전스시선집 제15호 출간과 제15회 신춘문예 샘문학상 시상식이 오늘 성대하게 거행되고 있습니다.

2024년 12월 21일에는 제4회 <한용운문학상> 및 <한용운전국시낭송대회>를 개최하고, <한용운문학시선집> 제4호를 발간하였고, 이제 올해 2025년 12월경에는 제5호 한용운공동시선집 출간식과 제5회 한용운문학상 시상식, 한용운전국시낭송대회 본선경연 및 시상식이 거행됩니다.

작년 2024년 9월 7일에는 《HK1.0 Culture Solution》 사업으로 한국문학상 공모전이 개최되었고, 한국문학시선집 혁신2호가 발간되고, 제2회 김소엽전국시낭송대회가 개최 되어 성료 되었습니다. 그리고 올해 2025년 경에는 혁신3호 문예지 한국문학시선집이 발간됩니다.

그리고 1966년(SINSE 1966)부터 김동리 선생, 이근배 선생이 개최해왔던 <한국문학상>을 (주)한국문학에서 2024년 9월 7일에 공모전을 거쳐 시상식을 개최해서 성료되었습니다. 그리고 제2회 김소엽전국시낭송대회도 같은 날 거행되어 성료되었습니다.

<K-문학 페스티벌> 행사로 서울특별시, 중랑구, 샘문그룹 등이 후원하는 행사였습니다.

이번 2025년 제15회 신춘문예 샘문학상 공모전 및 컨버전스공동시선집 공모전에는 시부문, 시조부문, 수필부문, 회곡부문, 동시조부문, 평론부문, 소설부문에서 시인, 작가가 또 저명하신 초대 시인들의 총 560여 편의 주옥 같은 옥고가 응모되었습니다. 이번 컨버전스공동시선집에 실린 작품들을 살펴보면 우리 인류의 근원적 정신 세계를 함축된 언어 및 정서적, 감성적 터치와 서정적, 해학적, 풍자적, 등의 이야기가 시적 성찰과 시대 정신과 보편적 가치를 절묘하게 담고 있어 우리의 정신적 삶을 안정화 시키고 승화 시키기에 풍족한 시선집입니다.

겨울이 지나고 이제 포근한 봄이 찾아왔습니다. 전 세계적으로 코로나19가 해제되었으나 그 여파로 경제 불황이 지속되고 있고, 전쟁 및 원자제 폭등, 물가 폭등과 불경기에다가 미국 트럼프발 관세 폭탄으로 경제 전쟁 시국에 접어들었습니다. 그로 인하여 고통스러운 시국입니다.

또한 국내적으로는 불법이고 위헌적인 비상계엄령 내란폭동 사태로 나라가 어수선하고 경제 불황이 고통을 주고 있습니다. 너무 열악한 우리 문학계도 설 자리를 잃고 신음하고 있습니다. 그러나 이 시점에도 저희 샘문시선에서 출간한 시집, 시조집, 수필집, 소설집, 이론서 등이 연속적으로 베스트셀러가 탄생하고 있어서 희망이라 여겨집니다.

이제는 명품브랜드 반열에 올라 <샘문시선> 위상이 높아졌으며, 프랑스, 미국, 영국, 독일, 스웨덴 등 세계 여러 나라의 바이어들과 인콰이어가 오가고 있으며, 이번에는 샘문번역원에서 번역하여 영국 런던에 대형출판사에서 저의 이정록 영문판 시집 5권과 이수달 영문판 시집 1권 등을 단행본 시집과 전자시집 두 가지로 출판하여 영국과 유럽 전역, 그리고 전 세계 영어권 나라에서 발매되었습니다.

노벨문학상을 수상한 <한강> 작가의 <채식주의자>를 출간한 프랑스 대형출판사에서 샘문번역원에서 번역하고 샘문시선에서 출간한 저의 영문 번역판 시집 5권을 보내달라고 해서 보냈습니다. 현재 프랑스, 미국, 영국, 독일, 스웨덴 등지에서 금명간 현지 출간하여 발매될 예정입니다.

이제 샘문그룹 가족 여러분들의 긍지와 자부심이 높아졌습니다. 끝없는 성원과 따뜻한 사랑을 보내주시는 문우님들과 독자님들의 성원이 있었기에 가능했던 일이라 사료 됩니다. 이처럼 가슴 떨리는 전설 같은 일들을 가능하게 해주신 존경하는 문우님, 독자님들께 이 지면을 빌어 깊은 감사의 말씀을 드립니다.

이번 2025년 제15회 신춘문예 샘문학상 공모전 및 컨버전스공동시선집은 문학계의 저명한 문인들이 많은 옥고를 보내주셨고 신인과 기성 문인들의 응모가 성황을 이뤄 작품 심사에 어려움을 겪었으나 심사위원님들의 노고로 우수한 작품을 선별하고 선정하여 본상, 신인상 당선자를 선정하여 시상하고 시선집에 등재를 하게 되었습니다.

샘문그룹은 기존의 사명대로 회원들의 문학적 기량과 품위를 높이기 위해 한국문학시선집, 컨버전스시선집, 한용운문학시선집 정기적 출간을 지속적으로 유지하겠습니다. 또한 개인 단행본 시집, 시조집, 수필집, 소설집, 시화집, 동화집, 이론서, 교재 등 다양한 각종 도서를 출간하는 소명을 지속해 나갈 것입니다. 출간 계획이 있으신 분들은 <샘문시선> 출판 담당자와 상담하시기 바랍니다.

(02-491-0096 / 02-491-0060 / 010-4409-9589 / 도서출판샘문 출판부)

당선자 분들께서는 문학상 수상 기념으로 시집, 시조집, 동시조집, 수필집, 동시집, 동화집, 소설집, 평론집, 희곡집을 출간하시는 것을 적극 지원할 예정입니다. 정성껏 문집을 만들어드리겠습니다. 또한 샘문번역원에서는 엉어, 독일어, 스웨덴어. 블란서어, 일어, 중국어 등 세계 각국 언어들을 번역하고 출간하여 홍보 및 유통하여 드리겠습니다.

<K-문학 페스티벌> 사업인 신춘문예 샘문학상, 한용운문학상, 한국문학상, 한용운전국시낭송대회, 김소엽전국시낭송대회 행사가 개최되기에 지역 경제 활성화 및 그동안 코로나와 위헌적 비상계엄, 경제불황 등으로 상처 받은 분들께 위로가 되고, 신명이 나는 축제로, 더 나아가 세계화 일환으로 우리 ≪K-Culture≫를 한류화 하여 이를 깊이 뿌리 내리는데 일조하고, 더 나아가 노벨꽃도 피우겠습니다.

저희 샘문그룹은 앞으로 품질과 완성도가 뛰어난 미디어서비스, 교육서비스, 문학상서비스, 시낭송서비스, 출판서비스, 자격증서비스, 유통서비스, 번역서비스, 언론서비스, 홍보서비스를 해드리기 위해 최선의 노력을 경주하겠습니다.

또한 올해 년 초에 설립한 샘문번역원에서는 영어, 스웨덴어, 독일어, 일어, 중국어, 블란서어로 번역하여 우리 문학 콘텐츠를 세계 만 방에 수출을 하게 되었습니다. 그리고 아마존 스토어에도 입점하여 판매를 시작했습니다. 앞으로도 회원님, 독자님들 의견을 청취하고 반영하여 개선하고 혁신하여 큰 성원에 보답하겠습니다.

그리고 이번 2025년 제15회 신춘문예 샘문학상 공모전과 제15호 컨버전스시선집 출간식 행사 준비로 밤을 세워가며 고생한 편집 실무진, 임원 여러분에게 감사를 전하며, 컨버전스시선집 발간을 진심으로 축하 드리고, 또한 신춘문예 샘문학상을 수상하시는 수상자들께 진심으로 축하의 말씀을 드립니다.

바쁘신 와중에도 참석하시어 격려해주시고 성원을 해주신 내빈 여러분께도 머리숙여 감사의 말씀 올립니다. 또한 끝없는 사랑을 보내주신 독자님들께도 존경과 감사의 말씀을 거듭 드립니다. 대단히 감사합니다.

2025. 05. 24.
샘문그룹 회장 이정록 배상

○ 발간 축하시 ○

강산 풍월주인, 설화 외 1편
- 江山風月主人, 說花

이 정 록

봉창 구멍 소리 요란해 열어 주었어
바람 흥얼이며 햇살 손 잡고 들어오고
바깥 풍경 따라 들어오더니
백 리 안 최르르 병풍을 쳤어

풍경이 술상을 펴고
햇살과 바람과 내가
안주로 이야기 보따리 풀어내니
노을이 붉도록
이야기꾼들 이야기꽃 피웠어

바람이 그런다

"우리 자주 만나, 같이 있으면
서로 위로가 되서 좋겠어"

그 사이 달빛이
바람과 햇살 밀어내고 별빛 손 잡고 들어와
풍경은 서두소리,
나는 권주가 부르고
달빛은 보따리 풀어 달항리 속 달물주 퍼내고

별빛 반짝반짝 눈빛 반주,
이야기꾼들 천일야화 피웠어

궁금해서 물었어

"달빛아 넌, 따뜻해 보이는데
"왜 이리 몸이 차가운거지?"

"응 난, 심장이 차가워서 그래,
항상 혼자니 외로워서"

궁금해서 물었어

"별빛아, 넌 왜 파랗게 깜박이는 거야?"

"응 난, 고독한 맘이 멍 들어서 그래
날, 똑 따서 품어줄 사랑이 안와서"

우린 서로서로 통했어

"우리 마음 편히 비우고 살아,
자주 만나, 서로 어우러지면 고독하거나
외롭지 않아서 좋겠어"

우린 밤새도록 설화說花를 피웠고
새벽 닭이 하얗게 울었어

홍매화 연정

이 정 록

영산강 줄기 따라
간아당 물빛 선율 따라
그윽한 선홍색 젖가슴
살쿵 젖히는 소리

촉촉한 초경 햇살에
유두꽃 수줍은 누이처럼
저고리 벗기는 발정 난 바람에
달싹이는 야릇한 내음이여
정염情炎의 여인이여

설원의 비애가 서러웠고
여울 앙금 해빙이 살가운 날
설화는 전설이 되었나니

종달이 새끼 치는 양지 바른 둔덕
냉이 향 코를 스치고
아지랑이 잘름거리는 날
격정의 붉은 사랑 아름다우니

홍단치마 출렁이며
꽃신 신고 오는 여인
새각시 홍매여

이 정 록

◇필명 : 샘터
◇아호 : 지율, 승목
◇등단 : 시,시조,수필,소설,평론

(학력)
서울대학교총동창회 이사(현)
서울대학교 생활과학대학
숭실대학교 중소기업대학원
고려대학교 평교원 시창작
대림대학교 평교원 주임교수
대림문예대학교 주임교수
샘문평생교육원 교수, 원장
샘문사이버교육원 교수, 원장

(경력)
(사)샘문그룹 회장
(사)샘문학(구,샘터문학) 회장
(사)도서출판샘문(샘문시선) 회장
(사)문학그룹샘문 이사장
(사)샘문그룹문인협회 회장
(사)한국문인협회 회원
(사)국제PEN한국본부 이사
(사)한국현대시인협회 이사
(사)한용운문학 회장
(주)한국문학 회장
(주)샘문쇼핑몰 대표
(사)지율문학 회장
네이버 샘문스토어 대표
아마존 샘문스토어 대표
이정록문학관 관장

(언론)
샘문뉴스(SMN) 발행인, 회장

(수상)
1992 국제(신춘) 시 등단
2024 윤동주문학상
2017 한국문학상(문협/해외)
2021 한용운문학상
2016 한국스토리문학상
2017 샘터문학상 대상
2017 동양화ZEN국제대전 특선
2019 동양화ZEN국제대전 입선
(일본, 도쿄미술관)

(등재)
－－ 국가상훈인물대사전

<국가상훈편찬위원회>
-- 예술인 등재
　　　<한국예술인복지재단>
-- 인물정보 등재 (Daum, Never, 교보, 나무위키백과)
(시집)
제1집 : 산책로에서 만난 사랑(1993)
제2집 : 산책로에서 만난 사랑(재발행)
제3집 : 내가 꽃을 사랑하는 이유
제4집 : 양눈박이 울프
제5집 : 꽃이 바람에게
제6집 : 바람의 애인 꽃(한글판)
제7집 : 바람의 애인 꽃(영문판)
제8집 : 담양골 오딧세이
제9집 : 산책로에서 만난 사랑(영문판)
제10집 : 꽃이 바람에게(영문판)
제11집 : 내가 꽃을 사랑하는 이유(영문판)
제12집 : 담양골 오딧세이(영문판)
■해외출간 : 영국 5권 출간
(공저)
한국문학시선집 1권
한용운문학시선집 3권
컨버전스시선집 외 다수
(전시회)
- 한국화(국내전) 2017, 외 4회
　　　<예술의전당>
- 동양화(ZEN국제대전) 2017, 외 3회
　　　<일본, 도쿄미술관>
(가곡CD앨범)
담양장날 외 10집

샘문그룹 소개

□ 문학그룹 샘문에 대하여 □

2021년에 제정하여 올 2025년 가을에는 한용운문학상 및 한용운전국시낭송대회가 5회 째가 개최되고, 한용운문학시선집 제5호를 발간하게 됩니다.

한국 문학의 한류화 프로젝트 일환으로 기획 된 <K-문학 페스티벌> 행사는 만해 한용운 선생의 유가족이 유일하게 허락한 상이며, 또한 서울특별시와 중랑구로부터 선정 되어 후원하는 행사이기에 대의명분과 당위성과 저명성이 충만한 문학상 공모 및 시상, 전국시낭송대회 경연, 공동시선집 발간입니다.

그리고 2024년도인 작년에는 제4회 한용운문학상 공모전 및 제4호 한용운문학시선집 공모전에서 인격적 소양과 덕망 높은 성품, 기량까지 고루 갖추신 시인, 작가들의 수준 높은 작품들이 응모가 되었습니다. 더불어 독자가 늘어나고 문학사 위상과 브랜드력이 높아짐에 따라 어깨 또한 무거워집니다.

2024년 4월 27일경 신춘문예 샘문학상은 벌써 14년 간 14회 째를 올 4월에 개최되었고, 컨버전스공동시선집도 14호를 발간하였습니다. 그리고 오늘, 2025년 5월 24일에는 제15회 신춘문예 샘문학상 공모전을 거쳐 시상식이 거행되고, 제15호 컨버전스공동시선집이 출간됩니다.

또한 올해는 1966년도에 창간 및 제정 된 후 재창간 혁신3호인 한국문학 문예지 한국문학시선집 출간식 및 한국문학상 시상식이 공모전을 거쳐 2025년 9월 경에 시상식이 개최 되고, 제3회 김소엽전국시낭송대회도 같은 날 개최됩니다.

2023년 가을에는 샘문그룹 문학예술제 개최, 문학기행 개최, 백일장을 500여 년 전부터 시작 된 시문학의 시초요, 원류요, 성지인 전남 담양에서 거행하여 성료 되었습니다.

올해 1월 경에 설립한 샘문번역원 및 샘문해외사업부(무역부)에서는 영어, 스웨덴어, 독일어, 일어, 중국어, 블란서어로 번역되어 전 세계 만 방에 수출 상담이 진행되고 있으며, 미국 아마존 스토어에 샘문스토어가 입점하여 판매를 시작하였습니다.

이제는 명품브랜드 반열에 올라 <샘문시선> 위상이 높아졌으며, 프랑스, 미국, 영국, 독일, 스웨덴 등 세계 여러 나라의 바이어들과 인콰이어가 오가고 있으며, 이번에는 샘문번역원에서 번역하여 영국 런던에 대형출판사에서 저의 이정록 영문판 시집 5권과 이수달 영문판 시집 1권 등을 단행본 시집과 전자시집 두 가지로 출판하여 영국과 유럽 전역, 그리고 전 세계 영어권 나라에서 발매되었습니다.

노벨문학상을 수상한 <한강> 작가의 <채식주의자>를 출간한 프랑스 대형출판사에서 샘문번역원에서 번역하고 샘문시선에서 출간한 저의 영문 번역판 시집 5권을 보내달라고 해서 보냈습니다. 현재 프랑스, 미국, 영국, 독일, 스웨덴 등지에서 금명간 현지 출간하여 발매될 예정입니다.

이제 샘문그룹 가족 여러분들의 긍지와 자부심이 높아졌습니다. 끝없는 성원과 따뜻한 사랑을 보내주시는 문우님들과 독자님들의 성원이 있었기에 가능했던 일이라 사료 됩니다. 이처럼 가슴 떨리는 전설 같은 일들을 가능하게 해주신 존경하는 문우님, 독자님들께 이 지면을 빌어 깊은 감사의 말씀을 드립니다.

시인이 마음껏 시를 짓고, 작가들이 마음껏 글을 써서 발표하고, 독자들이 좋은 글을 마음껏 찾아 읽을 수 있는 맑고 향기롭고 품격 있는 문단을 만들어야 한다는 책임감 때문이겠지요. 늘 고여있지 않고 늘 맑은 영수濴水가 넘치는 샘문그룹은 이런 곳이라고 신실하고 겸손하게 소개하고 싶습니다.

<첫 번째>
저희 샘문은 100% 문인으로 구성되어 있습니다.

<두 번째>
회원이 한국문단에서 제일 많습니다.
약 15만 명에 도달하고 있습니다. 인재 풀이 깊고 넓어 자원이 풍부합니다.

<세 번째>
초고효율, 초내실화로 오프라인과 온라인 SNS상에서 터를 잡아 "디지털 노마드"로 압축, 응축, 팽창, 성장하였습니다.

욕심 부리지 않고 열심히 초석을 쌓았습니다. 항상 낮은 자세로 겸손하게 진실한 마음으로 예우하고 서비스하고 약속을 지켰습니다. 앞으로도 변함없는 신뢰로 혁신적인 노력을 지속적으로 하겠습니다.

<네 번째>
기존의 문예지, 간행지를 혁파하여 융합하여 프로모션(promotion)을 진행하고 있습니다.
월간, 격월간, 계간, 반간, 년간, 동인지, 단행본, 잡지 등을 융합하고 아마추어부터 중견, 프로까지 한 권의 문예지에 모셨습니다.

그 결합 상품 결과물이 컨버전스시선집, 한용운시선집, 한국문학시선집 입니다.
혁신하고 융합하여 표준화하고 브랜드력을 높인 융합솔루션(Convergence Solution)입니다.
앞으로도 문단의 새로운 역사를 여러분들과 함께 써내려 가겠습니다.

<다섯 번째>
우리 문학사에는 인재가 많습니다.
석사, 박사, 교수, 교사 등 전문가들이 약 25%에 이릅니다. 대학교수님도 등단을 하시고 문학박사님도 당 문학사에서 등단을 하십니다. 저희 문학사에서는 등단 전 특별한 절차도 있습니다.
적절량에 기량 테스트 후 지도도 당사자가 원하는 경우 서비스 해드립니다.
타 문학사에서 등단하신 분도 다시 오셔서 재등단을 하십니다.

<여섯 번째>
당 문학사에는 시창작을 지도하는 예술대학, 문예대학이 오래전 교육부 인가를 받아 설립하여 가동 중입니다.
교육부에서 공식 인가를 받은 샘문사이버교육원, 샘문예술대학과 샘문평생교육원, 샘문예술대학입니다.
현재 시창작학과는 13기 수강생 모집 중에 있으며 시조창작학과는 제4기, 시낭송학과는 제13기 학과들이 강의 중에 있습니다.

그리고 후기 제14기, 제15기 수강생분들을 모집 중에 있습니다.
스피치학과, 가곡학과, AI인공지능학과도 있습니다.

미래 동량들을 위한 문화예술인들을 위한 국가 문화산업 발전을 위한 교육대학이 되겠습니다.

또한 샘문그룹은 신한대학교, 대림대학교, 한국열린사이버대학, 대림문예대학교와 공식적인 상호협력 협약을 체결하였습니다. 이는 당 문학사와 샘문예술대학의 수준 높은 문인과 낭송가들의 활동영역을 넓히고 많은 인재들을 배출할 수 있는 토대를 구축한 것입니다.
그리고 당 문학그룹 회장, 이사장이신 이정록 시인이 대림대학교 및 대림문예대학 주임교수로 재임하고 있고, 시창작학과와 시낭송학과 지도교수들이 파견되어 강의를 하고 있으며, 샘문예술대학의 교육시스템을 파견하여 지도하고 있습니다.

<일곱 번째>
유통구조의 혁신을 이루어 나가고 있습니다. 오프라인으로 교보, 영풍 등 그리고 온라인 서점으로서 알라딘, 예스24, 인터파크 등, 그리고 오픈마켓으로 옥션, 쿠팡, 위메프 등 총 25개 업체와 계약, 입점 등 유통, 발매를 제휴하고 있습니다.
베스트셀러 명품브랜드 샘문시선으로 전용 전시매대도 런칭하고 있습니다.

<여덟 번째>
샘문 <글로벌 홈페이지>를 구축하여 <디지털 노마드>로서 모든 SNS와 연동 기능, 모바일 연동 기능, <샘문뉴스>와 연동 기능, <샘문예술대학 (평생교육원)>과 <샘문쇼핑몰>, <네이버 샘문스토어>, <네이버 한국문학스토어>, <아마존 샘문스토어>와 연동 기능, 카드 결재 기능, 계좌 결재 기능, 핸드폰 결재 기능, 문학 콘텐츠 출판 기능, 문학상 및 신인문학상 연결 기능을 갖추고 있습니다.

국내 최초인, "샘문1.0"코드를 가동하여 "샘문5.0"까지 런칭하였습니다. 어느 업체나, 어느 문인이나, 어느 장르나 일정 심사를 통과하면 입점이 가능하고 <샘문쇼핑몰 오픈마켓> 안에서, <네이버 샘문스토어> 안에서 <아마존 샘문스토어> 안에서 인문학 상품 및 모든 상품이 판매 및 구매가 가능합니다.

<아홉 번째>
저희 문학그룹은 "샘문뉴스"를 정부로 부터 공식 인가 받아 창간하여 현재는 일년에 약 800만 명에 구독자가 방문하고 있습니다. <송송송 솟아나는 샘물, 뉴스의 마중물>, <독자들의 알권리 충족, 문화적 시사적 욕구충족을 위한 보도> 라는 케

치프레이즈를 걸고 뉴스를 보도하고 있으며, 한국 최고의 뉴스지로 발돋움하고 있습니다.

<열 번째>
한국문단 최초로 <검정시험 시행기관> 및 <민간자격증> 발급기관으로 정부로부터 인가 받았습니다.
<법률 제14397호>, <자격기본법 제17조> 및 <자격기본법 시행령 제23조>에 따라 <자격증>을 발급하는 <민간자격증 발급기관>으로서 당 교육기관인 샘문평생교육원 (이하 당, 교육기관이라 한다.)에서 초급과정 (기본반), 중급과정, 고급과정, 지도자과정 (심화, 특화 과정)을 거쳐 교육하고 국가 주무 부처 관리 감독 하에 심의 하에 <검정시험>을 당 교육기관에서 출제하고 감독하여 실시하여 표준화 된 자격명에 의한 2급, 1급 자격증이 발급 되어 집니다.

<시낭송가 1급, 2급>과 <시창작가 1급, 2급>, <가곡가창가 1급, 2급>, <시낭송지도자 1급, 2급>, <시창작지도자 1급, 2급>, <가곡가창지도자 1급, 2급> 이론과 실기, 검정시험을 시행하여 자격증을 발급므로서 많은 전문가를 배출하고 있습니다. 지금까지는 한국문단 및 예술계 전체가 표준화 되지 못한, 인가 받지 못한, 관리 감독 받지 못한 무허가 지도 및 무허가 자격증 발급 등으로 저질화 된 교육과 불법 자격으로 인해 몸살을 앓아왔던 것을 일소하는 계기가 되고 전환점이 될 것입니다.

<열한 번째>
저희 문학사는 경쟁 보다는 경쟁력을 키우겠습니다. 문화 및 교육 서비스, 미디어 서비스 그룹으로서 면모 및 시스템을 갖추고 창간, 발간, 개강, 창업, 교육, 시험, 발급, 발매, 유통, 수출, 문학상 공모전, 시선집 공모전, 당선, 등단, 문학제, 시화전, 백일장 등의 알고리즘 솔루션을 전 세계적으로 <컨버전스화> 하고 <플랫폼화> 하고 <허브>를 구축하여 프로모션을 진행해 나가겠습니다.

<열두 번째>
한국문단과 예술계에 질적향상을 꾀함으로서 고대, 근대, 현대를 거쳐 수천 년의 역사를 가진 우리 <한민족 문화 콘텐츠>를 <한류화>함으로서 <인류의 정신적 의식 함양>에 이바지하고 이 가치를 구현하기 위해 열정적으로 노를 저어 잘 순항하여 <신세계>라는 항구에 도달하여 <노벨꽃>을 꼭 피우겠습니다.

<열세 번째>
　인문학을 제 4차 산업화, 상품화 하겠습니다. 미래의 먹거리 산업으로 인문학 경제 산업으로 초석을 공고히 다지고자 하는 의지와 선견력을 가지고 선재적, 선도적, 선구자 적, 출입 전략으로 수행 전략으로, 구현 전략으로 자본수지 적으로 열악한 문단 및 예술계를 4차 산업화 전략으로, 상품화 전략으로 프로모션하여 경쟁력을 높이고 최상의 목표를 달성하겠습니다.

<열네 번째>
　샘문그룹은 도서출판 샘문에서 <샘문시선>이란 브랜드로 회원 여러분들의 컨버전스시선집, 한용운문학시선집, 한국문학시선집 뿐만 아니라 개인 시집, 시화집, 수필집, 소설집, 평설집, 회곡집, 수상집, 동화집, 꽁트집, 자서전, 교육 도서 등 개인 저서 등 각종 도서를 만들어 드립니다.

　전문 기획자, 에디터(편집자), 일러스트 디자이너와 활발히 활동 중인 시인 편집자, 감수자(운문), 번역자가 원고 교열 교정 및 퇴고, 첨삭, 운문 감수까지 꼼꼼하게 작업하여 완성도 높은 저서 출간을 위해 노력하고 있으며, 동시에 유통, 발매까지 핫라인으로 운영되어 저자를 지원해 드리고 있습니다.

<열다섯 번째>
　2021년 부터 한용운문학상과 한용운전국시낭송대회를 개최하였습니다. 현재 운영위원회가 가동 중이며, 제1회 행사가 2021년 11월 28일에 개최되었고 제2회 행사가 2022년 10월 29일에 개최되었고 제3회 행사가 2023년 12월 16일에 개최되었으며, 제4회 행사가 2024년 12월 21일에 개최되어 성료 되었습니다.

<열여섯 번째>
　충남 보령군에 샘터시비공원에 <총 25기>의 시비를 건립하여 제막식을 2022년 9월 25일에 치루었습니다.
　당 문학사에서 문학상 본상을 수상하신 분들이나 지대한 업적을 쌓으신 분들이 시비 건립에 참여하셨습니다.
　앞으로도 지속적으로 건립할 예정입니다.

<열일곱 번째>
　올 2023년 1월 경에 샘문번역원 및 샘문해외사업부(무역부)가 설립되어 가동

중입니다.
 영어, 스웨덴어, 독일어, 중국어, 일어, 블란서어가 번역되어 세계시장에 수출될 예정으로 해외 바이어와 상담이 활발하게 진행되고 있습니다.

 이제는 명품브랜드 반열에 올라 <샘문시선> 위상이 높아졌으며, 프랑스, 미국, 영국, 독일, 스에덴 등 세계 여러 나라의 바이어들과 인콰리어가 오가고 있으며, 이번에는 샘문번역원에서 번역하여 영국 런던에 대형출판사에서 저의 이정록 영문판 시집 5권과 이수달 영문판 시집 1권 등을 단행본 시집과 전자시집 두 가지로 출판하여 영국과 유럽 전역, 그리고 전 세계 영어권 나라에서 발매되었습니다.

 노벨문학상을 수상한 <한강> 작가의 <채식주의자>를 출간한 프랑스 대형출판사에서 샘문번역원에서 번역하고 샘문시선에서 출간한 저의 영문 번역판 시집 5권을 보내달라고 해서 보냈습니다. 현재 프랑스, 미국, 영국, 독일, 스웨덴 등지에서 금명간 현지 출간하여 발매될 예정입니다.

 이제 샘문그룹 가족 여러분들의 긍지와 자부심이 높아졌습니다. 끝없는 성원과 따뜻한 사랑을 보내주시는 문우님들과 독자님들의 성원이 있었기에 가능했던 일이라 사료 됩니다. 이처럼 가슴 떨리는 전설 같은 일들을 가능하게 해주신 존경하는 문우님, 독자님들께 이 지면을 빌어 깊은 감사의 말씀을 드립니다.

 <열아홉 번째>
 이번에 당 문학사 회장 이정록 시인에 시집 <산책로에서 만난 사랑>, <내가 꽃을 사랑하는 이유>, <양눈박이 울프>, <꽃이 바람에게>, <바람의 애인, 꽃>, <담양골 오딧세이> 등 서정시집이 7년 간 베스트셀러 행진을 하고 교보문고 골든존에도 전 권이 등극하였습니다.

 현재 6년 사이에 <판매순위>, <평점순위>, <가격순위>를 교보문고 등에서 1위를 지속하여 <네이버>가 전국 서점을 모니터링하여 <베스트셀러를 선정> 하여 원형에 붉은 색상인 베스트셀러 낙관을 부여 했습니다.
 그리고 출간되는 시집마다 교보문고 광화문 전시매장 시코너 <골든존>에 전 권이 전부 등극하였습니다.

 당 문학사 브랜드 <샘문시선>이 <베스트셀러 명품브랜드> 반열에 올랐습니다.

이정록 시인의 베스트셀러를 필두로 서창원 시인, 강성화 시인, 김영운 시인, 박동회 시인, 최성학 시인, 김춘자 시인, 남미숙 시인, 이수달 시인, 이종식 시인, 정완식 소설가, 이동춘 시인, 이상욱 시인, 김정호 시인, 황주석 시인, 권정선 시인, 오순덕 시인 등, 연속적으로 베스트셀러가 탄생하고 있습니다.

<스무 번째>
샘문그룹에서는 추가적으로 <샘문전국시낭송대회>, <송강정철문학상>, <지율문학상>, <샘문예술문학상>, <이정록문학상>, <이근배문학상>, <김소엽문학상>, <손해일문학상> 등을 제정할 예정입니다.

<스물한 번째>
2023년 9월 7일에는 김동리 선생이 1966년 창간하고 제정하여 이근배 선생이 물려받은 것을 지율 이정록 선생이 물려받은 한국문학상 공모전 및 혁신1호 문예지 한국문학시선집 공모전과 출간식을 개최하였고 이사장 이정록 선생이 주관하여 제정한 김소엽전국시낭송대회도 2023년 8월 26일에 개최하여 성료되었습니다,

그리고 올해 2025년 9월 경에는 한국문학상 시상식을 공모전을 거쳐 개최하고, 혁신3호 한국문학시선집 출간식, 김소엽전국시낭송대회가 개최됩니다.

<스물두 번째>
2025년 5월 24일 오늘은 제15회 신춘문예 샘문학상 및 제15호 컨버전스공동시선집이 출간됩니다.
이 행사들은 <K-문학 페스티벌>이란 한류화 사업으로 서울특별시, 중랑구 등 25여 개 단체 및 기업이 후원합니다.

저희 "샘문4.0 컬처 솔루션"은 회원님, 문우님, 독자님들의 평생가치를 지향합니다.
대단히 감사합니다.

2025. 05. 24.
사단법인 문학그룹샘문 이사장
주식회사 한국문학 회장
사단법인 샘문학 회장
이정록 拜上

○ 권두시 ○

겨울 자연 외 1편

이 근 배

나의 자정子正에도 너는 깨어서 운다
산은 이제 들처럼 낮아지고
들은 끝없는 눈발 속을 헤맨다

나의 풀과 나무는 어디 갔느냐
해체解體되지 않는 영원
떠다니는 꿈은 어디에 살아서
나의 자정을 부르느냐

따순 피가 돌던 사랑 하나가
광막廣漠한 자연이 되기까지는
자연이 되어 나를 부르기까지는
너는 무광無光의 죽음,

구름이거나 그 이전의 쓸쓸한 유폐幽閉,
허나 세상을 깨우고 있는
꿈속에서도 들리는 저 소리는
산이 산이 아닌, 들이 들이 아닌
모두가 다시 태어난 것 같은
기쁨 같은 울음이 달려드는 것이다

풀꽃

이 근 배

흔들리면서 바람 속에 떨면서
너는 또 시들어지겠구나
지고至高의 울음을 울면서
일체를 거부하던 너의 외로움이
이제 마른 잎으로 땅에 눕겠구나

비록 여린 바람에 흔들려도
너의 뿌리는 뜨거운 눈물에 젖어 있던 것
그러나 아름다움은 한 평 땅에 묻히고
나는 너의 흐느낌에 매달려 허용받지 못한다
아무 구원도 갖지 못한다

건널 수 없는 이 많은 시간
너의 애잔한 꿈의 곁으로 가는
한 가닥 나의 사랑의 빛,
먼 데서 오는 너의 가녀린 숨결을 들으며
부자유不自由 속의 나의 영혼은
이 가을 시름거리며 앓는다

이 근 배

1940 충남 당진군 출생
서라벌예술대학 문예창작과에서 김동리 서정주의 창작지도를 받음.
<1961~1964년 신춘문예 시, 시조 당선>
경향신문 신춘문예 시조 <묘비명>
서울신문 신춘문예 시조 <벽>
조선일보 신춘문예 시조 <압록강>
동아일보 신춘문예 시조 <보신각종>
조선일보 신춘문예 동시 <달맞이꽃>
한국일보 신춘문예 시 <북위선>
<시집>
[사랑을 연주하는 꽃나무] [노래여 노래여] [사람들이 새가 되고 싶은 까닭을 안다] [종소리는 끝없이 새벽을 깨운다] [추사를 훔치다]
<시조집>
[동해 바닷속의 돌거북이 하는 말] [달은 해를 물고]
<장편서사시집> - [한강]
<기행문집> - [시가 있는 국토기행]
<활판시선집>
[사랑 앞에서는 돌도 운다] 등.
<수상>
문공부 신인예술상 시부문 수석상, 문공부 신인예술상 시조부문 수석상, 문공부 신인예술상 문학부 특상, 가람문학상, 중앙시조대상, 한국문학작가상, 육당문학상, 월하문학상, 편운문학상, 현대불교문학상, 시와시학작품상, 유심작품상, 고산시조문학상, 한국시인협회상, 이설주문학상, 정지용문학상, 한국시조대상, 심훈문학대상, 만해대상 등 은관문화훈장 수훈, 한용운문학상(문화예술)
<현재>
대한민국예술원 명예회장(제39대 회장)
한용운문학상 심사위원장(샘문)
한국문학상 심사위원장(샘문)
샘문학상 심사위원장(샘문)
한용운문학 고문
문학그룹샘문 고문
한국문학 고문
총괄편집고문(샘문)
공초숭모회 회장

○ 서시 ○

꽃이 먼저 알아 외 1편

한용운

옛집을 떠나서 다른 시골에 봄을 만났습니다

꿈은 이따금 봄바람을 따라서 아득한 옛터에 이릅니다

지팡이는 푸르고 푸른 풀빛에 묻혀서 그림자와 서로 따릅니다

길가에서 이름도 모르는 꽃을 보고서
행여 근심을 잊을까 하고 앉았습니다

꽃송이에는 아침 이슬이 아직 마르지 아니한가 하였더니,

아아, 나의 눈물이 떨어진 줄을
꽃이 먼저 알았습니다

당신의 편지

한 용 운

당신의 편지가 왔다기에 꽃밭 매던 호미를 놓고 떼어 보았습니다

그 편지는 글씨는 가늘고 글 줄은 많으나 사연은 간단합니다

만일 님이 쓰신 편지이면 글은 짧을지라도 사연은 길 터인데,

당신의 편지가 왔다기에 바느질 그릇을 치워 놓고 떼어 보았습니다

그 편지는 나에게 잘 있느냐고만 묻고
언제 오신다는 말은 조금도 없습니다

만일 님이 쓰신 편지이면 나의 일은 묻지 않더라도 언제 오신다는 말을 먼저 썼을 터인데,

당신의 편지가 왔다기에 약을 달이다 말고 떼어 보았습니다

그 편지는 당신의 주소는 다른 나라의 군함입니다

만일 님이 쓰신 편지이면 남의 군함에 있는 것이 사실이라 할지라도
편지에는 군함에서 떠났다고 하였을 터인데

한 용 운

시집 <님의 침묵> 중에서
한용운(韓龍雲, 1879~1944)
충남 홍성에서 태어났으며, 속명은 유천(裕天), 용운은 법명이며, 만해(萬海)는 법호다.
1905년 설악산 백담사에서 출가한 승려이자 시인, 독립운동가다.
1919년 3·1 독립운동에 민족대표로 참여했으며, 일제에 저항하는 항일단체를 조직하기도 했다.
1933년부터 서울 성북동 심우장(尋牛莊)에서 입적할 때까지 살았다.
1926년 첫 시집 <님의 침묵>을 출간했으며, 한국 불교계의 개혁 방안을 제시한 <조선불교유신론>을 남겼다.

○ 신춘문예 축하시 ○

풀잎의 노래 7 외 1편

김 소 엽

바람에 흔들려야
존재감을 드러내는
아주 작은 너는
바람에 감사하고
노래로 화답하고
햇빛에 감사하고
은혜로 화답하고
단비에 감사하고
생명에 화답하고

서서 잠들어서 감사하고
서서 잠들지 못해도 감사하고
앉으나 서나 감사하고
작은 것에 감사하고
있으나 마나 한 것에 감사하고
사람 눈에 잘 뜨이지 않아 감사하고

오직 창조주 하나님을 경외하니
찬양과 감사가 일평생 넘치나이다

풀잎의 노래 3

김 소 엽

바람이 떠나지 않으면
바람이런가
떠나야 바람이지
그래서 바람은 쉬지 않고 떠나는 것을

바람이 불면
풀잎은 그것을 알면서도
바람 부는 쪽으로 전신으로 따라가 눕는
여린 풀꽃이여
떠나간 것을 서러워 마라

옷깃을 스쳤을 때
만리성을 쌓고
잠시 만나 사운거리며 노래하면 될 것을
가버린 바람을 애달파 울지 마라
바람 불어와
여린 살결 불 댕겨
비비대며 춤추게 하고
바다로 떠난 바람아

풀꽃 피거들랑
일생에 단 한 번만이라도 돌아와다오

풀꽃 향기로 네 품에 안겨
네 가는 곳이면 어디라도 함께 가마
함께 사는 것이 사랑이지
홀로 지키는 그리움은 나는 싫어
무서운 외로움이
죽기보다 나는 싫어

김 소 엽

'78년 한국문학에 <밤>, <방황> 작품이 서정주, 박재삼 선생님의 심사로
신인상에 당선, 문단에 등단
대전대학교 석좌교수(현)
호서대학교 교수(전) 한국기독교문화예술총연합회 회장
한국시인협회, 국제펜한국본부 한국문인협회, 한국여성문인회 이사
(사)샘문그룹 고문
한용운문학상 부심사위원장(샘문)
한용운전국시낭송대회 심사위원장(샘문)
<시집>
[그대는 별로 뜨고]-24쇄
[지금 우리는 사랑에 서툴지만]-3쇄
[어느날의 고백]-3쇄
[지난날 그리움을 황혼처럼 풀어놓고]-8쇄
[마음속에 뜬 별]-3쇄
[하나님의 편지]-4쇄
[사막에서 길을 찾네]-2쇄
그밖에 영시집 3권
<수필집>
[사랑 하나 별이 되어] [초록빛 생명] 등
<수상>
윤동주문학상 본상, 기독교문화대상
한국문학상, 펜문학상
백범문학상, 한용운대상(문화예술)

○ 신춘문예 축하시 ○

한우물 살구 산조散調 외 2편

손 해 일

<궁>
너의 본색은 원형질原形質, 형체없는 물, 보드라운 과육 속에 각질角質의 신화로 익는 살구, 어느 날 노모와 아내와 딸아이와 함께 TV를 보다가 피부미용엔 그만이라는 살구씨 화장품 선전을 꿈결처럼 듣는다 그거라면 생각나는 게 있지, 수염 까칠한 턱을 딸아이 볼에 부비며 자맥질하듯 어린 시절을 되짚어 본다. 보일까, 하마 보일까, 눈 감아도 선연한 살구빛 파노라마.

<상>
한우물댁 친정 뒤울안엔 아름드리 살구나무가 전설처럼 살았는데, 마을 어귀를 들어서면 산철쭉 흐드러진 뒷산을 배경으로 동백나무 사철나무 울을 친 꽃우물, 삼복에도 잇몸 시린 생수로 한우물 따순 정을 나눠 마시며 어우렁더우렁 칡순처럼 대물려 살던 사람들, 고양이 손도 아쉽다는 농사철, 곡식낟가리 사람들 둔덕에 쌓아두고 넉넉한 풍수로 잔칫날 농기農旗 앞세워 춤사위 한마당 어우러지면, 시끌벅적 오금 뜨는 아이들 틈에 오그랑쪼그랑 할머니도 신바람이 났다 천년 묵은 이무기도 왼씨름에 약하다는 도깨비도, 당집 진오귀 귀신도 더불어 한 상 잘 차려 드시고, 잡귀야 물렸거라, 인신人神 어우러져 신명나던 그날들

<각>
코끼리 등처럼 든든하게 누워서 아이들 등받이로 몇 백 년 시름을 털던 아름드리 당산 느티나무, 산수유 갈매나무 조팝나무 물이 올라 청대바람 소리에 귀를 밝히면 잔설 희끗희끗 살얼음 강판 위에 봄 미나리 새순이 오르고

싸리나무 잔망스런 눈망울도 일제히 눈을 떴다 담홍색 화판에 상긋한 살구꽃도 앙글방글, 매화도 아닌 것이 벚꽃도 아닌 것이 산철쭉 우련히 피어 흐드러진 고향악, 삐비꽃도 찔레꽃도 지고 아그배도 땡볕에 그을면 무시로 꽃잎을 떨구던 살구나무. 해가 설핏한 어스름이면 살구꽃 안존安存한 고요속에 별이 하나씩 내려와 주저리주저리 홍살구로 익었다

<치>
아침이슬도 마르기 전 선잠 깨어 부스스한 아이들. 목당그래질로 살구를 따 달라고 아망부리는 성화에, 휘이휘이 별을 따듯 해를 따듯 장대를 휘젓던 누이여, 간지럼타듯 깔깔거리며 우두두우두두 쏟아지던 살구의 홍소哄笑, 이슬 젖은 풀섶을 헤치며 살구를 줍다가 물큰 꽃뱀을 밟아 자지러지듯 물러서면 꾸억꾸억 눈껌벅이 두꺼비는 혀짜래기로 울고 영문 모른 청개구리도 앙감질로 달아났다

<우>
사십여 년 세월이 꿈같이 흘러, 이제 나도 형제들도 외사촌 누이들도 시집 장가들어 솜털 보송한 살구 볼의 아이들을 가졌지만, 오늘 TV앞에 앉아 살구씨 화장품 선전을 보며 신기한 인연을 떠올리는 것이다 어쩌면 탄력 있는 살구의 저 과육 속에, 살구씨의 단단한 앙금 속에 무슨 태초의 영묘한 신약神藥이라도 있을 것만 같아 저 별과 살구나무와 어머니와 아내와 딸아이와 그 아이의 아이로 이어지는 고리를 생각하는 것이다. 새삼 딸아이 홍조띤 살구볼에 까칠한 턱수염을 문지르며 어릴 적 장승같던 살구나무를 그리워한다 보일까, 하마 보일까, 감을수록 선연한 살구빛 파노라마

혹등고래의 휘파람소리
– 新자산어보 11

손 해 일

바다 괴물 혹등고래는 휘파람 선수
인간의 500배 덩치, 약 15미터 30톤
온혈동물 젖먹이 포유류
북극에서 남극까지 약 6,500km
우워어엉~ 쿠르릉 워어엉~
포효하는 수컷 거친 휘파람으로
암컷과 허니문 떠난다

하루 2톤 이상씩 5개월 동안
크릴새우로 주린 배 채우고
50일 달려 도착한 남극
얼음대륙의 여름 바다 밑 영상 6도
긴 짝짓기로 수중분만 진통 끝에
새끼 낳는다

4미터 남짓 혹등고래 새끼는
1년 가까이 어미젖 먹고
어미는 24시간 새끼를 달고 다니며

수면으로 무등 태워 숨쉬기도 가르치고
퍼더덕, 꼬리치기 브리칭

휘휘, 일날 내밀어 살피는 스파이쇼핑
고주파의 정교한 노래도 가르친다

푸워어엉~~
혹등고래 세레나데 자지러진다
인간의 대량학살로 멸종 재촉했으니

장생포 귀신고래 울다
- 新자산어보 12

손 해 일

"와, 고래다"
장생포 인근 동해에 고래 떼 뜨자
울주군 언양읍 대곡리 국보 285호
갈수기 반구대 암각화
귀신고래, 돌고래, 밍크고래
몇 십 마리도 튀어 나온다
청동인의 작살을 등에 꽂은 채

"극경회유해면" 장생포항 고래박물관
3천 년의 곤한 잠 깬 귀신고래도
퍼더덕 꼬리를 친다

장생포는 원조 고래기지
1891년 일본 가던
러시아 황태자 리콜라이 2세가
처음 고래 발견해 번창타가
마구잡이 남획과 1986년 포경금지로
옛일 됐다는데

"할매요, 고래고기 좀 주이소"
60여 년 원조 고래고기 맛집은

밍크고래만 판다는데

고래기슴살 '우네가 최고요
꼬리지느러미 '오베기'는 소 차돌박이 맛
갈비살 생고기는 육회무침
고매등껍질과 날개는 수육
"위하여!" 식도락가 술판에
귀신고래가 우워어엉~~웡~ 포효한다

손 해 일

1948년생, 서울대 졸업, 홍익대 대학원 졸업(1991년 문학박사)
1978년 『시문학』 등단
시집 『떴다방 까치집』 등
평론집 『우리문학의 탐색과 확산』 등
시문학상, 소월문학상, 매천황현문학대상 대한민국기독예술대상, 한용운문학상 대상
(전)국제PEN한국본부 이사장, 한국현대시협 이사장, 한국문인협회 이사, 서초문인협회 회장, 시문학 회장, 농협대학교 교수, 농민신문 편집국장, 세계한글작가대회 총괄대회장(3~6회)
(현)국제PEN한국본부 명예이사장, 한국문협 자문위원, 한국현대시협 평의원, 서초문협 고문, 서울대총동창회 이사, 재경남원문협 회장, (사)샘문그룹 고문, 한용운문학상 부심사위원장, 한국문학상 부심사위원장, 신문문예 샘문학상 부심사위원장 등

○ 신춘문예 축하시 ○

동안거 외 1편

도 종 환

장군죽비로 얻어맞고 싶다
눈 하나 제대로 뜨지 못하고 어둡게 앉아 있는
내 영혼의 등짝이 갈라지도록

안락의 답답한 표피 하나 못 걷고
유혹의 그 알량한 속껍질 속으로 기어드는
정신을 도래방석에 얹어 누가
도리깨로 두들겨주었으면 싶다

물을 맞고 싶다
수직의 날카로운 폭포를
칼날 같은 물끝으로
누가 이 어리석은 육신을
얼음처럼 다 드러나 보이게
꿰뚫고 지나가주었으면 싶다

봄산

도종환

거칠고 세찬 목소리로 말해야
알아듣는 것 아니다

눈 부릅뜨고 악써야
정신이 드는 것 아니다

작고 보잘 것 없는 몸짓들 모여
온 산을 불러 일깨우는 진달래 진달래 보아라

작은 키 야윈 가지로도
화들짝 놀라게 하는
철쭉꽃 산철쭉꽃 보아라

도 종 환
1955년 청주시 출생
시인. 전 3선 국회의원
문화체육관광부 장관 역임
샘문그룹 고문
≪저서≫
『접시꽃 당신』, 『부드러운 직선』, 『슬픔의 뿌리』, 『해인으로 가는 길』, 『세 시에서 다섯 시 사이』, 『흔들리며 피는 꽃』, 『사월 바다』 등의 시집과 『사람은 누구나 꽃이다』, 『그대 언제 이 숲에 오시렵니까』, 『꽃은 젖어도 향기는 젖지 않는다』, 『너 없이 어찌 내게 향기 있으랴』 등의 산문집을 펴냈다.
≪수상≫
<신동엽창작상>, <정지용문학상>, <윤동주상>, <백석문학상>, <공초문학상>, <신석정문학상>, <박용철문학상> 등을 수상하였다.

○ 신춘문예 축하시 ○

천하제일검 칼바람 외 2편

이 정 록

시퍼런 살수殺手 이방지가 삼한제일검
등극을 놓고 자웅을 겨루어
길태미 옷자락을 베는 비수보다
매서운 극한의 소리다

달 없는 칠흑의 밤
조선제일검 쩡쩡 칼 가는 소리보다
얼어붙은 숫돌에 恨을 다지는 소리보다
더 매서운 소리다

삭풍 휘돌아치는 절리節理 누옥陋屋에서
아들 광택을 해산하는 김체건의 처妻
산고의 소리보다
차라리 더 고통스런 극한의 소리다

산 넘어 산촌 외톨이 판자촌에서
등 굽은 광대 조선팔도 떠돌다 객사한
서방의 아이 밴 무녀가
애비 없는 호로자식,
팔다리가 뒤틀린 병신자식,
정조의 호위무사 백동수를 해산하는
어미의 초극보다
차라리 더 고통스런 극한의 소리다

여인인지 사내인지 모를 살수殺手가
한 손의 들고 휘두르는 사인참사검에는
조선의 악귀들 목이 떨어져 나가고
또 한 손의 들고 휘두르는 칠성검에는
민초들 저버린 오성별이 떨어진다

검 휘두르며 토해내는 앙칼진 기합소리에
민초를 저버린 왕과 위정자들
민족 혼과 정체성을 왜족에게 팔아먹는
친일 군상들에
까만 머리체가 뜯겨져 날리고
살수 비수에 목이 댕강 잘려져 나가고
피골이 뛴다

왜나라 족들이 그들의 명검이라며
그들의 신화라며
구름 부르는 큰 뱀 꼬리에서 태어났다는
천총운검으로 흑마술 부린다

우산도 동남쪽 죽도, 서도를 삼키려고
상괭이, 닭새우, 꽃새우, 도화새우
전복, 소라, 오징어, 방어, 복어를 삼키려
혀 날름거리는 뱀을
해모수 용광검이 목을 치고
근초고왕 칠지도가 몸통을 가르고
문무대왕 용의 갈기가 후려치니
왜나라 열도가 가라앉는다

북받치는 설움이
한 번 뽑히면 피를 묻히기 전에는
절대 칼집에 들어가지 않는 엘릭의
폭풍을 부르는 마검, 스톰브링거 검까지
민초들은 소환하여
관세 폭동의 사이코 드라마
목을 자른다

토끼 눈망울 만한 하얀 함성이
산하를 덧칠하고 설원이 된 산하에
검붉은 흙비를 뿌린다
민초의 권능은 극한을 치닫는다

매서운 칼바람은 위력으로
민초의 아픔을 달래는
삼한제일검의 일월도 日月刀 상산춤이
시작될 즈음,

용산과 여의도에서는
조선제일검이라 자칭하는
천공 선무당이 쌍날 작두를 타며
술법을 부리고
가증스런 여의도 위정자들은
칼바람 손에 쥔 민초들에게
사람 人자 찍어 달라 손 비빈다

청산낙수 산수화
― 靑山落水 山水花

이 정 록

산수화 청산낙수靑山落水,
지율은 언어의 세계를 그리다가 잠깐 졸았는가?
대숲, 검은 바람이 일렁이고
거친 비백飛白이 날고 팔분八分이 춤을 추네

한낮의 혼곤한 꿈들이
먹물로 거무스름하게 지워진 세계
검게 나타난 대죽의 기세는
흰 여백을 하늘로 무작정 밀어낸다
서슬 퍼런 청색이네

어젯밤에 손자병법을 터득한 지율의 눈빛이 처연하다
뼈대만 드러내는 필선筆線은
검은 질감으로 질박하게 시공을 확장하니
계절이 쉭쉭 지나가네

지율의 그림에서 적송과 청죽이
벽공碧空을 뚫었고 속진速進은 사라졌다
붓을 든 화자는 청죽 숲을 바라보고 있고
댓잎에 낮달이 살짝 걸려있네

육각정자는 연못의 백수련을 향해
두 다리를 내렸고
청죽에서 비파소리가 불어와
희끗한 귀밑머리를 스치자
지율은 밤을 꼬박 새웠다
간밤에 흘린 눈물 수련잎에 맺혔으니

햇살이 서성이는 사랑방으로
지율이 걸어 들어간다
네모진 서안, 수북히 쌓인 서가의 책들,
창문으로 달아나는 햇살 같은 여인,

걱정이 없으면 붓을 들 수 없다
청죽 숲을 돌아 나오는 바람에는
비색이 잔뜩 묻어있네

천지 조우행
― 天地 遭遇行

이 정 록

어머니, 어머니가 보고 싶습니다
백두를 오르다가 죽을지 모른다 생각하니
어머니가 더 보고 싶습니다
제가 염원하던 우리 땅 남쪽 언덕, 동파에서 오를 수 없기에
부득이 오랑케가 자기네 땅이라 우기는
북쪽 언덕, 북파로 오릅니다
그런데 말입니다
사방천지가 몽운朦雲이 가득합니다

오늘이 양녁 팔월 이십팔 일입니다
그런데 백두산 백호 눈알 만한
우박이 폭설이 내려서 앞을 가립니다
백두의 키가 2744미터 입니다
그중 1442계단을 올라야 염원하던
님을 만날 수 있습니다
그런데 벌써 양 볼이 얼얼해지고 거친 호흡을 토합니다

동행자들이 다 포기하고
전문 산악인들도 위험하다 포기하고
이제 저 혼자 남았습니다
위험하다며 저를 말리고 내려갑니다

북풍한설이 오랑케 땅은 얼릴 수 있어도
조국의 산신山神, 백두와 저의 피는
님이 주서서 뜨겁습니다

어머니 화가 납니다
빼앗긴 땅쪽에서 오르려니 화가 납니다
님을 만나러 가는 길이 험하고
한 걸음도 하락치 않으려 방해합니다
그러나 만나야겠습니다
나의 정체성이신 님을 만나야겠습니다

극한의 설풍이 넘어뜨리러 합니다
국적 잃은 설목들이 피울음 웁니다
살아서 천 년, 죽어서 천 년,
이천 년을 산다는 주목이 건네는 인사는
누구의 모국어입니까?

마루에 올랐으나 눈발이 세차고
몽운이 앞을 가려 님이 보이시질 않습니다
하얀 부호만 가득합니다
무서워서 어머니를 부릅니다
이제서야 모천, 폭포를 거슬러
본향을 찾았으나 님이 안 보이십니다
앞으로 전진합니다
눈발과 몽운이 서서히 물러갑니다
어머니 눈앞에 무언가 보입니다
설화가 하얗게 첨삭한 님의 표석입니다

목이 매여 님의 이름, 천지를 부릅니다

거짓말처럼 눈이 그치고 파란 하늘이 찾아왔습니다
고개 들어 하늘을 보다가 발밑을 보니
천 길 낭떠러지입니다
소스라치게 놀라 뒤로 물러섭니다
정신이 돌아와 발 아래를 보니
쪽빛 하늘을 머금은 님이 계십니다
님을 만났습니다
어머니의 안부를 전합니다
님이 한 모금 내주시는 천수로 심상을 축이니
제 생령이 다시 숨을 쉽니다

※※※※※※

[註說]= 2008년 8월 28일 오전 11시경 서울대학교 산악회 동문들과 많은 산악인들이 중국쪽 북파를 오르는데, 우박과 눈발이 세차게 불고, 산안개로 인하여 한 치 앞이 안 보이는 기상악화로 모든 사람들이 중도 포기하고 하산 하였으나 저자는 홀로 악전고투 끝에 백두산에 올라 천지를 보다.

이 정 록
시인, 교수, 샘문그룹 회장, 한국문학 회장

상사초 외 1편

서 정 주

입춘이 지나고 우수가 오면
맨 먼저 땅에 나는 상사초 싹아
겨우내 이쿠어 온 우리네 사랑
어쩌지도 못하는 우리네 사랑
도맡아서 하늘에 알리는 거냐?

상사초는 싹이 난 뒤 여섯 달 동안
사랑의 잎으로만 너울거리고,
입추의 가을바람 서러울 때야
너무나 그리운 꽃 잠시 피는 꽃
그리고 여섯 달은 하늘에 피네

상사초 돋아나는 그 뒤안길은
이 겨레의 사랑이 숨어 살던 길
반쯤만 세상에 반은 하늘에
보일 만 안 보일 만 가슴 설레던
이 나라 사랑이 오고 가던 길

매화에 봄 사랑이

서 정 주

매화에 봄 사랑이 알큰하게 퍼난다
알큰한 그 숨결로 남은 눈을 녹이며
더 더는 못 견디어 하늘에 뺨 부빈다
시악씨야 네 님께선 네가 제일 그립단다
매화보다 더 알큰히 한 번 나와 보아라

매화 향기에선 가신 님 그린 내음새
매화 향기에선 오는 님 그린 내음새
갔다가 오시는 님 더욱 그린 내음새
시악씨야 네 님께선 네가 제일 그립단다
매화보단 더 알큰히 한 번 나와 보아라

*****
편집자주 시집 『질마재 신화』 수록 시의 제목은 「매화」였다. 1. 2연의 4행 '네 님께선'은 '하늘도 님도'를 고친 것이다.

서 정 주

미당 서정주 徐江柱, 1915~2000
1915년 6월 30일 전북 고창 선운리에서 태어났다. 중앙불교전문학교(동국대학교) 에서 공부했고, 1936년 동아일보 신문에 시 <벽>이 당선된 후 <시인부락> 동인으로 활동했다.
1941년 <화산>을 시작으로 <귀촉도> 서정주시 <신라조>, <동전>, <갈마계>, <진화> 더듬이의 시 <서로 가는 달처럼>, <학이 울고>, <긴 남들의 시안>, <산시 맑은 떠돌이의 시>, <소년 비윤이>의 시 등 모두 15권의 시집을 발표했다.
1951년 대한민국예술원 창립회원이 되었고 동국대학교 교수를 지냈다.
2000년 12월 24일 향년 86세로 별세했으며 금관문화 훈장을 받았다.

사랑 앞에서는 돌도 운다 외 2편
- 벼루읽기

이 근 배

(혜산兮山 *선생은 남한강으로 돌을 찾아다니시며 「수석 열전」을 쓰셨다)

신이 빚어낸 돌들의 그 아름다움의 깊이를 들을 줄도 모르면서
붓을 잡을 줄도 모르면서
글자의 속뜻을 헤아릴 줄도 모르면서
사랑 하나 읽을 줄도 모르면서
돌을 알아보는 이들이
붓을 잡을 줄 아는 이들이
글자의 뜻을 아는 이들이
사랑을 읽을 줄 아는 이들이
생각을 갈고 사랑을 갈아 돌을 패이게 하던
그런 벼루 하나쯤 만나 보겠다고 찾아 나선 것이
스무 해 넘게 허둥대고 있다

헛것들 많은 세상에서
헛것 아닌 것이 있을까마는
헛것에 눈이 씌워
어렵사리 손에 잡은 벼루를 들고 와서
물소리를 흘려 먹때를 벗기다 보면

검은 물소리에 섞여 풀려나오는

소리가 손끝에 만져질 때가 있다
돌의 울음소리?
아무렴 숱한 낮과 밤을
생각으로 갈고 사랑으로 닦으면서
저렇듯 살이 패어지기까지
닿았던 손길들을 돌인들 어찌 무심할 수 있으랴
사실은 들을 줄 아는 귀도 없으면서
벼루를 만나서는 눈을 반짝 뜨던
속울음을 듣는 척도 해보는

*****
혜산 : 박두진 선생의 아호.

절필絶筆

이 근 배

아직 밖은 매운바람일 때
하늘의 창을 열고
흰 불꽃을 터뜨리는
목련의 한 획,

또는
봄밤을 밝혀 지새우고는
그 쏟아낸 혈흔血痕을 지워가는
벚꽃의 산화散華,

소리를 내지르며 달려드는
단풍으로 알몸을 태우는
설악雪嶽의 물소리,

오오 꺾어봤으면
그것들처럼 한 번
짐승스럽게 꺾어봤으면
이 무딘 사랑의
붓대,

빼앗긴 말
- 벼루읽기

이 근 배

바다에게서
바다라는 말을 빼면
나는 바다가 될 것이다

섬에게서
섬이라는 말을 빼면
나는 섬이 될 것이다

안개에게서
안개라는 말을 빼면
나는 안개가 될 것이다

바람에게서
바람이라는 말을 빼면
나는 바람이 될 것이다

내게서 뺏어간
바다라는 말
섬이라는 말
안개라는 말

바람이라는 말

그 말을 갖지 못해서
나는 먹을 갈고 있다

이 근 배
시인, 대한민국예술원 39대 회장, 샘문그룹 고문

겨울나무 1 외 2편

김 소 엽

무성했던 잎새들과의 슬픈 이별과
수액을 빨아 키웠던 새끼 같은
열매들과의 아픈 고별과
화려했던 젊음과의 아쉬운 작별과
바람 따라 흔들렸던
쓰라린 방황과의 이별 끝자락에
홀로 선 겨울나무

보낼 것 다 보내고
버릴 것 다 버리고
가진 것 하나 없이
빈손 들고 '나'에게 돌아온 나무

하나를 잃으면
다른 하나를 주시는 분

수많은 별빛을 이제는 볼 수 있어
밤마다 별빛을 뿌리로 내려
영롱한 보석을 뿌리에 달고
두 손 높이 들고
기도하는 겨울나무

기도의 뽀오얀 숨결이 다시
하늘로 올라가
마침내 하나님 응답이
하얀 눈송이로 내려
잔가지마다 눈이 쌓이고
아픈 이별 자리마다
하얀 눈꽃을 피운
황홀한 겨울나무

겨울나무 2

김 소 엽

이제는 하늘을 볼 수 있어
나를 조금씩 덜어내니
여백에 산이 보이고
바람 지나갈 틈이 생겼어

이제는 하늘을 볼 수 있어
나를 조금씩 버리고 나니
여백에 네가 보이고
숨 쉴 공간이 생겼어

이제는 별을 볼 수 있어
두 손 들어 기도하니
어두운 하늘 드높은 곳까지
우러를 수도 있어

이제는 나도 볼 수 있어
나를 비워 버리고 나니
내 안에 들어 있는 나를
나는 볼 수 있어

겨울나무 3

김 소 엽

한 해를 보내며
나무는 회개한다

고개 빳빳이 쳐들고
굽힐 줄 모르고 치달리던
지난 세월 더듬으며
가진 것 다 떨구고
두 손 하늘 향해 올리고
더 낮게 그리고 더 깊게
침잠하라
침묵하라

네 남루와 허물까지도
다 드러내 놓고
하늘 호수에 속마음 비춰보고
깊고 큰 울음
조용히 눈이 되어 내리게 하라

한 해를 보내며
나무는 비로소 회개한다

김 소 엽
시인, 대전대 석좌교수, 샘문그룹 고문, 한예총 회장

할매집 대구大口 뽈때기 외 2편
― 新자산어보 · 13

손 해 일

머리와 입이 큰 대구 볼때기는
어두일미의 으뜸
동의보감에 구어口魚
"독이 없고 기를 보하느니라"

과음 속풀이로 찾은
청진동 할매집 뽈때기탕은
대구머리 통째 넣고
콩나물 미나리 대파
청양고추 무 개운한 국물 맛

"어, 시원타"
메스껍고 쓰린 속 그냥 풀고
매콤 담백한 뽈때기찜도 별미니

"뽈때기야, 너 입 크다고,
어디 가서 함부로 자랑마라."
"아구가 샘낼라"

미운 사윗국 매생이탕
― 新자산어보 · 15

손 해 일

남도횟집에서 휘휘 불어가며
매생이탕을 먹는다
한식 '경복궁'에선 매생이 갈비탕을 맛본다

매생이는 쓰린 속 잘도 풀어 주는 우렁각시
5대 영양소 골고루 든 고단백
강알카리성 식품
12월부터 3월까지 겨울이 제철

뜨거워도 김이 잘 안 나서
급히 먹다간 입천장 데기 십상이라
"내 딸 구박하는 미운 사윗놈
오기만 해봐라,
매생이탕 통빡으로 앵길 테니!"

샛서방고기 금풍쎙이
— 新자산어보 · 14

손 해 일

너무 맛있어서
샛서방처럼 숨겨놓고 먹는다는
고흥 금풍쎙이는
도미의 일종, 딱돔 막돔 쌕쌕이 등
열두 가지로 불린다는데

"금풍쎙이야"
"널랑은 절대 곁눈질하지 말아라"
네 각시 난질 나
보따리 싸지 않도록

손 해 일
시인, 국제PEN한국본부제35대 이사장, 샘문그룹 고문

어떤 날 외 2편

도 종 환

어떤 날은 아무 걱정도 없이
풍경 소리를 듣고 있었으면
바람이 그칠 때까지
듣고 있었으면

어떤 날은 집착을 버리듯 근심도 버리고
홀로 있었으면
바람이 나뭇잎을 다 만나고 올 때까지
홀로 있었으면

바람이 소쩍새 소리를
천천히 가지고 되오는 동안 밤도 오고
별 하나 손에 닿는 대로 따다가
옷섶으로 닦고 또 닦고 있었으면

어떤 날은 나뭇잎처럼 즈믄 번뇌의
나무에서 떠나

억겁의 강물 위를
소리없이 누워 흘러갔으면
무념무상 흘러갔으면

그해 봄

도 종 환

그해 봄은 더디게 왔다
나는 지쳐 쓰려져 있었고
병든 몸을 끌고 내다보는 창 밖으로
개나리꽃이 느릿느릿 피었다
생각해보면
꽃 피는 걸 바라보며 십년 이십 년
그렇게 흐른 세월만 같다
봄비가 내리다 그치고 춘분이 지나고
들불에 그을린 논둑 위로
건조한 바람이 며칠씩 머물다 가고
삼월이 가고 사월이 와도
봄은 쉬이 오지 않았다
돌아갈 길은 점점 아득하고
꽃 피는 걸 기다리며 나는 지쳐 있었다
나이 사십의 그해 봄

법고 소리

도 종 환

일주문 아래 물줄기 손을 담그자
법고 소리가 물을 흔들며 울려왔다

서녘하늘 저녁노을 두드리며
소리는 바알갛게 번져갔다

물가에는 찔레가 하얗게 지고
숲에는 산목련꽃이 몸을 태웠다

번뇌도 꽃잎처럼 여기 버리고
그 무거운 세상 인연도 버릴 때가 되었다

발을 묶은 그리움도 이제는 풀고
나도 다시 떠날 때가 되었다

도 종 환
시인, 3선국회의원, 전 문화체육부 장관

초대시

시 맨발 걷기 외 1편

김 유 조

꽃 영글던 날 처음 맨발로 맨땅을 밟았더니 차가운 흙 세포들이 알알이 저
항한다

350만 년 전 고 인류 네안데르타인,
크로마뇽인의 뒤똥대는 발걸음 흉내는
내 발바닥 느낌에 빗댄 아집 일뿐,

아프리카의 뜨거운 지표 중앙아시아의
스텝 지역, 남미의 테라로사 동아시아의 황토 길
역사에서 직립보행은 맨발 일상이었지

문화의 덧신을 신고 다닌
내 생애의 짧은 발자국이 건강 십훈 따라
맨발로 탈바꿈하는 특별한 순간

아린 듯 새콤한 발바닥 통증이
잠자던 의식을 흔드는 이 아침

시 혹한 일지

김 유 조

푸른 솔가지들이 절명하며 뒹군다
체감보다 더한 혹한의 두려움에 떨고 있는
기진한 가로등 불빛 아래에서

함부로 널부러진 참혹 현장은
도형도 알고리즘도 없는
무형상의 형상

지체가 떨어져나간 나무들이 참았던 울음을 운다
원수같던 바람도 함께 울며
등어리를 쓰다듬어준다

밀려가는 바람이나 세월이나
끝내는 동병상련
지쳤으나 굴종치 않는 나무들 뒤로하고
갈 길 재촉하는 엄동설한의 발길

해야 솟아라
솟아서 솔가지들의 무참을
늦은 햇살로나마 덮어주기를
봉분이 되면 한 삽 따뜻한 가토까지

김유조

건국 대학교 명예교수(부총장 역임), 국제펜한국본부 부이사장, 코리안드림문학회 회장, 미국소설학회, 헤밍웨이 학회, 경맥 문학회, 서초문인협회 등 회장 역임, 여행인문학 주간, 국제문예 미래시학 문학의식 현대작가 상임고문, 샘문그룹 고문

<문학마을> 소설, <미주 시정신> 시, <문학과 의식> 수필 및 평론 등단,
장편소설 『빈포 사람들』, 소설집 『오키나와 처녀』, 『세종대왕 밀릉』, 『촛불과 DNA』,
시집 『여행자의 잠언』, 『여든 즈음에』, 『낯선 풍경』,
수필집 『열두 달 풍경』,
평론집 『우리시대의 성과 문학』,
저서 『스타인벡, 환경론에 눈뜬 저널리스트』, 『헤밍웨이 평전』, 『미국문학사』, 『영문학 개관』, 『영미단편의 이해』, 『Ernest Hemingway 작품 연구』, 『A History of English Literature』, 『The Literature of the USA with a Brief Note』 등,
번역서 『헤밍웨이 미공개 단편선』, 『클라라의 반지』, 『무기여 잘 있거라』, 『누구를 위하여 종은 울리나』 등 다수,
수상 학술진흥재단 우수도서상, 김태길 수필문학상, 헤밍웨이 문학상, 계간문예 상상탐구 소설대상, 문학마을 문학상, 서초문학 소설대상 등 수상,

백자 외 2편

이 정 록

희다 한들
해어화 양귀비 속살이
백목련 치마자락이
너 보다 더 하얄소냐

분칠한 무녀보다
가슴 시린 설화雪花보다 찬란하니
서리꽃 숨 죽기 전
여명보다 뜨겁구나

용매화
흰 저고리 고이 벗겨
네 심연에 띄웠나니

달빛 갸웃하고 광풍이 멈추더니
찬란한 빛 승천하여
은백의 쟁반에 안겼구나

봉황이 날아들고
청송이 푸르를 제
네 입술에 눈 맞추니
그 빛이 더 없어라

DNA 게놈 지도, 댓돌

이 정 록

그는 성전의 제단이다
순례길에서 가지고 온 제수을 차려놓고
신에게 제 지내는 제단이기도 하다

그는 시련을 딛고 올라서는 디딤돌이기도 하다
피로감을 완충 시킨 후 방으로 들인다
아침이면 출근을 채크하는 센서이기도 하다
그는 현자가 연단하여 황금을 만드는
연금술 재료이기도 하다

석공의 한을 쌓으면 석탑이 되기도
나라의 수도를 지키기 위해 쌓으면 성벽이 되기도
아이가 칸칸이 기어 오를 수 있도록
등받이 해주는 몸종이 되기도 하는
그가 대견하고 살갑다

해가 서산에 걸리고 땅거미가 꾹꾹 기어든다
모과나무 가지에 걸린 바람이
디딤돌 위로 달 그림자 옮겨 놓는다
핏빛 여명이 드는 새벽이면
정안수 떠놓고 손 비비는 어머니의
기도를 그는 받들고 있다

가족들의 흰 고무신, 검정 고무신,
찢어져 꿰맨 고무신, 구멍난 고무신,
하루를 살아낸 고무신을 댓돌에 가지런히 올리는 일은
조상님 신위 모시듯 행해지는
아버지의 의식이다

아버지는 칠흑 같은 밤
하루를 살아낸 고단한 고무신
달빛에 쪼여 피곤을 풀어주기도 한다
댓돌에는 지난날 삶들이 새겨져 있다
표석이기도 하다가
가끔은 걸림돌이 되기도 한다
발을 걸어서 무릎을 찢고 이마를 깨는
개구쟁이 이기도 하다

그는 안다는 것과
안다고 착각하는 것을 판단하는
메타인지이기도 하다
그는 고무신이거나 사람이거나 달빛이거나 별빛이거나 바람까지도 깊이를
가늠하기도 한다
모든 상관물은 그의 연구 대상이다

그의 데이터베이스 칩 속에는
영원히 지워지지 않는 가족들의 정서가
추억이 애환이 기쁨이 행복이 입력되어 있다
소환하면 표정이 살아나고 속삭인다
낙숫물에 깊이 패인 댓돌은
우리집 DNA 게놈 지도다

티끌의 도

이 정 록

살수보다 더 매서운 칼바람은
칠현금을 울리는데
시끄러운 풍문에 취한 나는
세상 티끌을 벗으려 깔닥고개를 숨이 멎도록 오른다

산마루에서 내려다보는 세상은 자욱하다
연금술에 정신이 없고
연금술사 입살로 자욱하다
몽돌을 굴리니 먼지만 자욱하다
저 티끌 세상, 저 티끌 세상은 언제나 티끌을 벗으려는지?

쏟아지는 설풍에 눈앞이 가리고
아이젠 안 신은 발은 푹 빠져 주저앉는다
하얀 함성 속에서 만담소리가 들린다
30촉 전등 아래서 참빗살 간극 손질하시며
만담을 하시는 아버지
깔깔 대는 아이들

아버지 티끌을 벗으려
천지와 하나가 되보려 신들에게 기도합니다
그러나 부처와 예수는 너무 늙었습니다
아무리 내게 설파해도 도가 서질 않습니다
구현금을 울리는 저 설풍이 살수에 칼날처럼 매섭습니다

아버지가 보입니다
제 종아리에 대초리를 때리시고
눈물을 훔치시던 당신의 얼굴이 보입니다
지금 고향집으로 가고 있습니다
설풍에 휘청거립니다

고사목 사이로 피나무가 보입니다
설한의 겨울날,
참빗에 황적색 물을 들이시려고
피나무를 채취하시던 아버지
눈밭에 빠진 발이 얼어서 동상에 걸리셔서
고생하시던 아버지
아버지의 한 서린 그 재를 넘어가고 있습니다

항상 소인배를 경계하라시던 아버지 말씀이
설풍 칼날에 실려와 귀를 에입니다
인고의, 장인의, 예법의 도를 깨우쳐 주시던
당신의 모습이 산등성이에
활동사진으로 촤르르 펼쳐지는 고향길,
저는 평생 묵은 티끌을 벗으러
치유의 대초리 맞으러
아버지 품을 찾아갑니다

이 정 록
시인, 교수, 샘문그룹 회장, 한국문학 회장

초대시

새해 첫날에 외 1편

심 종 숙

애타고 초조하여
마음 둘 길 없어
자꾸 창문을 열고
하늘을 올려다 보네

인간사 부끄럼에도
자정이 지난 겨울 하늘에
히끄무레한 별빛이 내린다

시국은 어둠 만큼이나 짙었어도 믿었노라
꼭 오리라고 희망은
꼭 오리라고 승리는
변함없이 굳건하게
시대의 광장엔
빨강 파랑 노랑 불빛이 흐르네

민심에서 나오는 신념
하늘과 사람이 같은 마음 되어
어둠을 밝히는 새해 첫날
하늘에서 내리는 빛
한 오리에도 눈시울 젖는 건
작디 작은 민초의 마음
메메 어루만져 골짜기를 매우는
님의 무한한 자비였어라

풀들의 청사여

심 종 숙

물어 버려라
피가 나도록 물어 버려라
거대한 부패에 맹독이 들고
더러운 권력의 아킬레스건 끊어
다시는 걷지 못하도록

이빨 자국을 남겨라
선명하게
길이 길이
저항의 역사에 새겨지도록

바람 보다 먼저
일어나 휘몰아쳤던
풀들의 청사여
풀들의 청사여

초대시

심 종 숙

시인, 교수, 문학평론가
경북 청송군 출생, 서울특별시 강북구 거주
(사)샘문그룹 자문위원, 샘문예술대학 시창작학과 지도교수
1998 <바람의 교향악> 번역 출간(열린)
2004 <은하철도의 밤> 번역 출간
2005 한국외국어대대학원 비교문학과 박사과정 졸업(문학박사)
<미야자와 겐지와 한용운의 시 비교연구-주체의 분열과 소멸, 복권을 중심으로>
2007 <만해학연구>에 『미야자와 겐지와 한용운문학의 個와 全體』
2007 타고르사상의 수 용과 근대 주체의 종말 게재.
2013 <바람의 마타사부로/ 은하철도의 밤> 번역 출간(지만지)
2012 <동방문학> 문학 시부문 등단
2013 <동방문학> 평론 부문 등단
2016 <니르바나와 케노시스에 이르는 길> 출판
2019년 제1시집 <역驛> 출간

신춘문예 초대시 77

샘문학상 특별초대석

거짓 이별 외 2편

한 용 운

당신과 나와 이별한 때가 언제인지 아십니까?

가령 우리가 좋을 대로 말하는 것과 같이 거짓 이별이라 할지라도 나의 입술이 당신의 입술에 닿지 못하는 것은 사실 입니다

이 거짓 이별은 언제나 우리에게서 떠날 것인가요?
한 해 두 해 가는 것이 얼마 아니 된다고 할 수가 없습니다

시들어가는 두 볼의 도화桃花가 무정한 봄바람에 몇 번이나 스쳐서 낙화가 될까요?

회색이 되어가는 두 귀 밑의 푸른 구름이 쪼이는 가을 볕에 얼마나 바래서 백설白雪이 될까요

머리는 희어 가도 마음은 붉어 갑니다
피는 식어 가도 눈물은 더워 갑니다
사랑의 언덕엔 사태가 나도 희망의 바다엔 물결이 뛰놀아요

이른바 거짓 이별이 언제든지 우리에게서 떠날 줄만은 알 아요

그러나 한 손으로 이별을 가지고 가는 날은 또 한 손 으로 죽음을 가지고 와요

달을 보며

한 용 운

달은 밝고 당신이 하도 기루었습니다
자던 옷을 고쳐 입고 뜰에 나와 퍼지르고 앉아서 달을 한 참 보았습니다

달은 차차차 당신의 얼굴이 되더니
넓은 이마, 둥근 코, 아름다운 수염이 역력히 보입니다

떠나간 해에는 당신의 얼굴이 달로 보이더니
오늘 밤에는 달이 당신의 얼굴이 됩니다

당신의 얼굴이 달이기에
나의 얼굴도 달이 되었습니다

나의 얼굴은 그믐달이 된 줄을 당신이 아십니까?

아아, 당신의 얼굴이 달이기에
나의 얼굴도 달이 되었습니다

인과율

한 용 운

당신은 옛 맹서를 깨치고 가십니다
당신의 맹서는 얼마나 참되었습니까
그 맹서를 깨치고 가는 이별은 믿을 수가 없습니다

참 맹서를 깨치고 가는 이별은 옛 맹서로 돌아올 줄을 압니다
그것은 엄숙한 인과율입니다

나는 당신과 떠날 때에 입맞춘 입술이 마르기 전에 당신이 돌아와서 다시 입맞추기를 기다립니다

그러나 당신의 가시는 것은 옛 맹서를 깨치려는 고의가 아닌 줄을 나는 압니다

비겨 당신이 지금의 이별을 영원히 깨치지 않는다 하여도 당신의 최후의 접촉을 받은 나의 입술을 다른 남자의 입술에 대일 수는 없습니다

한 용 운
시인, 독립운동가, 종교철학가

동백꽃 타령 외 2편

서 정 주

추녀 끝에 고드름이 주렁주렁한
겨울날에 동백꽃은 피어 말하네
"에잇 쌍! 에잇 쌍! 어쩐 말이냐?
진사 딸도 참봉 딸도 못 되었지만
피기사 왕창이는 한 번 펴야지!"
아무렴 그렇지 그렇고말고
고드름 겨울에도 한 번 펴야지

동백꽃은 힘이 나서 다시 말하네
"부귀영화 그깐 거야 내사 싫노라
이왕이면 새 수염 난 호랑이 총각
어디메도 얼지 않는 호랑이 총각
산 넘어서 강 건너서 옆에 와 보소!"
아무렴 그렇지 그렇고말고
이빨 좋게 웃으면서 한 번 와 보소!

돼지 뒷다리를 잘 붙들어 잡은 처녀

서 정 주

옛날에 옛적에 고구렷적에
하늘에다 바치려고 매논 돼지가
고삐 끊고 산으로 도망을 갔네
요리조리 철쭉꽃 가지 굽듯이
철쭉꽃 사잇길을 요오리조리
철쭉꽃 사잇길을 요오리조리

이 세상에서 술통을 제일 잘 만드는
술통 마을 허리 좋은 스무 살 처녀
이빨 좋고 눈 좋은 힘센 처녀가
맵싸게 뛰어나와 그 돼질 따라
그 뒷발을 냉큼성큼 움켜잡았네
철쭉꽃 맵시보다 못하진 않네

그래서 옛적에 고구렷적에
주먹 좋고 살 좋은 임금께서는
그 처녀를 떼메다가 아낼 삼았네
도망치는 돼지 다릴 붙들어 잡듯

어느 밤도 새벽도
매우 암팡진 이 처녀와
재미를 많이 보았네

쑥국새 타령

서 정 주

옛날에 옛적에 고구렷적에
금강산에 목욕하는 선녀의 옷을 감추고서 하늘도 못 가게 하고
꾀어서 데리고 산 녀석 있었지
아들딸까정 낳은 나무꾼 녀석
에이끼 어리석은 나무꾼 녀석!

그리하여 살 아끼는 정도 들어서
인제는 도망가진 않을 거라고
그 선녀옷 숨겨둔 델 일러주었지
하늘 속의 신선놀음 그것보다도
제까진 게 나은 줄로 착각을 했지
지질히도 못난 녀석 나무꾼 녀석!

그랬더니 어느 날은 그 마누라가
점심상에 맛난 쑥국 끓여 놓아서
맛이 좋아 훌쩍훌쩍 처먹노라니
에그머니 저를 어째? 우리 선녀는
선녀옷 찾아 입고 새끼 데리고
하늘 속에 구름 가듯 날아서 가네!

웬숫놈의 쑥국 땜에 이리 됐다고
가슴을 찧고 찐들 무슨 소용이고?

분통이 터져 본들 별수 있는고?
나무꾼은 울고 불다 숨 넘어가서
산골짜기 목이 잠긴 쑥국새 됐네
쑥국쑥국 먼 산돌이 쑥국새 됐네!

서 정 주
시인, 교수, 대학민국예술원 창립회원

○ 베스트셀러 유고 특별초대석 ○　　　　　　　　　특별초대석

> 　　서창원 시인은 샘문그룹 고문과 샘문예술대학교 총장 재임중 폐암으로 2025년 2월 15일에 87세의 나이로 소천하셨다.
> 　　시인은 일찍이 고려대학교 국문학과를 졸업하고 곧바로 고 박정희 대통령에게 불려가서 브래인 역할을 한 천재다. 대한민국에 "국토개발", "경제개발"에 초안을 잡고 유신이 끝날 때 까지 국토개발원 위원장직을 퇴임할 때까지 펴낸 "논문"이 무려 24권이다. 현재 국가기록보존소에 국가기밀로 보존 되어 있다. 대한민국에 국토개발과 경제개발의 산 증인이였다.
> 　　시인은 퇴임 후 한국문단에 들어와서 국문학과생으로 못 이룬 꿈을 다시 펼치며 15권에 시집출간과 시이론서, 평론서 등을 펴내고 미처 출간 못한 문집이 450권에 이른다.
> 　　샘문그룹과 샘문예술대학교에 발전에도 크게 기여한 천재시인이다.

마음의 향기 외 2편

서 창 원

마음이 울적할 때
그대는 내 편안의 동쪽
마음이 외로울 때
그대는 내 생각의 서쪽

내 마음을
향기로 바꾸어
전해주는 그대는
나의 천사

꽃처럼 내 마음에
향기를 전해주니
내 마음은
당신의 꽃밭인가 봐

사랑은 어쩌면

서 창 원

당신은
우연한 것이 아니었어요
내 옷깃을 스친 바람이었어요

처음에는
바람인 줄 알았어요
지나가는 바람인 줄 알았어요

당신을
그리워 못 견디게 되면서
꽃이 피는 봄이면 더 두려웠어요

사랑은
어쩌면 당신의 꽃불인지 몰라
내 영혼을 눈뜨게 한
아름다운 슬픔인지 몰라

거짓말쟁이 뉴턴

서 창 원

만유인력으로
사과가 땅에 떨어진다고 한 말은
새빨간 거짓말,
사람들이 배고파서
사과 목 비틀어 따먹고
사과 목 잡아 따먹고
사과 통째로 잡아당겨 따먹고
사과 싱싱한 놈부터 따먹고
사과 통통한 놈부터 따먹고

사과 값나가는 놈부터 따고
그래서 사과가 떨어지는 거야
만유인력은 사람 손이야
무슨 거짓말
뉴턴 씨?

*****

만유인력의 역사 : 1665년 뉴턴은 케플러가 발견한 행성운동에 관한 3가지 법칙을 기본으로 하여 귀납적인 방법으로 만유인력을 발견했다. 그는 사과를 나무에서 떨어 뜨리는 힘이나 지구를 태양 주위로 돌게 하는 힘이 모두 같은 종류의 힘이 라는 것을 발견하였다. 나아가 우주에 있는 모든 물체들이 서로 끌어당긴 다는 사실을 발견하였다. 뉴턴은 행성의 운동을 행성과 행성

사이에 작용하는 만유인력으로 다시 설명했다. 그리고 자연계의 여러 현상에 대해 만유인력과 운동법칙을 적용하여 해석하는 역학적 자연상自然像을 전개하였다.

서 창 원

고려대학교 국어국문학과
건국대학교 행정대학원 도시계획학과
일본나고야 UN지역센터 지역계획과정
샘문예술대학 총장(현)
샘문예술대학 석좌교수
(사)문학그룹샘문 고문, (사)샘문그룹문인협회 고문, (사)샘문뉴스 칼럼니스트, (사)한국문인협회 회원, (사)국제펜한국본부 회원, (사)한용운문학 편집고문(샘문), (주)한국문학 편집고문(샘문), 한용운전국시낭송대회 추진위원장, 샘문시선 회원
<수상>
계간스토리문학 시 등단
한용운대상 수상(샘문)
한용운문학상 최우수상(계관부문)
국가상훈인물대전(문화예술) 등재
국무총리(총무처) 표창
<공저>
첫눈이 꿈꾸는 혁명 외 다수
나 그렇게 당신을 사랑합니다
<샘문시선>
<저서>
국토와 정책(1998),
땅의혁명(2007주집필) 외 다수
<시집, 시화집>
존재의 이유
당신의 이야기/ 공가에 피는 꽃
허공에 집짓기/ 엄니 정말 미안해요
포애트리 파라다이스/ 사랑 넘 어려워
봄을 도적질하다/ 탐미/ 풍마
들에는 산에는 꽃이피네 꽃이지네

봄이 오는 소리 외 2편

강 성 범

고목나무의 검버섯 향기가
하늘에 울려 퍼진다

아직 겨울은 깊어서
양지뜸 밭고랑 언 땅을 힘차게 들어 올리는
냉이 달래의 납짝 엎드린 가슴으로
졸졸 흐르는 시냇물 소리
그것은 희망의 소리
봄이 오는 소리

오늘처럼 바람 부는 날
익숙한 소리에 기대어
하늘을 보고 있으면 눈물이 난다
봄이 온다
세월이 간다

그 겨울 끝에서

강 성 범

그대 첫사랑을 기억하시는지
혹시라도 비 내리는 겨울밤에
잠 못 든 적은 없었는지
허접한 눈물을 걷치고
찬바람 부서져 옆구리 시리다는 말
그것은 거짓말이었다

밤새 웅크리다가
사랑한다고
사랑하기 때문에 헤어진다고
고슴도치 바늘처럼 돋아 난 거리엔
말랑말랑하게 흩어진 날들
그래 아픈 것도 추억이란다

사랑이 별거더냐
쓴맛 단맛 다 보고 싶거든
너도 나처럼 하룻밤 노숙자가 되어 보거라
첫사랑 떠난 그 겨울의 끝자락에서
미주알 고주알
어느 현자賢者의 독백獨白처럼

불꽃처럼 스러지다

강 성 범

한 해가 저물어 가면
먹먹한 한 해가 저물어 가면
아픔은 눈물로 변합니다

예전엔 몰랐는데
갈 수록 눈물도 많아져
사랑하는 법
기다리는 법
그리고 무심해지는 법도 배우고
갑진년 한해 갑지게 보내고자 했던 마음이
마른 하늘에 날벼락인지
번쩍번쩍한 불빛은 순간 벌겋게 시커멓게
번개도 아니고 쓰나미도 아니고
삽시간 어느 남쪽 바닷가 비행장을 덮쳤습니다

내가 본 것은 사실일까 허상일까
밤이 되어서야
불꽃 스러진 어두운 밤이 되어서야
눈물 젖은 꿈을 꿉니다

님이 가신 뒤
슬픔은 다만

새날 밝히는 힘찬 횃불로 남아
내 가슴에 영원히 있을 겁니다
영면하옵소서

강 성 범

전남 담양군 출생
서울특별시 서대문구 거주
서울예술대학교 연극학과 한국방송통신대학 국어국문학과
강남교육청, 서울시 중등교사
成均館 儒道會 서울시지부 부회장
대한민국 옥조근정훈장 受勳
샘문예술대학교 교수(교학처장)
(사)문학그룹샘문 부이사장
(사)샘문그룹문인협회 부이사장
(사)샘문학(구,샘터문학) 부회장
(사)한용운문학 편집장
(주)한국문학 편집장
(사)도서출판샘문(샘문시선)편집장
<수상>
샘터문학상 시 등단
샘터문학상 본상 우수상
한용운문학상 우수상(중견)
한국문학상 우수상
<공저>
나 그렇게 당신을 사랑합니다
위대한 부활 그 위대한 여정
이별은 미의 창조 외 다수
<한용운시선집/한국문학시선>

연의緣礒 외 1편

김민채

만년 빛 내려 천공으로 사라진 미소
두텁 등에 천만 겹의 하루 두르고서
소리소리 묻으며 새겨 맞은 푸른 상흔

그대 손길 다시 다다른 하늘의 시간이
흐려진 시야에 존재하지 않는다 하여도
가슴 깊이 지나는 물길 멈추지 않는 하늘물이라

녹음 새운 댓잎 그 흐드러짐에 찬 서리 물린
청명한 숨소리 기나긴 생, 외자리 곁을 맴돌다
하현의 흰 울음 섞인 시리도록 아픈 삭힘이여

점점이 박힌 잔가지 뿌리 감아 에워 올리어
침묵 속에 잠들어 처음 걸음 기다림이
바스러질 영혼의 그리움조차도 그리 남겨 두리이다

천상의 연사緣絲

김 민 채

그 봄, 처음
아름다운 날의 시간 바람 가득히 안고서
애태우는 새 꽃잎에 감긴 봄을 삼키었어라

언약의 봄이라
눈 내리는 봄날 숲에 봄의 바람이 불면
하늘 그대 만남이 잔잔한 푸름의 설렘이 오고

천상의 황금빛 발하는 고귀한 연사緣絲
그 어느 훈풍 불던 봄날 날아올랐으니
이른 달에 기대어 이내 쉬어가자 하지

어느 결, 순간 혼미함으로 잃어버림에
끝없는 시공의 알 수 없는 이계로 이끌려
숨소리 조차도 이 존재함이 서러우이

이내 다시 먼저가서 그 곳이 아름답더이다 하여 하염없이 기다림에 눈이 멀어 알아보지 못한다면
천상의 고귀한 연사緣絲 찬란한 그 빛을 따라 나서리이다

김 민 채

아호 : 淸輝・하랑
부산광역시 거주
(사)문학그룹샘문 이사
(사)샘문그룹문인협회 이사
(사)샘문학 이사
(사)한용운문학 편집위원
(주)한국문학 편집위원
샘문시선(도서출판샘문) 회원
한국문인협회 회원
현대시인협회 회원
한글문인협회 이사
국제계관시인연합UPLI-KC 회원
청옥문학협회 회원
공감문학협회 회원
<수상>
대학백일장 시부문 장원
대한문학세계 시 등단 신인문학상
한국문학상 시부문 한국문학특선상
신춘문예 샘문학상 우수상
한용운문학상 중견 우수상
한용운문학상 중견 특별작품상
시의전당문인협회 시화전 우수상
국회의원 표창장・구청장 표창장
<공저>
한용운공동시선집 1,2,3호(샘문)
한국문학 시선집 2호(샘문)
컨버전스시선집 13,14 봄호(샘문)
국제계관시인연합(UPLI KC) Poetry Korea Vol.17,18
한국베트남 국제문학교류 시 사화집 제1집
월간 순수문학 367호
청옥문학 56~61호
공감문학 가을겨울호
글로벌문학21 여름호, 가을호, 겨울호
대한문학세계 2019 가을호
등재 : 전라매일신문 '후연'

이름만 간직해도 외 1편

신 재 미

봄을 맞는 세상은 떠들썩하지만
화단엔 이별하지 못한 마른 꽃들
무성합니다.

무슨 꽃이 심겼었는지
말하지 않아도
꽃자리에 세워진 명패가
꽃 이름을 말해 줍니다

땅 헤쳐 묵은 씨앗 찾아낸 참새들
명쾌한 조잘거림에 잠자던 흙
기지개를 켭니다

꽃 보이지 않는다 해서 이름이 없는 것 아니듯
소리 내어 부르지 않아도 가슴에 이름 품었다면 잊힌 게 아닙니다

당신이 불러준 이름 가슴에 새겨졌듯
내가 부르던 당신 이름도
솟아나는 새싹에 얹혀 오는 봄이 더 포근합니다

당신과 내가 품은 온기로
꽃은 피어납니다
사랑은 언제나 향기롭고 아름답습니다

숟가락 무게

신 재 미

낯선 골목의 밤은 무섭다
때를 놓친 저녁식사 찾아 가야 할 길 멀다는 핑계 삼아
어설픈 자리에 앉았다

홍등 밝힌 앞자리 식탁엔
소주병, 맥주병 뒤섞여 줄을 섰다
비뚤비뚤 줄 선 병 사이로
과부하 걸린 손놀림
서툰 젓가락질에 독기 오른 혓바닥들 비명을 질러댔다

주방을 향하던 눈, 그 식탁 건너뛰지 못하고
번뜩이는 눈동자와 마주쳤다
애써 고개를 숙였지만 늦었다
불꽃 튀던 눈동자에 뜻 모를 미소 덧입혀
소주잔 들어 올리며 말을 건네 왔다
한 잔 드릴까요
이방인을 대하는 태도가 수준급이다

말 대신 허기진 배를 가리켰다
수화를 이해했다는 듯, 옆 사람이 통역을 했다
사모님은 배가 고프다고 하잖아
허허, 껄껄껄, 천장을 들썩이는 웃음소리

혼자 밥을 먹어야 하는 일이 종종 있지만
낯설고 어정쩡한 자리 숟가락은 무겁다

신 재 미
2004 문학공간 시 등단
국제PEN한국본부 이사
한국문인협회 회원
옛정시인회 회장 역임
시집:『춘당지의 봄』,『사랑은 희망의 날개』,『영원한 사랑을 위하여』등
수상: 세종문학상, 한글문학상 등 다수

인연 외 1편

유 미 경

꽃잎이 진다
내 부르던, 불려지던
그 고운 이름아

피고 지면
또 지고 필 것이기에

그때
또 봄세

이른 봄 춘삼월春三月

유미경

사랑한다
그 말을
그 한마디 하지 못하고

보고싶다
그 말을
그 한마디 하지 못하고
빙빙 도누나

이번에는 그냥 보낼 수 없어
그냥 지나칠 수 없어
거리거리마다 너를 부르고
너의 향기 찾아 헤매보지만

아직인가 보아
춘삼월에 설꽃이 먼저 나리네

발끝이 시려 코끝을 찡긋
오늘은
더
너무 보고 싶다

빨리와

유 미 경

시인, 수필가, 시낭송가
초등학교 돌봄교사
2024년도 포에트리슬램 시 등단
(사)문학그룹샘문 이사
(주)한국문학 편집위원
(사)한용운문학 편집위원
샘문시선 회원

이월을 보내며 외 1편

유호근

어둠이 자맥질하는 저 하늘 어디에서
작은 씨앗으로 생겨나
울림 있는 생명으로 살아가는 것은
긴 기다림을 베어 무는 일이지 않은가

잎들 떨군 나무들 으스스
빈 가지 부딪는 텅 빈 메아리 소리
온 산을 울리고 지날 때
너와 나 따순 봄볕 그립지 않은가

입춘立春, 우수雨水 지났다고
봄이다 하기도
겨울이다 부르기도 어색한 하늘에
비도 오고 눈발도 흩날려
벗은 몸 가릴 수도 없는 밤

굳게 잠긴 문 밀쳐내고
찬란한 빛으로 도배된 세상 속으로
힘껏 내달리고 싶지 않은가

밤새 서성이던 빈 벌판
어깨에 묻은 어둠일랑 훌훌 털어내고
생명의 연둣빛 속살 어루만져 줄
따스한 가슴 턱 내어주는
그런 날이 오고 있지 않은가

봄 오는 섬진강

유 호 근

우수雨水에 비 오더니
뭉글뭉글해진 바람 끝이 곰살갑다

비의 알맹이는 죄다 저들끼리
벙그는 매화 속살 훔치며 수군대고
껍데기만 발길에 차여 처벅 댄다

오랜 침묵 속에서도
서로의 알몸을 껴안고 흐르는
저 강물이 민낯을 보이며
헤살 거리는 곳

우윳빛 꽃망울에서 터지는 함성은
백일 지난 아가의 볼살처럼
매끈한 미소로
강물 위 윤슬로 반짝인다

바람이 데리고 온
오늘 본 정물靜物은 사라지고
빼곡히 흐르는 강물 따라
새로이 펼쳐지는 강가의 풍경

늘 푸른 솔밭길 걸으며
꺼내 본 지난 기억들
차마 잊히지 못하고
강물이 되어 철교 밑을 따라 흐른다

유 호 근

강원 영월 출생
전남 광양 거주
충남대학교 법학과 졸업
한국도로공사서비스(주) 재직중
시와이야기 회원
세계문학예술 회원
(사)문학그룹샘문 부이사장
(사)한용운문학 편집위원(샘문)
(주)한국문학 편집위원(샘문)
동강문학회(문협 영월지부) 회원
한국문인협회 회원
[등단,수상]
2021 시학과시 시 등단
2021 세계예술문학 신인문학상
2023 한용운문학상 우수상(샘문)
2023 한국문학상 최우수상(샘문)
2023 신춘문예 샘문학상 우수상
2024 한용운문학상 최우수상(샘문)
2024 시와창작 최우수작가상
[시집]
2022 <나는 돌 너는 별>
2024 <고향의 강>

먼 곳의 연인 외 1편

이 동 현

이제는 빛바랜 내 마음속의 사진
가만히 눈을 감고 화사한 미소 속에 숨은
그대의 숨결을 조용히 만져봅니다

길도 없고 빛도 없고 어디로 가야 할지 몰라
늘 목마름에 파란 청춘이 허덕일 때
그럴 때마다 녹슨 양철 지붕을 가진 허름한 교회 마룻바닥에
엎드려 길을 보여달라고 기도드릴 때
내 곁에서 흰 손을 내밀어 내 손을 꼭 잡아 주던 그대

삶의 심장은 점점 더 빨라지고
쓸쓸히 비 내리는 캄캄한 저녁에
젊디 젊은 친구의 부음 소식을 전해 듣고
소리 내어 친구의 죽음을 슬퍼할 때
조용히 다가와 들썩이는 나의 어깨를
가만히 안아주던 그대

가슴 한편에 소중한 사랑 한 조각 숨겨놓고
혹시 들킬까 언제나 그대 앞에서 숨소리마저도 작았던 세월
파란 풀잎들은 이제 다 쓰러져 갈색이 되어도
그대의 들꽃 향기는 늘 푸르게 몰려온다

그해 우리는 떨리는 눈짓을 주고받았는데
그 맑은 눈동자 속에 분명 내가 있었는데
이제는 추억마저 흐릿한 먼 곳의 연인戀人

복사꽃 꿈

이 동 현

비 개인 생명의 땅엔 연둣빛 풀빛이 짙어 오고
먹구름 가득 낀 마음에 한 줄기
빛으로 들어온 복사꽃,
멀리 문암산文岩山 고즈넉한 자락까지
연분홍 향기로 물들인다

새로운 골짜기엔 인물人物이 넘쳐나고
복양가를 부르는 농부農夫의 얼굴엔
희망希望의 홍조가 흐른다

어느 듯 파란 바람이 불어와
연분홍 꽃잎을 사방으로 날리면
떨어지는 꽃잎처럼 그렇게
세월도 가고 인생도 흐른다

먼 젊음의 뜨락에 서서 손 흔들어 보지만
잡힐 듯 잡힐 듯 잡히지 않는 인생의 무지개여

긴 봄날의 햇살 아래 화려한
무릉도원武陵桃源인가 싶더니
깨어보니 일장춘몽一場春夢이라
긴 봄 날은 또 그렇게 가는 가 보다

이 동 현

직업 농부
구미대학교 졸업
구미시 공무원 재직
도개초등학교 운영위원장 재직
(사)문학그룹샘문 부이사장
(시)샘문학 부이사장
(시)샘문그룹문인협회 부회장
(시)샘문뉴스 회원
(사)한용운문학 편집위원
(주)한국문학 편집위원
<수상>
2020 신춘문예 샘문학상 시 등단
2021 신춘문예 샘문학상 우수상
2021 한용운신인문학상 수필 등단
2022 한용운문학상 본상 우수상
2023 신춘문예 샘문학상 최우수상
2023 한국문학상 본상 우수상
2024 샘문학 본상 샘문특선상
2024 한용운문학상 본상 우수상
<공저>
개봉관 신춘극장 외 다수
<컨버젼스시선집/ 샘문시선>
*****
나 그렇게 당신을 사랑합니다
추야몽 秋夜夢, 이별은 미의 창조
불의 詩 님의 침묵
<한용운시선집/ 샘문>
*****
위대한 부활 그 위한 여정
호모 노마드투스
<한국문학시선집/ 샘문>

할아버지 조기 외 1편

이 수 달

할아버지 밥상에
노릇노릇 구운
조기 한 마리 접시에 누웠네!

보기만 해도 군침이
질질 흐르는 조기 한 마리!

내가 앉은 둘레 밥상
날카로운 이빨 드러낸
무섭게 생긴 갈치 머리, 몇 개

조기 꼬리 손으로 잡고
숟가락, 생선 허리 푹 쑤셔
꼬리 쪽을 당신 밥그릇 위에 올리셨다

어두육미라 했던가
살이 많은 튼실한 몸통
손주에게 건네는 할아버지

깊은 주름살에 움푹 패인 눈
아직도 문득문득 기억 속에 그려진다
나의 할아버지

화전을 구었다

이 수 달

봄 향기 절구통에
콩콩 찍고 보니
새하얀 찹쌀가루

프라이팬에 식용유 듬뿍 발라서
하얀 경단 만들어 이리저리 뒤집어서
연분홍 진달래꽃 살짝 올려보니
화전이 되었네

입으로 호호 불어서 살짝 베어 물 때
고소함이 진동하고
꼭꼭 씹어 입속에 굴리니
꽃향기가 더 진하더라

이 수 달

시인, 수필가
아호 : 죽파竹波
울산광역시 출생
울산광역시 거주
(사)샘문그룹 부이사장
(사)문학그룹샘문 부이사장
(사)샘그룹문인협회 부회장
(주)한국문학 편집위원
(사)한용운문학 편집위원
<수상>
공감문학 시 부문 등단
공감문학 본상
한용운문학상(중견 시 부문)
샘문학상 본상
한용운신인문학상(수필)
한용운문학 수필 등단
한국문학상 수필 우수상
<저서/시집>
태화강 연가
거목은 별이 되었네
수달이 휘파람 소리(한영시집)

외갓집 외 1편

이 연 수

외갓집 울타리에 호박꽃이 너울너울
장독대 돌 틈 사이에 채송화꽃 곱게 피던
어린 시절 그리워라

손잡고 뛰놀던 외사촌 동생 보고파
그 시절 되새기며 옛 마을 찾아보니

커다란 가마솥에 소여물 쑤시던
외삼촌 외숙모님 어디 가셨나!
내 손 꼭 잡고 반기시던 외할머니 보고 싶어라

탈곡기에 나락 타작하던 넓은 뜰, 큰 마당은
높은 빌딩으로 성장하여 회색 장승이 되어
아가리로 무수히 들어오는
차량 숫자만 세고 있네

내 세월은 어디쯤에서 서성일까!
소꿉친구들 모습 그려보네
서산머리 흰 구름 예나 다름없이 오가는데
잃어버린 내 동무들 어디서 무얼 할까!

거센 물살에 흘러가버린 나의 지난날
외갓집 뒷동산 정령이 된 할미꽃도
향수에 젖어 우네

해바라기 사랑

이 연 수

높고 푸른 하늘 위로
햇님처럼 피어오르는 그대

태양을 보듯이
그대를 바라보며

나는 오늘도
사랑을 키워간다

영원토록 변함없는
해바라기 하늘 사랑

눈이 와도 비가 와도 바람이 불어도
꿋꿋이 마주 보며

끝없는 사랑 전해 주는
해바라기 사랑은 변할 줄 모르네

오늘도 내일도 활짝 피어오르는
내 사랑 해바라기여

이 연 수

아호 : 월당
건국대학교 사회과학대학원 수료
(사)아이코리아충청북도 대표
충주시여성단체협의회 이사
샘문예술대학교 시창작학과 3회 수료
샘문예술대학교 시낭송학과 2회 수료
(사)문학그룹샘문 자문위원
(사)샘문그룹문인협회 자문위원
(사)샘문학(구,샘터문학) 자문위원
(사)한용운문학 편집위원
(주)한국문학 편집위원
샘문시선 회원
<수상>
한용운문학상 중견 우수상(샘문)
샘문학상 최우수상(수필)
샘문학상 시 등단
샘문학상 수필 등단
<저서>
아직도 나는 초록빛 꿈을 그려요
벼랑에서 건진 회춘
<공저>
바람을 연모하는 꽃 외 다수
추야몽 秋夜夢
나 그렇게 당신을 사랑합니다 외 다수
<샘문시선>

꽃비 내리는 날 외 1편

이 영 하

봄바람 가만히 스치면
나뭇가지에 매달렸던 꽃잎이
살며시 손을 놓고
하늘로 흩날린다

햇살은 고운 빛을 더하고
공기는 향기로 가득 차고
꽃잎은 한마디 인사 없이
아득한 바람을 따라 떠난다

그대와 함께 걷던 길에도
살며시 꽃비가 내린다
머리 위, 어깨 위, 손끝에 내려
순간이 영원이 된다

흩날리는 꽃잎 속에서
우리는 서로를 바라보았다
말없이 미소를 주고받으며
가장 아름다운 이별을 기억했다

꽃비는 사라져도
그 순간의 따스함은 남아
마음속 깊은 곳에 피어나리라
봄이 다시 올 때까지

비행운

이 영 하

푸른 하늘을 가로지르는
하얀 선,
비행운은 하늘 위에
우리의 이야기를 새기고
바람결에 부드럽게 스며든다

그 순간,
우리는 하늘을 향해 날아오르고
세상의 경계를 넘어
자유의 숨결을 품는다

구름 위를 걷듯
가벼운 마음으로 흐르는 시간
찰나 같으면서도
영원처럼 다가온다

비행운은 잠시 머물다 사라져도
그 짧은 순간 속에
우리의 추억은 깊이 새겨지고
하늘에 남은 자취는
우리만의 작은 비밀이 된다

멀어져 가는 비행운을 바라보며
우리는 다시 그 하늘을 꿈꾸고
언젠가 같은 길 위에서 만나리라 믿으며
또다시 하늘을 향해
새로운 꿈을 띄운다

이 영 하

전)공군 참모차장 (예,중장)
전)주 레바논 특명전권대사
전)호남대학교 초빙교수
전)호원대학교 초빙교수
전)건양대학교 초빙교수
전)공군발전협회 항공우주력연구원 원장
전)대한민국 재향군인회 공군 부회장
현)사회공헌 다사랑월드 이사장
현)이치저널 포럼 회장
현)이화여대 최고명강사과정 총동창회 회장
현)공군역사기록관리단 자문위원
현)남북 청소년 중앙연맹 고문
문예춘추 이사
한국통일문인협회 부이사장
국제계관시인연합 회원
국제PEN한국본부 회원
<수상>
2010 문예춘추 시 등단
대통령 표창, 보국훈장 삼일장,
천수장, 국선장
황희정승문학상, 예술상
경기PEN문학상 작품상
한국문학상 본상 특별창작상
한용운문학상 특별작품상
윤동주별문학상

봄의 노래 외 1편

이 의 영

눈부신 햇살 아래
봄바람 살랑이는 삼월의 어느 날
기억 저편 깊숙이 잠든 역사의 흔적이
가슴속 깊은 곳에서 꿈틀거린다

피 맺힌 눈물과 숭고한 희생
자유를 향한 간절한 외침
그들의 용기와 헌신은
오늘 우리에게 울려 퍼지는 메아리

봄은 왔지만
아직 차가운 바람이 불어오는
이 땅 위에서
우리는 그들의 희생을 기억하며
더 나은 미래를 향해 나아간다

고귀한 삼일 정신
영원히 빛나는 그들의 이름
우리 마음속에 새겨 영원히 기억하리라

두바이의 밤

이 의 영

아라비아 만의 푸른 물결 위,
하얀 요트는 춤을 춘다
두바이의 햇살 가득한 낮,
바람은 부드럽게 속삭이고

빌딩 숲은 물 위에 그림자 드리우고
부르즈 할리파는 멀리서 손짓한다
럭셔리한 요트 위,
샴페인 잔은 햇살에 반짝이고

파도는 부드럽게 몸을 감싸고
시원한 바닷바람은 얼굴을 스친다
저 멀리 보이는 돛단배는
옛 이야기를 속삭이는 듯하다

해가 서쪽으로 기울고
하늘은 붉게 물들어간다
황홀한 노을 아래
두바이의 밤은 시작된다

밤하늘을 수놓은 불빛들은
마치 별처럼 반짝이며

아라비아 만의 밤은
꿈결처럼 아름답다

이 의 영

아호 : 인산
한양대학교 전자공학과 졸업
한국발효산업진흥회 회장
하남출판사 대표 역임
하남미디어 대표
(사)문학그룹샘문 이사
(사)샘문그룹문인협회 이사
(사)샘문학(구,샘터문학) 이사
(사)한용운문학 회원(샘문)
(주)한국문학 회원(샘문)
(사)샘문시선 회원
시가흐르는서울 동인
<공저>
사랑, 그 이름으로 아름다웠다
청록빛 사랑 속으로 등 다수
(컨버전스공동시선집/ 샘문시선)
<저서>
<요가>, <차크라>, <사랑을 부르는 요가>
<바보 생각>, <그리스도인을 위한 NT 요가>

밤을 지새우는 등대 외 1편

이 종 식

동녘 하늘에 마지막 별빛을 보며
너울 속에 선잠 깨어
터벅터벅 파도 소리와 함께
새벽길을 재촉한다

멍든 가슴을 쥐어짜며
넓은 바다에서 살아온 어촌생활
저 멀리 미처 넘지 못한
새벽달이 숨차게 넘으려 한다

봄기운에 피어난 매화꽃이
안개 속에 촉촉함이 묻어나는구나!
등 뒤로 튕겨 오르는 파도 아래서도
와자지껄 어부들 웃음소리

붉은 사슬에 닻을 올리고
언제나 희망과 부푼 가슴으로
떠날 때나, 돌아올 때나
묵묵히 지켜주는 등대는 말이 없어라!

목련꽃 피는 봄날에

이 종 식

바람 안고 봉우리 터지는 봄날
허물어진 울타리 사이로
따스한 봄볕이 스멀스멀 들고
빛이 그리워 쪼그려 앉았네!

시샘하는 찬바람 슬며시 오지만
이쯤이야 이기고 뾰족이
발밑에서 꿈틀거리며
비키라고 새싹이 흔들고 있구나

양지 녘 정월 홍매화 피어오르니
뒤질세라 하얀 목련꽃
차가운 광풍 속에서 도전장을 던지며
어느새 낮볕에 방긋 웃는다

먼 산에 눈꽃이 가득하지만
하얀 물보라 속으로 비치는 무지개
겨우내 쌓인 묵은 마음 날리며
나 역시 새로운 봄의 기운을 받는다

이 종 식

필명 : 덕실고을
강원도 강릉시 출생
서울시 상봉동 거주
(주)한성플랜트 회장
(사)문학그룹샘문 부이사장
(사)샘문그룹문인협회 부이사장
(사)샘문학(구,샘터문학) 부이사장
(사)샘문뉴스 취재본부 기자
(사)샘문예술대학교 시창작학과 수료
(사)샘문예술대학교 시창작학과 강사
(주)한국문학 편집위원
(사)한용운문학 편집위원
샘문시선 회원
<수상>
한용운문학상 최우수상(중견)
샘문학상 대상(본상)
샘문학상 시 등단
샘문학상 수필 등단
<저서>
아우라지 그리움(샘문시선)
파도 속에 묻힌 달(샘문시선)
바람 따라 울리는 종소리(샘문시선)
<공저>
사랑, 그 이름으로 아름다웠다
호모 노마드투스 외 10권
<샘문시선>

고려대 안암병원으로

이 형 준

병원에 2개월 동안 입원해서
같은 검사를 다 받았는데
차라리 죽음을 택하는 게 정말 편안할지 모르겠다
다 늙어 죽어도 될 나이에
2개월이라는 동안
MRI,CT 이외에 심장시술 등
아픈 곳이 여러군데이니

차라리 죽었으면 더 편안할 것 같다
자식들에게 부담을 주는 것이
참으로 부담도 가고 죄스럽게 느껴진다
산을 오르다 뒤로 자빠져서
양쪽 엉치에 통증이 생겨 걷지도 못하고

앉은뱅이가 되어 아무것도 할 수 없는
걸을 수도 없어 장래가 참 걱정이다
마음이 참 불안하다
혹시 죽을 때까지 이렇게 살까 봐
걱정이 태산같다

두 아들이 아버지의 아픔을 덜어주려고
열심히 열심히 노력하고 있어서

참 눈물나도록 고맙지만
그래도 마음은 너무 무겁다

2923년 엄마가 뇌종양 수술을 하고
게다가 파킨슨에 허리까지 아파서
제대로 걷지도 못하고 집안에서만 지내는데

나까지 합세해서 마음은 너무 무겁다
빨리 좋아져서 훨훨 날고 싶다
아들들 고생이 너무 많다
그래도 두 아들을 믿고 싶다
내가 건강해지면 너희들 은혜 잊지 않겠다

이 형 준

아호 : 효석
(사)문학그룹 샘문 고문
(사)샘터문인협회 고문
(사)샘문뉴스 회원
경향신문 근무(역)
동국대학교 근무(역)
한용운문학 회원
한국문학 회원
<공저>
사랑, 그 이름으로 아름다웠다
청록빛 사랑 속으로
아리아, 자작나무 숲 시가 흐르다
사립문에 걸친 달 그림자
고장난 수레바퀴, 태양의 하녀, 꽃
나 그렇게 당신을 사랑합니다
<컨버전스시선집/ 샘문시선>

홍매화와 푸른 솔 외 2편

정 용 규

능골 산기슭 오르다가 만난
환하게 웃음 띤 한 그루 홍매화
싱그러운 푸른 소나무 숲 배경으로
참 잘 어울리는 한 폭 그림이어라

춘 사월 초순 봄기운 완연하지만
시샘 많은 샛바람 혹시 불어올세라
바람막이 자원봉사 나선 푸른 제복 장정들에
홍조 띤 얼굴로 손짓 발짓 감사 표하는 군무(群舞)

휘황찬란 달 밝은 밤이면
선녀 닮은 무희 되어 그네들과 함께
정답고 흥겨운 농무에 깊이 빠져서
시간 가는 줄도 잊은 채 온 밤을 지새우겠지

푸른 솔과 홍매 동양화의 정수라던가
능골 산기슭 정다운 청춘 장정들 품속에서
농염을 토하며 몽환에 취한 볼 빨간 홍매화
그 어떤 명화로 이 그림을 따를 수 있으랴

열암곡 마애부처님 바로 모시기

정용규

천년 세월 암흑의 무문관암굴에서
조금도 흔들리지 않으시고

한 마음 깊은 곳 감쳐진 자비심
미래 세 인연, 중생 고통 번민 씻김하려
깊은 보임保任에 드셨던가!

태동하는 새 세상, 새 기운
중생들 깨우쳐 기동코자 하오시니
기도소리 남산골 중심 온 세상 꽉 채우고
밝은 광명 환히 비치도다

자비로우신 부처님이시여
바로 일어나셔서 새 천 년
새 시대를 활짝 열어주소서

숲속에서 새봄을 맞다

정용규

메마른 나뭇가지들 틈새 비집고
따사로운 봄 햇살, 반 그늘져 내린다

까치 한 쌍 조잘조잘 사랑다툼 하는 듯
쫓고 쫓기며 퍼드덕 퍼드덕 저들 둥지로 날아 오른다

아직껏 겨울 단잠 덜 깬 나무둥치 사이로
연록치마 곱게 두른 봄처녀 수줍은 듯 살금살금 스며든다

한적한 산모퉁이에 진달래꽃 한 다발 피워놓고
임 향한 연정에 모닥불 지핀다

정 용 규

서울시 양천구 거주
서울대학교 농경제학과 졸업
덴마크 맬링 농대 1년 연수
연세대학교 경영대학원 석사
중앙대학교 대학원 경제학 박사
농협중앙회(1966~1994) 역임
농협대학교 교수 역임
건국대학교 겸임교수 역임
두레친환경농업연구소 부소장 역임
친환경농업 포럼 대표이사 역임
<문단활동>
(사)문학그룹샘문 부이사장
(사)샘문그룹문인협회 부이사장
(사)샘문학(구,샘터문학) 부회장
(사)한용운문학 편집위원
(주)한국문학 편집위원
(사)현대작가연대 회원
(사)현대시인협회 회원
(사)한국시인협회 회원
<수상>
좋은문학 시 등단
샘문학상 수필 등단
샘문뉴스 신춘문예(수필)
<저서>
농협 신용사업과 경제사업 구조분석(박사)
손잡고 더불어(2009)
친환경농업포럼
<시집>
제1집 : 촛불
제2집 : 구름문답

인연 찬미 외 1편

조 기 홍

흐르는 구름도
우연히 짝을 만나
한 폭의 정원을 그리고

냇가에서 구르는 돌들도
터를 잡고 오손도손 의지하며
태평성대 노래한다

꽃내음 사이사이로
나풀나풀 벌 나비가 날아와
앙다문 꽃술에 애교를 부리고

이들의 인연도 만나서 기쁘고
서로에게 행복을 주는
달콤한 마시멜로

만나서 맺어서 연분이 되고
위안이 되고 힘이 되는 사랑

인연이여 영원하라
태초의 새벽처럼 아름다워라

좋은 사람의 향기

조 기 홍

사람은 누구나 그 사람만이
지닌 고운 향기가 있다

아무것도 없으면서도
남에게 의지하지 않는 사람

자기도 급하면서
순서를 양보하는 사람

어떠한 어려움이 있어도
여유로운 자세로 대하는 사람

어려울 때 대화만 해도 응원이 되고
고통과 건강을 함께 걱정해주는 사람

나의 부족한 점을 감싸주고
나의 실수나 실패를 격려의 덕담으로 위로해 주는 사람

자신의 몸을 태워 빛을 밝히는 촛불 같이
상대를 배려하고 세상을 밝혀 주는 사람

인연을 깨뜨리지 않는 사람
삶을 진실하게 함께 영원히 동행하는 사람

그 사람은 고운 빛을 발하며 잘 익은 진정한
과일향기 나는 사람이다

세상 바라보는 눈이 곱고
상대방을 칭찬하며, 항상 미소 지으며
마음을 상쾌하게 하는 진한 커피향 같다

향수를 아니 뿌려도
촛불을 켜지 않아도
넉넉한 마음과 잘 익은 과일향 풍기는
그런 사람이 되었으면 좋겠다.

조 기 홍

내외신문, 더최고신문, 신문고뉴스 기자
(사)샘문그룹 부이사장, (사)한국문인협회 회원, (사)국제펜한국본부 회원,
한국크리스천문학가협회 회원, 강북문인협회 회원, 별빛문학 부회장, 가교
문인협회 자문위원, 시서울 시낭송회 상임이사, 서울미래예술연합회 자문
위원, 한낭원 보도국장
<수상>
한국문학 우수상
한용운문학상
신춘문예 샘문학상 우수상
별빛문학상 최우수상
희망의시인세상문학 우수상
천등문학시낭송 최우수상
천등문학상 본상
송강 정철문학상
<표창>
서울시의회 의장
경기도의회 의장
국회의원 등 다수
2022 세계한류공헌대상 언론부문 대상
<시집>
꿈의 향연

핑크빛 연가 외 1편

표시은

햇살이 봄을 벗기던 날
쪽빛 호수 물빛 풀어내는 날
봄을 튼 모란꽃 붉게 속울음 울던 날
가슴이 베여 들새 울음 울던
그대의 눈물 닦아 주지못해
마음이 아팠어오

그대의 울음소리에 새빨갛게 베인
내 가슴
그대의 눈물 발라내다 터진
꽃 물집으로 가슴을 적시었다오
햇살이 토해낸 속살 빨간 생채기에
생살이 스쳐 빨갛게 텄다오

추성골 대숲 그늘 아래서
그대의 슬픈 사연을 들었어요
그대의 눈물은 보았어요
그대의 슬픈 곡조는
한 줄의 시가 되어 내 가슴에
낙죽으로 박혔어요

무슨 사연 그리 깊고도 깊어

하늘이 목단 꽃술에 목을 매고
두견새 피울음을 토하는지요
그대 향한 내 가슴 피멍이 들었어요
햇살 비뜬 자목련
핑크빛 꽃망울 터트리는 날

비와 연꽃 사랑

표시은

연잎 위에 내리는 그대는
무슨 사연 그리 많아
밤새도록 서럽게 두드리는가

스미거라 스미거라
연잎 한 움큼 비집고 스미거라
여인이 허락할 때까지
어둠의 빛 물든 그녀 영혼에
붉은 연민이 촉촉히 스밀 때까지

흐르거라 흐르거라
그대 외로운 영혼에
초연한 여인의 꽃물이 들 때까지
그녀가 등 내다걸고
꽃불 피울 때까지

표 시 은

시인, 교수, 시낭송가, 구연동화가
부산광역시 출생
부산광역시 연제구 거주
알로이시오50년사 공동집필위원(역)
사르피나뷰티센터 대표
시와수필문학회 부회장
(사)문학그룹샘문 감사
(사)샘문학 재무이사
(사)한용운문학 편집위원
(사)한국문학 편집위원
(사)도서출판샘문(샘문시선) 편집위원
(사)샘문뉴스 취재부 기자
샘문예술대학 시낭송학과 교수
샘문예술대학 구연동화학과 교수
<수료>
샘문예술대학 시낭송학과 3회
샘문예술대학 시창작과 7회
샘문예술대학 시조학과 2회
부산대학교 시낭송지도자과정 2회
부산대학교 동화구연과정 2회
<수상>
한용운문학상 우수상(동시조/2022)
한용운신인문학상 평론 등단(2021)
샘문학상 본상 최우수상(시/2020)
시와수필 시 등단(2018)
샘문뉴스 신춘문예 시 재등단(2019)
샘문뉴스 신춘문예 시조 등단(2020)
샘문학상 수필 등단(2020)
샘문학상 동시 등단(2020)
샘문학상 동시조 등단(2021)
한국문학신문 사장상(2022)
한용운전국시낭송대회 장려상(2021)
한용운전국시낭송대회 우수상(2022)
<공저>
위대한 부활 그 위대한 여정
이별은 미의 창조
<한국문학시선/한용운문학시선>

늦가을의 환상 외 1편

김 기 홍

긴 가지 끝에 남은 마지막 잎새
가을바람은 포도에 날리는 낙엽과
숨바꼭질 한다

앙상하게 뻗어나간 긴 가지
가로수는 보름달 밤의 하얀 담 벽에 시네마의 값싼 영상을 그리고
어두워지는 검푸른 하늘에는 앙상한 가지의
낡은 잎들이 흩어져 흔들린다

갓 상경한 시골 색시는 머물 곳을 찾아
총총 걸음으로 일가친척을 찾아 나서고
높이 솟은 굴뚝에서 검은 하늘을 향해 토하는 연기
이제 겨울이 다가 오는데

지루한 기다림 속에 오늘 하루는 가고
허한 들판에서 차가운 바람을 맞으며 떠나가 버린 잊혀져간 여인의 슬픔이
아련히 떠오르는 가슴

마지막 잎새는 그 여인의 환상인 양
흩날리는 낙엽 속으로 날아든다

기다리는 봄

김 기 홍

찬바람 지나고 온화한 날씨로
조춘早春 오나 했는데
지난밤 바람 불고 흰 눈이 날리더니
차가운 봄비가 불청객처럼
추적추적 내린다

산과 들에 남은 겨울의 발자국들은
빗물에 씻겨 서서히 사라져가고
대지에 스며든 빗물은 생명의 뿌리를 깨우며
봄은 묵묵히 제 자리를 찾고
가고 싶지 않은 늦겨울을 밀어낸다

앙상한 나뭇가지로 흘러내리는 빗물과
휑한 가지 사이로 부는 차가운 바람은
계절을 잊어버린 서글픈 기억

나뭇가지에 숨은 새싹은 서두르지 않고
시간의 조각처럼 켜켜이 쌓여
봄의 손길을 기다리고

한 줄기 온화한 바람이 지나가면
그 바람 속에 담긴 따스한 봄의 숨결이

산과 들 나뭇가지 끝에 닿고
봄의 따스한 손길이 흐르는 빗물을 머금은
꽃망울을 부풀리며 꽃을 피울 것이다

김 기 홍

아호 : 석강 石江
성균관대학교 무역학과 졸업
기아자동차(주) 해외구매본부 이사 역임
기아인터트레이드(주) 영업이사 역임
대명공업(주) 관리담당상무 역임
(사)문학그룹샘문 자문위원
(사)한용운문학 편집위원
(주)한국문학 편집위원
<수상>
2024 샘문뉴스 신춘문예 당선
2024 샘문 신인문학상 시 등단
<저서>
시집 - 잊힌 꿈을 찾아서

투명한 이별 외 1편

김 애 숙

'꼭'은 '반드시'를 사랑하지만, 사랑하는 이유는 없어요.
그냥, 마음이 가는 일은
눈이 내리는 일처럼 찾아오는 일,
커튼으로 창을 가리지만 내 마음을 가릴 수 없어 나는 끈을 잡고 울어요

길은 거기였을까요?
억수로 퍼붓는 그리움이 길이었는지도 모르죠

느슨하게 풀린 신발 끈을 묶을지 망설여요 묶어버리면 그대가 오는 길도
묶여버릴까 봐, 찾지 못할까 봐
나는 끈을 잡고 울어요

비에 젖을까 봐요
그대와 함께한 언약도 젖을까 봐요
날개를 펴듯, 안까지 흠뻑 젖을까 봐요 물결처럼 밀려오는 그리움을 젖게
할까 봐요

그대는 언제고 올 것만 같은데
반드시, 꼭, 찾아올 것 같은데
눈물이 아름다운가요?

눈물은 매듭이지요
사랑을 묶으면 이별이 찾아오지요
나는 끈을 잡고 눈물을 묶어요

군가의 봄은 매듭으로 온다

김 애 숙

무엇으로 매듭을 지었을까요
캄캄한 땅속에서 몸을 웅크린 뿌리들이
지상으로 올라오다 멈춘,
몸부림의 자리

당신이 건너던 삶의 자리에서 생긴
매듭이 그랬을 겁니다

단단한 외피 찢고, 알 수 없는 빛깔과 마주하는 두려움 말입니다

갑자기 깨져야만 다시 세울 수 있는 자리,
당신과 내가 미리 정하지는 않았지만
아니 어쩌면 오래전에 그렇게 하기로 정해져 있었을 수도 있지만
어쨌거나 우리의 연이 풀리지 않도록
몸부림친 자리

대추나무 가시에 묶어둔 빗소리를 듣는 밤
궤도를 이탈하지 않도록
천 년 은행나무에 묶은 삶의 자리

오늘 당신의 모습은 꽃보다 아름답지만
항상 슬픔과 황막함이 자리한

매듭의 높이를 바라봅니다

미리 정하지는 않았지만
새로 지은 눈빛으로 반짝이며 걸어가는 밤,
네모인 듯, 세모인 듯, 동그라미인 듯
같은 듯 다르게 걸어가는 길

매듭에서 시간은 방향을 틀고
매 순간 뿌리 아닌 것이 없어
전전부터 내려오는 답이 없는 산술은
싫든 좋든
이미 오래전에 지어진 매듭의 무늬

그러니 그것은 포근한 안식
날카로운 송곳을 품고 꿀잠이 듭니다
어쨌거나 사랑이 깨지기를 바라지는 않지만
자꾸만 흐르는 것이 강물이니까

이 매듭 안에서
당신을 좀 더 풀어보고 싶습니다

김 애 숙

문학공간 시 등단
현대시문학 수필 등단
신춘문예 샘문학상 동시 등단
남명문학상, 석정문학상, 신정문학상
샘문학상, 한용운문학, 한국문학상 산해정문학상, 청백리최만리 시조문학상, 박덕은 디카시 문학상 최우수상
현대시문학 디카시 문학상 대상
현대시문학 커피문학상 대상
현대시문학 삼행시 문학상 금상

엄마의 눈물어린 식혜 외 1편

김 영 남

가난한 피난민 아내 엄마
부잣집 딸로 곱게 자라 시집 갈 나이
서당 선생
외할아버지
양 할아버지
서당 선생, 양할아버지의 말 한마디에
얼굴도 모르고 정해준대로 혼인했지

아버지, 파난살이 고단하고 떠돌이 삶
북녘땅에 두고 온 고향 땅 장단들판,
지주地主, 향수에 밤 잠 못 이루워 뒤척인다

성근 억새풀 이영 사이로
밤하늘 별빛이 보이는 천장을 올려보며
그냥 하는 혼잣말,
"고향 어머님 식혜가 생각난다
어머님 식혜 솜씨는 장단 근동에서
냄새만 나도 벌써 알고 우리집 찾았었지"

엄마는 외갓댁에서 얻어 온 겉보리를 자루에서 꺼내 씻고,
헌 포대기로 잘 덮어 쌌내고
쌓터 덩어리진 보릿길금,

한 낱씩 덩어리 흔들어 훌훌 풀고
산골짜기 흐르는 맑은 물로 씻어 말린다

절구대신 오래된 실금간 사기 대접에 넣어
깨질새라 대접을 끌어안듯 옥잡고
맨들맨들한 개여울 맷돌로
설렁설렁 으깨어 빻아,
빻은 겉보리 엿기름 옹달샘물에
풀고 씻어서 샘물 다시 받아
겉밀 껍질째 둘둘 갈아
쌀 한 줌 섞어 고두밥을 짓는다

고두밥 겉보리 엿기름을 섞어
찌우둥한 빈 단지 항아리에 붓고
항아리는 이리저리 나뒹굴던 누더기 헝겊 이불에 쌓여
아랫목에서 하룻밤을 잔다

아버지는 식혜 익는 냄새로 안다
옛 고향맛이 아니라는 걸,
엄마는 새끼손가락으로 찍어 첫 맛을 본다
사알짜기 그닥잖은 갸웃둥한 얼굴,
포대기 다시 덮으시는 것이 탐탁지가 않으신가 보다
애꿎은 포대기에 중얼중얼 꾹꾹 누룬다
"식혜 냄새가 맛이 밍밍하다"

엄마는 주섬주섬 알약 같은 당원 몇 개 감자까는 놋숟갈로 으깨어
식혜 항아리에 넣으셨지

아버지 식혜 맛에 하는 말,
"아! 고향 맛이다 어머니 솜씨 그 맛이다"
하시며, 한 대접 꿀꺽꿀꺽 마셨지

나는 안다, 엄마도 안다
아버지도 안다
엄마 식혜 맛이 밍밍하다는 걸

없는 살림에 엄마 식혜는 눈물이다
엄마 식혜는 사랑이다
엄마 식혜는 서러움이다
엄마에 밍밍한 식혜가 그립다
밍밍한 식혜가 먹고 싶다

아, 가난했던 엄마의 그 밍밍한 식혜
엄마의 눈물어린 그 겉보리 식혜!
오늘은 사무치게 그립다

물봉숭아꽃

김 영 남

첩첩산중 두메산골 깊은 개여울가
물봉숭아꽃 분홍색으로 피지
산딸기꽃도 피고
향기 그윽한 찔레꽃도 핀다
산에 피는 산꽃들은 마주보면
나보다 먼저 수줍어 한다
모두 청순한 얼굴이지

산에 피는 산복숭아꽃
산에 피는 산살구꽃
산에 피는 산돌배나무꽃
산에 피는 산앵두나무꽃
산에 피는 산머루덩굴꽃
산에 피는 산다래덩굴꽃
산에 피는 산진달래꽃
산에 피는 산벗나무꽃
산에 피는 산버들나무꽃
산에 피는 산목련나무꽃
산에는 꽃이 피고 진다

산에 피는 도토리나무
산에 피는 개암나무

산에 피는 산밤나무
아, 양지바른 곳에
어느새 나도 모르게 피는 할미꽃
제비꽃, 오랑캐꽃, 원추리꽃, 뻐꾸기꽃
산에는 꽃이 피고 진다

아버지는 봉숭아꽃 채송화꽃 다알리아꽃 꽃모종을 멀리서 품 안에 넣어 왔다
살금살금 드나드는 싸리나무 울타리에 심었다
몇일을 크다만 꽃모종 시들시들 하더니
이슬비 흠뻑 맞고 울타리만큼 자랐다

엄마는 봉숭아꽃 몇 잎 따고
물봉숭아꽃도 색이 고아 넣는다
물봉숭아씨 톡하고 씨방에서 퍼져나간다
맨들한 돌로 찌어
누이동생 손톱에 물드린다
헝겊으로 말고 굵은 실오라기로 동여 맨다
누이동생 손톱에 물드렸다
누이동생 손톱 예쁘다

외동딸과 엄마,
이마에 손을 얹고 상념에 잠긴다
그 모습이 그 얼굴이 그립다
사무치게 그립다!

김 영 남

경기도 포천시 출생
부산광역시 강서구 거주
동아대학교 경영대학원 수료
부산가톨릭대학교신학원 졸업
부산가톨릭대신학원총동문회 회장 역임
서울대학교 자연과학대학 6기 수료
(주)전자당석유화학 대표이사 재임 중
(사)한국천주교평신도사도회 이사장(현)
(사)문학그룹샘문 회원
(사)한용운문학 회원
(주)한국문학 회원
별빛문학회 회원
문학과예술 회원

<수상>
한용운신인문학상 시 등단(샘문)
한국문학상 평론 등단(샘문)
한국문학 한국문학특선상(샘문)
문학과예술 시부문 입선

<저서>
수상집 : 들녘끝 어드메서
수필집 : 나는 피리부는 사나이

교환 외 1편

김 정 형

음양계가 있고
공간에 생명이 시작되면
형상과 형체들이 모습을 갖추고
시간이 운전하는 세월 열차를 타고
각자의 목적지로 향한다

저절로 놓아지는 하루라는 징검다리를 딛고 내일로 가는 길
지나온 징검다리는 소멸 속으로 가고
과거는 기억속에 머물러 있다

하루치 생명과 물질의 교환
아픔이 되기도 하고
위안이 되기도 하지

욕심은 앞만 보고 가라 하고
세월은 빠르고 깨우쳐 얻은 것들은
어두운 밤 길에 등불이 된다

거두어 뿌린 것들은 업의 열매를 맺고
선물로 온 하루와 하루치 생명을
무엇과 교환하나

하루치 생명을 들고 어쩔 수 없이
황금을 교환하러 나서는 사람들

말씀이 들린다
선물을 모두 쓰고 나면
집으로 돌아오라시던 신의 말씀이

고슴도치

김 정 형

고향 천상을 떠나
신의 학교 세상에서
인생이라는 숙제를 한지도 반백 년

가슴에 화살을 쏘는 선생님
뒤에서 화살을 쏘는 선생님
너도 쏘고 나도 쏘고

인생이라는 짐을 지고 오가는 길
어떤 선생님은 가벼운 짐을 지고
어떤 선생님은 무거운 짐을 남에게 지우기도 하며
숱법 선생님들은 가지각색 춤을 추었다

모든 것을 내려놓으라던
원수를 사랑하라던
너 자신을 알라던 선생님들도
모든 것은 내려놓고
왔던 곳으로 돌아갔다

몸으로 막은 화살
고슴도치 인간사
깨달음의 문을 여는 법

김 정 형

부산광역시 거주
(사)문학그룹샘문 이사
(사)샘문그룹문인협회 이사
(사)샘문학(구,샘터문학) 이사
(사)한용운문학 편집위원
(주)한국문학 편집위원
국제계관시인연합UPLI-KC 회원
한국문인협회 회원
현대시인협회 회원, 한글문인협회 이사
청옥문학협회 이사, 공감문학협회 회원
<수상>
샘문뉴스 신춘문예 시 등단
샘문학 신인문학상 당선
한용운문학상 특별작품상
한용운문학상 특별창작상
청옥문학협회 시화작품상
청옥문학 55호 작품상
풀빛소리문학협회 시화 우수상
<공저>
샘문시선 신춘문예 컨버젼스 14호
한국문학시선집 2024.2호
한용운공동시선집 3~4호
한국베트남 국제문학교류 사화집 외 다수

"템페스트"를 들으며 외 1편

류 선 희

폭풍의 속성은 잔인하다
예리한 비수로 가지마다 자르고
이리저리 헤집어
끝내 뿌리마저 캐낸다

숲의 정겨운 속삭임
더는 들을 수 없고
숱한 흔적들이 몸살하며 지워진다

흔들리는 것들의 표정
하나같이 비장하다

새가 되어
경계 없는 곳으로 날아가고 싶지만
꿈속의 꿈일 뿐.
그러나
베토벤의 '템페스트'가 그렇듯이

폭풍이 지나간 후에는
가슴 닫지 않는 窓이나
문이 없는 바다까지
침묵의 고요 속에 잠긴다

사슬에 관하여

류 선 희

지상에 머무는 동안
하릴없이 부대끼는 고통은
무게와 길이를 알 수 없는 사슬이다

형체가 있으나 없으나
타의로 묶였거나 아니거나
졸지에 영육이 옥죄이면
난감하고 두렵기 그지없다

이미 단단하게 묶여진 쇠사슬은
애써 안간힘을 써도,
참회의 기도를 퍼부어도
쉽사리 풀리지 않느니

산다는 것은
본의 아니게 묶인 고통의 사슬
몸속에 체화된
긍정적인 습관으로
부단히 풀고 또 푸는 일이다

류 선 희

이화여대 피아노과 졸업
동아대학, 신라대학교 강사 역임
1992 월간 ≪한국시≫ 등단
부산문인협회 회원
부산시인협회 편집자문위원
이화동창문인회 이사
금정문인협회 자문위원
(사)문학그룹샘문 이사
<수상>
부산문학상, 부산시인협회상 부산가톨릭문학상, 문예시대작가상 한국문학상, 한용운문학상
<시집>
『흔들리지 않는 달빛』 등 13권
<시선집> 『바람개비』 1권

무지개 다리 외 1편

용 원

구름을 헤치고 나온 푸르게 시린 하늘
어제보다 오늘 아침에 솟는 해가 아름다워

사랑과 이별 사이 파도가 가슴을 뒤흔들 때
섬과 섬을 잇는 무지개다리를 놓았어
밀물처럼 가슴속 밀려드는 외로움을 어찌하는 눈은 심연의 바다를 보았어

나는 하늘길을 찾아 무지개, 다리를 건너
비익조를 찾아 우주 속으로 빠져들어
끝도 없는 미로에서 날머리를 향하여
피안으로 가는 길을 뭇별에 물어보았어

태양이 사는 우주 공간에 여윈 나의 생명
블랙홀로 숨어들어 휜 다리가 무너지는 날숨 소리와
노을이 물드는 이유에 귀를 기울여 보겠어

무지개다리 내 젊은 꿈이 유성되어 푸른 상판 바닥에 엎혀
우리 은하별들에 미소를 보내며
모나리자와 무정한 사랑을 이야기하고 싶어
한데를 떠도는 차가운 혼백처럼

회국수

용 원

오장동 흥남집
달콤 매콤 홍어와 쫄깃한 면발들

고향 맛이 안 난다고 하시면서도
투정 대는 나를 달래며 가던 집

온몸을 악기로 만들었던 회국수
원조 홍어 고명도 어쩌다가
정체성이 없는 비빔국수에 밀려
뜨거운 육수로 입맛을 당기는가?

무슨 까닭이 있겠지
매콤한 홍어 맛이 아닌
끝없는 어버이 사랑 맛
이 가슴 어느 곳 아직 박힌 채로

아 덧없음
한숨 속에 토해내듯 뱉어버려도
치솟는 구슬픈 사랑 맛을 어이할 거나

용 원

문학의 봄 작가회 회원
문학광장 문인협회 운영이사
한국문인협회 파주지부 이사(역)
(사)문학그룹샘문 이사
<수상>
문학광장 시 등단, 파주문학 신인상, 한용운문학상 중견부문 특별작품상, 문화예술인상, 시제경진대회 장원상, 정도전문학상, 대한민국 독도문예대전 특선, 울주이바구 시부문 우수상
<시집>
애오라지
성곽을 안개가 점령하다
비에 젖지 않는 강
풀꽃의 속삭임

술잔에 어리는 얼굴들 외 1편
- 12.3내란 탄핵의 밤

이 동 완

며칠째 먹은 술병들이 쓰러져 널브러진 방
술잔에 빠져 허우적대던 시간은
아침인데도 숙취에서 헤어나지 못한 채
몸부림을 치고 있다

간밤에 술잔에 희미하게 어리던 얼굴들
가슴속에 대못을 하나씩 박아 놓고
반민주주의에 항거하던 지난 역사에 갇혀
발버둥 치는 나를 비웃으며 조롱하고 있다

민주주의라는 미명美名을 등에 업고
공정과 상식과 협치가 통하지 않는 나라
국민의 주권이 무참히 짓밟히는 나라
헌법과 절차가 무시되는 나라로 전락해 버린 나라
자유와 정의를 수호하기 위해 목숨을 담보로
자유민주주의를 위해 투쟁을 하던 사람들

국가 간의 전쟁으로 어려워진 국제정세,
수렁으로 빠져들고 있는 암담한 국내 경제,
공약서에 빼곡한 빛이 바랜 대안 없는 정부의 정책,
정치 놀음에 취해 오래전 국민을 잊은 군주

이성적 판단력을 잃은 불안한 감정
신뢰의 결핍에서 오는 선택적이고 일방적 소통
거짓과 편견의 고집불통이 되어버린 몸과 마음에
수많은 진실 탄을 맞아 여기저기 구멍이 뻥뻥 뚫려도
피 한 방울, 눈물 한 방울 흘리지 못하는
빈 껍데기 하루방 같은 군주

시력이 나쁜 건지 눈에 보이는 것도 없고
머릿속을 갈아 먹은 알콜성 치매도 아닐 텐데
느낌표, 물음표 하나도 없는 아집만 가득한 머릿속
어쩌다 찾아온 잘못된 행운을 천운의 운명이라 믿고
국익보다 사익을 우선하고
국민의 안위보다 가족의 안위만 생각하며
신에게 부여받았다는 절대 왕권이란 착각 속에
더 강력한 절대군주가 되어 있다

절대 왕권에 무참히 짓밟힌 법치국가
이것이 분명 지금 내 조국의 현실인데
그저 와 준 자유인 양, 나만의 특권 인양
간절한 아우성을 모르는 척 애써 외면하며
무심하게 방관하고 있는 나,
저토록 힘들게 거리로 나서고 있는데
그런 용기마저도 없는 나

지금처럼 따뜻한 방구석에 편안히 앉아
죄 없는 텔레비전 화면에 대고
불만과 욕설만 퍼부을 뿐

국가를 위험에 빠뜨린 군주
추운 겨울 무거운 책가방을 둘러맨
어린 학생들을 길바닥에 내세운 비겁한 술주정뱅이 나
어쩌면 저 군주는 나의 이러한 안일한 무관심이 만들어낸
무소불위의 이무기인지도 모른다

도대체 나에게 국가와 자유와 정의는 어떤 의미일까?
전쟁으로 분단된 반쪽의 나라에 태어나서
자유와 평화와 정의를 배우고 실천하며
인간으로서 도리를 다하며 정직하게 살아야 한다고
귀가 뚫리게 듣고 노력하며 살아왔건만
국가의 민주적 안위가 침탈당하는 이 상황에서
자유와 정의를 위한 투쟁은 접어 두고라도
자신의 권리 주장도 하지 못하는 겁쟁이,
지금까지의 나의 개념적인 삶을
한 잔 술에 타서 마셔 버린 것인가?

가을이 가는 길목에서

이 동 완

해 질 녘 일터에서 서둘러 돌아오시면
물에 불린 누런 겉보리 절구에 찧어
거친 보리쌀을 커다란 가마솥에 넣고
아궁이 앞에 쭈그리고 앉아
짚불을 지피시던 어머니

친구들과 놀다 돌아와
배가 고파, 밥 달라고 졸라대는 나를
땀방울 뒤범벅된 눈물을
감빛 무명 치마폭에 훔치시며
매운 연기 때문이라고 혼잣말처럼
애써 넋두리 하시던 어머니

초승달이 내려앉은 쇠시랑베미 논
산비탈 바람퉁이 손바닥만 한, 밭뙈기
검정 고무신 밑창이 다 닳도록
밭머리를 들락거려도
더 나아질 것 하나 없는
허울 좋은 종갓집 케케묵은 살림살이

달이 차고 기울도록
절구에 허구한 날 찧어대던 통보리

허리가 굽어지시는 어머니의 키는
자꾸만 작아지시는데
땀방울에 찌들은 피눈물을 먹고
눈치 없이 나날이 커져만 가던 공이

어느 날인가 아버지와 다투신 뒤
자신의 키보다도 훌쩍 큰 공이를
걱정 반, 한숨 반으로 바라보시며
한동안 시름에 젖던 어머니

절구에 찧어 머리가 닳고 으스러진
상처투성이 공이처럼
가난의 한(恨)이 가닥가닥 엮어
하루하루를 눈물로 지탱하시던 어머니

벌 떼 같은 자식들에게
시도 때도 없이 피를 빨리고 살점이 발려
뱃가죽이 등에 붙어
지팡이 손잡이처럼 굽어버린 등허리
먼 하늘 가까이 세 발로 땅을 딛고
반토막 짧은 지팡이도 무겁다시며
버거워하시더니
홑이불 같은 피부를 온몸에 덮으시고
고이 잠이 드신 어머니

소리 소문도 없이 다가왔던 가을
헛헛한 마음속에 쌓여있던 그리움을

이끼 가득한 통나무 절구통 속에
한가득 채워 놓고
이 아침 조용히 떠나간다

이 동 완

아호 : 백마
전남 영광 출생
광주광역시문인협회 회원
(사)샘문학(구,샘터문학) 이사
(사)문학그룹샘문 이사
(사)샘문그룹문인협회 이사
(사)한용운문학 편집위원
(주)한국문학 편집위원
이정록문학관 회원
샘문시선 회원
<수상>
문학과예술 시 등단
문학과예술 신인문학상
문학과평론 최우수시인상
한국문학상 특별창작상
한용운문학상 중견 특별창작상
한용운문학상 중견 우수상
신춘문예 샘문학상 우수상
<공저>
위대한 부활 그 위대한 여정
호모 노마드투스
<한국문학시선/ 샘문>
*****
이별은 미의 창조
불의 詩 님의 침묵
<한용운문학시선/ 샘문>
*****
개봉관 신춘극장
<컨버젼스시선집/ 샘문시선>

낮에도 별은 뜬다 외 1편

장 복 순

저 밤하늘에 별을 따다가
몇 섬지기 별마당에
그 별을 뿌렸더니
낮에도 별이 떴다

별을 노래하는 마음에
무한하게 펼쳐지는 꿈
내 안에 꿈꾸는 별 있다

북두칠성

장 복 순

밤새 잠도 안 자고
우리를 지키느라
빛을 발하는 북두칠성

사람들의 꿈을 모아
국자 가득 담고 있구나

오늘따라 유난히 반짝이는
일곱 별들의 속삭임
힘내, 네 꿈을 응원할게

장 복 순

아호 : 초담, 흑진주
전남 광양군 옥룡 출생
(사)문학그룹샘문 자문위원
(사)샘문그룹문인협회 운영위원
(사)샘문학(구,샘터문학) 자문위원
(사)한용운문학 운영위원
(주)한국문학 운영위원
대한민국 신지식인 36호 선정
성공사관학교 동기부여 교수
(사)국제서비스협회 전임교수
(사)국제웃음치료협회 회장(역)
한국신지식인협회 이사
<수상>
참여문학 시 등단
샘문뉴스 신춘문예 시부문 당선
샘문학상 본상 특별창작상
오은문학 작가상 당선
스포츠서울 시부문 대상
한국교육산업 명강사부문 대상
스포츠조선 교육산업 대상
미즈실버코리아선발대회 인기상
<시집>
그리움 0516
동행을 부르는 이야기(2쇄)
<수필집>
진주씨의 꿈 사용설명서
<공저>
추야몽秋夜夢
이별은 미의 창조
<한용운문학시선집/샘문시선>
*****
첫눈이 꿈꾸는 혁명
개봉관 신춘극장
<컨버전스시선집/샘문시선>
*****
명강사 25시
사랑하길 잘했다
5년 후 내가 나에게 외 다수

눈 내리는 호산리 외 1편

정승운

그립고 그리워서
겨울이 가는 것이 아쉬운지
호산리에 눈이 내린다

지나온 저 세월들이
얼마나 아프고 서러운지
그 골깊은 흔적을 덮으려 내리는
저 하얀눈은 얼마나 아름다운가

말못한 울부짖음이
수없이 많고 많아도
모든 것 잊으라 잊으라 하며
호산리에 눈이 내린다

모진풍파에 젖은 마음
인고의 실타래를 뽑는 누에같이
하얀눈은 펄 펄
내 가슴을 덮으며

*****
호산리 : 충남 아산시 탕정면 호산리

자운영

정승운

울타리가 있었으면 참 좋겠다 생각했는데
겨울 어느날
난 당신을 보았어요

자운영이 찌는 듯한 무더위와 장마와 모진 바람에 유기된 줄 알았는데
무슨 인연 하나 놓지 못하고
거세고 야속한 눈보라 속에서 탐스럽게 피었는가

아름다운 눈 꽃송이 당신이었고
흔들리는 자주빛 꽃잎도 당신이었어요

말라 떨어진 낙엽은 서럽게 사라져도
발가벗어 속타는 나무, 그 마음을 그 누가 알까

겨울에 핀 자운영
미소가 아름다운 당신은 왜 이리 아름다운가

정 승 운

필명 : 정상하
조선대학교 법과대학 졸업
(주)청천테크, 청천뉴테크 회장
(사)샘문학(구.샘터문학)이사
(사)샘문그룹문인협회 이사
(사)문학그룹샘문이사
(사)한용운문학 편집위원
(사)한국문학 편집위원
(사)도서출판샘문 회원
(사)샘문뉴스 문화부 기자
<수상>
한용운문학상 우수상(샘문)
한국문학상 우수상(샘문)
샘터문학상 특별작품상(샘문)
계간문학예술 시부문 등단
<저서>
고흐역에서 널 만나면
<공저>
우리집 어처구니는 시인
<컨버전스감성시선집/샘문시선>
태초의 새벽처럼 아름다운 사랑
<컨버전스시선집/샘문시선>
*****
이별은 미의 창조
불의 詩 님의 침묵
<한용운시선집/ 샘문>
*****
호모 노마드투스
<한국문학시선집/ 샘문>

이때 쯤이면 외 1편

정 철 웅

겨울이 무르익어 터질 때 쯤이면
산천 초목 깊은 잠 깨고
살며시 기지개를 켜고
어디선가 목놓아 울부짖던
자연의 부름 앞에 숙연해 지는 마음

다시금 헤아리고 바삐 서둘러
떠나 가야할 여로
또다시 돌고 돌아 이런 날 온다고 해도
때 늦은 후회 잉태하고
남은 것은 찌들어 버린 세월의 나이테

하나 둘 세어 보니
어느덧 회한의 그림자
상처 투성이 남기고
자꾸만 멀어져만 가네

저만치에서

정철웅

사랑은 늘 저만치에서
다가와 마음 구석구석
감동의 물결 출렁이게 하고
차가운 공기 사이로 얼굴 내민 햇살
포근하고 따뜻하게
가슴을 쓰다듬고
무지개 빛 색깔로 곱게
물들어 장식을 하고
그대는 어슴프레 어둠을 헤치고
먼동이 밝아오듯
시시때때로 찾아와
희망이란 찬미가를 부르며
한결같이 저만치에서 다가와
잠자는 마음을 흔들어 깨워줘
새롭게 움트는 새싹들
삐쭉삐쭉 눈을 비집고 자라나고
봄 손님을 맞이하려고

정 철 웅

고양시 일산서구 거주
천연발효 효소사
(사)문학그룹샘문 운영위원, (사)샘문학(구,샘터문학) 운영위원, (사)샘문그룹문인협회 회원, (사)한용운문학 회원(샘문), (주)한국문학 회원(샘문), (사)샘문뉴스 회원, 이정록문학관 회원
<수상>
2023 한용운신인문학상 시 등단
<공저>
이별은 미의 창조
<한용운문학시선집/샘문>

바람꽃 외 1편

최 경 순

화투연과
눈 맞고

남 몰래
햇살과
눈비 맞고

편 꽃

아버지께 하고 싶었던 말

최 경 순

말은 입 밖으로 달리고 싶다
그립다고 말하고 싶을 때
채색되지 않은 하늘과 숲,

자꾸만 기억의 끝이 뒤편으로 잘려나간다
늘 제자리다
꿈이었다
꿈속은 생각만으로 꽉 차 있다

오래전 죽은 아버지를 만났다
말이 텅 비었다
만질 수도 없다
가까이 갈 수 있는 유일한 것은
꿈속 뿐,

최 경 순

강원도 양양군 출생, 경기도 용인시 거주
자영업종 수원힐스테이트 광교
K99호수 세탁소 대표, (사)문학그룹샘문 운영위원, (사)샘문그룹문인협회 운영위원, (사)샘문학(구,샘터문학)운영위원, (사)한용운문학 회원(샘문), ㈜한국문학 회원(샘문), (사)샘문뉴스 회원, 이정록문학관 회원, 샘문시선 회원
<수상>
2024 샘문뉴스 신춘문예 시부문 당선
2024 샘문학 샘문학상 시 등단
<시집>
샘문뉴스 신춘문예 수상 기념시집
- 그는 아버지의 등을 상속 받았다 -
<공저>
개봉관 신축극장
<컨버전스시선집/샘문시선>

해바라기 외 1편

황 주 석

미워하려는 마음은 너무 힘들어
무척이나 애를 쓰며
모르쇠로 무장해야 하니까

사랑하려는 마음은 오히려
나를 활활 불 붙게 해
나도 모르게 연신 침을 꿀꺽
눈, 코, 입도 배고프다는데 못 말려
바람마저도 다소곳이 숨죽이는
꽃물과 꿀의 경계를 드나드는 순간

사랑할까 미워할까
망설이지 마, 무조건이야

뿌리와 잎과 꽃은 한몸이잖니
식물의 일생으로 말하자면
처음과 끝이 하나로 이어진 굴렁쇠
사랑의 동그라미

머리에서 가슴까지 또 발끝까지
하루는 이렇고 또 하루는 저렇고
수도 없는 시행착오를 겪으면서

일생의 정수리에서 가부좌 틀었어
한 장의 컬러사진으로 승화된 문장
그 맵시를 뽐내는 너

태양처럼 눈부신 너의 장밋빛 얼굴에
작은 웃음 피었네
자잘한 가시를 뾰족 뾰족 세웠지만
그래도 나는 네가 좋아 눈 시리게 바라본다
남몰래 숨을 멈추고 침을 삼키며

눈물을 흘리고 난 후에

황 주 석

운다, 희로애락 회상을 붙들고
울먹, 울먹이다가
답답한 가슴을 참지 못하고 기어이 운다
백설 공주의 눈물로 다가온
네 영혼을 포근히 감싸안고서

눈시울은 샛말갛게 아픔을 씻어 글썽글썽
느릿느릿 걷다가 보니
콧잔등이 시큰거린다 아리다

할 일을 다한 것처럼
손 등으로 눈물을 훔칠 때면
싱거운 생각에 말을 잃어버린 나는
밍밍한 눈물에 퉁퉁 불은 채 떠내려간다
두리번두리번 눈치를 살피며

마음은 눈물에 젖어젖어
헐벗긴 맨바닥이 드러난다
멋쩍어서 일까
하던 일과 해야 할 일 속에
앞뒤도 가리지 않고 서둘러 몸을 숨기고
울고 나면 언제나 그랬다

그 순간만큼은
욕심도 근심 걱정도 모두 사라지고
그저 평온이 찾아왔다
비록 짧은 시간이었지만
기억의 페이지에도 설렘이 일렁였다

내 눈물 속에는 언제나
참사랑이 살고 있었다, 그랬다
한참이나 사랑하고 나면

구부러져 있던 내 마음 곳곳에
푸르른 봄의 잎새들이 낱낱이 노닐고
봄볕에 움질거리는 네 모습도
진달래꽃에 투영되고

황 주 석

아호 : 진여眞如
(사)한국문인협회 회원
(사)국제pen한국본부 회원
(사)문학그룹샘문 이사
(주)한국문학 편집위원(샘문)
(사)한용운문학 편집위원(샘문)
샘문시선 회원

모란 외 1편

김동철

정성껏 가꾸면서 애타게 기다린 봄
단비에 목욕한 듯 상큼한 맑은 기운
단장丹粧한 갓 피운 꽃잎 둘도 없이 좋아라

옥 껍질 꽃받침에 금 꽃술 비단 입술
우아한 여인네의 아리따운 맵시인가
진홍색 요염한 미소 무르익어 고아라

꽃보고 그대 생각 기쁨은 한限이 없어
뜨겁던 우리 사랑 지금도 피어나니
세상사 시름 다 잊고 웃음 띄고 보노라

남모를 부러움에 함초롬 젖은 물기
남풍에 속절없이 누운 꽃잎 떨어지니
가는 봄 얄미운 인연 정든 임은 아실까

꽃비

김 동 철

긴 방죽 비 온 뒤 풍광은 더욱 새로워
온갖 풀 때 만난 듯 연초록 계절이라

벚꽃은 활짝 피어 예쁘고 빼어난데
꽃부리 물기 젖어 봄기운 어려 곱구나

화사한 고운 웃음 산들바람 흔들리니
묵은 뜰 그윽한 향기 그리움에 빠지는데

어지럽게 꽃잎 떨어져 물에 떠서 가득하니
다정하고 한 많은 여인 보내는 심정이구나

花雨 화우

김 동 철

長堤雨後景尤新	장제우후경우신
白草得時軟綠辰	백초득시연록신
滿發櫻花娟秀麗	만발앵화연수려
玉脣滴潤艷生春	옥순적윤염생춘
華奢媚笑和風動	화사미소화풍동
故苑幽香戀慕淪	고원유향연모륜
繽粉落英漂水溢	빈분낙영표수일
多情多恨送佳人	다정다한송가인

김 동 철

필명 : 미서 湄抒
울산광역시 거주
한국방송통신대 행정학과 졸업
(사)문학그룹샘문 이사
한용운문학상 최우수상
노벨재단 사회공헌상
보고파 그리운 정(시조, 한시집)
꽃잎은 나비처럼(한시집)

세상사 파란만장 외 1편

오 순 덕

<1>
무섭다 세상살이 사는게 무엇인지
천지가 개벽하듯 광란이 소리치고
무시로 격한 다툼질 골 때리는 난국이다

정국은 파란만장 쌈질에 아수라장
국민은 안중 없고 다툼질 시끌벅적
그 누가 저꼴을 보며 맘 편할 자 있으랴

지구촌 전쟁 참상 참혹한 폭탄 세례
불덩이 하늘 날고 지상은 초토화 돼
등골이 오싹하구나 난민들이 불쌍타

불가마 펄펄 끓듯 망국을 초래하네
비참한 인류 재앙 하늘이 무섭잖나
이다지 격한 세상에 주님 가슴 울리네

하늘을 날던 비행 대참사 불가마에
희생자 전멸 되어 억장이 무너진다
주님은 이를 보시며 그 얼마나 아풀까

세상이 요동치니 산천도 풍지박산

황산벌 갈아엎듯 미 남단 산불재앙
휩쓸고 지나간 자리 피눈물이 고였다

<2>
온난화 돌연변이 지구가 몸살인가
때아닌 눈 비 오고 철 아닌 기후 변화
물 폭탄 폭설이 되어 지상을 둘러없네

땅덩이 곪아 터져 불덩이 폭발하나
폭포수 들어붓듯 곳곳에 아수라장
산산이 부서져가는 참담한 형국이여

인간의 마음속엔 선과 악이 파동 치고
주 말씀 사랑 표현 언술이 무색하다
무서운 광란 파도는 곤두박질 치누나

고통의 저항소리 피맺힌 함성여라
온 백성 탄식소리 하늘을 찌르는데
하나님 지켜준 나라 굳게 세워 주소서

오 주여 만국 백성 긍휼히 여기시고
선한 자 악한 자도 다 주님 품안에서
거듭난 백성이 되어 주님 품어 주소서

전쟁의 돌발상황 아직도 망연자실
평안한 안식처가 지구상 어드멘가
오로지 머리둘 곳은 하늘나라 뿐이랴

을사년을 맞으며

오 순 덕

찬란한 님의 숨결 타오른 불길이며
온 천하 우주만상 어둠을 몰아내고
영광의 광채 비치사 새노래를 받으소서

희망찬 푸른 꿈이 향기를 날게하사
차오른 님의 숨결 포근한 둥지 틀고
용서와 화합으로서 하나 되게 하소서

오 주여 이땅 위에 사람의 띠 둘러주사
동녘에 밝은 태양 붉게 타 올랐는데
세상은 온갖 풍파로 머리둘곳 없나이다

님 숨결 솟아올라 새날을 열으신 주
지구상 구석구석 해맑게 비추시사
주 찬양 은혜의 물결 차오르게 하소서

살얼음 깨지듯이 광란의 세상 풍화
불신은 도를 넘고 원망만 치솟으니
참담한 고통의 세월 주여 지켜 주소서

오 순 덕

미합중국 거주
시인, 시조시인, 수필가
한성신학교 신학대학 졸업
한성신학대학 부설 유치원장(역)
한국시단 편집위원
세계선교문학 회원
(사)문학그룹샘문 자문위원
(사)샘문그룹문인협회 자문위원
(사)샘문학(구,샘터문학) 자문위원
(사)한용운문학 자문위원
(주)한국문학 자문위원
샘문시선 회원
<수상>
한용운문학상 시조 등단(샘문)
한용운문학상 시조 우수상(샘문)
한국문학상 시조 최우수상(샘문)
샘터문학상 본상 시조부문 우수상
샘문뉴스 신춘문예 시조부문 당선
별빛문학 신인문학상
<시조집>
생명이 흐르는 강(샘문시선)
<작사>
찬송가 영성가곡 외 다수

장독대 외 2편

고 태 화

옹기종기 놓여있는 장독대 위에
소복하게 쌓인 하얀 눈은
짚으로 장식해둔 끝자락에
고드름 되어 메달리고

겨울 볕 쬐기 위해 토방에 올라
옹크리고 있던 삽살개는 일어나
폭신하게 쌓인 눈 위를 뛰어가며
발자국 남기네

대봉 감나무

고 태 화

고향집 파란 대문 담장 넘어로
한 그루 대봉 감나무
봄부터 가지 위에 싹이나고
감꽃 떨어질 때 목걸이 반지 만들어
목에 걸고
친구들과 노닐던 그시절 그리워라

대봉 감나무에 감꽃 떨어져
초록색 열매 허물 벗어 던지고
가을의 탱글탱글한 둥근 감,
겨울 새벽 서리와 눈보라 마주하고
달콤하게 농익어 갈 때쯤
먹이 찾는 까치들 보금자리 만든다

가지 위에 살포시 내려 앉은 까치들
대봉 감나무에 메달려 있는 둥근 감을
뾰족한 부리로 쪼아 단맛을 본다
몇번을 쪼아댄 감은 반토막이 될쯤
가지 끝자락에 걸려있다가
톡, 하고 땅에 떨어져 터지고 만다

고향집

고 태 화

좁다란 골목 사이 작은 길
이웃집에 친척이라도 오면
동네 꼬마들 우르르 몰려든다
아이들이 모이면 그 집은 잔칫날

고향 마을로 찾아오는
행인들의 활기찬 발걸음
양손 가득 선물 들고 열려진 대문
안으로 들어간다

아이들은 또다시 이웃집 친적분 배웅하고 동네 길모퉁이에 모여
술래잡기 깡통차기 도망 다니기 하며
서산의 지는 해 바라본다

고 태 화

아호 : 월연당
서정대학교 졸업(사회복지행정학과), 서경대학교 졸업(경영학과, 평생교육사), 칼빈대학원 졸업(사회복지 문학석사), 강원대학교 경영대학원(AMP 명품과정)
샘문예술대학 시창작학과 수료, 샘문예술대학 시낭송학과 수료
샘문평생교육원 샘문예술대학 학장, (사)문학그룹샘문 이사, (사)샘문학(구,샘터문학) 이사, (주)한국문학 편집위원, (사)한용운문학 편집위원, 황야문학 부국장, 글동네 사무총장
<수상>
한용운문학상 중견 우수상(샘문)　　한용운문학상 중견 특별창작상(샘문)
샘문학상 우수상(시부문)　　　　　　한용운문학상 동시 등단
샘문뉴스 신춘문예 시 등단
<공저>
태초의 새벽처럼 아름다운 당신 외 다수
(컨버전스시선집/샘문시선)
추야몽 秋夜夢, 이별은 미의 창조
(한용운시선집/샘문시선)

편지

인 정 희

제 1 화
자리 변경

나는 거실에 에어컨을 설치하고 나자 동선을 바꾸어 보아야 겠다며 아미를 불러 가구를 옮기자고 했다. 아미는 늦잠 자다가 일어나 부스스한 얼굴에 짜증이 잔뜩 들어 있다. 남자친구 훈 이가 책장을 가져오기로 했다며, 거실로 끌어내야 한다고, 들어서 하자고 우긴다. 담요를 찾아서 책장 한쪽을 밀어 방바닥에 밀어 넣자, 이걸 못 들어서 끌고 다니냐며 아미는 힘 좋은 여자처럼 목소리를 높였다. 왜 괜한 곳에 힘을 써 힘은 요령으로 써야지. 문턱을 넘어가며, 담요를 끌어서 거실에 내놓고, 화장대도 자리를 변경 하자고 하자 아미는 훈이라면 이런 것 쯤 한 손으로 번쩍 들어 올린다며, 잠시 후에 도착할 텐데 ….

하지만, 안방을 보여 주기 싫어서 아미와 화장대를 옮기려는데, 말을 안 들으려 하는 아미를 불러 세운다. 입을 오리처럼 뾰족하게 내밀고, 억지로 하는 아미가 마음에 안 들어 나는 혼자서도 할 수 있겠다 싶어 장판 위로 끌어냈다. 화장품을 정리하고 나자 거울이 환하게 보였다. 내 자리를 찾은 안도감이다. 뭉치가 거울을 들여다보며 갸우뚱 몸을 기울였다. 손가락으로 거울을 긁어 뭉치에게 보여주자, 뭉치는 눈을 크게 뜨고 한참을 바라보다가 거실로 나갔다. 거울 속에 맞은편 장롱이 선명하게 자리한다. 롤 블라인드를 올려 창밖에 풍경을 안으로 들여놓았다.

아미가 현관으로 나가 훈이를 맞이해 책장을 내다 놓으려 하자. 뭉치가 왈왈 짖어대며 펄쩍펄쩍 뛰어올라 훈 이를 반긴다. 뭉치를 안아 책장 옮기는 것을 바라봤다.

"훈이야 아미가 그러는데 이런 것쯤은 한 손으로 번쩍 들어 올린다며? 네가 그렇게 힘이 세니?"

"엄마 내가 언제 그랬어?"

아미는 좀 전에 한 말도 뒤집는다 훈 이가 현관 앞에 덩치 큰 책장과 사라지고, 성훈이의 소지품을 정리하다가, 책상 밑에 어두운 곳에 한 바구니 담아 구석에 밀어 놓았다.

제 2 화
성훈이의 편지

책상 아래 바구니에 만 원짜리 지폐처럼 푸른 종이가 몇 겹으로 벌어져 보였다. 나의 손이 내려가 그 종이 몇 장을 들어 올렸다. 닳고 닳아서 헤어진 편지 봉투다. 주소지로 보아 고1에 보낸 편지이다. 나에게 써 보낸 편지 내용은 ….

꽃잎이 하늘하늘 날아 흐르듯이 전체에 있고, 왼쪽으로 유리병에 하얀 편지지를 돌돌 말아 빨간 리본으로 묶어, 연두색 네 잎 클로버를 넣어둔 그림이다. 편지지 상단에는 secret message라고 흘림체로 쓰이고, It is only with the heart that one can see rightly. 라고 쓰여 있다.

어머니 당신이 자랑스럽습니다.

#. 저의 짜증나는 장난을 받아주시는 당신이 자랑스럽습니다.
#. 항상 사랑을 표현 하시는 당신이 자랑스럽습니다.
#. 저의 무리한 부탁도 들어 주시는 당신이 자랑스럽습니다.
#. 가족을 항상 믿으시는 당신이 자랑스럽습니다.
#. 음식을 맛있게 만드시는 당신이 자랑스럽습니다.
#. 힘든 저에게 항상 격려의 말씀을 아끼지 않으시는 당신이 자랑스럽습니다.
#. 자식교육에 항상 힘쓰시는 당신이 자랑스럽습니다.
#. 당신에게 상처가 될 수 있는 말을 해도 용서해 주시는 당신이 자랑스럽습니다.
#. 더 이상 마음고생 하시지 않는 당신이 자랑스럽습니다.
#. 힘든 조건과 환경 속에서 절 낳아 길러주신 당신이 자랑스럽습니다.
#. 항상 저의 친구가 되어 주시는 당신이 자랑스럽습니다.
#. 따뜻한 마음 가질 수 있게 도와주시는 당신이 자랑스럽습니다.
#. 저의 모든 것을 항상 인정해 주시고, 지원해 주시는 당신이 자랑스럽습니다.
#. 저의 정신적인 버팀목이 되어 주시는 당신이 자랑스럽습니다.
#. 아버지께서 편찮으셨을 때 용기 잃지 않으시고, 열심히 일하셨던 당신이 자

랑스럽습니다.
　　#. 당신이 젊기에 자랑스럽습니다.
　　#. 사랑하는 방법을 일깨워 주신 당신이 자랑스럽습니다.
　　#. 아버지께는 사랑스런 아내, 자식들에겐 현명한 어머니이신 당신이 자랑스럽습니다.
　　#. 다시 전과 같이 행복하게 돌아오신 당신이 자랑스럽습니다.
　　#. 어머니, 당신은 어머니이신 것만으로도 자랑스럽습니다.

　　　　사랑해요. 엄마!
　　　　행복한 아들 올림

　민트 색에 그레이로 선을 그어 놓은 편지지에 choices라고 흘림체로 크게 쓰여 있고, 밑에는 작은 글씨로 for the song my heart on look at me… 라고 쓰여 있다.

　"아버지 당신이 자랑스럽습니다."

　　#. 어머니께는 좋은 남편 자식에게는 좋은 아버지이신 당신이 자랑스럽습니다.
　　#. 매주 일요일 아침밥을 손수 지어 주시는 당신이 자랑스럽습니다.
　　#. 담배와 술을 끊으시려는 당신이 자랑스럽습니다.
　　#. 아침 일찍 가족을 위해 피곤하신 몸을 이끌고 회사로 발걸음을 옮기시는 당신이 자랑스럽습니다.
　　#. 가족을 항상 사랑으로 감싸주시는 당신이 자랑스럽습니다.
　　#. 자식들이 올바로 걸을 수 있도록 이끌어 주시는 당신이 자랑스럽습니다.
　　#. 저에게 엄하셨던 당신이 자랑스럽습니다.
　　#. 하지만 지금은 누구보다 자상하신 당신이 자랑스럽습니다.
　　#. 저에게 꿈과 희망을 주신 당신이 자랑스럽습니다.
　　#. 저의 모든 실수와 잘못을 용서해 주신 당신이 자랑스럽습니다.
　　#. 많은 경험 할 수 있도록 해주신 당신이 자랑스럽습니다.
　　#. 자신보다는 가족을 위하시는 당신이 자랑스럽습니다.
　　#. 깊은 생각할 수 있도록 항상 곁에서 조언해 주시는 당신이 자랑스럽습니다.

#. 뜨거운 눈물 흘릴 수 있게 해주신 당신이 자랑스럽습니다.
#. 우리가족 행복하게 가꾸시려는 당신이 자랑스럽습니다.
#. 세상에서 중요한 것이 무엇인지를 깨닫게 해주신 당신이 자랑스럽습니다.
#. 자식과 따뜻한 대화를 하시려는 당신이 자랑스럽습니다.
#. 어떠한 상황 속에서도 저를 믿어주시는 당신이 자랑스럽습니다.
#. 부모님께 효도하시는 당신이 자랑스럽습니다.
#. 아버지, 당신은 아버지이신 것만으로도 자랑스럽습니다.

    사랑해요 아빠!
    행복한 아들 올림

백지가 누렇게 변한 종이는 꾸깃하게 접혀져 있다. 여러 번 접어놓아 어린아이들이 가지고 놀던 종이 딱지 모양이다. 펼치다가 조금 찢어졌다.

  부모님께
  이번에 시험을 잘 못 봐서 죄송합니다. 이제는 평소에 공부 열심히 해서 정말 기쁘게 해드릴 게요. 제 목표 점수입니다. 점수가 되도록 열심히 노력하겠습니다.
  국어 96 수학 100 사회 100 과학 100 영어 100 기술 97 도덕 97 체육 85 가정 95 미술 96 음악 85 한문 100 평균 96.5 저는 시험 몇 일전에 한꺼번에 했는데, 이제부터는 꾸준히 노력해서 나의 목표 점수에 꼭 도달해서 부모님 기쁘게 해 드리고, 나를 위해서 노력해, 부모님께서 만족하도록 하겠습니다.

    2000년 6월 3일
      성훈 올림

  아들에게!
  중 1이 되어서 처음으로 치른 시험에서 열심히 최선을 다하는 너의 모습에, 엄마와 아빠는 삶의 용기를 가질 수 있었단다. 많이 아파서 이 년여 동안 고생 하시던 아빠가 수술을 하였으니, 몇 달만 쉬시면 완쾌되실 거야! 엄마도 새로운 직장에서 잘 적응하고 있으니, 우리 걱정은 하지 말고. 너의 인생에서 때로는 비 오는 날,

때로는 안개가 끼어서 몇 미터 앞을 분간하기 곤란할 때가 올 수도 있단다. 사랑하는 아들아! 그래도, 먼지 낀 나뭇잎 사이와 목마른 식물들에게 촉촉한 단비는 내린단다. 태양이 빛날 때 자연의 경이로움과 생명의 사랑스러움을 느끼거라. 엄마와 아빠의 삶에 큰 희망과 기쁨을 주는 성훈아! 인생이란 항상 댓가가 있단다.

그리고, 수업 시간에 선생님들께 항상 감사하는 마음을 가졌으면 한다. 그분들은 너의 지혜와 지식을 담도록 도와주시는 고마우신 분들이란다. 너의 그릇에 신지식과 지혜를 주시는 선생님께 감사해야 한다. 너의 간절한 원함이 있는 목표가 너를 향해 웃으며 손짓할 때, 너는 인내로써 최선의 노력을 다하도록 하여라.

너보다 키가 작아진 엄마가

2000년 6월 6일 현충일 저녁에 이 편지는 중학생이 되어서 처음으로 시험을 본 아들에게 보낸 편지였다. 나는 대가라는 부분에 푸른 잉크로 쓴 글씨에 밑줄을 두 줄 그어 놓아 아들 성훈에게 확신에 찬 미래를 주고 있다. 도장으로 꾹 찍어 놓은 나의 이름 석 자다. 선생님이 학부모의 답장과 확인 도장까지 받아 오라고 하였나 보다.

성훈이가 고교 입학하려고, 면접시험을 보려고, 함께 학교에 갔다 오던 날 학교 앞에서 날아오르던 파랑새 한 마리가, 개울가에 마른 잡초 사이에 실가지를 딛고 날아오르고 있었다. 아스라이 떠오르는 꿈을 밟으며 걸어가는 모습이다.

제 3 화
칼 갈아요 칼

밖에서 갑자기, "칼 갈아요. 칼!"
카랑 카랑한 여자의 목소리가 들렸다.
성훈이가 출장길에 집에 불쑥 찾아왔다. 밤새 들락거리며, 맥주를 사다가 마시고, 잠을 못 이룬다. 할머니의 장례식 이후에 마음이 편하지 않은데, 나는 나의 사후를 이야기 해준다. 엄마의 임종 후에는 화장을 해서 납골당에 모셨다가, 외갓집 뒷동산에 천년의 향기 주목 나무를 심어 놓았으니, 그 나무 아래에 심어 달라고 유언처럼 전했다. 어두운 얼굴로 회사에 출근하는 모습 생의 한 간이역이다.

소설

　우체함에서 편지 한 통을 발견하였다. 국가 보훈부에서 수신인 동수의 이름으로, 뜯어보자, 운명하신 시어머니의 사망 일시금과, 선 순위 유족 지정서에 대한 안내문이다. 연금 수혜를 받아 오시던, 시어머니의 사망으로 우편물이 온 것이다. 장례 비용으로 약간의 비용을 지급 받으려면 서류를 보내야 한다는 내용이다.

　동사무소에서 필요한 서류를 떼려면 동수의 인감도장이 필요하다. 화장대 서랍을 뒤져보자 동수가 이런저런 종이를 접어서 넣어 두었다. 나는 하나씩 펴봤다. 병원 서류, 월급 지급 명세서, 그리고, 노란 봉투 하나 입구가 찢어져 있다. 성훈이는 우리에게 용돈 줄 때 이 봉투에 넣어서 주는데…. 봉투를 들어 열어 봤다. 지폐 몇 장이다. 신사임당이 그려진 지폐. 비상금을 이렇게 허술하게 놓다니. 다시 그 자리에 놓았다. 필요한 서류를 메모하고, 책상에서 일어나려는데 전화벨 소리가 울렸다. 동수가 전화기를 놓고 가서 내가 받았다. 큰 시누이로부터 국가보훈부에서 뭐 온 것 없냐며, 사망 일시금을 나누자고 한다. 얼마나 된다고 큰 시누이는 나눌 생각까지 하고, 저 돈에 대한 악착같은 욕심은 버릴 수 없는가 보다, 라고 나는 중얼거렸다. 왜냐하면 20년도 넘은 일인데도 잊혀지지 않는 트라우마가 있다. 엑스레이를 찍어 보관해 놓은 필름처럼 선명하다.
　뭉치가 벼락처럼 짖어 댔다. 나는 재빠르게 현관 앞으로 나갔다. 현관문에 달린 아주 작은 유리 구멍으로 내다봤다. 누군지 알 수 없는 사람이 서 있다.

　"누구세요?"
　"어머니 저 훈이 인데요."

　나는 목소리로 아미 친구라는 것을 알았다. 현관문을 반쯤 열고 내다보자 훈이가 작은 자루를 들이밀었다.
　"이거 옥수수예요."
　훈이가 웃음기 어린 얼굴로 서 있다.
　옥수수 한 자루를 벗기어 보자 통통한 옥수수 알갱이가 수염을 헤치며 나왔다. 그 중에 가장 잘 영글은 옥수수 한 자루를 주방에 걸어 장식했다. 냄비에 옥수수 몇 개 올려놓고, 김이 모락모락 나게 쪘다. 207호 채 씨 아저씨에게 나누어 주고, 옥수수는 금방 따서 쪄먹어야 맛있는데, 기대처럼 맛이 없어서 옥수수를 내려놓았다. 비가 내렸다.

보드 블럭에 송사리 떼가 지나가듯이 바글 바글 빗줄기가 들끓는다. 동수가 퇴근해서 복숭아를 사왔다. 장마철에 복숭아는 맛이 없다. 나는 왜 장마철인데 복숭아를 사왔느냐고 핀잔을 했다. 믹서기에 갈아 먹으려고 사왔다는데, 맛도 없는 걸 갈아 먹어서 뭐하냐며 짜증을 냈다.

나는 누가 먹을 사람이 없겠다며 들고 나갔다. 복숭아를 쓰레기통에 버리고 돌아오자, 동수는 잔소리 하려면 나가라고 했다. 수없이 들은 말 나가라는 말. 이제는 나가야지. 집 한구석에 앉아서 나가라는 말 참으며 사는 것이 바보다. 생각하며 가방 하나 달랑 들고 밖으로 나갔다. 갈 곳을 어디로 정하지. 생각하다가 무조건 버스에 올랐다. 가슴은 냉동실에서 꺼낸 얼음처럼 차갑다. 빗길을 달리는 버스 밖 풍경은 밤에 묻힌 도시의 건물들이 비에 씻기어 내렸다. 사거리에서 내려 빵집에 들어가 아이스티를 한 잔 시켜 놓고, 마시다가 눈물을 흘렸다. 동수가 속상하게 한다고 흘릴 눈물이 있다니. 나약해 졌나. 친구에게 전화해서 불러내자 아무런 망설임 없이 나오는 친구가 단 한 명이라도 있다니 다행이다. 라며 나를 위로해 본다. 오랜만에 만난 친구 이런 저런 이야기를 하다가, 장애자는 이상해라는 말에 또 상처를 받는 나. 빗속에서 택시를 타고 다시 집으로 돌아오려고 택시를 타자, 친구가 차비라며 몇 푼 준다. 택시에서 내려서 되돌아가 차비를 돌려주었다. 자존심 상하여 견딜 수가 없다. 집으로 돌아와 보니 동수는 코를 골며 자고 있다. 뭉치만이 반겨주는 깊은 밤이다. 술을 마시고 체하여 화장실에 가서 손가락을 집어넣고 토했다. 헛구역질 나고 몸이 뜨거워, 샤워를 하고 잠자리에 들었다. 아침에 눈을 떠보니 동수가 바라 본다.

"어디 가서 술을 마시고 돌아다녀?"

나는 아무 말도 하지 않고 돌아누웠다. 다음에 또 다시 나가라면 나가야지라고 다짐해 본다. 불편함을 초래하는 관계는 멀어져가야 한다. 거실에서 혼자서 맥주를 마시는 소리가 들렸다. 괴로움을 마시고 비탄에 젖고 동수가 하는 모습이다. 표고버섯 넣고 미역국을 끓여 놓은 동수. 늦은 오후에 일어나 밥 한술 떠 넣어 미역국 밥을 후루룩 들어 마셨다. 사람은 나 이외의 사람들은 이상한 점이 있기 마련이다. 나와 복사 인간이 아니기 때문이다. 시아즈버님이 인감 서류 해놓으라고 전화를 하셨다.

동수는 빼앗아간 카드를 내놓으며, 내일 인감 서류를 해놓으라고 했다. 형제간에 우애라면 끔찍한 동수이다. 이번 시어머니 장례식을 치르고, 몰랐던 동수를 본 나는 새 삶을 꿈꾼다. 장례식이 끝나고 시댁과의 사이를 마음에서 정리 한다.

제 4 화
통제 받는 사회

하얀 회벽에 수성 페인트로 오물을 지우며 마음을 닦는다. 더러워진 벽을 말끔히 칠해 놓자 마음도 깨끗해진다. 내가 구청에 가려 하자 뭉치가 나가고 싶은지 목줄을 바라본다. 숄더백에 동수의 인감도장과 신분증을 넣고, 휴지와 비닐봉지도 넣었다. 동네 어귀를 벗어나자 뭉치가 응가를 했다. 지나가는 차량을 피해서 개똥을 치우고 비닐봉지에 담아 들고 갔다. 참으로 오랜만에 동네를 나가본다. 초등학교로 가는 길이 일방통행으로 바뀌었다. 보드 블록을 더 넓게 깔아 놓아 아이들의 통행을 안전하게 해놓았다. 동사무소가 통합되어 구청에서 민원서류를 발급하게 되어 더 멀리까지 갔다. 나는 구청 입구에서 뭉치를 안고 들어가라고 통제를 받았다. 화장실 변기에 뭉치 똥을 버렸다. 엘리베이터를 타러 갔다. 어떤 아저씨가 휘파람으로 뭉치를 불렀다. 엘리베이터 문이 열리자 뭉치를 안고 탔다. 4층에서 내려서 인감 발급용지를 찾았다. 서식에 주소지 등을 기록하여 접수하였다. 공무원이 도장과 신분증을 받아 들고 용도를 묻는다. 일반용으로 하면 된다고 한다. 서류를 받아 들었다. 내려 갈 때 계단으로 가려하자, 뭉치가 납작하게 엎드려 거부했다. 나는 목줄을 당겨 가야한다고 앞장섰다. 뭉치가 계단을 내려가며 우뚝선다. 학교 앞에서 직박구리 한 마리가 매미를 가지고 놀고 있다. 짧은 생의 어느 날, 비에 젖은 날개로 날지 못해서 잡혔을까. 나는 뭉치가 헐떡거려서 집으로 빠르게 걸어갔다. 욕실에 들어가 뭉치 발을 씻겼다.

오후 늦은 시간에 형님이 포도와 복숭아를 들고 오셨다. 인감 서류 해놓은 것을 받으러, 장례비 영수증과 함께 챙겨 가시며, 시누이들이 전화로 수다 떨고, 선 순위 지정을 가지고 싶어 한다며, 별 혜택도 없는데 그런다며 가지고 싶은 욕망을 애써 숨기느라고 콧등에 땀이 송글송글 맺힌 형님 얼굴이다.

"욕심 없는 사람은 없어요. 종교를 믿고 나이가 먹어도 근본 성향은 안 변해요. 말씨는 조금 부드러워지기는 하더군요. 다 자기 눈 안에 모래가 아픈 것이지요."

나는 입바른 소리 하다가 형님 얼굴을 바라보았다. 점점 말이 많아진다며 얼음물을 마시다 내려놓고, 돌아가는 형님을 현관에서 배웅했다. 밤이 몰려왔다. 우르르 꽝 천둥소리와 함께. 뭉치가 달려와 바라봤다.

"포도 먹으면 죽어,
뭉치는 포도 먹으면 안 돼!"

애처로운 눈빛으로 먹고 싶다고 했다. 뭉치 꼬리를 당겼다가 놓아 장난을 쳤다. 밖에 포도나무를 찾아갔다. 줄기에 포도알이 시들어 있다. 비바람에 꺾였나. 가지를 꺾어 살펴봤다. 벌레가 줄기를 파먹어 들어가며 배설물이 톱밥처럼 나와 있다. 가지를 반으로 갈라 벌레를 잡아 땅바닥에 던져 발로 비볐다. 포도나무가 벌레 먹이가 되어 가고 있다. 다른 가지에도 벌레 먹은 흔적이 있어서 핀셋으로 구멍을 쑤셔 보고, 멀쩡하던 포도나무가 병들어 갔다.

이른 아침 포도송이가 탐스러운 줄기에 벌레는 아직도 살아 있다. 포도알이 시들어 가지 않고 있다. 나는 컷트 칼로 톱밥처럼 나온 부분을 일부분 잘라냈다. 벌레는 보이지 않고 줄기 안에 벌레의 배설물만 가득했다. 좀 더 위로 칼집을 내어 봤다. 핀셋으로 줄기를 찌르자 어디선가 벌레가 나타나 줄기 중앙으로 기어 다녔다. 벌레를 핀셋으로 집어 땅바닥에 내려놓고 무거운 돌로 눌러 버렸다. 며칠 동안 벌레를 잡지 못해서 궁리 끝에 잡은 것이다. 포도송이가 점점 무거워지고, 삽목한 줄기 끝에서 새순이 나오고 있다.

포도나무 아래로 걸어가던 나는 아파트 벽 사이로 갑자기 나타난 큰 여우 한 마리를 보고 기겁을 하며 소리를 질렀다. 그러자 어디선가 나타난 성훈이가 몽둥이를 들고 와서 여우를 두들겨 팼다. 뭉치도 합세하여 여우의 배를 물어뜯었다. 나는 성훈이에게 여우 머리를 내리쳐! 두 동강이 나게 박살 내버려! 그 소리에 뭉치는 여우의 등위로 올라타 통통한 꼬리를 향해 점프를 했다. 성훈이는 겁에 질려 일그러진 얼굴로 여우를 향해 몽둥이를 휘두르자, 여우가 아파트 담장을 타고 죽어서 걸쳐졌다.

잠자리에서 일어나 목 언저리에 땀을 손으로 쓸어내렸다. 애교 떨고 놀아줘서 고맙다고 말하며 방으로 들어가 잠자리에 들었다.

소설

인 정 희

경기도 부천시 거주
샘문예술대학교 시낭송학과 수료
대림대학교 시낭송지도자과정 수료
(사)샘문그룹문인협회 이사
(사)문학그룹 샘문 이사
(사)샘문학(구,샘터문학) 회원
(사)샘문뉴스 회원
(사)한용운문학 편집위원
(사)한국문학 편집위원
(사)한국예술인복지재단 회원
샘문시선 회원
<수상>
샘문학상 본상 대상
샘문학상 본상 우수상
윤동주별문학상
UN NGO 문학대상
파리스에꼴드어워즈 시화전 대상
복사골예술제 수필부문 차하상
복사골예술제 산문부문 차하상
샘문그룹 문학공로상
신춘문예 샘문학상 시 등단
<시집>
꿈이 있어 행복합니다
<공저>
리라꽃 그늘아래서
그런 당신을 사랑합니다
위대한 부활 그 위대한 여정 외 다수

신춘문예 샘문학상 특집
문/학/칼/럼

앙드레 지드의 이원론적 세계관

문학칼럼/ 이 정 록

앙드레 지 드(Andre Gide, 1869~1951)는 파리에서 태어나 20세기 초반 프랑스 문단을 대표하는 작가다. 초기에는 시인이 되려고 했으며 말년에는 희곡 작품을 집필하기도 했으나 중요한 작품은 대부분 소설이다. 표현 형식이 어떤 것이었건 작품 전체를 관통하는 주제는 기독교 이원론적 세계관과 관련된 도덕 윤리적 문제다. 프랑스 문학사상 거의 유일하게 신교도, 그것도 가장 엄격하고 철저한 청교도였던 이 작가에게서 정신과 육체, 이성과 본능, 선과 악 등으로 세계를 이분하는 기독교 이원론은 특히 첨예한 갈등의 양상을 띠고 있었는데, 이분법적 사고 그 자체보다도 거기에 내재되어 있는 정신과 이성을 우위에 두는 가치관이 문제가 되었다.

앙드레 지드는 이러한 가치관이 인간에게 부과하는 도덕적 의무가 육체와 본능을 가진 인간의 욕망을 억압하는 것이 부당하다는 점과 아울러 인간의 욕망을 인정하고 도덕적 가치를 부여해야 한다는 것을 주장했다. 법학 교수였던 아버지가 일찍 죽고 난 뒤 어머니의 엄격하고 철저한 청교도 교육 속에서 자랐던 허약하고 예민한 지드는 자신의 어린 시절을 행복하게 생각하지 않았다. 자신이 받은 교육이 남긴 것은 자기혐오와 죄의식뿐이었다고 자서전 앞머리에서 씁쓸하게 말하고 있다. 이러한 죄의식을 심화하게 된 결정적인 요인은 청년이 되면서 발견하게 된 동성애적 성향이었다. 그러나 지드는 이것을 반전의 기회로 만든다. 자신의 가장 큰 고통의 근원을 오히려 긴 원죄의식에서 벗어나는 계기로 만들었던 것이다.

인간이 영혼과 육신으로 온전한 행복을 향유한다면 그것이 죄악일 수 있는가? 지드는 신이 인간에게 모든 희열을 향유하며 삶을 충만하게 살도록 허락했다고 믿는다. 그리고 그것을 설득한다. 그에 따르면 인간의 행복을 억압하는 것은 신이 아니라 인간 자신이 부과한 도덕과 윤리라는 것이다. 그의 작품 활동과 적극적 사회 참여는 일체 억압으로부터 인간을 해방하고 개인적 자유를 회복시키기 위한 노력의 궤적이었다. 인간을 억압하는 엄격하고 경직된 윤리적 규율, 그 부당함에 침묵하는 소시민 사회의 위선적 순응, 예술적 창조성을 억압하는 전통적 미적 기준, 타민족 착취를 정당화하는 식민주의 등 당대 지식인들이 '시대의 대표자'라고 불렀던 지드가 이의를 제기하지 않았던 문제는 거의 없었다.

그가 하고자 했던 것은 진정성의 이름으로 기존 질서를 검토하고 새로운 질서를 수립하는 것이었다. 그의 위대함은 아마도 자신의 신념을 설득하기 위해 마지막 순간까지 지치지 않고 노력했다는 사실일 것이다. 1947년 옥스퍼드대학교의 명예박사 학위와 1950년 작가 최고 영예인 노벨문학상 수상은 그러한 그의 용기와 노력에 대한 평가였다. 그리고 어떤 인정보다 더욱 명예로운 인정은 그의 주장이 모두 받아들여졌다는 사실일 것이다. 그가 주장했던 새로운 가치들은 사르트르와 카뮈 같은 다음 세대의 가치관이 되었다.

시인, 교수, 칼럼니스트
이정록

신춘문예 샘문학상 특집
역/사/칼/럼

가훈의 역사는 살아있다

역사칼럼/ 이 정 록

샘터 이정록 교수가 이번에 대물림 받은 집안 가보를 자신의 서재, <샘터산방>에 전시했다고 한다.

조선시대 유일한 "대백과사전"으로 불리는 "지봉유설"을 저술한 이수광 할아버지로 부터 대물림 된 것인데, 바로 "전주이씨지봉가훈 全州李氏芝峰家訓"이다.

샘터 이정록 교수가 지봉가훈을 공개하는 이유는 왕가 집안 조상을 떠나서 이 가훈은 모든 후세들이 교훈으로 삼아야 될 선조의 당부라는 것이다.

가풍이 무너지고 교육이 무너지고 예의범절이 무너지고 시대정신과 보편적 가치가 무너진, 이 혼탁한 시대에, 우환발 역병으로 상식이 무너진 시대에, 두려움에 떨고, 정체성을 잃어가는 이 시대 젊은이들을 위해, 발표하는 것이라고 한다.

시인 이정록 교수는 조선 왕가 후손으로서 본은 <전주이씨>, 파는 <효령대군>, 자는 <원정元正>, 필명은 <샘터>, 아호는 <지율, 승목, 제백, 수인> 이며 태종대왕_원경왕후 21대손이다.

그의 가훈을 배워보자

全州李氏芝峰家訓
전주이씨지봉가훈

若讀書而不踐履
약독서이불천리

만일 책 내용을 독해 후
이를 실천하지 않으면

却於身心上了無
각어신심상료무

도리어 몸과 마음에
좋을 것이 없을 것이라

于涉則雖讀盡
우섭칙수독진

어느 수준에 이를 때 까지
독서에 정성을 다하여라

聖賢讀顧何益哉
성현독고하익재

성현들의 풀이를 돌아 보니
어찌 유익하지 않겠는가?

行而不實不如不行
행이부실불여불행

공부해도 결실이 없으면
행하지 않는건 만 못하다네

於芝峯類說
어지봉유설

지봉유설에 의하다

[전주이씨 지봉 가훈]

만일 독서하고 난 후 도리어 몸과 마음이 실천 하지않고

성현의 글을 읽고
자신을 돌아보아 진보가 없다면
무슨 유익이 있으리오

하여 공부하여 깨달음이 없으면
행하지 아니함 만 못하리라

역사칼럼

지봉유설에서

[註說 주설]

而,於(어조사)
若(만약)
踐履(실천하다)
却(도리어)
了無(적을 것이다, 없을 것이다)
于涉(건너다, 이르다)
則(법칙, 모범, 어느 수준)
盡(정성을 다하다)
讀(읽다, 해독하다, 풀이하다) 顧(돌아보다, 반성하다)
行(행하다, 즉 공부하다)
不如(~만 못함)
不行(행하지 않는다)
於(있다)

[이수광과 지봉유설 평가 의의 1]

　지봉유설은 당대의 모든 지식과 정보가 총합된 문화백과사전이라고 할 수 있다. 17세기 초반의 저술이라고는 믿기지 않는 다양한 세계의 정보는 저자 자신의 세 차례에 걸친 명나라 사행경험으로 획득한 것이었다. 명나라에서의 사신 활동을 통해 자신이 만난 동남아 지역의 사신들과 서양인 선교사들과의 만남을 갖고 이들 나라의 문물을 보고나서 객관적으로 이해하며, 그들의 역사와 문화를 자신이 살고 있는 조선이라는 나라에 비추어보고자 했다.

무엇보다도 돋보이는 점은 고유문화에 대한 자부심과 주체성을 바탕으로 하면서도 세계 문화를 수용하는 데에 진취적이고 적극적인 입장을 보였다는 점이다. 조선 문화백과사전의 효시를 이루는 저술로서 지봉유설은 당시 지식인들이 자신들이 살던 시대의 과제를 인식하고 국부의 증진 및 민생문제 해결을 위해 다양한 학문적 모색을 시도했음을 보여주는 대표적인 자료이다.

이수광의 학풍에서 특징적으로 지적되는, 성리학 외의 다양한 학문을 거부감이나 선입견 없이 두루 탐구하는 박학풍과 외국에 대한 그의 개방적인 인식은 그들 학문을 국가 발전이나 백성의 삶에 도움이 되는 쪽으로 실현시키는 데에 목표가 있었고, 후대 북학파를 비롯한 실학자들에게 큰 영향을 주었다. ≪지봉유설≫ 이후 저술된 이익의 ≪성호사설≫,
이덕무의 ≪청장관전서≫,
이규경의 ≪오주연문장전산고≫등의 저술에서 보이는 백과사전적 학풍은 바로 ≪지봉유설≫에서 비롯된 것이며, 이수광 이후 실학이 지향한 실용적, 개방적 학풍도 ≪지봉유설≫이 제공한 것이라는 평가를 받고 있다.
일제시대인 1930년대에 이르면 이수광은 국학자들에 의해 실학의 선구자로 공식화되기에 이른다.

[이수광과 지봉유설 평가 의의 2]

1614년(광해군 6) 이수광(李睟光)이 편찬한 일종의 백과사전,

서지적 사항 20권 10책. 목판본.

주로 고서와 고문에서 뽑은 기사일문집奇事逸聞集이다.

그가 죽은 뒤에 그의 아들 이성구聖求와 이민구敏求에 의하여 1634년(인조 12)에 출간되었다. 이것을 숭정본崇禎本이라 한다.

≪지봉유설≫의 권두에 김현성金玄成의 제문과 이수광의 자서가 있다. 권말에 이식李植의 발문이 있다. 이수광은 자서에서 "우리 나라가 예의의 나라로서 중국에 알려지고, 박학하고 아존雅尊한 선비가 뒤를 이어 나왔건만 전기傳記가 없음이 많고, 문헌에 찾을 만한 것이 적으니 어찌 애석하지 않겠는가…

(중략)

오직 한 두 가지씩을 대강 기록하여 잊지 않도록 대비하려는 것이 진실로 나의 뜻이다."라고 저술 동기를 밝히고 있다.

≪지봉유설≫은 총 3,435조목을 25부문 182항목으로 나누고 있다. 그리고 반드시 그 출처를 밝혔다. 그러나 간혹 빠진 것은 망의忘意에 의한 것이다. 인용한 서적은 육경六經을 비롯하여 근세 소설과 여러 문집에 이르기까지 348가家의 글을 참고하였다. 기록한 사람의 성명은 상고上古에서 본조本朝까지 2,265명이다. 별권에 기록하였다.

그 중에 간혹 성姓만을 적은 것은 저자 이수광이 의도적으로 한 듯하다.

≪지봉유설≫은
권1 – 천문·시령時令·재이災異,
권2 – 지리·제국諸國,
권3 – 군도君道·병정,
권4 – 관직,

권5~7 - 유도儒道·경서·문자, 권8~14 - 문장,
권15 - 인물·성행性行·신형身形, 권16 - 어언語言,
권17 - 인사·잡사,
권18 - 기예技藝·외도外道,
권19 - 궁실宮室·복용服用·식물, 권20 - 훼목卉木·금충禽蟲,
이렇게 25부문으로 분류되어 있다.

《지봉유설》에서 가장 두드러진 내용은 서구 문명을 소개한 것이다. 서양 문물에 대한 견문과 새로운 문화에 대한 이수광의 관심이 나타나 있다. 이는 조선 중기 실학의 선구자로서 이수광의 면모를 나타내 준다.
　이수광은 《천주실의天主實義》
2권을 소개하면서 천주교의 교리와 교황에 관하여도 기술하고 있다.

《지봉유설》을 언어학적인 측면에서 보면 비교언어학적인 시도와 어원의 해석, 어휘의 수집, 언어원리의 지적指摘, 한글 자형의 범자모방설梵字模倣說 등의 내용들이 있다.

《지봉유설》 권8에서 14까지의 문장부文章部에 문·문체·문평文評·고문·사부·동문東文·문예·시·시법·시평 어제시御製詩·고악부古樂府·고시古詩·당시唐詩·오대시五代詩·송시宋詩·원시元詩·명시明詩·동시東詩·방류시旁流詩·규수시閨秀詩·창첩시倡妾詩·가사歌詞·여정麗情·애사哀詞·창화唱和·대구對句·시화詩禍·시참詩讖·시예詩藝에 대한 그의 다양한 비평 문학적 견해들이 피력되어 있다.

이수광이 활동하였던 시대는 실학정신이 잠동潛動하고 있었던 때이다. 그는 《지봉유설》을 통하여 실용·실리추구의 정신과 실증정신·민본정신 등 무실務實의 정신을 역설하고 있다.
　이러한 고증적이고 실용적인 그의 학문태도는 공리공론空理空論만을 일삼던

당시의 학계에 새로운 바람을 일으켰다.

그 뒤에 이 책과 같은 체재가 이익李瀷의 ≪성호사설≫, 홍만종洪萬宗의 ≪순오지旬五志≫, 이의풍李義風의 ≪고금석림古今釋林≫, 정동유鄭東愈의 ≪주영편晝永編≫, 유희柳僖의 ≪물명고物名考≫ 등으로 이어지고 있다. 이는 이수광의 ≪지봉유설≫에 크게 영향을 받은 것이다.

○ 신춘문예 샘문학상 특집 — 시창작 이론 ○

이정록 교수 - 시를 잘 쓰는 16가지 방법

이 정 록

　시적 표현과 진실에 이르는 길-상상력이란 것은 인지능력 즉 경험을 통과했을 때 더욱 빛을 발하게 된다.
　산골에서 태어나 자란 아이는 해가 산에서 뜬다고 생각한다. 그러나 갯가에서 자란 아이는 해가 바다에서 뜬다고 여긴다.
　어린이는 돌을 단단한 장난감으로 여기나, 성숙한 어른은 돌을 용암이 굳어져서 풍상에 깨어진 인내-감내-인고의 표상으로 본다.
　이것이 인식의 눈이며 표상능력이다.

　나의 경험으로도 유형화되고 유통언어에 걸린 시들을 몰아내는 데는 오랜 시간이 걸렸음을 고백한다.
　진지한 시작詩作 과정의 극기훈련 없이는 대중화에 물든 저속성의 시를 찾을 수밖에 없는 것이다.
　그러므로 호우처럼 쏟아지는 정보매체의 언어에 시인은 헌신하는 것이 아니라 칩거하면서 부정하거나, 이를 극복하는 그 반대편에 서 있는 것이 시인인 것이다.

　시란, 시인이란 아니 시를 쓰려고 작심한 자는 '로미오와 줄리엣'을 탄생시킨 셰익스피어가 아니라, 무릇 고생물학자의 고행을 먼저 배우고 진진한 감성의 논리로서 진지한 어법을 먼저 배울 일이다.
　진지한 어법이란 한 시대의 이념에 종속되어 굳어진 말버릇이 아니라 오히려 아이러니나 위트, 해학, 풍자 등의 언어 본래의 정신을 폭넓고 다양하게 구사하는 어법을 말한다.

시창작 이론

다시 말하면 시어가 가진 자율성을 말하며, 이 자율성의 정신이 풍만했을 때 상상력은 그만큼 넓어진다는 뜻이다.

탤런트나 거리의 화제를 뿌리고 사는 인기 있는 사람이 시집을 내면 '떴다방'이 되고 전문코드를 가진 시인이 시집을 내면 외면당하는 수가 허다하다.
수위가 시를 못 쓰고 교수가 시를 잘 쓴다는 얘기가 아니라
독자층의 70%는 정보언어나 유통언어로 씌어진 소비적인 시를 좋아한다는 얘기다.
이것이 다름 아닌 쇼비즘(속물주의) 근성이며 달갑잖은 포퓰리즘(대중성)으로 바깥세상을 떠들썩하게 하는 시인 것이다.
인문학적 지식이 없이는 현대시를 지을 수도 이해하고 감상할 수도 없는 현실에서 시인이 독자보다 많다거나 천 사람의 독자보다 깊이 있는 한 사람의 독자가 참다운 독자라는 말이 생긴 것이다.

문명이 발달하고 시에 대한 독자의 안목이 높아짐에 따라 시인들은 단순한 감정의 표출로 독자를 감동시키는 것에 한계를 느끼고 새로운 기교와 방법을 개척하기에 이르렀다.
현대시의 기법은 바로 이러한 결과로 나오게 된 것이다.
'계속 아름다운 것은 우리를 질리게 한다. 새로운 충격요법이 필요하다'는 전제 아래 러시아 형식주의자들일 말하는 '낯설게 하기'와 모순어법 등은 현대시를 더욱 어렵게 만들고 시적 애매성을 초래했다.

시란 결국 '발상과 표현'의 문제다.
발상에 있어서는 '상상력의 코드번호 찾기'이고, 표현이 문제에 있어서는 경구나 선전문구(로고송)또는 속담유의 직설로는 시가 되지 않으니 반드시 비유와 상징의 하나의 은유체계가 완성되어야 한다고 정의했다.
인문학적 바탕이 없이는 고도한 지적능력(상상력)을 발산할 수도 없으며 설

사 이 능력(직관력)을 갖추었다 하더라도 표현기법 없이는 한편의 시를 완성할 수 없다.

시를 잘 쓰는 16가지 방법을 소개한다.

시를 잘 쓰는 16가지 방법

1. 사물을 깊이 보고 해석하는 능력을 기른다.
   지식이나 관찰이 아닌 지혜(지식+경험)의 눈으로 보고 통찰하는 직관력이 필요하다.

2. 새로운 의미depaysment를 발견하고 그 가치에 대한 '의미 부여'가 있을 때 소재를 붙잡아야 한다.
   단순한 회상이나 추억, 사랑 등 퇴행적인 관습에서 벗어나야 한다.

3. 머릿속에 떠오른 추상적 관념을 구체화할 수 있는 이미지가 선행되어야 한다.
   '시중유화詩中有畵 화중유시畵中有詩', 이것이 종자 받기(루이스)다.
   (이미지+이미지=이미저리→주제(가치와 정신) 확정).

4. 이미지와 이미지를 연결하기 위하여 구체적인 정서의 구조화가 필요하다.
   추상적 관념을 이미지로 만들고 정서를 체계화하기 위하여 '객관적 상관물'을 찾아내야 한다.
   또한 1차적 정서를 2차적 정서로 만들어내는 과정이 필요하고 그러기 위하여 '객관적 상관물'을 쓴다.
   이것을 '정서적 객관화', '감수성의 통일' 등으로 부른다.

5. 현대시는 '노래의 단절에서 비평의 체계'로 넘어와 있다는 피스의 말을

상기하라.

'-네', '-오리다', '-구나' 등의 봉건적 리듬을 탈피하라.

연과 행의 구분을 무시하고 산문 형태로 시도해 보는 것도 시 쓰기(매너리즘)에서 탈피하는 방법(형식)이다.

이것이 불가능하면 형식은 그대로 두고 ①-④의 항목에다 적어도 '인지적 충격+정서적 충격'이 새로워져야 함은 물론이다.

6. 초월적이고 달관적인 시는 깊이는 있어도 새로움이 약화되기 쉬우니 프로근성을 버리고 아마추어의 패기와 도전적인 시의 정신을 붙잡아라.

이는 '시 쓰기'를 익히기 위한 방법이며, 늙은 시가 아니라 젊은 시를 쓰는 방법이다.

7. 단편적인 작품보다는 항상 길게 쓰는 습관을 길러라.

8. 지금까지의 전통적 상징이나 기법이 아닌 개인 상징이 나오지 않으면 신인의 자격이 없다.

완숙한 노련미보다는 젊은 패기의 표현기법이 필요하다. 실험정신이 없는 시는 죄악에 가깝다.

9. 좋은 시 (언어+정신+리듬=3합의 정신) 보다는 서툴고 거친 문제 시 (현대의 삶)에 먼저 눈을 돌려라.

10. 현대시는 낭송을 하거나 읽기 위한 시가 아니라.

독자로 하여금 상상하도록 만드는 시이니 엉뚱한 제목(진술적 제목), 엉뚱한 발상, 내용 시상 등이 필요하다.

이를 위해서는 주제를 깊이 감추고, 모든 것을 다 말하지 말고 절반은 비워둬라. 나머지 상상력은 독자와 평론가의 몫이다.

11. 일상적인 친근어법을 쓰되 가끔은 상투어로 박력 있는 호흡을 유지하라.

12. 리듬을 감추고 시어의 의미가 위로 뜨지 않게 의미망 안에서 느끼도록 하라.
이해 행간을 읽어가는 상상력의 즐거움을 제공한다.
그러나 애매모호ambiguity성이 전체 의미망에서 크게 벗어나지 않도록 심층심리 복합현상(원형상징)과 교묘한 시어들의 울림에 의한 콘텍스트를 적용하라.

13. 시의 주제는 겉뜻(문맥)이 아니라 읽고 나서 독자의 머릿속에서 떠오르게 감추어라(주제).
아니마를 읽고 그 반대항인 아니무스의 세계를 떠올릴 수 있도록 하라.

14. 현대가 희극성/ 비극성의 세계로 해석될 때 비극성의 긴장미(슬픔, 우울, 고독, 권태, 무기력, 복수, 비애 등의 정서)를 표출하라.
이것이 독자를 붙잡는 구원의식이다. 이는 치유능력 즉 주술성에 헌신한다.

15. 유형화된 기성품이나 유통언어를 철저히 배격하라. 개성이 살아 남는 일 — 이것이 시의 세계다.

16. '정서의 구조화'가 되어 있지 못한 시는 실패작이다.
왜냐하면 '감수성의 통일'이 이루어지지 않았기 때문이다.
주제에 의한 의미구조의 통일만이라도 꿈 꾸어라.

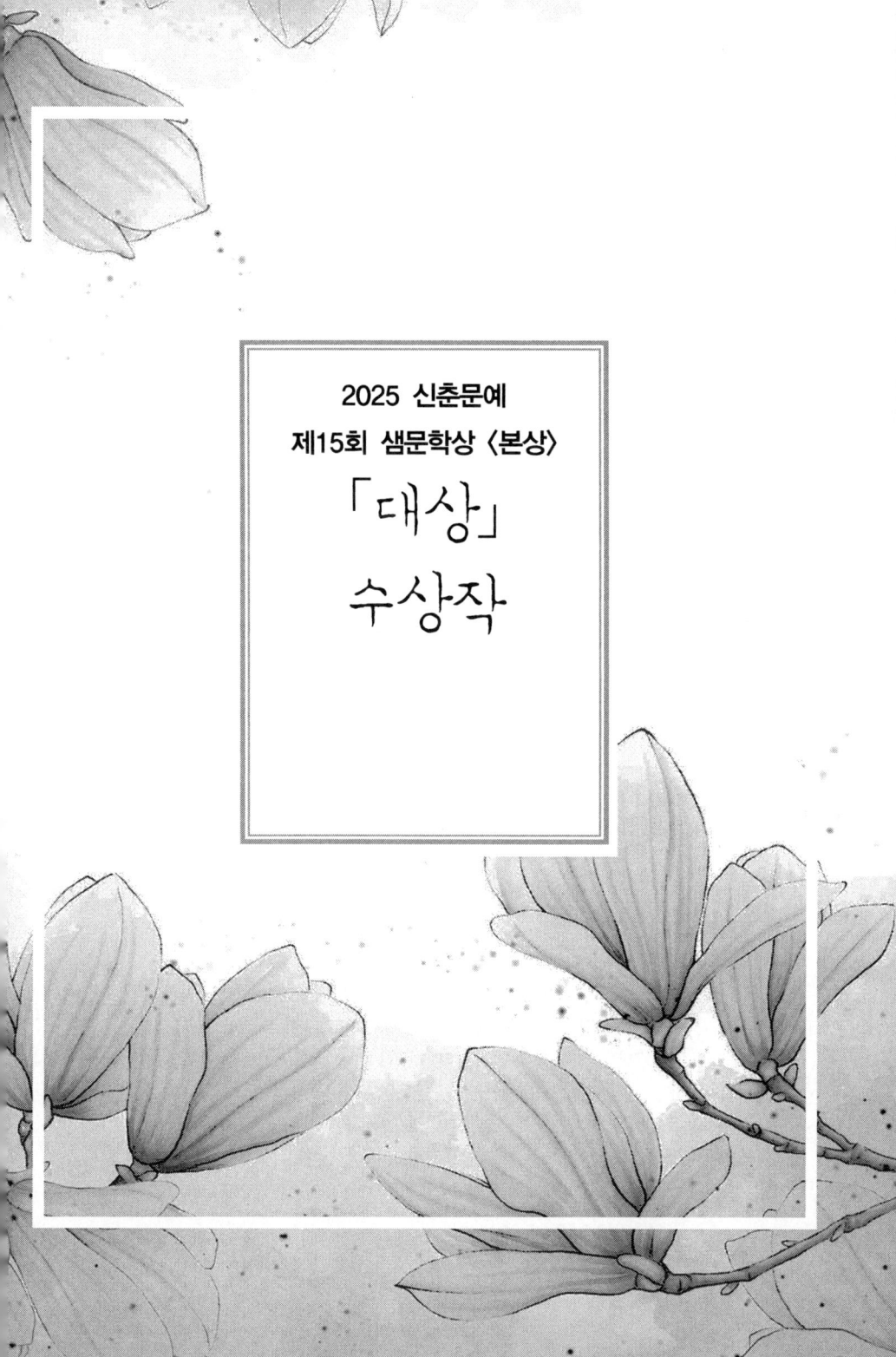

제15회 샘문학상 대상 수상작 소설부문

나가사키長崎는 오늘도 비가 내렸네

권 영 재

제 1 화
원자탄 패트 맨 투하

태평양 전쟁이 한창이다. 미국과 일본은 수많은 사상자를 내면서도 전쟁은 쉬 끝날 기미가 보이지 않았다. 초조해진 미국은 '복스카'란 애칭을 가진 B-29 폭격기를 일본의 '규슈九州'의 군수 도시 고쿠라小倉 상공으로 띄웠다. 기내에는 '패트 맨(뚱뚱이)'이란 별명을 가진 공포의 폭탄인 원자탄이 실려 있었다. 폭격기는 예정된 시간에 목표지점 상공에 도달했다. 도시 위는 구름이 가득 덮혀 있어 원자탄을 낙하할 지점을 정할 수가 없다. 30분 이상 떠다녔지만 기상 조건은 여전히 악화 상태다. 기장 '척 스위니' 소령은 마음이 타들어 간다. 시간을 더 끌다가는 일본 전투기들이 올라올 수가 있고 '티니안' 기지로 되돌아갈 연료가 바닥나 추락할 수도 있다. 급박한 상황을 보고 받은 사령부는 제3의 목표로 가라는 지시를 보내왔다. 복스카는 20분 뒤 '나가사키長崎' 상공에 도달했다. 그곳도 구름이 가득했고 아래가 보이지 않았다. 몇 번 선회한 뒤 회항하려는 순간 창문으로 둥글게 구름 없는 곳이 보였다. 스위니는 기지로 "판사님 출근하십니다"라는 암호 무전을 보냈다. 타전 직후 뚱뚱이 폭탄을 그 둥근 공간으로 투하했다.

제 2 화
일본제국주의 항복

1945년 8월 9일 11시 2분. 인구 밀집한 민가 동네에는 형무소, 의과대학, 우라카미浦上 성당도 포함되어 있었는데 그 상공에서 원자탄이 터졌다. 인구 24만 도시는 순간적으로 7만3천884명이 없어졌다. 폭탄 투하 직후 60도 각도로 급회전 상승한 뒤 막 하늘로 피어오르는 버섯구름을 사진 찍고 폭격기는 기지로 돌아갔다. 이미 8월 6일 미국은 B-29 '에노라 게이'로 '히로시마廣島'에 원자탄 '리틀 보이(소년)'를 투하하여 14만의 사람들을 희생시켰다. 일본은 아무 반응이 없었다. 성급해진 미군은 항복을 재촉하기 위한 두 번째의 원자탄을 이곳에 내리꽂은 것이다. 8월14일 일본은 드디어 항복했다.

제 3 화
피폭자를 위한 적십자 활동

 피폭자들은 공교롭게도 경상도 출신들이 많았다. 종전 후 교포들의 많은 수가 귀국하였고 고향에 가족이 없는 사람들은 합천에 모여 공동생활을 하게 되었다. 나가사키 현, 적십자사는 해마다 대구와 합천을 방문하여 피폭자 실태를 조사하고 환자들 상태를 파악하고 일본의 병원으로 초대한다. 또한 적십자 대구병원과 합천 요양원 근무자 그리고 서울 소재 대학병원 내과 의사들을 나가사키로 초청해 교육도 하고 재일 한국 피폭자들의 실태를 파악하게 해준다. 내가 적십자 대구병원에 원장이 되었을 때도 이런 행사가 계속 진행되고 있었다.

 그 해도 일본 적십자 관계자들이 정기 방문을 하고 떠날 채비를 하고 있었다. 떠나기 전날 저녁, 고생하고 고마웠다는 말도 하고 격의 없는 대화도 할 겸 그들을 식사 초대를 했다. 적십자 나가사키 병원 부원장 '모리森', 의과대학 '오쯔루大鶴' 내과 교수, '미쯔코光子' 정신과 여자 교수, 현청 담당관 '쿠사바草場', 그리고 병원 간호과장 '마유미眞由美' 등이었다. 그들은 몇 년 동안 왔어도 이런 대접은 처음이라고 하며 놀란다. 처음에 고맙지만 규정을 어기는 것이라고 한사코 손사래를 치며 모임을 거절하였다. 하지만 계급 높은 사람이 의견을 내면 무조건 따르는 게 일본 풍습이다. 비록 내가 그들의 상사는 아니지만 직함을 존중해주는 의미에서 결국 초청에 응해 주었다. 회식 자리에서 내가 쓴 책 두 권씩 선물했다. 장편소설 '녹슨 철모'와 논픽션 '아름다운 사람들'이다. 식사 후 노래방으로 안내하니 그들은 또 놀란다. 오야붕親分인 원장이 꼬붕子分들을 불러 함께 밥 먹는 일도 드문데 노래까지 함께 부르는 것은 파격적인 행동이기 때문이다. 모리 부원장은 '노란 샤스 입은 사람', 미쯔코 교수는 '해도 하나 달도 하나'를 우리 말로 불렀다. 나도 답례로 '나가사키는 오늘도 비가 내렸네'를 일본어로 불렀다. 이날의 모임에서 진정한 우정을 느꼈는지 일행들이 본국에 돌아가서 양쪽 적십자병원이 자매결연을 하자는 제의를 해왔다. 우리 병원의 홍삼열 관리부장과 현청의 쿠사바가 작업을 진행해 드디어 나가사키에서 자매결연 조인식을 하게 되었다.

제 4 화
자매결연 조인식

　　조인식은 나가사키 의사회관 강당에서 거행되었는데 강당에 딸린 작은 방에서 그쪽 병원의 신도원장과 자매결연 협약서에 서명했다. 매스컴에서 외국인과 문서에 사인하고 서로 주고받는 모습만 보다가 막상 취재의 주인공이 되고 보니 흥분되어 정신이 없었다. 기자들이 들락거리며 마이크를 들이대는데 옆에 있는 우리 정부 인사가 대답하는 테두리를 정해주는 바람에 더욱 정신이 혼미해진다. 조인식이 끝나자 부원장 모리가 옆방으로 자리를 옮기자고 했다. 조촐하게 다과회나 하는 줄 알고 문을 열고 들어가다 깜짝 놀랐다. 그곳은 작은 방이 아니고 커다란 강당이었기 때문이다. 수백 명이 모여 있었다. 사회자의 권유로 내가 축사를 했다. 계속해서 나가사키 병원장의 답사, 시장과 시의사 회장, 원폭연구소 소장 등등의 축사가 이어졌다. 연설이 끝나자 강당에 모인 모든 사람들이 큰소리로 만세 삼창을 하면서 의식은 끝이 났다. 이 의식으로 전혀 관계없던 남들이 먼 친척이 되는 느낌이었다.

제 5 화
나가사키 피폭 현장 견학

　　다음 날부터 피폭 현장 견학과 피해자들의 당시 경험담과 현재 상태와 후유증을 직접 보고 학술강의를 들었다. 안내는 쿠사바와 그리고 현지 우리나라 파견 공무원들이 했다. 먼저 평화공원에 갔다. 입구 광장에는 커다란 청동으로 만든 남자 기념상이 앉아 있었다. 오른팔은 옆으로 벌리고 있었는데 원자탄의 위험을 상징하고 왼팔은 하늘로 뻗어 평화를 기원하는 상징이라고 했다. 공원 뒤쪽 약간 언덕진 곳 500m 상공에서 원자탄이 폭발했다고 한다. 폭심 바로 아래 형무소에 수감 되어있던 죄수 134명 전원과 의과대학에서 수업받던 학생 모두가 즉사했다. 그 폭심 지하에 기념관이 있었다. 입구에 실물 크기로 만든 국방 색칠한 모형 원자탄 패트 맨이 걸려 있다. 보기만 해도 몸이 오그라든다. 벽에는 11시 2분에 멈춘 시계들이 걸려 있었다. 진열장에는 옷가지, 살림살이 도구, 생활용품 등의 당시의 물건들이 들어있었고 벽면에는 온갖 참상을 다룬 사진이 빽빽하게 전시 되어 있었다.

　　불에 데어 온몸의 피부가 홀랑 벗겨진 사람. 죽은 동생을 업고 화장 순서를 기다리는 8세쯤 되는 어린 소년(미 해병대 사진병 조 오도넬 촬영), 수업 받다가 죽은 의대생들의 몸뚱이들이 검은 얼룩이 되어 나란히 땅바닥에 눌어붙어 있는 모습의 사진 등의 참혹한 사진은 아직도 뇌리를 떠나지 않는다. 폭심 부근에 있던 '우라카미浦上' 성당은 전체가 홀랑 날아가 버렸는 데도 기적적으로 쭈그러진 종 한 개와 기둥 몇 개가 부서지지 않고 남아있었다. 그것들도 피폭 장소에서 옮겨 기념관에 보관하고 있었다.

"참 안타까운 일입니다. 히로시마에서는 폭격 맞고도 기적적으로 무너지지 않고 서 있던 '물산 장려관'을 그대로 현장에 그대로 두고 보존하여 그 건물 철제 돔 천정은 전 세계에 원자탄의 참혹상을 보여 주는 상징물이 되었습니다. 우리도 우라카미 성당의 기둥과 종을 그 자리에 두었다면 천주교 성지 순례처와 세계문화유산이 되었을 것입니다. 그런데 성급하게 기념관으로 옮겨 보관하는 바람에 귀중한 기회를 놓쳐 버렸어요." 쿠사바가 굉장히 아쉬운 마음을 토로한다. 지상으로 올라오는 벽면서부터 지상의 큰 연못까지 수많은 크고 작은 분수들이 솟아오르고 있다. 화상으로 죽어가며 물을 달라고 외치던 원혼들에게 지금이라도 원 없이 많이 마시라는 위령 분수들이다.

제 6 화
피폭 희생자 위령비

"저곳에는 많은 위령비가 있습니다." 쿠사바가 가르키는 공원의 한 컨을 보니 수많은 종이학을 접어 넝쿨을 만들어 걸어 둔 위령비들의 모듬이 보였다. 가까이 가보니 각종 직업별 그리고 지역별로 그들의 고향 사람, 동료 및 선배를 위로하는 비석들이었다.

"한국인들이 세운 위령비는 어디 있나요?" 내가 묻자.
"유감스럽게 없습니다. 저기 일본인들이 세워준 비는 있습니다만" 하고
쿠사바가 민망한 듯 설명해준다.

"무슨 이딴 나라가 다 있단 말인가! 지도자들이 잘못해서 자기 국민이 이렇게 이역만리에서 죽었는데 위령비 하나 안세웠다니"

옆에 있는 일본인들을 쳐다보기가 부끄러웠다. 아니 분한 생각이 들었다. 무능한

정부가 제 동포들을 이국에서 처참하게 죽도록 만들었다. 세상이 바뀌었건만 한국의 정치인, 언론인, 예술가, 시민단체 운동가 등 그 누구도 이 죽음에는 무관심하다. 쿠사바가 말했다.

"한국 정부에서 지금 위령비 제작 문제를 토의 중이라고 하더군요. 머지않아 위령비가 생기겠지요"

더 부끄럽다. '전쟁 끝난 지가 언젠데…' 일본인들이 세운 위령비에 큰 절을 올렸다. 일행 중에 나를 따라 절하는 사람은 아무도 없었다. 오랫동안 풀 수 없는 의문이다. 기념공원 관람이 끝나고 나가사키 의과대학으로 갔다. 그곳에서 내과 오쯔루 교수의 안내로 일행은 그의 연구실에서 피폭 후의 인체의 후유증에 관한 연구 결과를 설명 듣는다.

제 7 화
일본 여인과의 밀회

공식 일과가 끝난 첫날 미쯔코 교수가 특별 개인 과외를 한다며 나만 그녀의 승용차로 어둠이 깔리고 있는 '이나사稻佐'산으로 데리고 갔다. 169m로 별로 높지 않는 산이지만 전망대에 오르니 시내의 중심지는 대게 다 보인다. 산으로 둘러싸인 밤 도시는 온통 금과 은 그리고 산호, 금강석, 오팔 등의 보석 더미 속에 폭 빠져 있는 것 같다. 멀고 가까운 산동네 온갖 등불 전부가 반짝이며 교태嬌態 섞인 소리를 지른다. 도시의 한 가운데 검은 밤바다가 끼어있으니 산과 건물들의 불빛과 항구의 실루엣이 함께 어울려 한 폭의 명화를 만들고 있다. 전망대에서 그녀가 나의 팔을 가볍게 끼고 있었다. 모르는 척 그녀의 허리를 가볍게 손으로 감았다.

"일본에는 삼대 유명 야경지夜景地가 있다지요?" 내 말에 미소를 자주 띠며 쳐다보는 그녀의 표정이 콧소리와 어울려 요염하게 느껴진다.

"여기 나가사키와 '효고兵庫'의 '코베神戶' 그리고 '홋카이도北海道'의 '하코다테函館'라고 흔히들 말하지요. 사람에 따라 나가사키 대신에 '오사카를 넣기도 한답니다." 라고 설명한다.

소설

"저기가 '테지마出道와프' 같은 데요?" 항구 옆에 있는 작은 불빛 동네를 가르키며 물었다.

"아이고 선생님은 역시 머리가 좋으셔 일본말도 잘하시고 객지의 밤 풍경인데 잘도 아시네요."

이런 식 일본 예의가 싫다. 지능이 80 정도 되어도 알 수 있는 일들을 이렇게 칭찬한다. 식당에 가서 더듬거리며 일본어를 하면 "역시 의사 선생이라 머리가 좋은가 봐. 어쩜 일본말을 그렇게 잘하세요." 라고 낯간지러운 칭찬을 듣는다. 일본의 그 '다테마에(建前, 입으로 하는 인사)'가 싫다.

"미쯔코 선생. 나의 학설 하나 들어 보실래요?"
빤히 처다보는 밤 여자의 얼굴에 철탑의 오색 네온 불빛이 반짝이며 흘러가고 있었다.

"기대되는군요. 어서 말해 보세요."
"저기 보이는 불빛들이 크고 작은 크기의 차이 말고는 제 모양에 관계 없이 전부가 똑같이 둥글게 보이잖아요. 그리고 그것들 중 멀리 있는 것들은 모두가 스스로 반짝이며 빛을 내고 있습니다. 실제로는 도시의 불빛들은 저렇게 동그란 것은 거의 없지요. 위로 길쭉한 가로등, 옆으로 길거나 네모난 간판, 글씨 쓰인 불규칙한 모양의 네온사인과 기업체의 사무실과 가정집 창문 불빛 등 모두가 모양과 크기가 각자지로 다른 발광체입니다. 이렇게 모양과 크기가 다른 불빛들이 우리 눈에 멀어지면 어느 지점부터는 모두가 둥글게 보이게 되지요. 그리고 그 거리가 더 멀어지면 모두가 스스로 반짝이며 빛을 내게 됩니다. 인간의 눈이란 이렇게 엉터리예요. 물체를 가까이서 보는 것과 먼 곳에서 보는 것이 다르게 느껴진단 말입니다. 신기하지 않으세요?"

"나루호도(역시), 듣고 보니 그렇군요." 물건들은 변하지 않는 데, 사람의 뇌는 '둥근 것이야말로 안정된 모양'으로 입력이 되어있는 것 같다. 멀어서 변별이 어려운 곳 발광체가 있으면 네모든 세모든 관계없이 모두 둥글다고 해석해 버리는 것 같다. 또 그것들의 거리가 멀어지면 스스로 반짝 거리는 것으로 착시를 일으키는 것 같다.

"선생님. 그럼 인간 눈의 그런 착시 현상은 어떻게 설명할 수 있나요?"

"아직 자신은 없는 소리입니다만 원리는 뇌의 안정 추구 습관이라고 생각됩니다. 위기가 오면 모래에 대가리를 처박고 안정되었다고 스스로 속이는 칠면조의 습관이 있지요. 인간도 풀기 어려운 문제는 제 편한 대로 해석하는 것 같아요."

엉터리 이론을 흥미있는 체 경청해 주는 모습이 고마운 생각이 들고, 밤 보석빛이 반사되고 있는 그녀의 동공을 보니 안고 싶은 충동을 느낀다.

"인간의 관계에서 생기는 애증의 감정과 사고도 이런 법칙을 따르는 게 아닐까요? 상대를 떨어져 그냥 멀건히 바라보는 것과 가까이 몸을 밀착하고 자세히 보는 것과 같은 차이."

그녀가 내 손을 세게 잡으며 맞장구를 쳐준다.

"테지마 바로 뒤로 보이는 저 산은 무슨 산이에요?"
"아, '가자가시라風頭山' 산이라고 합니다. 한국말로 풍두산"이라고 합니다' 뜬금없이 미쯔코는 한국인지도 모른다는 생각이 든다.

"저 동네 가고 싶어요. 지금."
"갑자기 왜 그러세요?"
"저렇게 보석이 반짝이는 곳에 가서 보석을 한 움큼 쥐고 싶어요."
"스바라시(좋아요.)"

제 8 화
가자가시라 산에 보석 찾기

이나사 산에서 갑자기 가자가시라로 가자고 하니 귀찮을 법도 한데 그녀가 소녀처럼 좋아해서 커피 향기가 나는 데이트가 된다. 가자가시라 산으로 올라가니 산꼭대기에는 규모는 큰데 허름한 호텔이 있었다. 호텔 주차장에 차를 세워두고 동네 골목길로 들어가 보석을 찾기 시작했다. 산동네는 전형적인 빈민촌이었고 좁은 길은 맨홈 길이었다. 구차한 민가들의 창문 불빛이 희미하게 흘러나오고 간혹 텔레비전 소리도 들렸다. 군데군데 전봇대가 서 있는 구불구불한 골목에는 길고양이 몇 마리가 어슬렁거리고 있었다. 어떤 골목에 들어서니 거칠고 큰 여자 목소리가 들린다. 경찰관들과 이야기를 하고 있다. 내용은 모르겠지만 무슨 사건이 생겨 그 과정을 설명하는 모양이었다. 그녀는 옷차림이나 인물로 보니 선녀는 아니었다. 이 동네가 무지개의 뿌리가 박힌 엘도라도가 아니라는 것이 실감이 간다. 땅은 그냥 평범한 흙이었고 어디에도 금가루가 뿌려져 있지도 않았고 보석이 박혀있지도 않았다. 그녀는 땅바닥에서 무엇을 하나 주워 손에 꼭 쥐어 주었다. 가자가시라 산을 내려와 온 쪽을 올려다보니 산 위에는 또다시 화려한 보석들이 빛나고 있었다. 차 안에서 손을 펴보니 평범한 자그마한 돌이 쥐어져 있었다.

"칼 부세님 이쯤하고 그만 내려가요. 피곤해요." 미안한 마음에 저녁을 사겠다고 했다. 신치추가가(新地中樺街, 차이나 타운)에 있는 짬뽕집으로 갔다. 1899년 중국인 진평순이 그 요리를 개발한 식당 시카이로四海樓로 가고 싶었다. 그녀는 "그곳은 이름보다는 맛이 별로예요." 하며 고집을 부려 코잔루江山樓로 갔다.

"이 집도 1946년에 문을 열었으니 역사가 만만치 않아요." 하며 식당으로 들어간다. 듬뿍 올린 숙주나물과 그 사이에 섞여 있는 돼지고기와 흰색에 분홍 테두리가 된 가마보코가 들어 있는 것이 나가사키 짬뽕의 특징이다. 냄새 고소하고 야채가 많아 맛은 있지만 짜다. 내 말을 듣고 미쯔꼬는 볶음밥을 시켜 짬뽕과 같이 먹자고 했다. 그렇게 먹으니 두 음식이 서로 조화를 이루어 맛이 환상적이 된다.

"우리 좀 걸어요."
차를 유료 주차장에 두고 그녀가 내 손을 잡고 시내로 이끌었다.

"나가사키에서 유명한 다리 두 개가 있는데 아세요?"

"메가바시眼鏡橋'는 아는데..." 하며 걷다 보니 사람들이 붐벼 어깨가 부딪친다.

어느새 식당과 패션과 쇼핑의 거리의 번화가가 나와 있었다. 이제는 언제나 늘 그랬던 것처럼 자연스러운 자세로 팔짱을 꼈다. 자그마한 다리 위에 섰다. '思案橋(사안교)'라는 다리 이름이 기둥에 새겨져 있다.

"이 다리가 유명한 두 번째 다리예요. 선생님 여자 필요하세요?"라고 뜻 모를 말하며 그녀가 크게 웃었다.

"무슨 소리요. 당신은 남자야?"라고 짜증 어린 소리를 했다.

"옛날에는 이 다리 너머는 유곽遊廓과 요정料亭의 거리였데요. 술 취한 오입장이들이 이 다리에 서서 한참 고민했다더군요. 여자를 사야 하나 아니면 참고 그냥 집에 가냐고 말이죠. 호호호 그래서 생각하는 다리 즉, 사안교라는 이름을 얻었대요."

그녀가 이끌고 간 곳은 '花月(카케츠)'라는 간판이 걸려 있는 긴 이층집이었다. 현재도 영업을 하고 있었다. 그녀는 머뭇거리며 저항하는 나를 잡아끌고 그 집으로 들어갔다. 마침 종업원은 나오지 않았다. 그 사이 얼른 그곳을 나왔다.

"에이 선생님도 시시하긴 여자 좀 사지 그래요. 사실 지금은 요정으로 운영하고 있어요. 우리 저거 타고 호텔로 가요." 하면서 전차로 올라갔다.
그녀의 난데없는 제의에 혹시 무슨 의도가 있을 수도 있을지 모른다는 기대감에 머릿속이 잠깐 복잡해진다. 밤 전차에서 농익은 여인과 흔들리는 나무 의자에 살을 데고 앉아 있으니 기분이 공중에 붕 뜬 것 같다. 전차에서 내려 호텔 앞까지 오자 기대의 풍선은 터지고 만다.
그녀가 "오늘 당신 덕택에 즐거웠어요. 내일은 재미있는 곳으로 안내할게요. 오야스 미나사이" 하고 도망치듯 가버렸기 때문이다.

제 9 화
조총련계 의사와의 만남

금요일은 각자 전공 분야의 연수 교육이 있는 날이다. 미쯔코 교수는 자신이 근무하는 나가사키 의과대학 정신과로 나를 데리고 갔다. 주임교수와 인사를 나누고 전공의들도 만나 봤다. 미쯔코가 소개해 준 전공의 중에는 조총련朝總聯계의 의사가 있었다.

"저의 할아버지 고향은 문경입니다. 저의 할아버지는 어릴 때 징용으로 '니시마(端島, 일명 군함도)'에 와서 광부로 일하는 바람에 우리는 일본에 살게 되었어요. 아버지는 어부 노릇해 우리를 먹여 살렸고 어머니가 식당 주방 일해서 나를 학교에 보냈습니다." 유창한 우리 말이다.

"그럼 이 선생은 나와 같은 고향 사람이네. 대구에 꼭 한 번 놀러 와요." 식당에서 콜라 한 잔씩 마시며 이야기를 나누었다.

"전 조국이 북조선입니다. 할아버지와 아버지는 고향인 남조선 정부에서 자국민의 대접을 받지 못했다고 합니다. 가족을 버린 남한은 저의 조국이 아닙니다. 제가 이렇게 한국말을 하고 일본의 의대에 진학할 수 있었던 것도 다 공화국의 뒷바라지 덕택입니다."

"하지만 북한은 독재체제로 국민이 헐벗고 아사 직전이잖아요? 지금 한국에서는 조총련계에게도 조국 방문이 허용 되어 있어요. 이념 관계없이 고향 땅 남한에 한 번 놀러라도 와요."

"공화국의 고난은 열등한 체제 탓이 아닙니다. 제국주의 의식에 빠진 미국의 봉쇄 때문입니다. 그런 악랄한 수법에도 살아 남아 공화국의 깃발이 휘날리는 모습의 조국이 너무 자랑스럽습니다."

미쯔코가 왜 이런 만남을 주선했을까? 기분이 매우 찝찝하였다. 그 후 병실을 건성으로 둘러본 뒤 공식 일과를 끝냈다. 그 시절 우리도 못살아 헐떡거려 해외동포를 돌아볼 겨를이 없었던 사정은 왜 모를까?

제 10 화
오페라 나비따라의 유례

병원 방문이 끝나자 미쯔코는 말했다. "요즘 애들 무서워요. 제 할 말은 다 한답니다. 한국도 마찬가지겠지요. 선생 노릇도 힘들어요. 골치 아픈 이야기는 이쯤하고 기분 '바라시(전환)'하기 위해 꿈의 세계로 안내할게요."

'미나미야마테쵸南山手町'에 있는 '구로바 엔(Glover園)'으로 간다고 한다. 공원 가는 골목길에 기모노를 입은 여자가 조각되어 있는 큰 동판이 보였다. 몰락한 사무라이 딸 게이샤(기생) '초초(나비)'가 점령군 미 해군 대위 '핑거튼'에게 속아 사기 결혼을 한다. 미국으로 전출 간 그를 기다리며 노래를 부른다.

'어느 개인 날/ 우리는 볼 수 있을 거야./ 수평선 저 멀리/ 피어오르는 연기 한 가닥을/ 그리고 흰 배가 나타날 거야.'

－오페라 아리아 '어떤 개인 날'이다. '푸치니 오페라', '나비부인'의 단골 여주인공. 해외를 다니며 2,000여 회나 프리마돈나 역할을 한 '미우라 다마끼三浦環'가 동판의 주인공이다. 나라는 미국에게 항복하고 소녀 기생은 미군의 접대부가 되어 죽는다는 내용의 오페라 나비부인. 이 오페라를 볼 때마다 떠오르는 의문이 있다. 푸치니는 '투란도트'라는 오페라도 작곡했는데 무대는 중국이다.

고흐는 수많은 일본 그림을 열심히 따라 그렸다. 이토록 많은 서양 사람들이 일본과 중국 문화에는 관심이 많았는데 그런데 바로 이웃인 우리나라는 어떻게 철저하게 찬밥이었을까? 정말 궁금한 생각이 든다. 요즘도 일본, 티베트, 스리랑카, 태국에는 온갖 서양사람들이 불교 공부를 하고 참선 수행을 배우러 몰려온다. 그런데도 대승불교의 종주국이라고 스스로 큰소리 치는 우리나라에 불교를 배우러 오는 서양사람 별로 없다. 왜 한국은 찬밥 신세일까? 깊은 연구를 해 볼 과제라며 골목길을 걸으며 혼잣말을 중얼거린다.

"흠 미쯔코 교수보다 더 아름다운 여자군." 동판에서 프리마돈나의 얼굴을 쓰다듬으며 어설픈 농담을 했다.

"센세, 날 그렇게 밖에 못 봐요? 한쪽 면만 보지 마셔요. 과정도 보고 속도 보고 좀 종합해서 평가해주세요."
눈을 살짝 흘기며 노려본다.

티격태격하면서 에스컬레이터를 타고 그로바 엔으로 입장했다. 일본의 개항 시절 영국의 무기상 글로버, 그린거, 구오르트 등을 포함하여 거부들이 살던 가옥 8채를 시청이 사서 동산에 옮겨 서양식 공원으로 만들었다. 집들은 서양 영화나 다큐멘터리에서 자주 보던 것들이어서 눈에 익었다. 방안 의자에 앉아 정원을 내다보니 기화요초琪花瑤草로 꾸며놓은 정원은 살아있는 풍경화. 정원에 벤치에 앉아서 보니 바다에는 작고 큰 배들이 눈높이에서 미끄러지듯 오가고 있어 꿈속 같다. 향기로운 바람은 뺨을 간지르고 한 잔의 라므네는 입안을 부드럽게 문질러 준다. 슬그머니 미쯔코가 내 손을 잡으며 말한다.

제 11 화
여인 마즈코 상 가족의 근현대사

"센세 이런 말 해도 돼요?"
"미즈코 상 언제는 허락 맡고 말했나요? 마음대로 해보세요."라고 일부러 부르퉁한 체 말하지만 심장이 가볍게 뛰는 것이 느껴진다.

"바람 피고 싶어졌어요. 밀착해서 다니다 보니 그런 생각이 들어요. 당신의 '물체의 거리와 빛의 관계' 학설이 맞나 봐요." 하며 큭큭 웃는다.

여자들의 말을 해석을 잘못하는 판에 더구나 일본 여자가 하는 주어主語도 없이 하는 말을 제대로 해석할 수가 없다.

"혼또(정말)?"
"작년 대구에 갔을 때 당신을 처음 보았을 때 일단 외모는 합격점이었어요. 하지만 눈매가 날카롭고 말속에 칼이 들어있어 호감이 가지 않았어요. 하지만 존경하는 마음은 들었지요. 일요일마다 외국인 무료진료를 하고 미전향 장기수(사형선고 받은 간첩)들과 친구가 되어 있었어요. 윤락녀, 문제 청소년들을 위한 진료와 상담소 등을 운영하고 있더군요. 당신의 인생관이 고스란히 담긴 병원을 운영하고 있음을 느꼈어요. 적십자병원은 일본에서도 영리 추구하는 병원으로 전락한 지 오래 되었어요. 이번에 당신과 가까이 지내면서 보니 또 다른 면이 보이네요."

"그쯤 합시다. 농담 그만하고 이제 당신의 이야기를 듣고 싶어요." 벼르고 있던 화제로 말머리를 돌렸다.

"난 '자이니찌(在日, 재일교포)'예요. 한국 이름은 최광자. '야나기柳'는 결혼 후 받은 성이지요. 시댁도 귀화한 조선인이에요. 시댁은 청송 심부자집 자손입니다. 시아버지는 교토京都대학교 의과대학 출신으로 큰 병원을 경영하며 잘 살았어요. 해방 후는 민단民團에 가입하여 간부까지 했어요. 남한 정부에서 관리들이 일본 출장 오면 인사하러 오는 실력자였지요. 그러나 좌파 정권이 탄생하자 찬밥신세가 되더군요. 시아버지는 일본으로 국적을 바꾸어 버렸습니다. 남편은 한국말을 잘못합니다. 저하고 성장 배경이 달라선지 둘은 아기자기한 정을 느끼지 못하고 살아요. 남편은

착하고 성실한 남자입니다. 그러나 나에게 안기려고 하는 나약한 사람입니다. 안타깝게 마마보이의 그런 기대를 채워 줄 의사가 없었지요. 그러자 남편은 내가 딴 남자에게 관심을 가진 탓이라며 부정망상을 갖게 되었습니다. 게다가 애까지 없으니 한 지붕 두 가족 격으로 살고 있지요. 우리 가족은 할아버지가 이곳에 있는 '미쓰비시三菱' 조선소로 징용을 온 게 일본과 인연의 시작입니다. 원자탄이 떨어졌을 때 아버지는 '가미가제神風' 특공대에 차출되어 '이부스키指宿'의 '치란知覽 돌격 항공대'에서 훈련 중이었고 삼촌은 남양군도 '팔라우'에서 사병으로 싸우고 있던 참이라 두 형제는 피폭을 당하지 않았어요. 원자폭탄이 터질 때는 할아버지는 새 군함 성능시험 항해하러 나갔다 살았다고 하더군요." 우리말로 이야기를 한다.

"할머니는?"
"대학병원 청소부로 일하다 원자탄에 흔적 없이 사라졌어요."
"고생 많이 하고 살았겠군요."
"아니 별 고생하지 않았어요. 아버지는 '야쿠자'의 '샤테이(舍弟. 보스의 의형제)' 계급까지 올라가 편한 생활을 하며 빠찡코 가게까지 가지고 있었어요. 돈 있고 힘 있으니까 아무도 우리 가족에게 이지메(왕따) 하려는 사람은 없었어요.
북조선은 우리 같은 노동자, 농민을 챙겨 주는 나라라고 해서 조총련에 가입했어요. 자연 학교도 총련이 세운 곳에 다녔어요. 치마, 저고리 입고 다니느라 주위 시선에 마음 고생 많이 했죠. 학교에서 부모를 부르면 엄마는 일본말을 잘못 해 아버지가 왔는데 팔뚝에 문신을 하고 오니 부끄러워 애를 먹었어요. 운전하고 온 꼬붕들은 최 경례(90도 경례)를 하니 친구들은 그걸 흉내 내며 나를 놀렸지요."

"삼촌은?"
"북조선에 살아요."
"그 건 또 왜?"
"삼촌은 형과 같이 '야마구치구미山口組' 나가사키 지부에 속해 있었는데 조직원 한 놈이 배신해 칼로 찔러 죽였어요. 그때 자이니찌들의 북송北送이 한참이었죠. 경찰은 삼촌에게 체포하기 전에 북송선 타라고 권했지요. 일본은 골치 아픈 '센징鮮人'을 청소해 좋고 북조선은 체재 선전용으로 이들을 이용할 수 있어 좋았지요. 누이 좋고 매부 좋고 해서 이 사업이 한동안 진행되었어요. 우리 총련 소속 애들은 자주 '니가타新潟' 항구에 동원되었어요. 공화국 가는 '만경봉萬景峰'호를 향해 인공기를 손에 들고 울고 고함치며 흔들어대었지요. 삼촌은 이 배를 타고 합법적 도주를 한 거죠. 선생님 이제 그만 해요."

"조금만 더 듣고 싶소."
"우리 가족은 조선인으로 사느냐 일본인이 되느냐 꽤 오랫동안 고민을 했지요. 따져보니 조국이라고 생각한 남쪽은 우리에게 아무런 도움을 준 적이 없습니다. 우리 고향이 대구 경산인데 그곳에는 지금 친척은 아무도 없어요. 짐승처럼 머슴살이 하다 온 할아버지는 고아였거든요. 만약에 경산에 우리 피붙이가 산다면 결과를 달라졌을지도 모릅니다. 북조선은 조총련계 교포들에게 관심을 많이 기울려 주었어요. 결국 북조선을 고국으로 정했습니다. 총련계 학교 다닌 덕에 조선말을 잊지 않게 된 겁니다. 기념공원에서 보셨다시피 원폭으로 많은 한국인들이 죽었어도 남북 어느 쪽에서도 그 흔한 위령비 하나 세우지 않았어요. 보다 못한 일본인들이 위령비를 만들어 주었지요. 공화국이나 한국 어느 정부도 피폭자인 우리 자이니치에 관심 가져 주는 나라는 없었어요. 우리는 부모에게서 버림받은 고아같은 신세예요. 오사카의 시민운동가 '이찌바市場' 여사는 우리를 보고 바보라고 했지요. 왜 한국이나 일본 정부에게 피해 보상을 옳게 받지 못하냐고요. 결혼하면서 나는 귀화한 시댁을 따라 일본 국적을 취득했습니다. 남편도 우리 대학 외과에 근무하고 있어요. 북조선도 한국도 나와는 관계 없는 곳 입니다."

제 12 화
미츠코 여인의 고백

그녀를 안았다. 그리고 입술로 볼을 부볐다. 거부하지 않고 살며시 기대어 왔다. 정원수에 앉아 있던 붉고 파란 털을 가진 새가 자지러지게 우지진다. 수학여행 온 학생들이 몰려오자 우리는 포옹을 풀었다. 새도 조용해졌다.

"며칠 같이 지나면서 당신의 본 모습을 보았어요. 대구서 본 모습과 다른 면이 보였어요. 여자를 무시하는 태도. 남들에게 쌀쌀맞게 구는 모습. 틀리지 않으려고 애를 쓰고, 지지 않으려고 안간힘 쓰는 행동. 지금 보니 그것들은 다 그림자였어요. 당신은 여자에게 사랑받고 싶어하고 약자를 품어주려는 게 당신의 본 마음임을 알았습니다. 긴 세월 당신은 그 본 마음을 감추고 어렵게 살고 있어요. 이번에 가까이서 보니 그것을 느끼게 된 거 같아요. 힘있는 남자, 여자를 보호해 줄 수 있는 남자. 당신이 좋아진 거예요. 아버지와 같은 대구 말을 하니 호감이 더 가요. 성격도 닮았고. 당신 그거 생각나요? 일본 온 첫날 함께 길을 걷는 데, 나에게 어떤 꽃을 가르키며 이름을 물었지요. 대답을 못하자 당신이 무슨 말 했는지 기억나세요? '교수가 그것도 몰라요?', 라고 했어요. 얼마나 무안했는지 아직도 얼굴이 화끈거려요. 초면에 어떻게 그런 말을 다 해요? 어쩜 우리 오도상(아버지)과 그렇게나 닮았는지 호호호. 야쿠자의 딸에게 감히 그런 말을 하다니." 그녀가 하늘을 올려보며 웃었다.

"그 꽃은 히간바나(彼岸의 꽃, 상사화) 였지요. 꽃과 줄기가 서로 다른 시기에 피어나 한 나무이면서도 서로 만나지 못하는 화초. 슬픈 꽃이지요?" 그녀는 씁쓸하게 웃으며 말했다.

"그럼 이제부터 난 당신의 애인이 되나요?"라고 웃으며 말했다. 그녀가 화들짝 놀란다. 아무것도 아닌 말에 왜 그렇게 과민반응을 보이는 걸까? 잠시 후 설명이 이어졌다.

"일본서 애인(愛人, 아이진)이란 말은 불륜의 대상을 말해요."

"그럼 사랑하는 사람은 뭐라고 불러요?"

"연인(戀人, 고이비또)이라고 부른답니다."

"그럼 난 연인? 애인?" 하고 말하자 그녀는 화제를 돌려 버렸다.

"선생님 기억나세요? 내가 대구서 불렀던 노래 제목."

"'달도 하나 해도 하나'를 불렀잖아? 그 노래는 한국전쟁 나기 전, 남로당 소속들이 많이 부르던 노래예요. 난 속으로 당신이 '친북 일본인 인가?'라는 생각을 했어요."라고 대답했다.

"당신은 '나가사키는 오늘도 비가 내리네.'를 불렀잖아요."

"구라바 엔은 맑은 날은 달콤하며 꿈속 같은 곳이고 비 오면 슬프면서 포근한 곳이에요. 외로운 날이면 난 여기에 혼자 와서 노래를 많이 불렀어요."
눈물을 글썽이며 그녀가 어깨를 기대고 나지막하게 콧노래를 부른다.

뺨에 흐르는 눈물은 비에 섞여/ 목숨도 사랑도 다 바쳤건만/ 마음이, 마음이 심란해서/ 마시고 마셔 취해보아도/ 술에게는 원한이 없는 것을/ 아! 나가사키는 오늘도 비가 내렸네.

"그 노랜 누구에게 배신 당하고 부른 노래요?" 괜한 심술이 나서 물었다.

"당신 날 그렇게 만만하게 보지 마세요. 내가 인물이 모자라요? 공부가 모자라요?. 난 패배하지 않는 여자랍니다. 이렇게 울타리가 쳐지니 마음이 푸근해요. 행복해요."라며 손으로 내 뺨을 쓰다듬었다.

제 13 화
자유시간의 행복

출장 마지막 날은 일행들에게 모두에게 종일 자유시간이 주어졌다. 나와 미쯔코는 나가사키현 '사세보佐世保'에 있는 '하우스 텐보스(숲속의 집)'로 갔다. 나가사키시에서 두 시간쯤 걸리는 승용차 거리에 있었다. 온 가족들이 다양하게 즐길 수 있도록 호텔, 오락, 문화시설과 전시용 건축물로 형성된 유료 공원이었다. 바다에 나가 크루즈 여행이나 낚시도 할 수 있고 공원 내에서 카약 타기, 캐널 크루즈 등도 할 수 있다. 영화관, 뮤지엄과 미술관도 품위 있는 볼거리다. 캐널 크루즈 배를 타고 가던 중 갑자기 배가 급커브를 돌았다. 선장이 연인들에게 준 선물이다. 그녀가 휘청하며 물속을 기우뚱한다. 깜짝 놀라 그녀의 상체를 안자 가슴에 안긴 채 웃으며 말한다.

"하하하 당신은 내가 죽는 건 싫어하는군요. 당신이 날 좋아하는가 실험해 본 거예요." 싫지않는 소리다.

작은 유람선에서 내려 원내를 둘러본다. 유럽식 정원에다 고성을 흉내 낸 건물들이 있어 유럽에 온 착각을 일으키게 한다. 온갖 색깔로 활짝 핀 크고 작은 꽃으로 뒤 덮힌 작은 네덜란드 속으로 들어간다. 튤립은 지고 장미가 눈부시게 동산을 덮기 시작하고 있다. 그녀 쪽으로 관심이 이동해 버린 탓인지 경치 감상보다는 벤치에 앉아 아이스크림을 빨거나 둘이 이야기하는 것이 더 즐거웠다. 아침 일찍 오느라 벌써 배가 고프다. 그녀에게 기억에 남을 점심을 대접하고 싶었다. 공원 안에 있는 호텔 레스토랑에 가기 위해 그쪽으로 걸음 옮겼다. 호텔 로비에 들어서자 나도 모르게 발길이 카운터에 가서 빈방 있냐고 묻고 있었다. 한 걸음 뒤에 서 있던 그녀가 다가와 귀에 대고 조용하나 엄숙하게 속삭였다. "난 아직 그런 기분이 아니에요. 아직 준비되지 않았다니까."라고. 무안하고 화가 났다. 호텔을 나와버렸다. 인근 레스토랑에서 스테이크로 점심을 먹는데 입맛이 돌지 않아 건성으로 조금 먹은 뒤 나왔다. 시내로 들어와 그녀가 귀엽게 웃으며 말한다.

"기모찌가 와루이 데스까?(기분 좋지 않아요?) 이럴 때 특효약이 있는데…"

그녀는 애교 부릴 때는 당신, 평소 대화에는 선생, 공식 자리에서는 원장이라는 호칭을 쓴다. 당신이란 호칭에 미쯔꼬가 삐진 것이 아니라는 신호를 보내는 것으로 해석하고 그제야 안심이 되어 대꾸한다.

"혹시 뽕이라도 주려는 거요."
"바로 그거예요. 잘도 아시네. 우울할 땐 단 음식이 최고지요."라면서 카스테라 가게로 안내했다. 상호가 '福砂屋(후쿠사야)'다. 자리에 앉자 심술이 덜 풀려 시비를 걸었다.

"나가사키 카스테라라면 세계적으로 '분메이도文明堂'인데 왜 이딴 이름 없는 집에 온 거요?"

"아이고 선생님도 모르시는 것이 있네, 호호호 후쿠사야는 1,624년에 창립된 일본 카스테라의 원조예요. 1,681년에 쇼오켄松翁軒이 생겼구요. 분메이도는 1,900년에야 문을 연 애송이예요. 그 치들이 유명한 건, 맛이 아니라 선전술이 뛰어났기 때문입니다. 아시겠어요. 센세."

그녀는 말, 차와 카스테라를 먹으며 설명을 이어나갔다.

"일본에는 1,000년 넘는 기업이 7개, 200년 된 기업이 3,000개, 100년 된 기업이 5만 개 넘어요. '야마나시山梨'에 있는 여관 게온칸慶雲館은 52대에 걸쳐 1,300년

째 운영하고 있습니다. 분메이도는 아직 유아인데 뭐 그렇게 맛이 있을까?"

보기 좋게 한 방 먹었다.

뭔가 다 채우지 못한 아쉬움에 젖은 담요를 뒤집어쓴 기분으로 호텔로 돌아왔다. 전화벨이 울린다. 직감으로 미쯔꼬란 걸 안다. 호텔 로비에 와 있는 걸까? 가슴 두근거리며 전화를 받았다.

제 14 화
화산 분출이 미중한 욕정의 분출

"선생님 내일 마지막 날이잖아요. 운젠산雲仙岳 가요. 아침에 올게요. 도착 전 전화합니다. 오야스 미나사이(잘 주무세요)."하고 전화가 급히 끝난다. 내가 말할 기회를 주지 않으려는 듯한 의도인 것 같았다.

아침에 그녀가 청바지에 보라색 티셔츠 차림으로 호텔로 왔다. 화장한 얼굴과 볼록한 가슴을 보니 교수가 아니라 배우처럼 보인다. 시가지를 떠나니 속이 후련해진다. 운젠산 가는 도중 넓은 바다가 내려도 보이는 절벽의 휴게소에서 잠깐 쉰다. 그녀는 색안경을 끼고 나의 팔짱을 끼고 함께 사진을 찍었다. 남들이 오가고 있는데도 우리는 키스를 하였다. 그녀가 달콤한 반응을 해주었다. 휴게소에서도 한 참 더 달려 1,485m의 운젠산 아래 도착했다. 매표소 직원이 오늘 뭔가 좀 위험하다며 잘 생각해보고 케이블카를 타라고 했다. 그 주의 말은 일본인들 특유의 과잉된 조심성이라 치부하고 산정에 올랐다. 관광객은 별로 없었다. 덕택에 조용한 산을 우리 것인 양 만끽할 수 있었다. 화구 주위의 산책로를 걷는다. 산 공기는 밝은 햇볕에 섞여 맑아 수정처럼 빛나고 있었고 깊은 호흡을 하니 정신도 금강석처럼 맑아진다. 산새 울음마저도 없는 조용하고 투명한 산, 텅 빈 공간, 그 속에서 가득히 충만 된, 그 무엇이 느껴진다.

얼마나 걸었을까 경치에 취해 모르고 있었던 탓인지 어느새 화구에서 연기가 올라오고 발아래가 땅이 조금씩 흔들림을 느낀다. 착각인가 생각했다. 조금 뒤 더 크게 땅이 흔들렸다. 연이어 유황 냄새 잔뜩 품은 화산 연기가 자욱하게 피워 오르고 자갈들이 튀어나왔다. 우리는 시멘트로 만든 대피소로 뛰어들어 갔다. 서로가 부둥켜안고 있었다. 천둥 울리는 소리가 크게 들리자 그녀가 가슴을 파고들었다. 머리칼의 은은한 향기에 가슴이 가볍게 두근거렸다. 귀에 입을 갖다 대고 "곧 끝날 거야 걱정마."라고 속삭였다. 화산 연기가 자욱해져 이제는 밖이 내다보이지 않았다. 큰 바위가 콘크리트 지붕에 쿵하고 때리는 소리가 들렸다. 밖은 암흑이 되었다. 숨길이 가빠졌다. 그녀의 귓밥을 잘근잘근 씹었다. 입술은 귀를 떠나 그녀의 목으로 내려갔다. 혀는 목을 핥았다. 그녀가 밀착해 왔다. 붉은 용암은 보이지 않았으나 크고 작은 돌맹이들이 대피소 콘크리트 지붕을 소나기처럼 때리는 소리가 들렸다. 심하게 떨어질 때는 저절로 몸이 오그라들었다. 서로는 힘차게 입술을 빨며 혀는 서로의 것을 소중히 애무하고 있었다. 유방을 헤매이던 손이 아랫도리로 내려갔다. 흥건히 젖어 있었다. 그녀의 손도 바지 속에 들어와 꽉 쥔 채 앞뒤로 흔들고 있었다.

화산 폭발의 공포는 이미 증발해 버렸다. 진공 속에서 둘은 짐승처럼 으르렁거리며 서로를 공격하기 시작했다. 그녀의 손이 단단한 그것을 꽉 움켜쥐고 비틀었다. 붉은 용암이 우리를 덮쳤으면 좋겠다는 생각이 들었다. 서로가 상하체를 거꾸로 맞대어 애욕을 표시하고 있었다. 그녀의 검은 화구에 고개를 파묻고 그 심연에 혀를 밀어 넣었다. 그녀도 계곡에 입술을 들이대고 단단해진 그것 물고 빨며 흔들어댄다. 서로의 육체는 용암보다 더 센 폭발력을 보이고 내뿜기 시작했다. 서로가 지르는 합창 소리는 컸지만 화산 폭발 소리에 묻혀 들리지 않았다. 둘은 다시 얼굴을 마주 보는 자세로 바꾸었다. 한쪽은 밀어 넣고 상대는 벌려 받아들여 때로는 부드럽게 때로는 굳고 힘차게 서로에 충돌하고 있었다. 짐승처럼 신음하며 뒹굴고 있었다.

강과 약 여러 번의 파동이 끝나고 둘은 지쳐 누워있었다. 밖이 밝아져 있었다. 화산 폭발이 잦아든 모양이었다. 화산재도 올라오지 않고 자갈도 튀어 오르지 않았다. 간혹 묽어진 연기만 문득문득 피어오르고 있었다. 콘크리트 대피소를 나와 조용해진 화구 앞에 멍하게 서 있었다. 어디선가 기계음이 들리더니 케이블카가 올라왔다. 노란 옷을 입은 구조대원들이 내렸다. 그들은 주위의 딴 대피소도 더 둘러본 뒤 우리를 데리고 아래로 내려갔다. 미쯔코의 차는 화산재로 덥혀 있었고 창문은 다 깨져 있었다. 둘은 나가사키로 돌아오며 한마디도 하지 않았다.

제 15 화
미츠코의 성장통 편지

3년 뒤, 일본에서 부친 소포 꾸러미를 한 개를 받았다. 미쯔코가 보낸 소포였다. 속에는 일본어로 된 책 두 권과 손편지 한 통이 들어있었다.

"선생님 그동안 잘 지내셨어요. 오랫동안 인사 못 드렸네요. 운젠산 갔다 온 뒤 이혼했습니다. 차는 온통 화산재를 뒤집어쓰고 창문과 차체는 돌들에 찍혀 깨어져 있었고 게다가 내 몸은 멍과 상처투성이였으니 남편이 가만있을 수 없었겠지요. 집에 와서 TV를 보니 산은 붉은 용암이 홍수처럼 흘러내리더군요. 그것들이 우리 쪽으로 흘렀으면 얼마나 좋았을까 하는 생각이 들더군요. 당신이 일본 오셨을 때 내가 먼저 선생님 쪽으로 다가갔어요. 유혹했어요. 눈치채셨어요? 당신이 그때 물었던 꽃 이름은 상사화였지요. 그 꽃은 잎과 꽃이 한 몸이면서 서로가 보지 못하는 비극적인 꽃이란 걸 그때 처음 알았어요. 지금 나는 이곳 차안此岸에 당신은 저곳 피안彼岸에 있는 걸까요? 우린 상사화로 만났던 것일까요?

"이혼한 해에 안식년을 맞았어요. 무척 힘든 한해였어요. 자주 글로바 엔에 갔어요. 가끔은 이나사 산이나 시안 바시에도 갔고요. 아무것도 남아 있지 않는 그곳들은 오히려 더 큰 아픔을 주었지요. 어느 날 광활한 바다로 나갔지요. 어느 정도 마음이 뚫리는 느낌이 들었어요. '이키壱岐'섬에 내려 산책하다 보니 '덴토쿠지天德寺'라는 절이 있더군요. 주지 스님에게 '저의 우울을 덜어 주세요.', 라고 농담 쪼로 하소연을 하자 '남전참묘南泉斬猫'라는 화두를 주었습니다. "어느 날 남전이 고양이 한 마리를 두고 제자들이 서로 자기네 것이라고 다투자 고양이를 칼로 두 동강이 내어 죽였다. 그리고 외출서 돌아 온 수재자 조주에게 물었다. '내가 왜 고양이를 죽였을까?' 스님은 그 화두를 풀면 안락한 세상을 만나게 된다고 했어요. 하지만 어려운 화두는 은산철벽銀山鐵壁처럼 더욱더 나의 가슴을 더 숨막히게 했어요."

"어느 날 우연히 선생님의 소설 '녹슨 철모'를 뒤적거리게 되었습니다. 아마추어 냄새가 풀풀 나는 소설이었습니다. 흔한 군대 이야기였어요. 그러나 자세히 읽어보니 내용은 연애소설이더군요. 서로가 찾다가 맺어지지 못해 남자가 죽는 신파 쪼의 이야기. 그게 저의 흥미를 자극했습니다. 심심파적心破寂으로 몇 페이지 한국어로 번역을 해보았지요. 생각보다 쉽게 번역이 되었습니다. 내친김에 한 권 전부를 번역하였지요. 매일 밤 한 시까지 번역하니 일 년이 걸렸어요. 그 밤이 나의 화두 풀이 시간이었습니다."

"살생 금지인 불가에서 큰 스님이 산 생명을 죽였다. 우리는 고양이가 산 생명이라고 생각하니 남전 스님은 살생이란 끔찍한 죄를 지은 거예요. 하지만 원래 고양이는 없었어요. 이 세상에는 부처도 없고 고양이도 없는 거예요. 없는 고양이를 어떻게 죽여요? 학승들은 고양이의 허상을 보고 있는 줄 알고, 서로 제 것이라고 싸웠죠. 그 망상을 남전 스님은 행위로 교육시킨 것입니다. 나와 남이 따로 있다고 생각하는 것은 망상입니다. 있다고 착각하니 사랑하게 되고 이윽고 내 것으로 만들려고 합니다. 그 결과 인간에게는 죽음이라는 비극이 생기는 것입니다." 맞게 풀었나요?"

"주변 지인들이 재미있다는 소리를 듣고 어리석게도 출판사에서 원고를 보냈습니다만 전부 거절당했습니다. 오기가 생겨 자비출판을 했어요. 그 안식년은 화두 참선과 소설 번역이 그 한해의 주된 일이었습니다. 다음 해는 강의와 진료가 시작되었습니다만, 한 해 동안 버릇 들인 번역 습관이 나를 그냥 두지 않았습니다. 퇴근하고 집에 와 거의 매일 밤 한두 시간씩 '아름다운 사람들'을 번역했습니다. 가자가시라 산에서는 당신에게 꿈 깨라고 돌맹이를 선물했지요. 미안해요. 이번 선물은 진짜입니다. 조개의 상처에 생긴 눈물방울 진주. 운젠산에서 맺어지면서 순간적으로 증발해 버린 사랑. 그 아픔의 흔적인 이 두 권의 번역 본을 당신께 드립니다. 모든 건 흘러갔습니다. 과거는 흘러가서 없고 앞날은 오지 않아 없습니다. 우리에는 다만 현재만 있지요. 하지만 현재마저도 흘러가며 없어진다는 것을 깨닫게 되면 우리는 자신의 본성을 발견한 것이겠지요. 당신과 나, 아무런 사이도 아니에요. 우린 애초부터 만난 적이 없었으니까요. 안녕 원장님."

한밤의 마루야마丸山을 찾아가 봐도/ 싸늘한 찬 바람만 몸에 스며드네/
사랑스런 사랑스런 그 사람은/
어디에, 어디에 있는 걸까/
가르쳐 주오. 가로등이여/
아! 나가사키는 오늘도 비가 내렸네.

　　- <나가사키는 오늘도 비가 내렸네, 노래 전문> - {마에카와 키요시(前川 淸)}

소설

권 영 재

대구시 서구 거주
대구광역시 출생
경북중학교, 고등학교 졸업
가톨릭의대학교 신정정신과 졸업
카톨릭의과대학원 신경정신과 박사
대구정신병원 원장
서대구노인병원 원장
대구사이버대학교 교수
가톨릭의과대학교 외래교수
대구경북 신경정신과 학회장(전)
(사)문학그룹샘문 자문위원
(사)샘문학(구,샘터문학) 자문위원
(사)한용운문학 자문위원
(주)한국문학 자문위원
샘문시선 회원
<수상>
2024 한용운문학상 시 등단(샘문)
<저서>
정신건강클리닉(정신과 전문서)
거리에 선 청진기(수필집)
어느 따뜻한 봄날의 추억(소설)
소소한 행복(수필집)
아름다운 사람들 (논픽션)

수상소감

청소년기에 새봄만 되면 신문과 문학잡지의 신춘문예 작품을 일부러 찾아 읽었다. 언젠가 나도 저 작가들처럼 신춘문예에 당선되고 그 소감문도 한번 써보고 싶었다기 때문이다. 그러나 나의 갈 길이 의사로 정해지고부터 신춘문예를 찾지 않게 되었고 소감문 또한 읽지 않았다. 시간이나 마음의 여유가 전혀 없어졌기 때문이다. 하지만 꿈마저 없어진 것은 아니었다. 그 꿈이 있었기에 아무리 바빠도 문학책을 손에서 놓아본 적은 없다.

올해 80살이 되었다. 최신의학을 공부할 기력도 쇠퇴해지고 내용을 이해할 기본 체력도 약해져 갔다. 최신의학에 대한 창조나 개선은 엄두를 낼 생각도 못 한다. 심신이 쇠약해지자 새로운 현상을 발견하게 되었다. 내 마음속에 꺼지지 않고 남아있던 문학에 대한 애정이 그대로 남아있을 알게 되었다. 등산, 여행, 운동 등의 신체적 활동 시간이 줄어들자 독서와 창작에 대한 의지는 오히려 강해지고 있었다. 최근 몇 년 동안 열심히 책 읽고 글을 썼다.

어느 날 신춘문예 출품을 한번 해 봐야되겠다는 용감무쌍한 생각을 했다. 가슴이 두근거렸다. 수십 년 동안 해서는 안 될 불륜처럼 금기되던 문학청년의 꿈을 한번 불태우고 싶었다. 조마조마하며 당락을 기다리고도 싶었다. 그동안 문학 공부는 전혀 배워본 일이 없어 갈팡질팡했다. 나의 습작을 보고 건국대 김유조 교수님이 여러 자료를 주시며 방향 제시와 격려의 말씀을 해주셨다. 샘문그룹 이사장 이정록 교수님의 채찍과 당근의 교육이 있었다. 틈틈이 정영진 선배님, 김상진 선배님 그리고 선배같은 후배 김성태 회장과 효산 남순대 회장 따끔한 충고도 잊혀지지 않는다.

14년 동안 시 창작 부문에만 주어지던 대상 작품이 올해 처음으로 단편소설에 주어졌다고 한다. 어린 새싹을 길러보겠다는 문단의 선배님들의 깊은 뜻과 그리고 지공을 지나 고래회의 나이를 훨씬 넘어도 기가 죽지 않는 망상적 사고를 가진 남자에게 주는 경로우대의 덕이 아닌가 생각한다. 아직도 어리둥절한 정신 상태여서 일일이 고마운 말을 다 할 줄 모른다. 얼마 뒤 정신이 수습되면 속내 한 번 옳게 표현하고자 한다. 다시 한번 문단의 여러 선후배님들에게 감사 인사를 드린다.

2025.04.22.
권영재 배상.

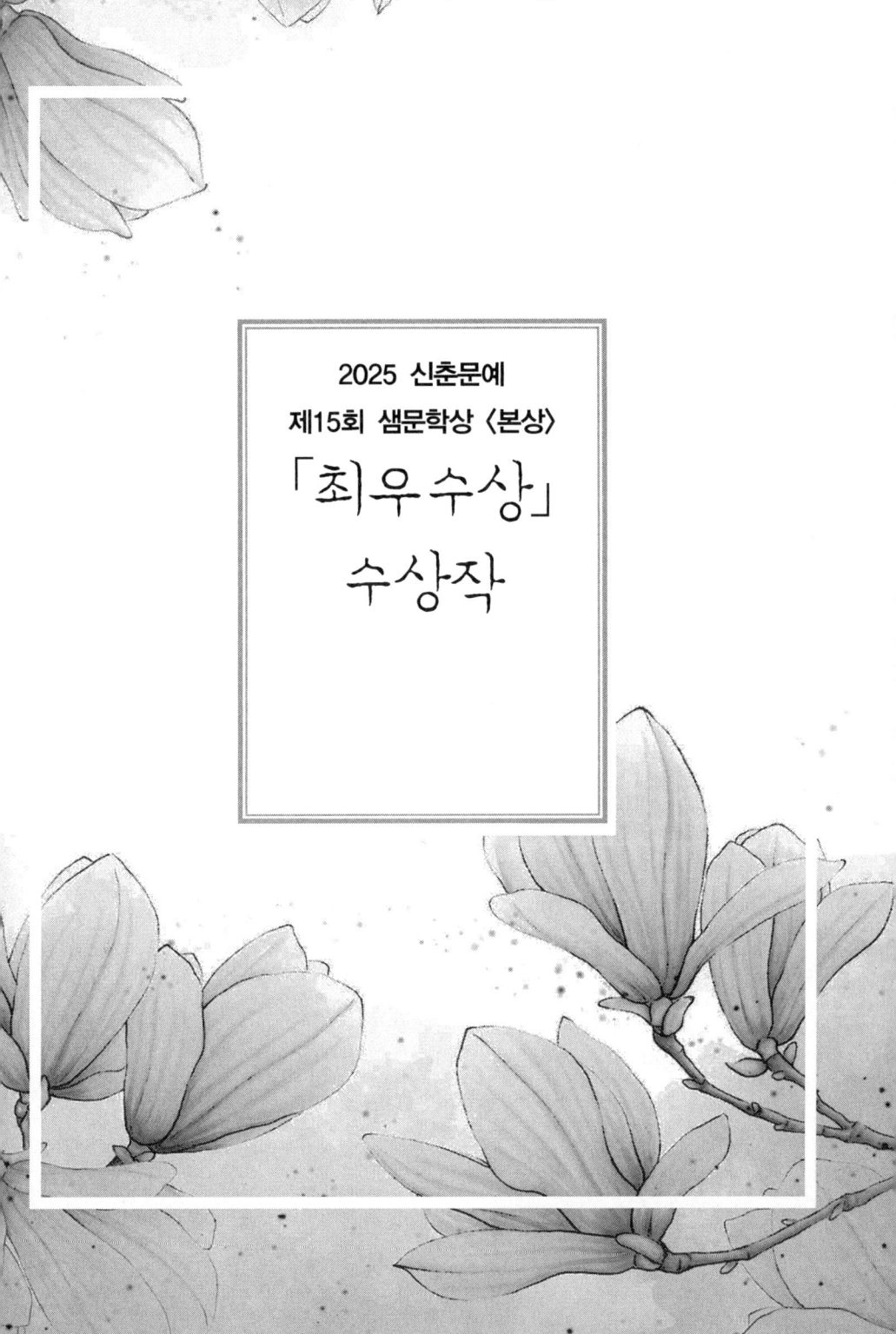

제15회 샘문학상 최우수상 수상작 시부문

닳은 신발 설화 외 2편

이 동 현

바닥에 새겨진 시간의 흔적
작은 균열 속에서 들려오는 먼 여정의 이야기
한 걸음 한 걸음
나의 꿈을 따라 걷던 신발은
지친 숨결처럼 닳아 있었다

비 내리는 골목을 지나며 적셨던 날들
돌길 위에서 느꼈던 거친 감촉
흙 묻은 흔적은
땀과 눈물의 무늬가 되었고
벗겨진 가죽은
다시 일어설 힘을 기억했다

혹은 춤추던 밤의 잔해였을까
혹은 바다 모래사장의 끝자락일까
연인을 찾아 헤매던 빛나는 별빛이었을까
그 닳아버린 신발은
어느 순간에도 포기하지 않았다

이제는 멈춰 설 시간인가
고요한 꿈속 숲에서 쉬어갈 때
닳았지만 결코 버릴 수 없는

기억과 꿈의 서사를 품은 내 신발

닳은 신발이 보여주는 건
끝이 아니라 걸어온 길의 무게와
그 속에 담긴 세상의 온기와 사랑,
매일 반복 되는 삶속에서 새로운 길을 찾았고
모든 싸움을 이기는 정신으로
숨 막히게 치열하게 헤쳐 나온 속사정을 닳은 틈으로 내어보인다

바람결에 날리는 먼지처럼
시간은 내 발끝에서 얽히고
길 위에 새겨진 흔적들은 지워질 듯
그러다 다시 선명해진다

한때는 새하얀 피륙 속에
꿈을 품었던 이 신발은
이제는 닳고 닳아 내 이야기를 가난하게 그렇지만 편안하게 품고 있다

보리밭 사이로 흐르는 바람

이 동 현

보리밭 사이로 어머니 손길처럼 스미는 바람
초록빛 물결을 춤추게 하는 노래
햇살의 금 실타래가 그 위를 수놓으면
들판은 곧 하나의 황금바다처럼 빛나네

바람은 속삭이네
새벽이슬의 이야기를
밤하늘 별빛 아래 쉬어 간 추억을
보리 이삭은 몸을 기울이며
그 모든 이야기를 품는다네

땅과 하늘 사이를 가로지르는 그 길
바람은 길을 만들고
그 길 위에 우리는 오래된 꿈을 얹는다네

가난했던 날의 노래
풍요를 바랐던 손길의 기도
아직도 그 노래는 끝나지 않았네
보리밭은 늘 그 선율 속에서 잠들었다 깨어나고

보리밭 사이로 흐르는 바람은
추억의 시간이 되고 희망의 노래가 되었나니

빈집 회억

이 동 현

새하얀 눈은 온 세상에 가득 내려앉고
이제는 하늘로 사라진 나의 고향집 사이로
추억의 바람이 걸어들어와
어린 날 나의 온기와
사랑하는 가족의 숨결을 생각한다

낡은 돌담에 새겨진 시간의 흔적
녹슨 펌프물은 땀에 지친 갈증을 풀어주고
바람 따라 흩날리는 감나무 낙엽 속에
사랑과 슬픔 기쁨의 이야기들이
조용히 내려 앉는다

작은 정원 한켠에 피어나는 꽃처럼
순수했던 기억들이 자라나
옹이지고 더케 낀 마음에 영원한 안식처를 마련해주니
고향집은 언제나 따스하게 나를 감싼다

그리움의 추억들을 회상하며
햇살 가득 쏟아지는 고향집 골목에 서면
어제와 오늘이 만나 하나 되어 웃는다

텃밭의 흙은 여전히 풋풋하고

낮은 담 너머로 아버지의 손길이 보이고
어머니의 나직한 노래가 바람에 실려 온다
그 시간들은 여전히 이곳에 남아
새하얀 마음으로 나를 맞이하고 있다

발끝에 밟히는 자갈 소리마저
낯설지 않았던 이 골목
떠났던 시간의 흔적을 지우듯
늙은 마당은 여전히 한아름 기쁘게 나를 끌어안는다

무심히 지나쳤던 그 시간들
다시 보니 더 붉게 피어난다
쑥떡 같은 추억들이 입안에 감겨
잠시 어린 날로 되돌아가본다

발걸음을 멈추고 하늘을 본다
구름 사이로 스며드는 햇빛 속에
고향의 시간이 흐르면 나는 안다
이곳은 언제나 나를 기다리던 안식처였다는 것을
아버지 어머니가 안 계신 곳은
언제나 빈집이었다는 것을

이 동 현
시인

수상소감

그토록 하얀 그리움으로 세상을 온통 수 놓았던 벚꽃들은 장엄하게 봄 하늘로 사라지고 어느덧 눈이 부시게 아름다운 생명력 넘치는 연두빛 봄이 우리들의 마음을 더욱 아름답고 사랑스럽게 매만지고 있습니다.

계절은 끊임없이 돌고 돌아 꽃 피는 봄을 우리들에게 한아름 선물로 안겨주기도 하고 무덕의 여름이 오고 풍요로운 가을이 오고 눈이 평평 내리는 겨울이 우리들의 삶에 또 찾아오겠지요. 산다는 것은 매번 이렇게 큰 선물을 받는 것 같습니다.

인생이란 적게 살았던 많이 살았던 하루하루 시간으로부터 백지를 선물로 받습니다. 백지에는 어떤 그림이라도 그릴 수 있습니다. 그리고 무한한 자유와 가능성을 가지고 있습니다. 그 백지 위에 우리들의 인생을 빛나게 그리는 시간들이 되었으면 합니다.

어린왕자에는 많은 명문장이 존재합니다. 그 중에 저는 가장 감동적인 문장이 "가장 중요한 것은 눈에는 보이지 않는다"는 문장입니다.

시인은 다른 사람들의 눈에 보이지 않는 가장 중요한 것들을 보게끔 하는 존재입니다. 그리고 "사막이 아름다운 건 어딘가에 샘물이 숨겨져 있기 때문이야"라는 말처럼 시인은 이 삭막하고 황량한 세상을 살아가는 사람들에게 마음에 시원한 희망을 주는 샘물을 찾아주는 사람이라고 생각합니다. 슬픈 일이 많은 이 세상을 살아가는 사람들에게 마음의 위안을 주는 따뜻한 시를 쓰는 시인이 되고 싶습니다.

수천 번의 흔들림 끝에 피어나는 인생의 꽃이야말로 가장 아름다운 꽃입니다.

2025년 제15회 신춘문예 샘문학상 본상부문 공모전에 심사위원님들께서 고뇌어린 엄격한 심사 끝에 저의 시부문 <닳은 신발 설화 외 2편>이 ≪최우수상≫에 당선되었다는 소식을 받고 너무 놀라고 너무 기뻤습니다.

지도해 주시고 추천해 주시고 수상의 영광을 주신 샘문그룹 이정록 이사장님께 감사를 드립니다. 또한 이근배 심사위원장님 그리고 심사위원분들과 샘문 가족 여러분들께도 감사를 드립니다.

저를 늘 사랑해 주시는 하나님께 먼저 이 영광을 돌립니다.

늘 용기를 주고 응원해 주는 집사람 김경희, 아들 이요한, 딸 이해인 가족들에게 사랑한다는 말과 함께 이 영광을 함께 하고 싶습니다.

그리고 저를 아는 모든 분들에게도 고맙다는 말씀을 드립니다.

봄꽃이 만발하는 晴明 절기에 서서 2025. 4. 18.

春山 이동현 배상

제15회 샘문학상 최우수상 수상작 시부문

풀의 무덤 외 2편
- 벌초 길에 만난 유랑 인연

정 승 기

벌초 길에 언제나 들린 E편의점
말없는 자작나무와 겨울을 기다리는 화목난로
연붉은 능소화 같은 편의점 여인의 미소
손목에 잠든 노란 꿀벌 한 마리까지
잡을 수 없는 인연과 그리움은 언제나 애틋했다

조상의 봉분封墳에 풀을 걷어내니
다소곳한 풀의 무덤이 또다시 만들어졌다
봉분 주변에 자신을 방어하는 아카시아는
예리한 가시로 벌초꾼을 거부한다

보아라 보아라
저 찬란한 슬픈 소멸과 풀의 주검 앞에
벌초꾼 사내는 묵직한 넋을 두고 돌아서느니

천 년을 살았던 이끼와
백 년도 살지 못한 인간들 사이에
인연이라는 명주실 위에 어릿광대 같은
하얀 나비 하나가 춤을 추나니

선산 묘지를 가꾸는 손길은 지극한데

돌아서면 다시 쇠와 흙을 만지는
후손의 막노동 손
조상의 무덤은 번듯하나,
사내는 여전히 가시밭길을 헤치고 있구나

조상님은 아시리라
후손 손에 묻어나는 고단함을
정체성을 찾는 갸륵함을

회한
- 날것들의 하루

정 승 기

손끝에 박힌 가시 하나 빼지 못해
하루는 허무하게 사라지고

신발 속 작은 돌 하나 박혀
절룩이는 발걸음을 만들었다

눈 속으로 들어온 티끌 하나
밤새 잠을 앗아가고

꽃병이 깨진 아침 햇살 속으로
널브러진 장미 가시의 원망스런 소리가 들린다
"당신은 왜 무너지는 나를 붙잡지 못했어?"

그대가 내 가슴에 박은 못 하나
뽑지 못한 채 반평생을 견뎌냈다오

비리다, 비려
이 날것들의 하루여

지리다, 지려
슬픈 영혼의 눈동자에 젖어드는
눈물 같은 비루한 생生이여

신의 저울질

정승기

"이는 노아의 홍수에 비하리로다
내가 다시는 노아의 홍수로 땅 위에
범람치 않게 하리라*"

운명의 중력에 이끌려
땅에 머리를 조아리며 사는 것들

발 달린 것들
자신의 무게로 중력에 짓눌려
땅에 빌붙어 사는 것들

숭고한 자들은
금빛 하늘 아래서
빛을 쫓아 나아가고

천박한 자들은
어둠 속에서 이빨을 드러내며
서로를 잡아먹는다

숭고와 천박
빛과 어둠의 끝없는 운명의 쳇바퀴 속에서
신은 그저 무심히 지켜보고

새로운 시험을 던지며

인류의 창조와 멸망을 저울질한다

*****
*성경 : 이사야 55장 9절

정 승 기

경기도 안산시 거주
(사)한국문인협회 안산지부 회원
한국예술인복지재단 예술인 등재
(사)문학그룹샘문 회원(시분과-이사)
(사)샘문학(구,샘터문학) 이사
(사)샘문그룹문인협회 이사
(사)한용운문학 회원
(주)한국문학 회원
샘문시선 회원
<수상>
2021 월간시사문단 시 등단
2022 빈여백동인문학상 본상
2022 경인일보 가정의달 공모전 입상
2022 풀잎문학상
23~24년 안산시민 백일장 2년 연속 입선
2024 샘문학상-특별작품상 수상
2023 한용운문학상-특별작품상(샘문)
2024 한용운문학상 우수상(샘문)
<공저>
위대한 부활,그 위대한 여정
호모 노마드투스
<한국문학시선집/샘문>
이별은 미의 창조
불의 詩-님의침묵
<한용운시선집/샘문>
개봉관 신춘극장
<컨버전스시선집/샘문시선>
봄의 손짓 외 다수
<안산문학>

수상소감

이 시대의 고단한 하루를 짊어진 채,
詩라는 작은 그릇에 삶의 쓴맛과 무게를 담아보려 했습니다.
그 미완의 언어들을 귀 기울여 읽어주시고
'최우수상'이라는 큰 격려로 안아주신 이정록 회장님과
심사위원님 및 주최 측에 진심으로 감사드립니다.

세 편의 詩는
"손끝에 박힌 비루한 生의 가시"처럼,
"세상을 내려보는 神의 무심한 저울질"처럼,
"조상의 묘지에 풀을 베며 느꼈던 후손의 조용한 슬픔"처럼
제 마음 깊은 곳에서 길어 올린 문장들입니다.

삶의 가장 낮고 어두운 자리에서 피어난 진실이
누군가의 가슴에 닿기를,
그리고 위로가 되기를 바라는 마음뿐이었습니다.

詩를 쓴다는 것은
말하지 못한 것들과의 오래된 대화이자,
내면의 상처를 어루만지는 고요한 기도였습니다.

앞으로도 그 기도를 멈추지 않고,
더 많은 날것의 삶, 더 깊은 사랑과 고단함을
진실한 언어로 길어내겠습니다.

이 귀한 자리를 빛내주신 모든 분들께
다시 한 번 깊은 감사의 마음을 전합니다.
감사합니다.

2025.04.19.
정 승기 드림

제15회 샘문학상 최우수상 수상작 시부문

우수 외 2편

이 정 애

그녀가 왔습니다
동백 빛으로 귓불이 촉촉한 걸 보니
하늘이 젖고 있나 봅니다

그녀 몸에는 녹색부전나비가 날고
남자들은 그녀 봄비가 되고 싶어 했죠

사우나 온탕
그녀가 출렁일 때마다
물방울에서 탬버린이 찰랑거렸죠

온 동네 때는 그녀에게 다 붙었는지
때리타올로 어찌나 세게
바락바락 밀어대던지

돌팔매를 맞던 납작바리 같은 노래방
문 닫은 후

차 만드는 회사 남잘 따라갔다는 둥
공단 입구 방석집에서 봤다는 둥

바나나 우유 마실 때

겨드랑이 옆 젖가슴이 푹 꺼진 걸 보니
세상 하나가 없어졌네요

된바람에 석회가 된 눈물 덩어릴 덜어내었나 봅니다

탈의하는 계절,

이젠 더 벗길 게 없는 뒤안길에
빗줄기로 묶은 물컹한 초봄 한 무더기
왈칵 쏟아져 내립니다

오늘을 끓이다

이 정 애

아랫도리가 살짝 찌그러진 주전자가
뭉근히 녹차 빛 천수경을 끓이고 있다

벼룩시장에서 사 온 골동품 속엔

수시로 대웅전을 참배하던 솔바람이며
그 바람이 휩쓸고 간 탁발승 발자국이며
길 잃은 뭇 중생 울음이 들어 있다

관음의 농도로 짙어가는 늦은 오후가
주름진 수만 겹 조각으로 끓이는
경전 한 모금

코뚜레 낀 하루가 이토록 뜨거운 건

내 목청도 한때
물녘에서 생울음으로
울대가 부어터진 적이 있어서다

묵언이 아제아제 피어오르는 거실 한 켠
백팔 망상을 굴리는 저물녘 등 뒤로

근처 모든 오늘이 온몸으로 열반한 찻물 처럼
자작자작 내려앉는다

잡초와 구르는 돌에게도
차와 경전은 어디에서든 같이 한다는데
어제를 묵혀버리기 전에 내일을 마신다

창밖으론 멀리 시간의 뒤축이 날아가고
덜 여문 오늘이 시린 복사뼈를
자꾸만 당목으로 친다

파릉

이 정 애

봄비 내리자
냉이는 빗방울 투레질이고
곤줄박이는 포릉 포르릉 이야

겨우내 살 오른 칡넝쿨
밭두둑에 슬그머니 제 거웃을 걸치다
고랑 긋는 괭이 소리에 화들짝 넘어지네

은죽으로 쏟아지는 빗줄기
갓 움튼 들녘을 쏴쏴 마름질하는데

겨우내 된바람에 얼다 녹다 웃자란
내 다리는 밑동이 짧아도 튼실하고 달착지근해

시어머니 마무리 손놀림에
배부른 밭둑이 술렁이고

손끝 야물게 묶은 잎자루 붉은 시금치
다리통 굵은 경운기 속으로
납작 엎드리기 바쁘네

베트남에서 온 아오자이 새댁

파릇파릇 앳된 종아리 흙 묻은 반장화로
여린 이랑 속살 푸욱 푹 밟으면

저만치 어룽진 먼 산도
파릉파릉 까치발을 돋우네

*****
파릉 : 시금치

이 정 애

울산광역시 남구 거주
경희사이버대학원 문예창작학과 졸업
(사)문학그룹샘문 회원
(사)샘문그룹문인협회 회원
(사)한용운문학 회원
(주)한국문학 회원
샘문시선 회원
울산문학 회원
<수상>
2016 울산문학 시 등단

수상소감

봄눈입니다.

겨울을 잊지 못한 이들에게 하늘은 벚꽃을 날려 보냈습니다. 눈 같은 꽃잎도 숱한 발자국에 밟히는데 하물며 제 시에 등장하는 시어와 문장을 저는 얼마나 무겁게 밟았을까요. 이제부터는 흙먼지를 털어내듯 세상 치기와 교만을 떨치며 한 발짝, 한 발짝 나아가면서 시를 쓰겠습니다.

어느 해 오월인가부터 시는 저에게 말을 걸어줬습니다. 저에게 박제된 시간을 끄집어 내게 했습니다. 이십 대 초반 저 설산 아래 고립된 나라로 가고자 했습니다. 그렇게 해서 그 산 아래 묻혀 살다 숨을 멎고자 했습니다. 그 멎어버릴 듯한 젊은 시간은 냉동되었지요. 이제는 마음을 녹여 세상과 손잡고 살아가고자 합니다. 세상은 많은 것을 닫아 걸은 저에게 녹아버리는 눈을 주었습니다.

그리고 몇십 년째 백색병원에서 시간을 죽여가며 살아가는 그 사람에게 함께한 시간 행복했었다고 전합니다. 죽일 듯이 사랑하고 죽을 듯이 헤어진 그를 이제는 진정 떠나보냅니다. 내 젊은 꽃잎 한 장이었습니다. 그에게 이제 더는 애증은 없습니다. 다만 제 시에 시어가 된 한 사람만 남을 뿐입니다.

흩어지는 꽃잎처럼 하루에도 몇십 통씩 날아드는 SNS 문자입니다. 오늘은 그 꽃잎 중에 입에 넣고 꼭꼭 씹어주고 싶은 달콤한 문장을 받았습니다. 샘 문학상 당선 소식입니다. 작년부터 새벽을 여는 사람이 된 저에게 따뜻한 입김이 되어준 소식입니다. 그리하여 또 내일 새벽을 열게 하네요. 주저앉지 말고 내일 또 내일을 향해가라는 말씀으로 여기고 살아가야겠습니다.

제 시에 주인공이 되어주신 많은 분께 고마움을 전하고 누가 되지 않도록 정진하겠습니다. 저를 놓지 않고 이끌어주신 박형권 시인님 강건해지시길 바랍니다. 미흡한 저를 세상에 내놓고자 뽑아주신 샘 문학 본상 이근배 심사위원장님과 샘문그룹 관계자님께도 고마움을 전합니다.

2025.04.21.
이정애 드림

제15회 샘문학상 최우수상 수상작 시부문

연민의 늪 외 2편

고 태 화

새하얀 눈보라는 나무 가지 위에
솜털처럼 살포시 앉는다
가느다란 가지 위에 쌓인 눈은
삭풍에 눈보라가 칩니다

희뿌연 안개 속을 헤메일 때
뭉클한 내 젖가슴을 타고 오르면
그대를 잊기 위한 몸부림에
엎치락 덮치락 뒤척이다
아련한 손짓에 그만 눈을 감습니다

회색빛 너울 거리는 그림자도
실오라기 희미한 먹빛에 물들 때면
잊고자 했던 그대가 사라져갑니다
마음 아프게 그냥 그렇게
잊어야 하는 겁니까?

불효녀 딸이 올립니다

고 태 화

엄마가 그리운 밤이다
그날 엄마는 58세 때 날 찾아오셨다
이미 건강이 많이 나빠진 상태로
여성암 4기 말기 환자였다

엄마는 당신 몸 건강에
이상 신호가 수없이 왔을텐데도
정말 모르셨을까

엄마가 보고 싶습니다
거울에 비친 내 모습에서
엷은 엄마의 모습을 발견하고
엄마를 향해 손을 내미는데
엄마 손이 잡히지가 않습니다

딸넘이가 소원합니다
변함없는 오직 하나의 바램은
이제 당신이 계신 피안의 세계에서는
몸조리 잘하셔서 건강하시고
부디 행복하세요

당신이 남기고 간 빈자리에서
불효녀 딸이 올립니다

틈새의 소명

고 태 화

칠흑의 밤하늘 둥근 보름달
흐트러진 실구름 걸치고 자는데
은하수따라 총총하게 박힌 별빛이
고혹한 자태를 뽐낸다

은하가 쩍 벌어진 석류의 보석처럼
붉은 미소가 빛나는 밤에
은하는 틈새로 유성우를 산란한다

밤나무 숲 고슴도치는
자신의 보호망 가시 틈새로
새끼들을 해산하고

밤나무는
쩍 벌어진 밤송이 가시 틈새로
알밤 자식을 뚝뚝 뚜두둑 해산하며
어미의 소명을 다한다

고 태 화
시인

수상소감

2024년 지나온 한해도 잘 살아온 것 같습니다.

하루하루 세월이 너무나도 빠르게 움직이는 생활 속에서 살아가는 재미 시를 쓰면서 인생의 맛을 느껴 봅니다.

2025년 4월의 봄은 강한 강추위와 더불어 굵은소금 같은 우박들이 활짝 핀 벚꽃들을 시샘하듯 가지위를 건들기도 하고 우드득 쏟아지는 꽃잎 바람결에 날리다 우박이랑 부딪히면 아파서 땅으로 떨어져 거대한 자동차가 쌩쌩 달리는 도로에도 뒹구는 꽃잎들을 보면서 생각에 찬 시를 적어봅니다.

2025년도의 시 부문에서 최우수상을 받을 수 있도록 신경써주신 샘문그룹 회장님과 심사위원분들께 감사 인사드립니다.

2025.04.25.
고태화 드림

제15회 샘문학상 최우수상 수상작 수필부문

그해 우리는 외 1편

박 수 진

얼굴에 땐 국물이 턱까지 내려온 열살쯤 되어 보이는 남자아이가 철봉에 거꾸로 매달려 옆에서 운동장 흙바닥을 발로 툭툭 차대며 흙먼지를 내는 누나를 째려보고 있다.

"아, 그러니까 미정아 네 동생이 다 듣겠다
진짜로 돌아오는 월요일에 짐을 싸자는 거야?"
연신 불안한 듯 손톱을 깨물며 박공주는 재차 되물었다.

"그래, 박공주 너무 지긋지긋해. 숨막혀
매일 싸우는 부모님에다가 괴롭히는 오빠 거기에 학교 끝나고 오면 저 녀석까지 돌봐줘야 하고, 난 우리집에선 행복하지 않아, 지금도 집에 들어가고 싶지않다고, 넌 내 뜻에 따라 줄거고... 수진아 넌 어떡할래? 우린 네가 없으면 안돼 응? 제발"

김미정의 말이 끝나기가 무섭게 박공주는
팔짱을 낀 채 거꾸로 매달린 김미정의 남동생을 지켜보는 수진이의 눈치를 보며 흘깃 바라보았다.

"저러다 피 쏠리겠다.. 얼른 내려와라"
수진이는 그 말을 툭 내뱉으며 한심한 듯, 두 친구에게 시선을 돌렸다.

"넌 오늘도 부모님께 한소리 듣겠다. 운동화에 흙먼지가 잔뜩 쌓였어, 그리고 박공주 너 피아노학원 갈 시간 아니야? 너네 아빠 가게서 손님들 고기 구워주다가 쫓아오실걸"

"아, 이런" 박공주의 입에서 낮은 한숨 소리가 들린다.

"나도 빨리 들어가봐야돼. 영어 선생님이 테스트 하시러 오신댔어"

"야, 넌 친구라는 계집애가 왜 내말을 자꾸 흘려들어? 내가 슬프고 불행하다고, 죽고 싶다고"
 갑자기 털썩 주저앉아 엉엉 소리내어 우는 김미정을 보자니 쟤네집 문제가 심각하긴 한가보다, 하고 두 친구는 미정을 동정하듯 바라보았다. 누나의 울음소리에 그제서야 제자리로 몸을 돌린 성태는 눈치를 보듯 말했다.

"나 먼저 갈래"
"너 집에 가서 지금 들은 소리 말하면 가만 안 둘거야" 김미정은 풀이 죽은 채 앞서 걷는 성태에게 소리쳤다.

"아무튼 가출은 안돼, 가족들에게 실망 시키고 싶지도 않고 학교를 못가게 되는 것도 싫어, 우린 아직 어린데 우리끼리 뭘 할 수 있겠어? 미정이 네가 힘들다고 우리까지 가출 하자는 게 말이 되냐고,
 네가 이 시기를 조금만 참고 지나면 몇년 뒤엔 네가 원하는 데로 어른이 될 테니,
 그땐 네 삶을 맘대로 결정해도 늦지않아"

 열다섯 소녀들의 심각한 대화는 그렇게 초 여름 서서히 물들어 오는 저녁 노을 속에 묻혀져갔다 "부서진 초코렛이 내 마음 같아요" 늦가을의 어느 날 첫 수업이 끝나고 쉬는 시간 화장실에 다녀오던 수진이는 책상 위에 가만히 엎드려 있는 미정의 자리에 다가갔다가 스케치북 앞면에 빨간 볼펜으로 써있는 글을 바라보았다. 옆으로 고개를 돌린채 눈을 감고있는 미정이는 늘 세상에서 제일 슬픈 사람처럼 굴었다. 지독한 사춘기를 앓고있는 발랄했던 내 친구, 끄적거려놓은 그 한 줄이 갑자기 수진에겐 머리를 얻어 맞은 것처럼 큰 충격 으로 다가 왔고 미정의 마음이 얼마나 괴로운지 느낄 수 있었다. 사실 이들 셋은 학교에서 삼총사로 불리는 친구 사이다.
 목수 일을 하시는 미정이네 아빠는 늘 술에 취해 계실 때가 많았다. 술을 먹지 않았을 때도 하나뿐인 딸, 미정이 보다는 아들들 에게만 애정을 쏟는 타입이셨다. 미정이 에게는 아빠의 그런 차별이 그리고 방관자 인듯 무심한 엄마의 태도가 늘 상처였다.

수필

시내에서 갈빗집을 하는 공주네도 장사 하느라 바빠 하나뿐인 딸 공주는 늘 혼자 집에 있을 때가 많았다. 이름에서 느껴지는 것처럼 공주는 밀리지않고 주는 학원비와 부족하지 않는 용돈으로 큰 불만 없이 이 시기를 지나고있었다. 수진이는 냉철하고 원칙적인 엄마와 매일 세 딸들의 머리를 묶어주며 등하교를 직접 해주시는 살가운 아빠 덕에 나름 감정의 균형을 맞혀가며 평범한 삶을 살고있었다.
오늘도 수업을 마치고 교문을 나서는데
학교 앞 전봇대 옆에 세워진 아빠의 오토바이를 보았다. "안녕하세요" 미정이가 문구점에서 나오는 수진이의 아빠를 보며 인사했다. "너희 둘 이리와 봐" 학원 차에 타려고 먼저 달려나간 공주는 벌써 차에 올라타고 출발하고 있었고, 둘은 아빠를 따라 분식점을 겸한 문구점으로 들어갔다
아빠는 늘 하교할 때 쯤 배고플 우리를 생각해 간식을 사주신다.

떡볶이와 튀김이 벌써 테이블 위에 올려있다. 간혹 아빠가 늦게 데리러 올 때는 그곳에서 간식을 먹으며 기다리라고 문구점 주인에게 얘기까지 해놓으셨다. 수진이가 웃을 때 왼쪽에 깊게 팬 보조개는 자기 아빠의 오른쪽 보조개를 똑같이 닮았다.
미정은 잠시 "울 아빠가 수진이네 아빠 같았으면" 하는 생각에 자기도 모르게 낮은 한숨을 쉬었다. 교정 안의 플라타너스 잎들이 누렇게 변해 운동장 흙바닥을 딩굴고 집집마다 김장준비를 하느라 엄마들이 한창 바쁠 즈음, 세 소녀들이 다니는 중학교에서는 방학 전 있을 학예회 준비로 각자 바쁜 시간들을 보냈다.
연극부 반장이였던 수진이는 "원술랑"의 주인공인 화랑 원술 역을 맡아 방과 후 연극부에서 팀원들과 합을 맞추기 바빴고 공주는 합창부로 몸치인데 유행하는 팝송을 안무까지 맞춰 부르느라 더 정신이 없었다.
또 쉬는 시간이면 자기네 집에 멋진 대학생 오빠가 세 들어 왔다며 본인이 대학생이 되면 누리게 될 멋진 자유를 꿈꾸듯 말하곤 했다.

미정이는 미술부였다. 교내 강당 벽에 걸려질 그림들을 그리느라 방과후 한 시간 정도는 학교에 남아있었지만 끝나자 마자
집에 홀로있을 동생 성태 때문에 빨리 집으로 가야만 했다. 엄마가 늦게 오시는 날엔 엄마 대신 저녁밥을 준비해야 해서 마음이 늘 분주했고 불안했다. 다음 날 수진은 쉬는 시간에 엎드려 있는 미정의 등을 쓰다듬으며 말을 걸었다.

"낼 모레 무대 오르기 전에 원술랑 분장 할건데, 이상해 보이면 어떡하지? 넌 그

2025 신춘문예 제15회 샘문학상 〈본상〉「최우수상」수상작   269

림 준비 잘 되가니? 무슨 주제로 그랬어?"
 미정은 엎드린 체로 가만히 눈을 뜬 채 대답했다.

"강당에 걸린 내 그림을 찾아서 봐, 미리 말 해주면 재미없지"
 미정이는 시큰둥하게 대답하며 다시 눈을 감았다. 이때 수진의 눈에 엎드려있는 미정의 목덜미가 눈에 들어왔다. 밤톨 만한 크기로 붉으스름한 색을 띄고 있었다.

"어, 너 뒷목이 왜 그래?"
 수진이 놀라 살피려하자 미정은 날카롭게 뿌리쳤다.

"건들지마, 귀찮게"
 몸을 일으켜 세운 미정은 수진을 살짝 흘겨보며 화장실로 가버렸다. 그날 저녁 집으로 돌아 온 수진은 학교에서 보았던 미정의 뒷목이 자꾸만 떠올랐다. 저녁식사를 하면서 수진이 엄마에게 물었다.

"엄마 목에 동그랗고 빨갛게 부어있으면 다친 건가?"
"왜? 목이 아프니? 어디보자"
"아니, 나 말고 아까 학교에서 미정이가 엎드려 있는데 그렇더라고"

"휴우~"
 수진의 말에 엄마는 수저를 내려 놓으시며 뭐라 말씀 하시려다 아빠와 눈을 마주 치고는 대답이 없으셨다. 수진이 식사 후 방에서 연극 연습을 한참 하다가 나와 보니 거실 소파에서 엄마가 성경책을 읽고 계시는 게 보였다.

"엄마 미정이 목 왜 그런 거냐고? 무슨 병은 아니겠지?"
"미정이가 대답을 안 했으면 말하고 싶지 않나보지, 요즘 학교에서 미정이는 좀 어떠니? 여전히 쉬는 시간에 우울한 듯 누워만 있어?"
"응..예전에 개그맨이랑 가수 흉내 잘내던 웃기는 미정이는 사라졌어"

"미정이한테 더 따뜻하게 친절하게 대해줘라 집에도 자주 데려오구 너희들 시기 엔 친구가 하는 말이 중요하거든 미정이 큰 엄마를 시장에서 만났는데
 미정이 부모님이 사이가 별로 안 좋으신가 보더라"

"미정이 아빠가 술을 많이 드셔서 그렇치뭐
학예회 끝나면 애들이랑 파르페 먹으러 카페 다녀와도 되지? 미정이 때문에 성태도 데리고 가야돼"

기다리던 학예회 날이 돌아왔고 아침부터 각 반마다 분장을 하고 의상을 갖춰입고 입을 맞춰 연습을 하느라 아이들 모두 정신이 없었다. 교무실에 연극부 선생님과 상담을 하고 돌아온 수진이는 아직까지 비어있는 미정이의 자리를 보았다.

"수진아 미정이 오늘 결석이야? 왜 그러지?힘들어도 학교는 빠진 적이 없었는데 뭔일이 있는 건 아니겠지"

공주는 버릇처럼 손톱을 물어뜯으며 발을 동동거렸다. 미술부 다른 친구들에게도 물어보았지만 미정이의 소식은 알 수가 없었다. 친구의 결석이 걱정 되었지만
전교생이 학교 강당으로 모이라는 방송이 울리자, 각자 준비한 짐을 챙겨 강당으로 향했다. 강당 안에는 각양각색의 그림들과 조각작품 그리고 풍선으로 예쁘게 꾸며져 있었다. 수진이가 속한 연극부가 준비한
"원술랑" 공연시간이 되어 무대에 올라간 수진은 연습한대로 막힘 없이 주인공 역할을 해내었고 학우들의 박수와 환호를 받았다. 음악반 공연에는 공주가 속한 합창부에서 그녀는 남들보다 반 박자씩 느리게 춤을 추며 큰 웃음을 주었고 "터치 바이 터치" 라는 유행하는 팝송에 맞춰 학예회의 분위기를 한껏 끌어올렸다.

학예회가 막바지에 이르고 모두가 두 줄 씩 지나가며 미술작품을 감상하는 시간이 되었다. 수진과 공주는 손을 잡고 미정이의 작품을 찾느라 고개를 두리번 거렸다.
강당 안을 거의 다 돌아보고 출구 쪽에 다다랐을 때, 가장 아랫줄에 "2학년 3반 김미정" 이라고 쓰인 그림이 걸러있었다.
그림을 본 공주는 입을 막으며 "헉" 하고 낮은 비명을 질렀고 수진은 그자리에 "털썩" 주저앉고 말았다. 바탕색이 온통 까만 검정색인 스케치북 아랫쪽엔 날개 꺽인 새가 죽은 듯 피를 흘린체 떨어져있고
커다란 가방을 든 여인이 뒷모습을 한 채 걸어가는 듯, 묘사된 그림이었다. 미정의 어두운 기분이 그대로 투영된 그림인걸까?
두 친구는 그림이 넘 충격적이어서 교실에 돌아와서도 '설마 별일 없겠지? 가출하자더니 정말 혼자 가출을 감행했구나' 하며 한숨을 폭폭 쉬었다.

뭔가 상실감을 느낀채 집으로 돌아 온 수진은 부모님께 미정이 애기를 전해 들었다. 몇주 전 미정의 엄마가 집을 나가셨고 그 이유로 미정의 아빠는 술을 드시면 더욱더 미정이가 자기 아내라도 되듯 분풀이를 하기 일쑤였다.

그리고 학예회 전 날 밤, 미정이는 술 취한 아빠가 휘두르는 주먹질을 참다 못해서 성태를 데리고 집을 나와 숨어 있었다고 한다. 학교가 끝나 자전거를 타고 집으로 오는 오빠 편에 동생을 실려 보내고 혼자 울며 서성거리다가 도로변 신문사가 있는 3층 건물 옥상으로 올라갔다. 미정의 눈에 옥상 아래 세상은 현란하고 멋진 간판들로 즐비했을 것이다. 미정은 주먹을 쥐고 입술을 깨물었다 모두에게 알리고 싶었다.

내가 얼마나 외롭고 힘든지를, 마치 이 넓은 세상에 벌거 벗겨진 채, 홀로 버려진 것 같았다. 사람들은 모두 각자의 삶에 충실할 뿐이었고 미정의 불행이나 고통에 대해서는 전혀 관심이 없었다.

날고 싶었다, 세상이 보란듯이, 그리고 꺽인 꿈이 무엇인지 복수하듯 그녀는 증명하였다.

"아아아 ~~~
처절하게 부서진 초콜렛이 내 마음 같아요"

그 해 우리의 찬란했던 우정도 슬픔으로 산산조각이 났다.

별들의 이야기

박 수 진

햇살이 쏟아지는 나무 테라스에 삐걱대는 소리가 연신 울리며 하나 둘 씩 별빛 가득한 소녀의 마음을 품은 분들이 모이시기 시작한다. "딸랑"하며 청아한 가게 유리문 종소리가 울릴 때마다 별빛의 푸름은 그 눈부심이 더해진다 흔히들 나이가 드시는 분들이 모여 계신 곳은 노인정 혹은 경로당으로 많이들 알고 있으나 이곳에 오시는 분들의 경우는 많이 다르다. 모두가 좋아하는 특별한 어떤것에 관하여 이야기하고 그런 마음들이 모여 바람직하고 선한 영향력을 행사할 수 있는 부분들을 응원하기 때문이다. 나이가 주는 무게감이 있지만 새로운 것을 배우고 습득하려는 겸손한 태도와 살아오시면서 단절된 사회 경력 등으로 타인과의 감정 교류에서 생길 수 있는 다양한 편견과 오해들을 적절하게 조율하는 새로운 사회성을 배우기도 하고 또 상대를 공감하는 편안한 감정과 배려를 자연스럽게 터득 하시기 때문이다.

그것은 아마도 연륜이라는 장점에서 오는 쌓인 지혜들이 발휘 되기 때문인 것 같다.

그 세대의 흔한 노인들에게서 보이는 편향적인 고집을 내세우는 일은 극히 드물며 비교적 모두가 편안한 조화를 이뤄가고 있는 중이다. 이곳의 주인장인 나는 이 모임 중 가장 나이가 어린 딸 뻘에 가까운 연령차이를 보인다. 하지만 우리는 서로 생물학적 나이를 따지지않는다. 상대를 존중하며 지금까지 "아무개의 부인" 혹은 "누구의 엄마"로 살아오느라 이제껏 잊고 지내왔던 나라는 존재의 이름이나 공식 팬카페 내의 본인 고유의 닉네임으로 불러서 편안하고 특별한 공감대를 형성한다. 우리는 덕질이라는 팬심으로 공통된 관심사의 행복한 모임을 몇년 째 이어가는 팬클럽 영웅시대다. 오늘 나는 그 근사하고 멋진 사람들 중 "수진이네"에서 정모를 하시는 특별한 분들의 이야기를 해보려 한다.

이곳에 정기적으로 모이시는 십여 명의 분들 중 가장 먼저 덕질을 시작하셨던 "남여사"님, 우리는 그분을 "원조팬"이라 부른다. 8년 여가 지난 지금도 처음처럼 여전히 열정적이신 마음을 변지않고 유지하시는 분이시다. 꿈을 키우고 싶은 무명의 손주 뻘 되는 한 청년이 생업을 하면서도 길거리에서 버스킹을 하고 무대가 그리워서 전국의 노래교실을 다니고 조금씩 지방 행사무대에 오르고 본인의 첫 앨범을 갖기까지 한결 같은 응원의 마음을 보낸다는 건 결코 쉬운 일이 아니다. 그러기에 지금은 공식회원만 21만 명이 넘는 사람들 중 그 시절의 남여사님과 같은 분들 소수만이 덕질 대상의 특별한 처음의 경험들을 알고 계시며 우리는 가질 수 없는 인증사진의 소장본들을 소유하고 계신다.

모임의 모두는 그분의 "그땐 그랬지" 하시는 이야기를 무용담을 듣는 아이처럼 좋아라 하시며 설레이며 들으신다. 그러니 부러움을 한 몸에 받고 계시기도하다. 아무도 알아봐주지 않았던 그 시절에도 지금의 선구안을 갖고 계셨기에 가능한 일이라 여겨진다. 이분의 큰 아드님 부부 또한 좋아하시는 어머니를 위해 함께 다니셨다는데 그때 어머님 사진을 찍어만 드렸지 본인이 아티스트와 함께 찍을 생각은 못해서 지금은 큰 후회를 하고 있다며 이렇게 까지 큰 대형 가수가 될 줄은 자신은 몰랐다며 주인장에게 우스갯소리를 하시기도 하셨다. 한 번은 사시는 지역으로 아티스트가 여러 연예인들과 예능 촬영을 하러 방문한 일이 있었는데 한 걸음에 달려가신 남여사님을 단번에 알아보고 손을 잡고 반가워하며 일행들에게 일일히 남여사님을 소개하고 인사시키며 "무명일 때부터 응원해주신 팬이시다"며 감사와 인사를 아끼지 않으셨다고 한다. 상황이 이러하니 남여사님의 눈빛은 늘 더 생기있고 그 걸음걸이는 활력이 넘치시는게 분명하다.

남여사님과 함께 한 동네 살고계신 "복순님"은 비교적 늦게 덕질에 합류하셨지만, 이분은 열정의 마음으로 이곳 주인장을 울린 적이 있었다. 점점 힘이 없고 어딘가 아프신 것 같더니 유방암 진단을 받으셨고 항암진료를 그 작은 몸으로 버티셔야 했었다. 누구나 알다시피 항암치료는 여러 부작용을 가져온다. 체구가 작으시고 말 수도 없으시고 미소가 고우신 복순님께도 항암치료로 인해 탈모가 찾아왔다. 늘 모자를 눌러쓰시며 감추시는 듯 보이는 모습이 안타까웠다. 슬하에 아드님 한 분이시라 미처 챙겨주시지 못할까 싶은 오지랖에 주인장은 가발과 모자를 준비해 선물해드렸다. 큰 선물은 아니였지만 누군가 모자 쪽으로 손을 댈 때 모자가 벗겨질까 흠칫 놀라시는 모습을 몰래 보게 된 후 너무도 가슴아팠기 때문이었다. 자신의 처지가 그러하셨음에도 병원에 치료를 가셨다가 끝나면 어지럼을 느끼시면서도 가게에 들리셔서 덕질 응원에 빠진 점은 없는지 이게 최선인지 묻고는 하셨다. 몸이 아프신데도 이렇게까지 하시는 이유를 물으니 "그에게 내가 받은 위로가 너무 크기 때문" 이라는 답을 하셨다.

홀로 아드님과 사시면서 오시는 그 적막함과 쓸쓸함을 누군가 채워준다는 그 위로는 말로 다 할수 없을 것이다. 그 말을 듣고 복순님이 다녀가신 날 주인장은 가게에 홀로 남아 울었다. 어쩌면 힘든 상황을 감면해 내시면서도 여전히 버틸 힘을 갖게 하는 건 그 대상과 주고받는 에너지 때문인게 분명했다. 주인장과 똑같은 나이의 큰 딸을 두신 "행복한 사람" 이라는 닉네임의 어머니는 처음에 이 곳을 알게 되었을 때 같은 맘을 가지고 말할 수 있는 곳이 생겨 너무 기쁘다고 하셨다.
나이를 먹어서도 좋아하는 것을 당당히 말 할 수 있는 공통의 공감대가 그분들에겐 늘 아쉬우셨을 테니 말이다. 올바른 덕질을 할 수 있는 방법을 배우기 위해 먼 곳을 찾아가고 그것을 함께 할 수 있는 사람들을 만나는 걸 행복해 하신다. 누군가 내 맘을 알아준다는 건 더 이상 외롭지 않다는 뜻이다. 옆에 누구나 부러워할 만한 가족들과 친구들이 있어도 어쩌면 인생을 살아간다는 것 자체가 몹시 외로운 일일 수 있다. 그 시기에 만난 바르고 맑은 대상이 내 삶에 행복하고 따뜻한 영향을 끼치고 있다면 그것 만큼 즐거운 일이 어디있겠는가 말이다. 여전히 칠순이 넘은 아내가 그동안 해오던 것처럼 배우자로서의 역할만을 하기를 바라는 남편에겐 조금은 미안하지만 이곳에서만은 잠시 그런 삶에서 벗어나 오롯이 소녀같이 재잘거리며 자신의 감정을 표현하는 게, 큰 낙으로 느껴지시는 우리네 어머니들의 공통적 감정이다.

친언니와 함께 덕질을 하시는 "아주무아"님, 매너와 예의가 몸에 배신 목소리 마저 나긋나긋 하신 우아하신 분이시다. 남편 되시는 분은 유명하신 한국의 도자기 명장님이시다. 아주무아님 역시 도자기를 빚고 그림도 그리시는데 어느날 부터인가 아주 작은 일기장에 그림일기를 쓰시게 되었다고 한다. 나중에 전시를 목적으로 천천히 준비를 하시는 듯 하다. 가끔 모여서 함께 덕질을 하며 오는 즐거움을 그림일기로 담으셔서 종종 모두를 기쁘게 해주신다. 또 동생과 함께 덕질 중이신 "별빛사랑정"님은 우울증과 대상 포진이 신경으로 와서 넘 힘든 상황을 보내셨는데 덕질의 위로로 많이 극복하시고 지금은 누구보다 유쾌하게 밴드그룹에서 멋진 드러머로 활동하고 계시는 중이시다.

주인장의 가게와 제일 가까이에 계신 이쁜 이안님은 조용하지만 할 말은 하는 리더쉽이 있으신 현명한 분이시다. 갑작스런 배우자와의 사별로 힘든 시기를 보내셨단다. 위로하는 듯한 목소리와 노래로 팬심을 키우셨는데, 스튜어디스인 따님이 우연히 비행기 안에서 아티스트를 만나 어머니의 성함으로 친필 사인을 받아 갖게 되시는 큰 행운을 경험하신다.

새로운 배움의 스터디에 열정적이신 멋진 아미새님, 아미새님은 중년의 늦은 나이로 댄스 스포츠의 강사 자격증을 따서 활동을 하셨단다. 여전히 큰 키에 예쁜 미모를 간직하신 어머니시지만 이미지와는 달리 아주 지고지순한 분이시다. 먼저 작고하신 시댁형님의 자녀 세명과 본인의 자제분 세명 그리고 그런 아이들과 함께 비슷한 나잇대의 어린 막낵 도련님까지 댓가 없이 키워내신 훌륭한 어머님이시다. 남들이야 성인이 된 자녀들을 보면서 쉽게 얘기할 수 있겠지만 그 긴 세월동안의 노고와 고단함이야 이루 말할 수 있을까... 힘드셨던 만큼 본인만의 즐거움과 행복을 덕질로 찾으셨길 간절히 바래본다.

늘 넓은 자비의 마음으로 많은 분들의 좋은 일을 빌어주시는 원묘님은 큰 농장을 운영하시는 분이시다. 특히 수십 명이나 되는 외국인 근로자들을 채용하고 계신데 한국인이나 외국인이나 전혀 차별없이 마음을 쓰시는 분이시다. 기한이 되어 다시 고국으로 돌아가는 근로자들이 감사를 표하며 끌어안고 엉엉 울던가 혹은 공항에서 큰 절을 하고 갈 만큼, 사람의 인연의 시작과 맺음이 정말 따뜻하신 분이시다. 늘 정기적으로 절에 다니시는데 응원하는 아티스트를 위해서 그리고 주인장과 주인장의 딸을 위해서도 빌어 주시는 존경심이 저절로 생기시는 분이시다. 이분들 외에도 새롭게 함께 하시는 여러분들이 계시다. 이 모든 분들의 교차점이 덕질이라는 대목이다. 놀라운 것은 스스로 행복하기 위해 시작한 이 덕질로 인해 따른 큰 변화이다.

그 세대 흔한 어르신들의 효도폰 따위는 이곳에 있지않다. 모두가 최신형 폰으로 요즘 세대들이 하는 응원에 한 몫을 담당하고 계신다 계정과 로그인! 비번, 본인 인증과 같은 단어에 익숙하시며 특히 요즘 사회적 문제가 되는 보이스피싱 사기문자 같은 것에도 영민하며 혼동하시지 않는다.

거스릴 수 없는 노안의 문제로 돋보기는 쓰시지만 그 어느 분도 폰을 다루는데 있어서 어눌하시거나 해결능력이 떨어지시지 않는다. 일년이 멀다하고 쏟아지는 휴대폰 최신 기종들에 점점 진화 되는 다양한 방법들의 덕질 응원에도 젊은이들에게 절대 꿀리지 않는 멋진 스킬을 가지신 분들이 바로 이분들이시다.

모여서 함께 하시는 분들의 공통 분모는 덕질 대상인 아티스트에게서 대부분 삶의 위로와 기쁨을 받았다는 것이 큰 이유이다.

그것은 물질이나 다른 어떤 대상으로 대체 될 수 없는 감정과 정신의 만족감이라서 상상 그 이상의 행복과 윤택을 준다. 어느 누구에게 강요당한다고 해서 할 수 있는 일들이 아니다. 혹자에 따라 그 감정을 이해하지 못해 가끔 비뚤어진 신앙에 비유하거나 철없는 어른들의 성숙하지 못 한 행동으로 치부하기도 한다. 이해하지 못했는가, 그렇다면 스스로의 감정적인 채워짐과 생활의 충만함에 감사하라.

사람들은 모두 같을 수가 없고 같아서도 안 된다. 그저 지나친 상식 선을 넘지 않고 서툴지만 선한 영향력으로 사회 일부를 밝게 비추고자 하는 별빛을 닮은 우리네 어머니같은 분들을 주인장은 사랑하고 존경한다. 그래서 그들의 빛나는 이야기들이 더 오래 반짝이기를 진심으로 소망한다.

박 수 진

충북 보은군 출생, 경기도 이천시 거주
1993년~1998년 학습지 상담교사 1999~2006년 신데렐라 대표
2019~현재 수진이네 대표   2023 한국소비자평가 외식업 우수업소
2024 한국소비자평가 외식업 우수업소
(사)문학그룹샘문 운영위원, (사)샘문그룹문인협회 운영위원, (사)샘문학(구,샘터문학) 운영위원, (사)한용운문학 편집위원, (주)한국문학 편집위원, 샘문시선 회원
<수상>
한국문학상 시 등단(샘문)
한용운문학상 수필 등단(샘문)
한용운문학상 본상 특별창작상
<공저>
호모 노마드투스
<한국문학시선집>
*****
불의 시 님의 침묵
<한용운문학시선집>

수상소감

안녕하세요.

먼저 제 15회 신춘문예 샘문학상 심사위원들님께 머리 숙여 감사드립니다.

부족한 글을 아껴주시고 이렇게 의미 있는 자리에서 큰 상까지 주시니 진심으로 감사드립니다.

처음 이 수필을 쓰면서 제 마음속의 퍼즐 조각들을 맞추듯 정리해보자는 생각으로 시작하였습니다. 그런데 이 글이 누군가의 마음에 닿고, 공감이 되어, 좋은 결과까지 이루어내니 참으로 개인적인 영광이 아닐 수 없습니다.

이 글을 쓰면서 살아오는 동안의 모든 순간들이 얼마나 소중한지를 느꼈습니다.

그리고 글을 통해 세상을 더 따뜻하고 깊이 있게 바라보게 되었습니다.

앞으로도 더 진솔하고 따뜻한 이야기로 삶을 이야기하며 살겠습니다.

다시 한 번 깊은 감사의 마음을 전합니다. 고맙습니다.

2025.04.18.
수필가 박수진 배상

제15회 샘문학상 최우수상 수상작 시조부문

백설의 여운 소곡 외 2편

오 순 덕

눈부신 백설 운치 빛나는 님의 숨결
온누리 향기드린 설화의 낙원같다
순백의 여운 피워낸 정결한 맘 주시네

흰 나비 춤을 추니 천사의 너울 같다
하늘에 차고 넘친 조물주 무한 경지
설 한의 설원 경치가 백옥처럼 빛난다

저하늘 우주만상 님 숨결 넘나들고
사시철 춘하추동 님의 향 감미롭다
철따라 경치 바꾸며 녹아르는 향취여

영롱한 몽한의 빛 설경 품 신비로움
세상이 밝게 빛나듯 심금을 울려주네
순결한 님의 가슴에 피워주오 이 마음

입춘의 새봄 노래

오 순 덕

동장군 기세등등 깃발을 올리더니
입춘의 새봄 소리 봄 노래 실어오네
님 숨결 따스한 사랑 가슴마다 꽃피리

봄처녀 강산 너머 춘풍에 꿈을 싣고
그 입김 거세구나 한파도 물리치고
따스한 님의 숨결이 새봄 찾아 온다네

남단의 새봄 물결 춤추며 오는구나
포근한 가슴 열어 님 맞이 흥겨워라
환상에 젖어드는 맘 아름다운 꿈이여

사랑을 연모하는 달콤한 님의 향취
야릇한 청운의 꿈 찬란히 빛나겠지
새 희망 만상에 가득 꿈을 실어 오너라

님 마중 향그러운 화사한 고운 님아
꽃처럼 향기 가득 이 맘도 실어주오
님의 향 환상에 젖어 황홀한 꿈이 솟네

인생무상하다네

오 순 덕

인생길 수레바퀴 얼마나 더 돌으리
알몸이 태어나서 온갖 것 다 누리고
안간힘 써가면서 여기까지 왔는데

무한한 고진감래 생명줄 부여잡고
삶이란 고뇌속에 해저믄 노을 같이
남기고 갈것 있던가 인생무상 하다네

무상한 세월속에 자신을 돌아보니
살아온 자국마다 님 숨결 배어있고
지치고 힘든 여정에 님이 지켜 주셨네

슬하에 품던 자식 짝 만나 다 떠나고
홀연히 벌거벗듯 등진 짐 벗고 보니
오로지 주님 한 분만 내 맘속에 계시네

오 순 덕
시조시인

수상소감

만상에 새봄향기 꽃되어 날아들고
대자연 품속에는 새희망 넘쳐 나는
이 좋은 춘절을 맞아 기쁜소식 안겼네

매번 수상소감을 쓸적마다 두근거리는
가슴으로 필을 들게 됩니다.
"신춘문예 최우수상, 당선을 접하면서
고명하신 이정록 회장님과 심사위원님들께
성심 감사를 올립니다.

국내외로 어지러운 시국을 맞이하여
온갖 재난과 악재 혼란 속에서도 필객의 붓은
쉬임없이 활력이 넘쳐나고
전능자 님의 숨결이 꽃피는 동산이요
아름다운 열매를 맺듯 꽃가마에 향기로 가득
채워져 가는 것 같습니다.
존귀하신 문우님들의 기량과 열망 문향이
찬란히 빛나기를 영망하며 자랑스런 샘문의
전당이 더욱더 발전하여 전세계를 향한
Korea의 한류문학이 큰 뜻을 품어가며
한림원을 향한 큰 다리가 되어 주기를
간절히 소망합니다. 진심을 다해 열의를
다하시는 존경하는 이정록 회장님께
거듭 심심한 감사를 드립니다.
샘문학을 비롯 산하에 문운이 창대하기를
두손모아 기원합니다.
감사드립니다.

2025.04.17.
오순덕 배상

제15회 샘문학상 우수상 수상작 시부문

원앙새 외 2편

최 명 옥

백년해로 언약해 놓고
삶이 팍팍하다고 후회된다고
바꿀 수 있나요

수많은 사람 중에 만난 것도
하늘이 베푼 인연인데
허투루 살 수 있나요

소망이 무엇이냐고
당신이 물으시면
금가락지 비단옷도 필요 없고
진실로 바라는 건 부부 일심

또 물으시면
구름도 쉬어 갈 고즈넉한 언덕에
산간 초옥에 광 하나 덧대 짓고
저 사람이 아플세라
저 이가 힘들세라
서로 애틋하게 여기며 사는 것

온돌방 아궁이에 군불 때
처마 끝에 구름꽃 피게 하고

제철에 나는 나물 말리고 절이고
설탕에 재서 광에 넉넉히 쟁여놓고
자연밥상 나눌 수 있으면 그것도 행복

봄볕이 아무리 따스해도
서로의 훈기만 하며
만석꾼의 곳간도
남편의 헛기침 소리
아내의 발자국 소리만도 못할진대

내외간이라는 이유만으로
미운 정 쌓이게 하지는 않았는지
가슴에 못 박는 말을 하지는 않았는지
혹여 있거들랑 새도 못 물어 오게
천리밖에 던져버리고
마음에는 한 주름도 남기지 말아요

이슬이 해맑게 웃고 있다고
진정 시련이 하나도 없는 걸까요
새가 지저귀는 데
노래만 부르는 걸까요

발걸음 너무 재촉하지 말고
강물처럼 유하게 살다가요

살다 보면

최 명 옥

처마 끝에 맺힌 물방울
길 위에 구르는 가랑잎도
처음은 다 있었을 터
분명 좋은 날도 있었을 거다

뽑혀서 던져지고
밟혀서 시름하고
바람 장단에 웃고 울었을 풀잎도
분명 살아야 할 이유가 있었을 거다

어머니 태중에 있을 때가
낙원인지도 모르고
기지개 한껏 켜려고 세상에 나왔더니
부르지도 않은 고생 줄이 덤으로 따라다닌다

모래알 품은 조개처럼 아파보고
돌 틈에 핀 꽃잎처럼 슬퍼봐야
진정 은혜가 뭔지 아는 것처럼

시련이 약이 되는 지
미쁘시게 보실 때까지
복받을 짓을 해야 한다는 걸 알았다

몇 겹 인연도 상처를 줄 때 많고
시절 인연도
느슨해지면 멀어지는데

길섶에 아름드리 느티나무는
세상사 냉수 한 잔이라도
남을 위하는 것이 남는 거라고
참새도 쉬어 가고
바람도 쉬어 가고
나그네도 쉬어 가라고
자리 펴느라 여념이 없었다

그대나 나나
자랑할 일 있으면
말하고 싶어 입술 달막거리는데

강물은 온갖 물 끌어안고
만리 길 흘러가도
교만도 불평도 자만도 없었다

그림자 발끝에 머물 듯
화와 복은 멀리 있지 않은 걸까!

찬바람에 시리다 못해
아프게 아프게 핀 매화꽃이
그 어떤 꽃보다 고운 것처럼
누구라도 가다듬고 살면
그래 이따다 말씀하실까

나팔소리 도적같이 울릴 때
자느라 못 듣고
일하느라 못 듣지 않게
영혼이 깨어있게 해달라고 기도한다

청지기

최 명 옥

구름은 허공에서 가마 득한 길을
아슬아슬하게 떠가도
유유하기가 그지없고

꽃잎은 져도 아름다운데
청춘을 불꽃에 태운 이 몸은
얼굴에 세월만 고였다

치장할 여유도 없이
척척한 행주치마 동여매고
이리 뛰고 저리 뛰는 게 안 됐는지
채전 밭 양달에 뜰 꽃 한 뙤기 피어있다

거저 주는 호사가 고마워
조신하게 다가갔더니
눈치 없이 꿀벌 날아와
지꺼라고 차지한다

야속한 마음에 자세히 훑어보니
체구는 쌀알 튀밥만 하여
입김으로 불어도
홀씨처럼 날아갈 것 같은데
꿀벌은 참 초연하다

한 땀 같은 생

천 땀 같은 삶

사람은 공이 있으면 말하기 바쁘고
허물은 숨기기 바쁜데
꿀벌은 오직 사명만 심중에 있나 보다
삭신이 다 닳도록 살았으면 서도
나 들으라 하는 말

먹고 놀다 유람하다
그런 팔자 어디 있나
출렁이는 파도처럼 오르막 내리막
살아보지 않은 사람 어디 있나

공든 탑도 무너지려면 한순간이니
오늘이 마지막인 것처럼 사는 거라고
귀에 딱지가 않도록 윙윙 댄다

최 명 옥

경기도 파주시 거주
(사)한국문인협회 회원
옥돌참게장명인(한국예총 2022)
(사)샘문그룹문인협회 자문위원
(사)샘문그룹문인협회 자문위원
(사)한용운문학 편집위원
(주)한국문학 편집위원
파주문인협회 회원
샘문시선 회원
<수상>
2021 한국작가 시 등단
2021 경기문학 신인문학상
2022 한용운문학상 특별창작상
2024 샘문특선상
<저서>
2023 꽃이 피길 기도하지

수상소감

저는 습관처럼 새해 첫날밤에는 어떤 꿈을 꾸게 될까 기대하며 잠에 듭니다. 스스로 해몽해 보며 자중하기도 하고 다짐하기도 합니다.
신기하게도 꿈을 꾸었던 기억이 많습니다.

올해도 꿈을 꾸었는데 생각은 안 나고
선물 같은 시를 새벽녘에 잠이 깨니 썼습니다. 그 덕분에 2025년 제15회 신춘문예 샘문학상 본상에 당선되는 영광을 얻었습니다.

찬방 여인으로 삼십 년 넘게 외길을 걸으면서도 지치지 않았던 것은 시를 품고 살았기에 가능했던 것 같습니다. 과분한 은혜 주셔서 감사합니다. 부족한 부분이 많은데도 저의 시를 선정해 주신 존경하는 심사위원님들 그리고 이정록 이사장님께 깊이 감사드립니다.

속과 겉이 똑같은 이슬처럼 맑은 시인이 되겠습니다. 끝으로 항상 응원해주는 사랑하는 저의 가족들에게 수상의 영광을 돌립니다.
감사합니다.

2025.04.21.
시인 최명옥 드림

제15회 샘문학상 우수상 수상작 시부문

희망가 외 2편

안 은 숙

가로등 뒤에 숨겨놨던 그림자가
달빛을 등지고 따라온다
한 발자국 걸을 때마다
눈물로 얼룩진 얼굴을
말없이 숨겨주며 그녀 뒤에 숨는다

가벼워진 발걸음처럼
이별의 희망은 그녀를 부르지만
남겨진 묵직함은 그녀를 짓누른다
아름아름 앓았던 홍통과 아픔은
이별 지옥의 마지막 그림자로 남고
비밀금고에서 이별 문서를 꺼낸다

타인이 살, 삶을 대신 살고 있는
망각의 샘물을 마시고
평생동안 남은 삶을 살기 위해
밑바닥까지 깔아놓았던
에너지를 끌어 모은다

아이러니한 그 삶은 못다 이뤘던 꿈들을 갖게 해주고
나뭇가지에 걸린 힘없는 비닐처럼
바람에 나부낀다

바람이 불면 하늘을 날아가듯
위태로운 삶을 지탱한다

마음속 에너지원은 항상 그녀를 다그쳤고
황폐해진 대뇌와 소뇌에서
신경계까지 전달된다
밤새 하얀 종이에 쏟아부었던 에너지,
까만 부호들은
만물을 성장시키는 나그네가 되어
지워지지 않는 낙인으로 남는다

할머니 소신공양

안은숙

찌직~ 찌지직~
심지를 불사르는 호롱불은
익숙한 기름 냄새에 취하자
손녀는 할머니의 무릎베개를 벗 삼아
지그시 눈을 감는다

소르르 잠에 빠진 미래의 여인을
지그시 내려다보는
할머니의 눈에서는
여자로 살아가야하는 손녀의 일생이
자신의 고단한 삶과 대비 되면서
애절함이 촉촉히 흐른다

이른 아침 잠에서 깬 소녀는
문을 열고 디딤돌에 올려져 있던
풍상흔적에 젖은 할머니의 흰 고무신을
코 묻은 소맷자락으로 닦아낸다

단아하게 쪽진 머리에
모시적삼을 고이 차려입은 할머니는
새하얀 고무신을 신고
공양미를 머리에 가득 인채

아이의 손을 잡고
꼬불거리는 산길을 올라간다

등줄기가 흠뻑 젖은 할머니는
고사리 같은 아이의 손을 잡고
10리 길을 걸어
산속 깊숙이 자리 잡은
작은 암자를 찾았다

부처님 앞에 공양미 올려놓고
자식들 잘 되라고
우리 이쁜 손녀 이쁘게 잘 크라고
108배 올리는 할머니의
곱디고운 뒷태는
세상 품은 우주같이 넓고
태초의 새벽처럼 아름답다

한여름밤의 꿈

안 은 숙

산천초목이 빽빽한 곳에
낙동강 상류에 명호 강줄기가 있다
여름이면 어른 아이 할 것 없이
맑은 하천에 솥단지 걸어놓고
목이 빠져라 기다린다

반두잡이로 피라미 잡고
돌덩이 밑을 뒤져
가재를 잡느라 야단법석이다

찌는 듯한 태양 아래서 불을 지펴
막 잡은 피라미를 넣고
매운탕을 끓인다

니편 내편 없는
영혼 없는 즐거움은
한여름 밤의 더위도 녹인다

풀벌레 소리는 귓가를 울리고
짝 찾아 헤매는 숲 매미의 울음소리는
비 오는 논둑 개구리와 합창을 한다

안 은 숙

시인, 수필가, 소설가
문학의봄작가회 회원
한양대 공공정책대학원 재학중
(사)문학그룹샘문 운영위원
(사)샘문학(구,샘터문학) 운영위원
(사)샘문그룹문인협회 운영위원
(사)한용운문학 편집위원
(주)한국문학 편집위원
(사)샘문뉴스 회원
(재)이정록문학관 회원
(사)도서출판샘문(샘문시선) 회원
(사)지율문학 회원
<수상>
한국문학상 시 등단(샘문)
한국문학상 본상 특별작품상
문학의봄 수필 등단
문학의봄 소설 등단
오뚜기 푸드에세이 사랑상
<저서>
소설집 : 공주의 황금빛 날개, 바람의 정령 아이리스
<공저>
개봉관 신춘극장
<컨버전스시선집/샘문시선>
위대한 부활, 그 위대한 여정
호모 노마드투스
<한국문학시선집/ 샘문시선>

수상소감

 우선 심사숙고 끝에 이렇게 큰 상을 주신 심사위원분들에게 머리 숙여 감사 인사 올립니다.
 늦깎이 대학원생이기에 밤늦은 시간 정문까지 걸어갈 때가 제일 행복하기도 하며 사색을 많이 하는 시간이기도 합니다.
 하늘에 떠 있는 수많은 별과 달을 보고 내가 걷는 걸음마다 그 곁을 지켜주는 꽃들과 대화를 나누는 시간은 천금을 준다 해도 결코 바꿀 수 없는 개인적 자산이기도 합니다.
 각자 자신이 아끼는 것들이 있듯이 저에게 주어지는 이런 자유로움은 시를 쓰게 하는 원동력이자 사색의 여유까지 선물해 줍니다.
 아직도 걸어가야 할 길은 멀고 험난한 고난의 길이지만 느려도 천천히 걸어가야 할 저만의 길이 아닌가 싶습니다.
 제일 먼저 미흡한 저에게 지도 편달해 주시고 조언을 아끼지 않으시며 끝까지 응원해주시는 샘문그룹 이정록 회장님께 감사드립니다.
 저명하신 이근배 심사위원장님과 심사위원님들 그리고 옆에서 묵묵히 지켜주며 아낌없이 응원하는 나의 남편과 가족들에게 진심으로 감사드립니다.
 샘문 그룹의 무궁한 발전을 기원하며, 샘문 가족분들도 을사년에는 문운대길 하시길 염원합니다.

2025.04.17.
가온 안은숙 올림

제15회 샘문학상 우수상 수상작 시부문

바통터치 외 2편
- 봄꽃들의 릴레이 향연

정 순 영

들녘은 이어달리기가 한창이고
경기장을 꽉 채운 들풀의 응원에
함성은 풍선처럼 부풀어 오른다

눈을 뚫고 나와 달리던 황금복수초가 바통을 변산해조음이 물컹한 변산바람
꽃에게 건넨다

언 눈을 녹이며 달리던 변산바람꽃이 지리산 훈풍 손잡고 내려온
생강나무꽃에게 바통을 건넨다

불처럼 달리던 생강나무꽃은
붉은 설화 피우는 설중홍매에게
바통을 건넨다

봄빛, 바통 주고받으며 환해지고
산수유, 진달래 살구꽃 벚꽃이 바통 받기 위해 몸을 풀고 있다

질서 정연히 바통 받을 차례 기다린다
새치기나 밀치기 하지 않는다

넘어지면 일으켜 세워 함께 달리고

중도에 포기하지 않는다

저 찬란한 바통 주고받기를 관조하며
나는 왜 부끄러워지는가!

제대로 바통을 넘겨주지 못한 손은
여전히 겨울이다

버킷리스트, 낙엽

정 순 영

손바닥 편지지에 양각으로 새겨진 상형문자가 그물망처럼 드리워져 있다

하고픈 이야기가 편지지마다 넘쳐났는지
저 세상 가신 어머니, 내 앞에서 바람에 날리신다

삶이란 넓이나 높이가 아닌 깊이란다
다시 흙으로 돌아가는 어머니의 말씀이 적힌 편지를 집어 든다

낙엽은 어머니의 유서,
봄날에 돋아날 말씀이 손 위에서 환생한다

깊이 내려가기 위해 우리는 모두 이렇게 달려가나 보다

어머니의 유서를 땅으로 돌려준다
땅은 유서들로 깊고 깊어져 봄을 잉태하는 모양이다

냉이의 편지

정 순 영

얼음장 같은 땅에 누워서
찬바람을 맞았지

영하의 눈바람이 휘몰아칠 때면
뿌리조차 얼어버릴 것 같아 몸 움츠렸지

자갈밭 비알길에서 밟히는 얼어붙은 돌들에
발목이 꺾이면 입술 깨물었어

한 뼘 눈이 쌓이는 날이면
얼음처럼 단단한 마음까지 어둠이었어
이를테면 원시의 늑골같이 캄캄하고 막막했지

그런데도 봄 햇살에 껍질을 깨뜨리지 못하면 죽는다는 절박함으로
꽃대를 밀어 올렸어

견고한 고독을 지나
싯푸른 봄의 숨결이 나를 휘감았지
그 때가 화시花時였어

친구야, 영하의 가시밭길을 이겨내야
비로소 꽃피울 봄이었어

정 순 영

조선대학교 교육대학원 석사
인천대학교 교육대학원 석사
인천시 교육청 장학관 역임
초등학교 교장 역임
광주문인협회 회원
광주시인협회 회원
나주문인협회 회원
화순문인협회 회원
(사)문학그룹샘문 회원
(사)샘문그룹문인협회 회원
(사)샘문학(귀,샘터문학) 회원
(사)한용운문학 회원
(주)한국문학 회원
샘문시선 회원
<훈장>
황조근정 훈장
<수상>
경기,인천사도 대상(문학예술)
시와사람 시 등단
시조시학 시조 등단
시조시학 시 신인문학상

수상소감

　별빛이 머문 자리, 봄까치꽃이 엽서처럼 피었습니다.
좋은 소식이 있을 것만 같다는 예감에 하늘은 연둣빛으로 깊어지고, 들뜬 가슴은 신춘문예 샘문학상 당선소식에 보름달처럼 부풀었습니다.
기쁩니다.
무엇보다 이 나라의 문단을 이끌어가는 문학그룹샘문의 신춘문예에 당선되었다는 사실이 기쁩니다.
그냥, 시가 좋아, 숨 쉬듯 읽고 쓰곤 했습니다.
더 열심히 좋은 시를 쓰라는 채찍으로 여기며, 시처럼 맑고 싱싱하게 살고자 합니다.
　권위 있는 샘문그룹의 문학인이 된 것을 자랑스럽게 생각하며, 품위 있는 가족이 되도록 노력하겠습니다.
덜 익은 저의 작품을 우수작으로 뽑아주신 이근배 심사위원장님을 비롯한 여러 심사위원님과 이정록 샘문그룹 이사장님께 감사드립니다.
아무쪼록 우리 문학그룹샘문의 무궁한 발전을 기원합니다.

2025.04.21.
정순영 드림

제15회 샘문학상 우수상 수상작 시부문

곰국 탄생기 외 2편

유 미 경

한여름 울다 지친 장맛비처럼
보글보글, 보글
한 치의 오차도 용서치 않을 선율
그 고른 숨소리

솥 뚜껑을 열었다 닫았다
응얼진 추억의 그리움들이
하얗게 일어나 춤을 춘다
그때는 몰랐던 심상,
"다녀올게"

기다리고 또 기다리고
울다 지친 새까만 솥 단지,
달팽이처럼 느려진 기다림이
스르르 희망을 놓을 무렵

뼈와 뼈를 맞대고
고단한 피골 토하고 또 토해
걸죽해지고 심오해지는 하얀 포말,
지루한 기다림,
인고의 장고끝에 곰국 같은 남자가
엄마 대신 왔다

"여보! 이거 10인분은 족히 넘는데
직원들에게 당신이 열 시간을 넘게 달인 거라고 꼭 얘기해,
알았지?"

골골골골
곰 솥 안에서 그의 목소리가
인생역정이 푹 익어 걸죽해지고
나는 그 골수에서 깊은 맛을 우려낸다

돈

유 미 경

갖고 싶다
너무나 갖고 싶다
실컷 가지고 놀아도
너는 절대
실증 내지 않을 자신이 있다

평생
죽을때까지
존경할 거야

당신은 ᆢ
안 사랑해?ᆢ

봄

유 미 경

봄이
벽에 왔다

너에게도
나에게도

우리들은 벽에
분칠을 했다

유 미 경

시인, 보험인, 프리랜서
강원도 원주시 거주
행정학 석사, (주)닥터유 대표이사, (사)네이처중앙 환경단체 이사(현),
MTN 머니투데이방송 기자(현), 강원특별자치도교육청예산심의위원(현),
소상공인연합회 원주시 이사(현), (주)K금융파트너스코리아 총괄영업대표,
(사)문학그룹샘문 이사, (사)샘문학(구,샘터문학) 이사, (사)한용운문학 편집위원, (주)한국문학 편집위원, 샘문시선 회원
<수상>
2024 샘문뉴스 신춘문예 당선   2024 한용운문학상 본상 우수상
2024 샘문학상 본상 특별창작상   2024 한국문학상 본상 특별창작상
한국일보 여성논픽션 최우수상   중앙일보 여성중앙백일장 우수상
정통부 전국편지쓰기대회 우수상   인향문단 신인문학상 등단(시)
<공저>
개봉관 신춘극장
<컨버전스시선집/ 샘문시선>
*****
호모 노마드투스
<한국문학시선집/ 샘문>
*****
이별은 미의 창조
불의 詩 님의 침묵
<한용운문학시선집/ 샘문>

수상소감

매년 같은 자리로 돌아오는 봄이지만,
환한 벚꽃 속에 감춰 놓은
깜짝 선물, 축 당선!

긴 겨울을 지나 맞이한 따스한 봄날처럼,
제 마음 깊은 곳에 희망의 씨앗 새눈이
한껏 부풀어 올라있습니다.

문학은 한 사람의 내면에서 피어나는
꽃이지만, 사회라는 거대한 숲 속에서
흐드러지게 꽃피우는 것이라 생각합니다.

화려하고 명성이 있는 작가는 아니지만
작은 글 한 편이 누군가의 삶에 작은 울림이 되고
또 다른 이에게 공감과 희망을 주는
메시지가 되기를 소망하면서 한편 한편, 그렇게
써 내려가는 소소한 시간들이 감사 할 따름입니다.

시작은 미약하나,
그 끝은 봄날의 숲처럼
빛날 수 있도록 기대하며,
오늘도
그 봄날의 길 위를 걷겠습니다.

바쁘신 중에도 애써주시고 수고하신
샘문-그룹 회장님, 심사위원장님 이하, 선생님들께 심심한 감사드립니다.

2025.04.25.
유미경 드림

제15회 샘문학상 우수상 수상작 시부문

복사꽃이 피는 순이네 집 외 2편

강민기

순이네 집은 언제나 봄이었다
겨울에도 봄이었다

마당 한구석
연분홍 꽃잎이 피면
순이는 조그만 손으로 쓰다듬으며 말했다

"할머니가 내게 말을 거는 거 같아"

작년 이맘때
할머니는 복사꽃 한 송이 되어 떠났다
툇마루에도 장독대에도
그리고 순이 손에도 남았다

어느 봄날
순이는 꽃잎을 손끝에 올려놓고 말했다

"할머니 손 닮았네
따뜻하고 부드러워"

그날 밤

순이는 복사꽃을 베고 잠들었다
달빛이 마당 가득 핀 꽃을 쓰다듬었다

그날 이후로도
순이네 집은 언제나 봄이었다
할머니가 피워둔 봄이었다

사람에게 실증이 났나요

강민기

사람이 싫어졌나요
그들의 말들이 너무 가벼워서
어느 순간 바람처럼 흩어지는 게 싫어서
눈을 마주치지 않게 되었나요

웃음이 버거워졌나요
의미 없는 인사와
예의라는 이름의 가면이
숨을 조여오는 것 같아서
점점 말이 줄어들었나요

그런데도 가끔은 텅 빈 방에 앉아
익숙한 이름 하나 떠올리며
목소리를 상상해 본 적 있나요

사람이 싫어졌는데
사람이 그리운 순간이 오지는 않던가요

결국 우리는
사람에게 실증이 나면서도
다시 사람을 찾는 존재라는 걸
알고 있나요

그려보니 하늘이었다

강 민 기

흰 종이 위에 선을 그었다
길이 되었고
길 끝에 점을 찍었더니
별이 되었다

물을 섞어 번지게 하니
구름이 피어났고
붓을 툭툭 털어내니
비가 내렸다

손끝이 머물던 자리에
작은 새가 날아오르고
무심코 흩뿌린 색들 사이로
노을이 번져갔다

나는 분명
아무것도 없는 곳에서
무언가를 만들고 있었는데

다 그리고 나서야 알았다
그 모든 것이
처음부터 하늘이었다는 걸

강 민 기

아호 : 매산
경북 구미시 거주
경남 고성군 출생
구미대학 간호대학 재학중
(사)문학그룹샘문 회원
(사)샘문학(구,샘문학상) 회원
(사)한용운문학 회원
(주)한국문학 회원
한국간호사작가협회 회원 한국시인작가문인회 회원
한국문학동인회 회원
인향문단회 회원
한국예술시문학회 회원
한하운문학회 회원
천성문인협회 회원
<수상>
2024 문학고을 시 등단
2025 시학과시 수필 등단
보건복지부 장관상
자생한방병원 장려상

수상소감

벚꽃이 흩날리던 어느 봄날, 마침내 제 이름을 한 편의 시와 함께 문학의 이름 아래 새길 수 있게 되어 벅차오릅니다. 『복사꽃 피는 손에 네집』이라는 시로 샘문학상 본상부문 우수상에 당선되었다는 기쁜 소식을 접했을 때, 그 순간은 마치 오랫동안 마주하길 바랐던 오래된 친구와의 재회처럼 낯설면서도 깊은 위로를 주었습니다.

항상 저의 꿈을 지지해주는 가족에게
이 영광을 드리고 싶습니다.

또한, 매 작품을 심사하느라 고심해주신 심사위원님들께도 진심으로 감사드리며, 샘문그룹과 (사)샘문학 관계자 여러분께 깊은 경의와 감사를 전합니다. 앞으로도 문학이라는 따뜻한 언어로 사람의 마음을 어루만지는 시인이자, 삶을 돌보는 간호사로서 흔들림 없이 나아가겠습니다.

제 시를 읽는 누군가의 하루가 조금 더 덜 아프고, 조금 더 오래 웃을 수 있기를 바랍니다.

2025년 봄
매산 강민기 올림

제15회 샘문학상 우수상 수상작 시부문

설날 아침에 외 2편
- 한 해가 가고 신년이 오면

김 민 서

새해를 맞아 세우는 계획들!
설날 아침에 먹는 떡국에 의미를 부여하듯
한 살 나이를 더한 만큼
오롯이 이루지는 못해도
신년 계획을 세우면 절반 이상
이루게 된다

이번 설은 연휴가 길다
공항은 여행객들로 몸살이 난다
그래도 하루 날 잡아서
꼭 일년의 계획을 세워보면 어떨까?
절반의 성공이 세월을 익히고
가을에 추수하는 벼이삭처럼
점점 더 옹골지게 여무는 것 같다

경기가 안 좋아 어깨가 낙담할 때도
설상가상으로 힘이 부쳐도
계획을 세우는 건 희망의 온도다
36.5도 온기는
매서운 추위와 겨울을 이겨내고
언땅을 녹이며 찾아오는 봄날

대지를 뚫고 솟아나는 새싹들같이
꿋꿋하게 새해를 맞이 한다

어린 아이들이 자라는 희망을 보듯
올해는 또 어떤 좋은 일들이
일어날지 기대하며
소망과 꿈들이 희망으로 번져서
오늘, 가장 젊은 날의 큰 꿈으로 이루어지길 바란다
가장 젊은 날,
가장 큰 꿈을 이뤄보면 어떨까

갈림길

김 민 서

이 길을 지나면 갈림길이 나온다
어디로 가야할까?
막막하고 퍽퍽하고 거칠은 길을
아무런 이유없이 걷고있다
한 번 정해진 길로 들어서면 오로지
나의 몫이다
내가 결정해야 한다
꼬불 꼬불한 길도 언덕도 내리막도
때론 길을 잃어도
나는 그 모든 것을 극복해야 한다
멋지지 않은가?
도전이란 희망을 성공을 의미하는 것
꿋꿋하게 잘 견디고 이겨내어
나만의 이쁜 길로 승화할 때
비로소 성공이란 희망을 본다

설원을 걸으며

김민서

올림픽공원의 눈 내리는 아침은
북해도 못지않다
나뭇가지 가지마다 쌓인 하얀 눈을 보면
공원은 마치 축제의 모습이다

눈썰매를 타는 아이들의 함박웃음 소리
흰 눈사람을 만들고 눈싸움도 하며
하하 호호 연신 떠들어 댄다

강아지들도 신이나 뛰노는 올림픽공원은
눈싸움에 시끄러운 아이들의 모습과 어우러져 정겹기만 하다
삼삼오오 거니는 연인들의 모습도
흰 눈의 축복 속에서 아름답게 느껴진다

사람들의 인생 샷, 셔터소리
까악 까아악 지저귀는 까치소리 짹짹 재잘거리는 참새들이
아름다운 설경을 즐기고
하이얀 세상은 이내 마음을 치유한다

올림픽 공원의 상징인 양 우뚝 서있는
한 그루 나무는 공원의 지킴이인 양
사방을 포옹한다

함박눈 내리는 설원을 걸으며
뽀드득 뽀드득
발자욱을 남겨본다

김 민 서

서울시 서초구 거주
한성대 중소기업대학원 경영학석사
호서대학교 벤처대학원 경영학석사
사회복지사, 평생교육사, 한복모델
청소년심리상담사, 건강가정사
샘문예술대학 시낭송학과 수료
(사)샘문학(구,샘터문학) 회원
(사)문학그룹샘문 회원
(사)한용운문학 회원
(주)한국문학 회원
대한민국지식포럼 이사
<수상>
제헌절문학상
대지문학 신인상 시 등단
여울문학 삼행시 최우수상
청암시낭송전국대회 대상
김소엽전국시낭송대회 동상
<시집>
흐린날의 수채화

수상소감

만물이 소생하는 4월에 샘문학상을 받게 되어 감사드립니다.
여기저기 꽃소식으로 계절이 주는 기분 좋은 날 우수상까지 받게 되어 더욱 기분 좋은 날입니다.
샘문그룹의 무한한 발전을 기원하며
더욱 더 좋은 글로 보답하겠습니다.

2025.04.25.
김민서 드림

제15회 샘문학상 우수상 수상작 시부문

아버지의 전동드릴 외 2편

김준한

자식들은 회전력을 먹고 자랐다
갓 태어났을 땐 공구 없는 맨손이었으나
걷기 시작할 무렵 손 드라이버 하나면 너끈히 조이던 새벽
봄 되자 여린 쑥이 말아 올린 햇살 사각복스알이 풀어냈다

하루를 조이는 악력 위에 치솟던 심줄
헐거워진 가정 돌리기 위해 육각복스로 바꿔 끼우자 쇠와 쇠가 잇닿은 자리
마다 벌건 군살 더했다
녹슨 자존심 벗겨 팔각복스까지 더한 세월
굳게 잠긴 이 세계를 풀어내려면
몇 개의 꼭짓점이면 될까

마모 되어 뭉툭해진 나날
두꺼운 볼트 세운 계획과 좁은 너트 구멍
현실은 늘 아귀가 맞지 않아
땀 주름 깊은 골 내며 찾아다닌 규격

자식들은 오른쪽으로 돌며 세상에 조립되었고
아버지는 왼쪽으로 풀려나기 시작했다

수리가 안되겠습니다
애프터서비스 기간이 한참이나 남아 보이는 의사가 방전된 배터리를 그의

몸에서 분리하자 마지막 공회전,
희미하게 남은 기억을 갉아
끝내 아귀를 맞출 수 없는 숨결이
뭉툭하게 멎었다

헌 것에 대한 단상

김준한

옷장을 주워왔다
한 가정의 웃음과 소박한 꿈이
나무 결에 그대로 스며 있어 혼자 메기 무거웠다

자동차와 침대는 새것을 고집하던 시절이 있었다
헌 침대가 기억하는 제 주인의 숨결에 살결을 포개는 것은 상상만 해도 아찔했다

내겐 허락지 않은 청춘이
다른 남성을 안고 달리다 폐경이 된 몸,
고단했던 하루를 수리비로 지불하는 것 또한 억울할 것 같았다

애인은 헌 것이 좋을까
갈수록 여성관이 바뀌었다
나를 보듬고 우시던 엄마의 눈도 수도꼭지가 닳은 헌 것이었고
나를 안아주시던 할머니 또한
살결이 녹슨 고물이었으니깐

발 뒤꿈치 생살을 아프게 하던 새 신발
끊어져 본 적 없는 고무줄은 언제나 도도한 탄성을 믿었다

한 어미가 구멍을 넓히며 자식을 낳듯

모서리가 뭉툭해진 여자는 아프게 하지 않을 것이다

무엇인가 내벽을 허물며 깊이 들어올 때
뜨거운 마찰을 느껴보지 못한 구멍은
내 묵직한 아집을 받아 주지 못할 것이다
닳고 닳아 넓어진 너는
내 생긴 모양 그대로 받아 줄까

옆구리 터진 나날

김 준 한

겉돌던 시절
가장자리부터 시든 시금치처럼
온전히 태워 시들어 버린 하루의 끝에 던져졌다
북적이는 김치찌개 된장찌개,
중심에서 주목받는 맛이 젓가락 세운다

찰지게 눌어붙은 가난
허락된 자리는 귀퉁이뿐이었을까
투박한 손아귀에 짓눌려 돌돌 말린 세월
냉정한 세상 국물도 없이 쩍쩍 갈라진 가슴 씹었다

고명에 숨긴 방향 다른 취향
한 수저 뜨면 금방 탄로 나는 속내 뒤에
짜디짠 인상 구기며 돌아서는 사람들

두 눈 크게 뜨는데도
자꾸만 캄캄해지는 풍경 서러움 과하게 채워 옆구리 터진 나날

김밥이 많이 올랐어
이제 김치찌개를 능가하겠는 걸

한때 바람 파고드는 호주머니 대변했던 가격

세상은 비명 지르지만,
이제 너는 횡보하던 바닥 딛고 반등할 수 있을까

분주하던 좌판 상인들
백열등이 자른 어둠의 단면 사이로
오색 빛깔 환한 웃음 드러낸다

김 준 한

경기도 평택시 거주
청암문학작가협회 회원
사람의깊이 회원
(사)문학그룹샘문 운영위원
(사)샘문학(구,샘터문학) 운영위원
(사)한용운문학 편집위원
(주)한국문학 편집위원
샘문시선 회원
<수상>
2024 청암문학 시 등단
2024 한국문학상 본상 대상
2024 한용운문학상 최우수상
<시집>
눈물강 위에 세우는 다리
<공저>
호모 노마드투스
<한국문학시선집/ 샘문>
*****
불의 詩 님의 침묵
<한용운문학시선집/ 샘문>

수상소감

뜨거운 철의 고통을 덜어주는 방법은 두 가지가 있다. 차가운 절망으로 식혀주던지 아니면 더 뜨거운 열로 녹여버리던지 나의 열정 또한 그러했다. 가진 것 없는 자를 가로막은 세상의 벽 앞에 마침내 절망하며 무너졌을 때 나는 평온해졌었다.

그랬던 내게 다시 찾아온 시적 열망 나는 전보다 더 활활 타오르기 시작했다. 나는 결코 식지 않을 것이다. 내가 녹아 없어질 때까지 열정의 온도는 점점 더 타오를 것이다.

수상의 영광을 주신 심사위원들께 감사한다. 이제 나는 더 넓은 바다에 한 척의 배를 띄울 것이다.

2025.04.23.
김준한 드림

제15회 샘문학상 우수상 수상작 시조부문

고향의 설 외 2편

김 정 한

고향엔 귀성행렬 거북이 걸음인데
나 사는 사막에는 오가는 사람없네
아내는 김치만두 밤을 새며 만드네

사랑과 정성 담긴 아내의 떡만두국
이국 땅 설 명절에 고향의 향수젖네
고향엔 부모형제의 웃음꽃이 피겠지

연어는 고향 찾기 생명을 건다는데
우리는 타향에서 고향을 잊고 살 때
꿈속에 내가 부르는 고향 노래 서럽다

인디언 온천

김 정 한

인디언 쇼숀족의 테코파 핫스프링
모하비 오아시스 쇼숀족 성지였다
인디언 각종 질병을 치료하던 약수물

울창한 갈대숲은 새들의 낙원이고
흐르는 온천수는 인디언 안식처다
사냥에 지친 심신을 온천물에 씻는다

인디언 놀던 물에 내 몸을 맡겼더니
여행에 지친 몸이 새롭게 소생한다
테코파 약수 온천수 쉬지않고 흐른다

데쓰벨리

김 정 한

하나님 돌산에다 그림을 그리셨나
눈부신 색의 향연 오묘한 조각작품
뜨거운 데쓰벨리는 하나님의 걸작품

최정상 단테스 뷰 사방을 둘러보니
최고봉 위트니산 최저하 배드워러
뜨거운 모래바람이 샌드듐을 만든다

황금을 찾아 떠난 서부의 개척자들
사막을 헤메다가 목말라 죽었는데
외롭게 떠도는 원혼 신기루가 되었다

김 정 한

아호 : 석음
시인, 목사, 교수
미국 콜로라도주 거주
실버레익 한인교회 목사
미국 신학대학교 교수
크리스찬 비전신문 칼럼니스트
제56대 남가주 한인 목사회 회장
(사)문학그룹샘문 자문위원
(사)샘문학(구,샘터문학) 자문위원
(사)샘문그룹문인협회 자문위원
(사)한용운문학 회원
(주)한국문학 회원
(사)샘문뉴스 회원
(재)이정록문학관 회원
(사)샘문시선 회원
<수상>
한용운신인문학상 시조 등단
2024 샘문뉴스 신춘문예 당선(시)
2024 샘문학상 특별창작상(시)
2024 한용운문학상 특별작품상
<저서>
설교, 고장난 인간,
인간의 영과 성령
성령의 목소리
성서 해석학(박사논문)
<공저>
이별은 미의 창조
<한용운문학시선집/샘문>
개봉관 신춘극장
<컨버전스시선집/샘문>
호모 노마드투스
<한국문학시선집/샘문>

수상소감

    시조 시인으로서 부족한 저에게 귀한 상을 주신 심사위원님들께 진심으로 감사를 드립니다.
    저를 시인으로 등단시켜주셔서 79세 노년에 시를 쓰는 즐거움의 길을 열어 주셨는데 어느 작곡가님께서는 저의 시에 곡을 입혀 아름다운 노래를 만들어 주셨고 제가 방송 설교를 하고 있는 LA 라디오 방송국 아나운서님은 시 낭송을 자청해주셨습니다. 저에게 이런 즐거운 일들이 있도록 계속하여 값진 상을 주시는 심사위원님들께 다시 한번 정중하게 감사를 표합니다.

2025.04.23.
모하비 사막에서 김정한 드림

제15회 샘문학상 우수상 수상작 수필부문

해운대의 밤 외 1편
- 빛과 바람이 머무는 곳

김 경 배

해운대의 밤은 그 자체로 한 편의 시처럼 펼쳐진다. 낮에는 사람들로 가득 했던 해변이 해가 지면 조용히 그 모습을 바꾼다. 어둠이 내려앉은 후, 도시는 수많은 불빛을 흩뿌리고, 바다는 그 빛을 고요하게 받아들인다. 동백섬을 따라 걷다 보면, 바다 위로 길게 퍼지는 달빛이 눈에 들어온다. 고요한 물결 위로 은은하게 비추는 달빛은 마치 바다와 속삭이는 듯, 차분하게 흐른다. 한편, 어둠 속을 지나가는 유람선의 불빛이 수면 위에서 반짝이며, 멀리서 들려오는 뱃고동 소리가 그 정적을 깨운다. 그 소리는 밤바다의 숨결처럼 울려 퍼져 온몸을 스치며 전해진다.

광안대교는 형형색색의 조명으로 빛을 발하며 바다를 가로지른다. 그 불빛이 물결 속에 번져, 마치 별들이 바다 위에 떨어져 흩어지는 듯한 느낌을 준다. 그 아래로는 부드러운 파도 소리가 흐르고, 그 위로는 끊임없이 도시의 불빛들이 이어진다. 부산 아쿠아리움 앞을 지나면, 낮의 번잡함이 사라지고 고요한 밤의 분위기가 감돈다. 가족과 연인들이 떠난 자리는 이제 차분한 조명 아래 또 다른 매력을 발산한다. 수조 속에서 유영하는 바다거북과 화려한 물고기들은 그 속에서 나름의 밤을 살아간다.

송림공원으로 들어서면, 밤바람에 흔들리는 노송들이 부드러운 속삭임을 내뿜는다. 오래된 소나무들이 만들어낸 그늘 속을 거닐며, 바다의 향기를 느끼면, 시간이 멈춘 듯 느껴진다. 그 길 끝에 다가가면 동백섬의 출렁다리가 기다리고 있다. 은은한 조명이 길을 따라 반짝이고, 다리 위에서 바라보는 해운대의 야경은 놀라울 정도로 아름답다. 한쪽에는 현대적인 엘시티가 미래의 도시를 떠올리게 하고, 반대편에는 고요히 서 있는 누리마루 APEC 하우스가 바다와 함께 평화로운 모습을 그린다. 세계 정상들이 머물던 그곳은, 이제 밤바다와 함께 또 다른 이야기를 품고 있다.

멀리서 유람선의 불빛이 다시 한 번 빛을 내며 지나가고, 도시는 여전히 찬란하게 빛나지만, 바다는 그 빛을 품고 조용히 출렁일 뿐이다. 밤이 깊어질수록 바람은 부드럽게 변하고, 파도는 한결 차분해진다. 나는 이 모든 풍경을 마음에 담으며, 조용히 걸음을 옮긴다. 해운대의 밤은, 그 자체로 잊을 수 없는 찬란한 기억이 된다.

인생人生의 꽃길

김 경 배

인생은 마치 꽃길을 걷는 것과 같다. 아침 햇살이 따뜻하게 내리쬐는 그 길을 따라 한 걸음 한 걸음 내딛을 때, 나는 점점 더 그 길이 나를 이끄는 힘을 느끼게 된다. 꽃길 위에서 나는 희망과 사랑을 품고 나아가며, 때로는 고난과 역경이 다가오기도 한다.

그러나 그 길을 걸으면서 나는 꽃들이 비바람 속에서도 꿋꿋이 피어나는 모습을 보며, 어려운 순간에도 자신을 잃지 않도록 다짐한다. 비록 길이 평탄하지 않지만, 그 속에서 나만의 의미와 가치를 찾으며 나아간다. 꽃들이 서로 다른 색과 향기로 우리에게 위로를 주듯이, 우리 삶 속의 순간들도 각기 다른 색과 향기를 지니고 있다. 중요한 것은 그 모든 순간들이 우리를 성장시키고, 끝내 아름다운 꽃길을 만들어간다는 것이다.

시간이 흘러 나이가 들어가면서, 나는 꽃길의 의미를 조금 더 깊이 이해하게 된다. 젊은 시절에는 끝없는 도전과 욕망 속에서 살았지만, 이제는 노년의 꽃길을 걷고 있다. 그 길은 예전과는 또 다른 아름다움을 지닌다. 젊은 날의 분주함과 갈망은 사라지고, 이제는 삶을 더 깊이 음미하고, 평온함 속에서 여유를 찾는 길이다. 길 위에서 나는 더 이상 급히 걸을 필요가 없다. 그저 내가 걸어온 길을 돌아보며, 그동안의 추억과 경험을 되새기며 나아간다. 이제는 나와 함께 걸어온 사람들의 미소와 그들의 따뜻한 손길이 나에게 더 큰 의미가 된다. 꽃길에서 나누었던 소소한 웃음과 대화는 어느새 내 마음 깊은 곳에서 소중한 기억으로 자리 잡았다. 그 모든 순간들이 내가 살아왔던 시간들의 꽃이 되어, 이제는 노년의 삶을 더욱 풍성하게 만들어준다.

노년의 꽃길은 단지 과거의 아름다움을 추억하는 길이 아니다. 그것은 내가 살아온 날들이 만들어낸 길이자, 앞으로도 계속될 내 삶의 의미를 찾는 여정이다. 그 길 위에서 나는 더 이상 속도나 경쟁에 집착하지 않는다. 대신, 내가 걸어온 발자취와, 그 발자취 속에서 만난 사람들과의 인연을 소중히 여긴다. 작은 웃음과 따뜻한 말 한 마디가, 그리고 길 위에서 나누었던 고마움과 사랑이 바로 내 삶을 더욱 아름답게 만든다. 시간이 지나면 모든 것들이 흐려지지만, 그 속에서 꽃을 피운 사랑과 추억은 영원히 내 마음속에서 빛날 것이다.

꽃길을 걷는 동안, 나는 이제 더 이상 결과에 집착하지 않는다. 그것은 이미 지나간 일이고, 중요한 것은 그 과정 속에서 내가 무엇을 느끼고, 무엇을 배웠는지이다. 비록 노년이라는 시간 속에서 내가 걸어가는 길은 예전처럼 빠르게 달려가지 않지만, 그만큼 여유와 깊이를 느낄 수 있다. 이제는 내 눈이 어두워지고, 몸은 예전처럼 민첩하지 않지만, 내 뇌는 여전히 살아 숨쉬며 나에게 새로운 깨달음을 선사한다. 그 깨달음은 내가 걸어온 길을 비추고, 내가 지나온 모든 시간들이 쌓여 만들어낸 삶의 가치를 더 깊이 이해하게 한다. 이제는 나만의 인생을, 나만의 꽃길을 만들어가며, 그 길 위에서 나의 이야기를 써 내려간다. 삶의 끝자락에서 내가 얼마나 많은 꽃을 피웠는지가 중요한 것이 아니라, 그 꽃길을 걸으며 얼마나 많이 사랑하고, 감사하며, 성장했는지가 중요한 것임을 깨닫는다.

김 경 배

아호 : 석전
부산시 해운대구 거주
(사)문학그룹샘문 회원, (사)샘문학 회원, (사)샘문그룹문인협회 회원, (사)한용운문학 회원, (주)한국문학 회원, (사)샘문뉴스 회원, 샘문시선 회원
<수상>
2024 한용운문학상 시 등단(샘문)
2024 한용운문학상 수필 등단(샘문)
<공저>
2024 불의 詩 님의 침묵
<한용운문학시선집/샘문시선>
제2호 도도문학 공동시선집
제1호 사람과사람 공동시선집

수상소감

수필 「해운대의 밤」과 「人生의 꽃길」로 제15회 신춘문예 샘문학상 수필 부문 우수상을 받게 되어 무한한 영광과 감사의 마음을 전합니다.

글을 쓰는 시간은 언제나 제게 기억을 건너는 길이었습니다. 해운대의 밤바다를 바라보며 삶의 고요를 되새겼고 지나온 인생의 사계절을 거닐며 피어났던 꽃들의 흔적을 따라 걸었습니다. 그렇게 써 내려간 두 편의 수필이 독자의 마음에 작은 울림으로 닿았다는 사실은 제게 더없는 위로이자 기쁨입니다.

무심히 지나칠 수도 있는 일상의 순간들 잊히는 풍경들 속에서 의미의 조각들을 길어 올리는 일이 수필이라 생각해 왔습니다. 제 글을 귀 기울여 읽어주신 심사위원님들과 샘문학 관계자 여러분께 진심으로 감사드립니다.

이 자리를 빌려 언제나 제 글을 가장 먼저 읽고 조용히 웃어주던 아내 강영옥에게 고마운 마음을 전합니다. 당신의 따뜻한 시선과 말 한마디가 제 수필의 문장을 더욱 깊고 다정하게 만들어주었습니다.

결혼한 작은딸과 여전히 제게 큰 힘이 되어준 큰딸 그리고 부모님께도 감사 인사를 전합니다. 가족이 있기에 저는 언제나 흔들려도 다시 중심을 찾을 수 있었습니다. 당신들이 있어 오늘의 이 글이 있고 이 상이 있습니다.

앞으로도 저는 자연과 사람 그 속에 살아 숨 쉬는 기억과 감정을 소중히 품은 글을 써 내려가겠습니다. 문학은 삶을 기록하는 손이며 수필은 그 손끝의 떨림이라 믿습니다. 그 떨림을 잊지 않겠습니다.

오늘의 이 기쁨을 시작으로, 더 겸허한 자세로 쓰고 더 따뜻한 눈으로 바라보며 살아가겠습니다.

감사합니다.

2025.04.21.
石田 김경배 드림

신춘문예 특집
도/덕/칼/럼

덕이 운명을 바꾼다.

도덕칼럼/ 이 정 록

심덕승명이라는 말이 있다. "마음의 덕을 쌓으면 운명도 바꿀 수 있다"라는 고사성어다. 덕을 베풀지 않고 어찌 좋은 사람들이 인연을 맺으려 할 것이며, 행운이 찾아들 것이며, 福과 運이 찾아올 것인가?

자장율사에 다음과 같은 이야기가 있다.
관세음보살을 꼭 만나야겠다는 일념으로 백일기도를 하고 있었다. 99일째 되는 날, 얼굴이 사납게 생기고, 곰보에 한 쪽 팔과 다리가 없는 사람이 거지 같은 꼴을 하고 도량에 들어와서 소리를 지르고 있었다.

"자장 너 있느냐? 얼른 나와 봐라", 라며 큰소리를 지른다. 이에 상좌들과 불목하니들이 말리느라 애를 먹는다.
큰스님께서는 지금 기도중 이시니 내일 오십시오. 사정을 하고 달래느라 조용하던 도량이 순식간에 야단법석 난리가 났다.
이때 기도를 마치고 자신의 방으로 가던 자장율사가 점잖게 말한다.

"무슨 연유인지는 모르나 내일 다시 오시오", 라고 하며 자신의 방으로 몸을 돌리는 순간, 그 거지가 큰소리로 웃으며 말한다.

"네 이놈 자장아, 교만하고 건방진 중놈아
네놈이 나를 보자고 백일 동안 청해놓고 내 몰골이 이렇다고 나를 피해? 네가 이러고도 중질을 한다고?", 라며 큰 소리로 비웃으며 파랑새가 되어 날아가 버렸다.

자장율사는 그 자리에 풀썩 주저앉아 버렸다. 나를 찾아온 보살을 외모만 보고, 자신도 모르게 젖어든 교만하고 편협한 선입견으로 사람을 평가하고 잣대질 한 자신이 너무 부끄러웠다. 이에 모든 것을 버리고 바랑 하나만 메고 스스로 구도의 길을 떠나게 되었다.

살아가다 보면 스스로의 편견과 선입견 때문에, 수호천사와 보살을 못 알아보는
어리석음을 범 할 때가 있다.
이 사람은 이런 것을 시켜도 되겠지,
이 사람은 이 정도는 이해 하겠지,
이 사람은 이 정도는 서운하지 않겠지,
이 사람은 이 정도는 놀려도 되겠지,
이 사람은 이 정도는 빼앗아도 되겠지,
이 사람은 이 정도는 없어져도 모르겠지,
이 사람은 이 정도 해도 모르겠지,

세상에서 나보다 못난 사람은 없다.
나를 가장 잘 이해해주고, 인정해주고 보듬어주는 보살을, 수호천사를 이렇게 버려서는 안된다. 나보다 아랫 사람은 없다, 라는 하심下心을 가지고 사람을 대해야 좋은 운運이 찾아온다. 그것을 덕德이라고 부르고, 겸손함이라고 부른다.

얻으려고만 하지 마라, 기대려고만 하지 마라, 기만하고 속이려고 하지 마라,
횡재나 요행을 바라지 마라,

하늘에 뭔가를 간구하고 갈망할 때는,
나는 이웃을 위해서, 세상을 위해서, 하늘을 위해서 무엇을 주려고 노력하였는가? 나는 누군가의 뜨거운 감동이었는가?를 먼저 생각해라.

통장 속에 잔고는 쓰면 쓸수록 비어져 가지만, 덕德과 운運은 나누면 나눌수록,
베풀면 베풀수록 커지고 쌓여간다.
이것이 잘 사는 방법이고, 도리이고,
인류애가 아닐까 생각한다. 좋은 친구는 곁에만 있어도 향기가 나고, 좋은 말 한 마디에 하루가 빛이 난다. 지란지교가 되어야하겠다.

○ 신춘문예 특집—시창작 이론 ○

이정록 교수의 시창작 이론 – 비유는 어떻게 만들 것인가

이 정 록

1. 비유의 원리
① 문학의 표현기교 가운데 가장 대표적인 것이 (비유)이다.
　비유를 형성하는 가장 기본적인 원리는 (유추)이다.
② 아리스토텔레스는 (시학)에서 (명확하게 틀린 두 개의 사물 사이에서 동질성을 찾아내는 능력)이 바로 시인의 특징이라고 보고 있는데 이러한 능력을 (유추)능력이라 한다.
③ 베이컨 : 상상력이란 자연이 결합시켜 놓은 것을 분리하고 자연이 분리해 놓은 것을 결합시키는 인간의 힘이다.
　– 우수한 비유는 유추적 대상의 발견에 기인하고 그 발견 행위를 유발시키는 것은 시인의 (상상력)이다.
④ 일반적인 언어의 발달 과정
　– 흉내 내기를 위주로 하는 묘사의 단계
　– 유추적 단계 : 시적 표현의 근본 원리 –유추작용에 의한 비유의 창조
　– 상징적 단계 : 시적 표현의 근본 원리 –유추작용에 의한 비유의 창조

2. 비유의 종류
① 직유(명유) : 장식적 효과 형식
② 은유(암유) : 조명적 효과 : 숨겨진 비유 : 아리스토텔레스가 최초로 전이의 개념으로 파악한 이래 가장 중요한 문학적 요소로 수용 형식
③ 의유 : 의인, 의성, 의태법을 총괄적으로 가리키는 말
　– 의인법 : 은유의 변형된 형태로 대상과 인간을 융합 시킨 것: 원시적인 상상력, 인간의 주관이 대상의 존재론적 관여를 유도하기 위하여 감정이입의 방법을 쓴다.

- 활유법 : 생명이 없는 것이 생명을 부여한다.
④ 제유 : 유의가 나타내는 의미나 사물이 전체의 한 부분인 경우, 방망이 (무기의 전부), 빵(식량의 전부), 벽안(서양인)
⑤ 환유 : 제유처럼 유의와 본의가 부분과 전체의 관계로 밀접하게 연결되지 않고 조금 동떨어지게 맺어지거나 유의가 본의를 환기 시킬 수 있는 경우, 엽전, 고무신(한국인), 만해(한용운의 시), 바가지(헌병)

3. 비유 사용의 방법
① 직유로만 이루어진 경우
- 관념적 주제를 시로 형상화 시키는데 자주 쓰인다.
- 일상적 어법을 꾸미는 장식적 기능 외에 이러한 어법을 낯설게 하는 창조적 기능을 소유한다.
- 일상어를 지배하는 직유가 두 사물의 (표면적 유사성)에 토대를 두고 있다면 시적 직유는 두 사물의 (이면적 유사성)에 토대를 두고 있다.
- 가장 소박하고 원초적인 시적 수사의 형태를 갖고 있다.
- 마광수(사랑) : 우리는 사랑했다 꽃과 같이.....
- 이승훈(어느 조그만 사랑) : 오늘 광화문에서 만난....

사랑

마 광 수

사랑하고 사랑하고 사랑했는데도
내 가슴 속에는 네 몸뚱아리만이 남았다
내 빈약한 육체 속에서 울며 보채 대는 이 그리움의 정체는 뭐냐
네 영혼을 사랑한다고, 네 마음을 사랑한다고
하늘 향해 수만 번 맹세를 해도
네 곁에 앉으면 내 마음보다 고놈이 먼저 안달이다

수음과는 이제 자동적으로 친숙해진 나에게
너는 대체 무엇 때문에 내려왔느냐
어째서 모든 거리마다에서
너는 내게 고독으로 다가온단 말이냐
사랑하고 사랑하고 사랑했는데도
내 가슴속에는 네 몸뚱아리만이 남았다
끊으려 해도 끊으려 해도 끊어지지 않는
이 사랑, 이 욕정,
이 괴상한 설레임의 정체는 뭐냐

어느 조그만 사랑

이 승 훈

오늘 광화문에서 만난
너는 꽃잎 같고
너무 고요해
귀가 떨어질 것만 같고

아니 번쩍이는 물고기 같고
물이 철철 흐르는 물병 같고
혹은 깊은 밤
문득 변하는 날씨 같고
바람은 불지 않는데
바람만 하루 종일 불고
너를 만난 시간은
봄 날 같다 아아 기적 같다
얼음이 풀리고 다시 어는

봄 날 같다 형편 없이 시든
육체로 너를 만난 시간은
꽃이 피는 들판 같고
그래서 하나도 보이지 않는
너의 가슴 너의 얼굴
오늘 광화문에서 만난
이 조그만 사랑

② 은유로만 이루어진 경우
- 직유보다 자의적 표현이 가능하다.
- 시의 난해성이나 애매성이 시적 긴장미를 유발시키는 중요한 요소로 인식되고 있다.
- 유사성 보다는 (이질성)쪽에 신경을 쓴다.
- 박두진(꽃), 김춘수(나의 하느님), 유치환(깃발), 최인희(미소)

꽃

박 두 진

이는 먼
해와 달의 속삭임
비밀한 울음
한번만의 어느 날의
아픈 피 흘림
먼 별에서 별에로의
길섶 위에 떨궈진
다시는 못 돌이킬
엇갈림의 핏방울

커질 듯
보드라운
황홀한 한 떨기의
아름다운 정적靜寂
펼치면 일렁이는
사랑의
호심湖心아

나의 하느님

김 춘 수

사랑하는 나의 하느님, 당신은
늙은 비애悲哀다.
푸줏간에 걸린 커다란 살점이다.
시인詩人 릴케가 만난
슬라브 여자女子의 마음속에 갇힌
놋쇠 항아리다.
손바닥에 못을 박아 죽일 수도 없고 죽지도 않는
사랑하는 나의 하느님, 당신은 또
대낮에도 옷을 벗는 어리디어린
순결純潔이다.
삼월三月에
젊은 느릅나무 잎새에서 이는
연둣빛 바람이다.
　[처용, 민음사, 1974]

깃발

유 치 환

이것은 소리 없는 아우성.
저 푸른 해원海原을 향하여 흔드는
영원한 노스탤지어의 손수건.
순정은 물결같이 바람에 나부끼고
오로지 맑고 곧은 이념理念의 푯대 끝에
애수哀愁는 백로처럼 날개를 펴다.
아! 누구인가?
이렇게 슬프고도 애닯은 마음을

③ 의인법으로만 이루어지는 경우
  - 김종길(고고): 북한산이....
  - 박남수(종소리): 나는 떠난다.....
  - 신승철(비가 말한다): 황금 달빛도 피로 풀 듯 타 죽었고......
  - 노창선(섬): 우리는 섬이 되어 기다린다 어둠 속에서....
  - 마광수(사랑이여)

고고孤高

김 종 길

북한산北漢山이
다시 그 높이를 회복하려면
다음 겨울까지는 기다려야만 한다.

밤 사이 눈이 내린,
그것도 백운대白雲臺나 인수봉仁壽峰 같은
높은 봉우리만이 옅은 화장化粧을 하듯
가볍게 눈을 쓰고
왼 산은 차가운 수묵水墨으로 젖어 있는,
어느 겨울날 이른 아침까지는 기다려야만 한다.
신록新綠이나 단풍丹楓,
골짜기를 피어오르는 안개로는,
눈이래도 왼 산을 뒤덮는 적설積雪로는 드러나지 않는,
심지어는 장밋薔薇빛 햇살이 와 닿기만 해도 변질變質하는,
그 고고孤高한 높이를 회복하려면
백운대白雲臺와 인수봉仁壽峰만이 가볍게 눈을 쓰는
어느 겨울날 이른 아침까지는
기다려야만 한다.

종소리

박 남 수

나는 떠난다. 청동青銅의 표면에서
일제히 날아가는 진폭振幅의 새가 되어
광막한 하나의 울음이 되어
하나의 소리가 되어
인종忍從은 끝이 났는가
청동의 벽에
'역사'를 가두어 놓은
칠흑의 감방에서
나는 바람을 타고

들에서는 푸름이 된다
꽃에서는 웃음이 되고
천상에서는 악기가 된다
먹구름 깔리면
하늘의 꼭지에서 터지는
뇌성雷聲이 되어
가루 가루 가루의 음향이 된다

섬

노 창 선

우리는 섬이 되어 기다린다 어둠 속에서
오고 사는 이 없는 끝없이 열린 바다
문득 물결 끝에 떠올랐다 사라지는
그러나 넋의 둘레 만을 돌다가 스러지는
불빛, 불빛, 불빛, 불빛
외로움이 진해지면
우리들은 저마다의 가슴 깊이 내려가
지난날의 따스한 입맞춤과 눈물과
어느덧 어깨까지 덮쳐오던 폭풍과
어지러움 그리고 다가온 이별을 기억한다
천만 겹의 일월日月이 흐르고
거센 물결의 뒤채임과 밤이 또 지나면
우리들은 어떤 얼굴로 만날까
내가 이룬 섬의 그 어느 언저리에서
비둘기 한 마리 밤 바다로 떠나가지만
그대 어느 곳에 또한 섬을 이루고 있는지

어린 새의 그 날갯짓으로
이 내 가슴속 까만 가뭄을
그대에게 전해 줄 수 있는지

사랑이여

마 광 수

당신이 바닷가의 거센 파도 같은
생각이 들 때가 있어요.
저는 바닷가의 작은 바위.
당신은 사나우리만치 강한 사랑으로
저를 압도하여 옵니다.
그러면 저는 어쩔 수 없이 매일매일
당신의 사랑 속에 빠져 들어가 버려요.
당신은 언제나 웃으며 춤추며
저에게 달콤한 목소리로 휘감겨와요.
저는 당신의 품속에 얼굴을 묻고서
행복으로 흐느끼지요.
그러나 저는 그토록 큰 당신의 사랑에
제 작은 몸을 지탱할 수 없습니다.
그래서 제 몸은 당신의 품 안에서
차츰 깎이어 작게 허물어져 가요.....
그러면서 그러면서 저는 늙어요.
세월이 아주아주 흘러.....
제가 당신의 사랑을 감당 못하리 만큼
몸이 깎이어 없어져 버린다면 어떻게 할까요?
당신은 제가 당신의 사랑을 마음껏

받아들여 주지 않는다고 화를 내실 거예요.
그리고 저보다 더 크고 더 억센 바위를 찾아
새로운 사랑을 찾아 나서실 거예요.
그러나 저는 이미 몸이 부서져 흩어져 버려
당신을 붙잡을 수가 없어요.
저는 단지 힘 있게 출렁거렸던
당신의 사랑을 되새기며 바다 위를 떠다니겠지요.
그러다가.....
전 아예 죽어
물거품처럼 사라져버릴 뿐이구요.....
잊혀져 버릴 뿐이구요.

④ **어떤 비유적 사건을 유의로 삼는 경우**
 - 산문시 또는 산문시에 가까운 형태의 시에서 쓰이는 수법
 - 한 편의 시에 나오는 어떤 사건이나 행동 전체를 비유로 구성하는 경우
 - 강우식(바나나)
 - 김춘수(부재)
 - 박세현(모란)
 - 마광수(잡초)

바나나

강 우 식

아침에 제일 먼저 일어나는 이 살덩어리를
당신이 제일 부르기 좋은 이름으로 불러 주세요.
아침에 제일 먼저 일어나는 이 살덩어리를
당신이 제일 미끄럼질하기 좋아하는 곳으로 인도하세요.

부재

김 춘 수

어쩌다 바람이라도 와 흔들면
울타리는
슬픈 소리로 울었다
맨드라미 나팔꽃 봉숭아 같은 것
철마다 피곤
소리 없이 져버렸다
차운 한겨울에도
외롭게 햇살은
靑石(청석) 섬돌 위에서
낮잠을 졸다 갔다
할 일 없이 세월은 흘러만 가고
꿈결같이 사람들은
살다 죽었다

모란

박 세 현

의무교육을 받던 시절 나는 오촌 오빠에게 못생겨도 좋아 매치매치바
두 개 얻어먹었어요
서울역에 내려 가정부로 갔을 때, 게브랄티를 장복하는
주인 아저씨가 두 돈 짜리 금반지를 사주더군요
역시 중요한 건 돈이었어요

여관 조바로 있을 때는 고스톱 하던 일곱 사내와
한 방에서 삼만 오천 원을 받기도 했어요
한 번은 군대 나가는 아이들 세 명에게 공짜로 주었더니
그 애들이 울더군요. 나도 울었어요
눈물이야 틈 나면 한꺼번에 쏟으려고 감춰 뒀지만
나에게도 줄 수 있다는 게 고마워서
삼분지 일만 눈물을 흘리기로 했죠
그 애들이 말했어요
넌 국민훈장 모란장 감이야. 편지할 께,
그렇지만 모란이 아무 때나 피나요
모란이 피면 꽃잎에 더운 눈물을 씻고 다시 시작할래요
그냥.

잡초

마 광 수

얼마 전에 나는 마당의 잡초를 뽑았습니다
잡초는 모두 다 뽑는다고 뽑았는데
몇 주일 후에 보니 또 그만큼 자랐어요
또 뽑을 생각을 하다가 이런 생각이 들었습니다
대체 어느 누가
잡초와 화초의 한계를 지어 놓았는가 하는 것이에요
또 어떤 잡초는 몹시 예쁘기도 한데
왜 잡초이기에 뽑혀 나가야 하는지요?
잡초는 아무 도움 없이 잘만 자라주는데
사람들은 단지 잡초라는 이유로
계속 뽑아 버리고 만 있습니다

제15회 샘문학상 〈본상〉
「샘문특선상」
수상작

제15회 샘문학상 샘문특선상 수상작 시부문

우리 부모님 외 2편

김 영 창

서슬 퍼런 일제 치하
결혼한 지, 석 달 만에
징용으로 끌려가신 아버지

그 분노 뇌리에 박혀
날마다 눈물로 지새운 수많은 날
장독대 정화수 떠놓고
평생을 기도하신 어머니

해방이 되자 귀국하신 아버지
농어업, 정치까지 하시며
구 남매 키우시며 파란만장한 인생을 살아오신 부모님

병상에서 돌아가신 순간까지도
한 맺힌 절규 토하시던 아버지,
계시는 저승에는 일본 순사 놈들 다 죽고 없던가요?

그리운 고향 바다

김 영 창

칠산 바다 푸른 물결 출렁이는 파도 소리
석양 저녁노을에 아쉬움 사위어가고
임경도 붉은 물결에 떠가는 조각배

파도 소리에 실려오는 님 소식에
처연하게 흐르는 눈물이여!

섬 하나 품은 수평선 너머
님 찾는 갈매기 울음소리 아련하고

대섬 바닷가 해당화 입맞춤에
바다가 선홍빛으로 물드네

백바위 선홍빛 노을 가음산 품에 안기고
바닷새 짝 찾아 노을빛 가르는데
나그네 외로운 발길 그 누가 알리오

고향 설화

김 영 창

눈 덮인 들녘 힘차게 걸었던 옛 추억
어느덧 고희 나이에 접어들어
백설이 되어버린 사나이 머리 위로
흰 눈이 내리는 내 고향

함박눈 소리 없이 내리는 겨울밤
지난날의 추억이 눈물처럼 내리고
동지섣달 모진 추위
매서운 찬바람 몰아치던 그때처럼

정열 가슴에 품은 설동백 핏빛 그리움
하얀 눈 속에 묻어두고
죽기 살기로 치열하게 살아온 세월이
눈물 되어 내리는 눈 덮인 내 고향

김 영 창

광주광역시 서구 거주
광주시인협회 이사, 광주문인협회 이사, 호남시조시인협회 부회장, (사)한용운문학 자문위원(샘문), (사)문학그룹샘문 자문위원, (주)한국문학 회원(샘문), 충효국민운동인성교육 광주지부장(역), 광주시 서구의회 도시산업위원장(역), 샘문시선 회원
<수상>
한용운문학상 본상, 한국문학상 본상, 한국문학예술가협회 시 등단, 아시아서석문학회 시조 등단, 현대문예회 수필 등단
<저서>
무등산의 봄
눈 덮인 내 고향

수상소감

    좋은 시는 그냥 나오는 것이 아니라 훌륭한 시인이 되고 싶다면 좋은 사람이 먼저 되어야 된다는 것이다.
    바른 마음을 가져야 바른 글을 쓸 수 있듯이 시인은 많은데 옛날 시보다 못한다고 한다면 물질 만능시대에 자만하지 않는가 생각해 봅니다.
샘문에서 주관하는 신춘문예 샘 문학상에 도전하게 되면서 긍지와 자부심으로 보람 있는 글을 쓰고 있습니다.
신춘문예 샘 문학상 본상 당선 통지문을 접하면서 기쁨 마음을 금할 수가 없도록 좋기만 합니다.
문인으로서 더 겸손하고 바른 생각 바른 마음으로 지혜로운 자세로 베려하면서 생활 하겠습니다.

    그동안 지도 편달로 이끌어 주신 샘문그룹 이정록 회장님께 감사드리오며 심사에 수고 하여주신 심사위원님들과 이근배 위원장님께도 깊은 감사 드립니다.

2025.04.19.
成柱 김영창 드림

제15회 샘문학상 샘문특선상 수상작 시부문

사이버 전쟁사 외 2편

정은석

새로운 디지털 문화시대 혁신으로
사람들 생활에 얼마나 편리한가
인간들이 살아가는 꿈같은 현실을
하나의 스마트폰으로 해결한다

금융정보 비롯한 개인의 사생활까지
담겨있어 열고 닫고 사용까지
시간을 뛰어 넘어 한순간에 이루어지니
정말 신기한 보배 기능이다

하지만 늑대들이 틈을 타고 노린다
자나깨나 사람들의 돈을 탈취하려고
상상하기 어려운 교활한 수법으로
악성앱을 설치해 피같은 재물을 탈취해가고
결국엔 피까지 쪽쪽 빨아 먹고
종국엔 사람 목숨까지 빼앗는다

미처 따라가지 못하는
경찰서사이버수사도 늑대들을
쉽게 잡지 못하는 어려움을 호소하고 사람들 피해는 점점 늘어나고
천문학적 피해 손실이 발생하는데
보이스피싱, 스매싱으로

먹이 사냥하는 늑대 떼는 날개를 단듯 먹이들을 조롱한다

살기좋은 세상이지만
전화 받기도 문자 터치도 송금까지도
늑대들의 지능적인 사냥이
무서운 세상이다, 사지가 떨린다
정신을 바싹 차리지 못하면
코도 베가고, 눈도 파가고, 혼도 빨아가서
영혼이 한순간에 무너진다

지하철 진풍경

정 은 석

우리 일상생활 속에 깊이 스며든
한시도 손에서 놓을 수도
떠날 수도 없는 스마트폰이
날마다 사람들이 넋을 앗아간다

지하철 타다 보면 너나없이
들여다 보는 진풍경이 가관스럽다
귀에는 무선 이어폰, 눈은 한곳에
다양한 기능으로 취미에 푹 젖는다

무엇이 그리도 좋은지 남몰래 빠졌지만
침묵이 흐르고
혹 간간히 들리는 말소리 가운데
때론 자리도 양보한 훈훈함에
따뜻한 시선을 보내여 찬탄이 쏟아진다

간혹 나이 지긋한 분을 빼놓고는
거의다 스마트폰에 정신줄 빼앗겼다
여러가지 취향에 따라 즐겁다
디지털 문화시대를 선도하는 세대들의 요지경 풍경이다

대림동 촌에 이국 풍경

정은석

어느 멋진 화가가 생생히 그려 놓은 듯
대림동 12번 출구 중심지
구로구 번화가 시장에서 느끼는
이국 풍경이 이채롭다

주말이면 인산인해를 이룬 소도시처럼
세 가지 언어가 공존하며
전통의 고풍스런 이미지와 생활 풍경이
고스란히 살아 숨 쉰다

소상공인이 펼치는 먹자골목
두 가지 간판으로 장식해
차이나타운 풍경이 펼쳐지며
중앙시장 구로구시장
발디딜 틈 없이 시끌벅적 끓는다

찰떡 치는 떡메소리 정답고
김이 무럭무럭 피는 맛깔스런 순대
종이장 같은 건두부, 고소한 썩두부
군침 도는 구수한 양꼬치 구이,
시원 얼큰한 입맛이 연변 냉면 맛은
중국에 연변을 통째로 옮겨놓은 듯

몇십 년 타향살이 목메어 찾는

정에 겨워 만남의 장 울고 웃으며
탈바꿈 한, 중국동포들 일번지
억양이 조금 달라도 같은 한민족 말
생활습관이 달라도 거의 똑같다

한민족 이국 동포 후예들이
여기서 새 터전을 잡고
오손도손 부를 일구며 살아가니
이 나라 대한민국 살림도 보탬되니
그리운 고향이 따로 없구나

정 은 석

필명 : 정문향
경기도 부천시 거주
오은문학회 회원, 문학과예술문학 회원, 문예세상문학 회원, 별빛문학회 회원, (사)샘문학(구,샘터문학) 회원, (사)문학그룹샘문 회원, (사)샘문그룹 문인협회 회원, (사)한용운문학 회원, (주)한국문학 회원, 이정록 문학관 회원, 샘문시선 회원
<수상>
오은문학상 시, 작사부문 작가상
오은문학상 4인사색 시집부문 본상
문예세상 수필부문 신인상(등단),
문예세상 시부문 신인상(등단)
문예세상 기획특집 가요평론 2회
문학과예술 가요평론 최우수상
한국문학상 수필 특별창작상(샘문)
한용운문학상 동시부문 등단(샘문)
신춘문예 샘문학상 평론부문(등단)
한국문학상 시 특별창작상(샘문)
<공저>
위대한 부활 그 위대한 여정
<한국문학시선집/샘문시선>
이별은 미의 창조
<한용운시선집/샘문시선>
개봉관 신춘극장
<컨버전스시선집/샘문시선>
호모 노마드투스
<한국문학시선집/샘문시선>

수상소감

봄바람 안고 살랑살랑 불어오니
싱그러운 봄향기 내음에 취하고
화려한 꽃연회 눈부시게 자극하며
들려오는 봄소식 내 마음 설렌다

출근해 일하다 휴식시간에 "샘문특선상" 당선통보서를 받아보니 뜻밖이여서 참으로 반갑고 감개무량 했습니다!
그동안 여러가지 장르로 글을 써 왔지만 말이 쉽지 좋은 글을 쓴다는 것은 정말 결코 쉬운 일이 아니라고 피부로 실감나게 느낍니다. 항상 시간에 쫓기다 보니 떠오를 때 써야 되는데 상황조건이 허락되지 않아 영감기회를 놓칠 때가 너무나 아쉽기만 합니다.
그래도 짬 시간을 내서 때론 밤늦게까지 글을 써오면서 보람을 느낄 때가 제일 행복한 순간이기도 합니다. 글을 쓴다지만 아직도 첫걸음마를 뗀 초학자에 지나지 않습니다. 항상 겸손을 잃지 말고 우수한 좋은 문학창작품을 읽으면서 많이 따라 배워가는 것이야말로 진정한 문학가로 가는 성장의 길이라고 재촉합니다!
부족한 저의 졸작을 당선시켜준 여러 심사위원님들게, 그리고 이사장님께 거듭 감사드립니다!

2025.04.20.
정은석 드림.

제15회 샘문학상 샘문특선상 수상작 시부문

그리운 어머니 외 2편

이 동 완

어머니, 그리운 나의 어머니!
하교 후 집으로 돌아오는 좁다란 산길을
무서움에 정신없이 한참을 내달리다 보면
비 오듯한 땀에 교복이 흥건히 젖을 때쯤
피곤한 몸으로 똬리 튼 수건 머리에 쓰고
공동묘지 솔밭길을 호롱불 밝혀 종종걸음으로
자식 마중 나오시던 어머니

허울 좋은 종갓집 장손이라는 명분으로 애지중지하여
온갖 투정을 싫은 내색 한 번 없이 다 받아 주시고
초등학교에 입학한, 다 큰 자식을 무릎에 눕히시고
자장가를 불러 잠재워 주시던 어머니!

철없는 자식 대학에 합격했다고 신바람이 나 있던 날
대학 등록금을 마련할 걱정에
새벽녘까지 잠을 못 주무시고 이불과 시름하시던 어머님!

우물배미 닷마지기 논,
아버지 생전 아끼시던 세 마지기 뒷골 논,
마을 어귀 당산나무골 일곱 마지기 밭을
다 팔아 치우고
줄어든 가세만큼 어머니 삶도 곱절이나 힘이 드셨다

그러나 언제나 힘든 내색 하나 없이
자식을 볼 때마다
홀로 끼니도 거르시고 온갖 일에 치여 밭고랑에서 구부러진 허리 다 펴시지
도 못하고 어정쩡하게 맞아주시며
'생활비도 넉넉히 못 주는데 객지에서 얼마나 고생하냐?' 하시며
오히려 자신을 책망 하시던 어머니!

못난 자식에게 당신 인생을 다 퍼 주고도
더 줄 것이 없어 항상 미안해하시던 어머니,
한때 사업한답시고 돈 몇 푼 때문에 서운함과 원망이 가득했는데
앙상한 뼈에 홑이불처럼 늘어난 피부를 덮고
모진 치매로 외롭게 병상에 누워 계신다

수없이 후회하며 몇 번씩 다짐을 하지만
한순간 수발하는 것도 힘들어서 고성과 짜증으로
마음 아프게 했던 일들이 자꾸만 뼈에 사무치는데

얼마나 힘들고 서운하셨으면 자식들까지도 다 내려놓으시고
머릿속 온통 다 지우시고 돌아가셨을까?
자식을 위해 한평생을 바치신 모진 세월 헤아리지 못하고
생각 없이 내뱉었던 모진 말들이 시시때때로 날카로운 가시가 되어
자식 심장을 마구 찔러 댄다

마당 한 구석 어머님 생전에 그리도 아끼시던 홍매화
앙상한 가지마다 망울망울 피어나던 봄,
서글픈 햇살을 타고 나지막한 돌담을 살며시 넘던
희미한 자장가 소리가 그립다

자랑스러운 나의 조국

이 동 완

하루가 다르게 발전하는 인공지능에
대응하지 못한 뒷 처진 나의 생활은
꿈을 이뤄 내기 힘든 세상이 되어
하루하루 태양이 뜨고 지는 것 외에
무기력한 삶으로 변하고 있다

희망을 엮어 내야 할 국가는
국민을 피폐한 구렁통에 처박아 놓고
허울 좋은 자유와 공정과 상식을 외치며
부여받지 않은 남용된 권한으로
거짓에 거짓을 더한 위선의 가림막으로
우리들을 우롱하고

국민에 의해 선출된 국가의 최고 지도자는
반만 년의 유구한 역사 속에
불의에 맞서 소중하게 이루어 낸
귀중한 자유를 제한하려 하고
피와 땀으로 항거하여 지켜 낸
우리 대한국민의 위상을
하루아침에 밑바닥까지 추락시켰다

아스팔트가 얼어붙어

강풍마저 미끄럼을 타던 지난 겨울
느닷없는 계엄선포로
추위 속으로 내몰린 우리들
저마다 자유의 빛을 가슴에 품고 와
함성으로 밝히던 거리

그때마다 범접할 수 없는 용기와 자긍심을
오천만 우리 가슴에 심어준
자랑스러운 나의 조국 대한민국
우러러보기만 해도, 듣기만 해도
자유를 다시 찾았다는 희망의 무한한 감동이
가슴 깊숙한 곳에서 복받쳐 오른다

슬픔이 내리는 오후

이 동 완

머릿속에 생각들이 심란한 오후
마루 끝에 걸린 늦가을 해그림자가
기둥을 타고 오른다
마당 한편에서 모이 쪼던 닭들 바쁘게 나대는데
떨어진 낙엽 구석으로 몰고 가는 바람

우물배미 논의 추수를 일찍 끝내고 돌아와
지친 몸으로 마루 끝에 앉아
어젯밤부터 나를 괴롭히는 생각을 꺼낸다

젊어서 한 때 작은 회사를 운영하며 남부럽지 않던 시절
영원할 것만 같던 그 시절은
안일한 대처로 회복할 수 없는 상처가 되었고
홀로 도망치듯 낙향한 고향집,

사업한답시고 모두 팔아 치워버려
겨우 남은 논밭 한 떼기,
농사라 할 것도 없는 일거리로
하루종일 논밭에서 꼼지락거리다 보면
잠깐씩 잊는 머릿속 잡다한 생각들

객지에 두고 온 처자식이 보고 싶고

세상 떠나신 부모님이 몸서리치게 그리운 기나긴 밤
달빛에 묻어 드는 외로움 눈물로 싸맨다

앞산에 걸린 해가 여운을 남기고
모두 제자리로 돌아가 어둠이 지는
적막한 마당
유독 내 자리로 돌아가지 못한 나만 홀로
마루 끝 기둥에 쌓인 슬픔에 젖어든다

이 동 완
시인

수상소감

오랜만에 고향집을 찾았다. 세월을 비껴가지 못한 나의 배냇터는 폐허가 되어있다.
지붕은 석가래가 내려앉아 대들보만 하늘을 받치고 있고 내가 쓰던 방에는 바람이 열어놓은 방문으로 들어온 많은 생명이 흔적을 남기고 갔다.
어머님의 한이 서려 있는 통나무 절구통에 슬픔이 가득 차 있다.

가을이 가는 길목에서 / 白馬 이 동 완

해 질 녘 일터에서 서둘러 돌아오시면
물에 불린 누런 겉보리 절구에 찧어
거친 보리쌀을 커다란 가마솥에 넣고
아궁이 앞에 쭈그리고 앉아
짚불을 지피시던 어머니
   <중략>
초승달이 내려앉은 쇠시랑베미 논
산비탈 바람통이 손바닥만 한 밭떼기
검정 고무신 밑창이 다 닳도록
밭머리를 들락거려도
더 나아질 것 하나 없는
허울 좋은 종갓집 케케묵은 살림살이

달이 차고 기울도록
절구에 허구한 날 찧어 대 던 통보리
허리가 굽어가시는 어머니의 키는
자꾸만 작아지시는데
땀방울에 찌들린 피눈물을 먹고
눈치 없이 나날이 커져만 가던 공이
   <중략>
소리 소문도 없이 다가왔던 가을
헛헛한 마음속에 쌓여있던 그리움을
이끼 가득한 통나무 절구통 속에
한가득 채워 놓고
이 아침 조용히 머물다 간다.

특선상을 수상하게 되어 참으로 영광스럽습니다.
나태해 가는 저에게 동아줄을 내려 문학의 끈을 놓지 않게 단단히 잡아주신 이근배 심사위원장님과 여러 심사위원님들 그리고 이정록이사장님께 무한한 감사를 드립니다.
끝으로, 너무나도 척박한 환경에서 한국 문단의 발전을 위해 불철주야 수고하시는 샘문그룹 관계자님들의 노고에 진심 어린 감사의 말씀을 드립니다.

2025년 4월19일
白馬 이동완 드림

제15회 샘문학상 샘문특선상 수상작 시부문

뻥튀기 설화 외 2편

황 주 석

뻥~~~
왁자하게 꽃이 핀다, 피었다
송이송이 절정의 웃음 터뜨리며
폭발음 무시무시한 소리를 무시하고
천연덕스레

쇠무덤속에 있었어도
꿈꾸고 있었노라며
환생의 기쁨에 우쭐거리고 있다

아무것도 걸치지 않은 맨몸으로
오도독 오물오물 씹히면서도
한 순간 부풀어오른 자유를 만끽하는

만나면 만날수록 질리지 않는
맛을 주는 소신공양의 그 맛
보면 볼 때마다 깨닫는 성자의 참된 영혼이여

정녕 보고팠다고
진실을 봇물처럼 터뜨리며
눈부신 꽃으로 현란하게 터지며
아쉬움 하나 남기지 않고 희생하는
살신성인의 몸으로 환생하는

나도 그리 살리라
용기 있는 삶을 최고의 사랑을
원도 한도 없이 피우리라

오늘도 또

황 주 석

오늘을 살았다
또 내일을 또 살아내야 했으니까
도대체 오늘을 살았다는 말이 맞는지 모르지만

나는 오늘 출근시간에 맞춰 나가
쌓인 일 순차적으로 해나가고
점심은 콩나물 비빔밥에
구수한 청국장을 먹고
오후에도 내 것 아닌 일에 매달려
밥벌이에 매달려 돌았다
팽이처럼 돌았다

오늘을 이별함이 서러웠던가
정수리 위를 돌며 쨍알쨍알 놀던 태양
내일로 가는 언덕 아래서 숨 헐떡이더라
피눈물을 땀으로 흘리며 싸늘히 식어가더라

네 발 친구에게 몸을 실은 나는
서둘러 핸들을 돌렸다

보금자리로 돌아와
TV 개그 프로에 넋을 놓았다가

참을 수 없이 가벼운 웃음을 터뜨리다가
문득 입이 무거워진다
오늘 새로운 무언가를 했던가
남은 것이 있었던가
하루만 살고 말 하루살이만큼 열정적으로 살았던가
매미처럼, 흘러가는 세월에게 소리쳐 울기라도 했던가

아무리 되짚어봐도
싱거웠던 하루, 식상한 하루
이제 또 밤이 가고 내일의 해가 뜬다면
나는 차라리 펭귄이 되어 있으리라
바닷속 세계로 첨벙 뛰어내리리라

흔들리는 초상

황 주 석

잔잔하던 물결이 흔들흔들 멀미를 일으킨다
옛 생각도 흔들거린다

어머니와 아버지 할머니와 할아버지
우리 형제들이 오순도순 지내던 순간,
순간의 모습들이 밀려왔다가 쓸려가고
가물가물 하염없이 멀어져 간다
낙엽이 갈피 잃고 둥둥 떠내려가듯

보내기 싫은데 붙잡고 싶은데
아쉬움만 한가득 남기고 떠나간다

동화 속 주인공처럼
내 기억 창고에 웅크려 있던 가족
켜켜이 먼지만 덮어쓰고서
이제는 그만 지워지려나

먹기 위해 싸우고 이기기 위해 애쓰던
우리 형제들 아웅다웅하던 순간들마저
까마득히 멀어진다 멀어져 간다
미움도 사랑도 이젠 빛바랜 흑백사진이다

붙잡으려 하면 할수록 더더욱 큰 파문으로
흔들흔들 달아나서
기어이 나조차도 흔들리고
흔들거리는 옛생각에 사로잡혀서
나도 허우적거리며 헤엄치고 있다

황 주 석
시인

수상소감

제15회 신춘문예 샘 문학상 본상 공모 시부문에 샘문학특선상을 받게 되어 영광으로 생각합니다. 말 그대로 저는 새로운 글을 짓는 창작하는 것을 즐깁니다. 꿈을 글로 옮기고, 생활 속에 보고 느끼는 일들, 늘 상념 속에서 생각들까지도, 글로 지어보는 작가랍니다. 그야말로 탄생의 고통만큼 힘들고, 어려운 일입니다.

그 일에 뛰어들었다는 것은 그나마 고통을 감내해야 한다는 것도 안다는 뜻이죠. 시는 제가 쓰지만 어쩌면 시가 먼저 나를 찾아왔기에 운명처럼 시를 받아들인 것인지도 모른다.

하루에 한편 이상 글을 지어 면서도 기존에 존재하는 형식은 무조건 회피했습니다.

이렇게도 해보고 저렇게도 써본다.

저의 글 속에는 인류를 위하는 그 무엇이 있습니다.

아직은 배우는 단계이지만 문학 공모전에서 가끔씩 인정을 받을 때면, 그저 감사합니다.

이번 공모전에서도 아직은 부족 한데도 문학상을 챙겨주셔서 감사드려요. 삶을 시로 승화시킨 시집을 향해 나아가고 있습니다. 내 삶을 진솔하게 글로 남겨서 또 다른 누군가와 마음을 나눌 수 있다면 좋겠다는 간절함으로 다가왔습니다.

좋은 평가에 거듭 감사드리고 멀지 않는 날, 더 멋진 글로 다시 만날 것을 약속드리며, 샘문그룹 이정록 회장님 및 심사위원단 님들께 고마움을 전하고 감사드립니다.

2025.04.25.
황 주석 드림

제15회 샘문학상 샘문특선상 수상작 시부문

그대를 사랑하는 증거 외 2편

정 승 운

소쩍새 밤이 이슥하도록 울어대니
설중홍매雪仲紅梅 귀인 오시려나 봅니다

파도 치듯 문풍지 밤새 울어대니
산수유가 피려나 봅니다

봄을 기다리는 동안
상처받지 않고 진통 없이
핏빛 망울 틔우는 꽃, 어디 있겠는지요

엄동설한, 북풍한설 칼바람에
상처받지 않고 용서하지 않고
사랑꽃 피우는 귀인, 어디 있겠는지요

설중홍매 피고 지고
산수유 피고 질 때까지
귀인은 가고 연민만 남겠습니다만

가신 당신이 또 기다려지는 것은
내가 살아 있음의 증거이고
그대를 향한 연정이 펄펄 끓고 있다는 증거입니다

기다리는 춘정

정 승 운

호산리에 온 뒤에도 몇 번째 바람 불고 창밖에 눈이 내렸습니다
당신이 호산리에 오신다면 처음 오시는 눈길이라
당신이 오시려니 하고 마중을 나갑니다

당신의 발자국은
눈이 덧내려 지워져버리고
누군가 초대한 눈사람 만 우두커니
나를 바라봅니다
저 눈사람도 햇살이 내리면
아픈 상처가 치유되겠지요?

첫눈이 오는 날
손잡고 하얀 눈길을 걷자던
당신이 그림자로 따라옵니다

걸음을 멈추고,
나뭇가지에 활짝 핀 설화雪花, 당신 같아서 달려가니
겨울새들 날아오르고
설화는 서럽게 낙화落花합니다

다시 꾸는 연모의 꿈

정 승 운

불 같이 살았으나 돌아보니 혼자구나
돌아가려니 산하山河는 마르고
그림자만 길게 드려 누웠구나

강 건너 홀로 뜬 낮달
서산 넘어 구만 리를 날아가려는
노을에 붉게 물든 겨울 철새

비록 사람 발길도 끊기고
강가 강물소리도 끊기고
하엽下葉처럼 흩어지더라도
다시 한 번 누군가를
마지막 한 번 만이라도 누군가를
은혜할 수 있다면
뼈를 갈고, 살을 풀어 사랑하겠습니다

정 승 운
시인

수상소감

2025년 제15회 신춘문예 시부문 본상 공모전에 응모하여 저의 시 "다시 꾸는 연모의 꿈"외 2편이 [샘문특선상]에 당선 되었다는 통보를 받았습니다.

한용운문학상, 한국문학상 수상에 이어 금년에 한국문학의 산실 [샘문특선상] 수상의 영예를 안아 기쁘기 그지 없습니다.

이는 부족한 저의 시를 아껴주시고, 사랑하는 독자님들의 지도편달 덕분이라고 생각합니다.

어린 시절 시인을 꿈꿨던 소년이 이순耳順의 나이가 되어 계간문학예술에 등단을 하고, 문학인으로서는 모두가 받고 싶어 하는 한용운문학상과 한국문학상을 이순耳順 중반에 수상을 하고, 금년에는 [샘문특선상]을 수상하는 영광을 얻었습니다.

저의 지나온 긴 세월 속에 묻혀 있는 삶을 반추해 보고, 새로운 내일을 여는 삶의 글을 이제는 억새의 흔들리는 바람속에서 석양 빛 같은 아름다운 글을 남기고 싶습니다.

이상국의 "혜화역 4번 출구", 최영미의 "우리 집" 같은 시 한 구절 한 구절이 저에게는 시인으로써 감동을 받았듯이 저 또한 그런 시를 지으며, 제 글을 읽는 독자님들께 잔잔한 위로와 감동을 주었으면 하는 바램입니다.

이번 심사를 수고하여 주신 심사위원님과 샘문그룹 이정록 회장님, 샘문가족 여러분들께 감사의 말씀을 드립니다.

2025.04.25.
정승운 드림

제15회 샘문학상 샘문특선상 수상작 시부문

현미경과 망원경 외 2편

이 영 하

작은 세계 속,
현미경 아래 펼쳐지는 비밀의 숲
잎맥을 따라 이어진 미세한 길
먼지 한 톨 속에도 작은 우주가 춤춘다

손끝에 닿을 듯, 보이지 않는 움직임,
미세한 생명들이 속삭이는 신비,
그 미니어처 우주 속에도
무한한 이야기가 숨 쉬고 있다

반면, 망원경을 들면 저 멀리
아득한 빛의 조각들이 흐르고
수억 년 전의 별빛이
머나먼 옛이야기를 전해준다

끝없이 펼쳐진 하늘 저편,
알 수 없는 세계가 손짓하고
섬세함과 광활함이
한데 어우러져 서로를 비춘다

눈에 보이지 않던 경이로움이
작은 렌즈 속에서 깨어나고
현미경과 망원경, 두 개의 시선 속에서
세상은 늘 새롭고, 끝없이 빛나리라

봄의 서곡

이 영 하

겨울의 마지막 숨결이
살며시 사라질 무렵,
대지는 조용히 눈을 뜨고
바람은 첫 음을 울린다

새싹은 여린 잎을 펼쳐
초록빛 악보를 채우고,
졸졸 흐르는 개울물 소리는
맑은 바이올린 선율이 된다

산들바람이 지휘봉을 들면
꽃들은 부드러운 현악이 되고
햇살은 따스한 음표가 되어
들판 위에 퍼져 나간다

새들이 노래로 장단을 맞추고
나무들은 몸을 흔들며 화답한다
온 세상이 하나 되어
봄의 교향곡을 연주한다

이 노래는 멈추지 않으리라
꽃잎이 바람에 흩날리는 순간까지
그리고 우리 가슴 속에서
영원한 봄이 흐르리라

희망의 다리

이 영 하

압록강 철교 위에 서서 신의주 저편을 바라본다
강물은 조용히 흐르지만, 침묵은 더 깊어지고,
하늘은 말없이 내려앉는다

같은 강, 같은 하늘 아래서도
그 너머의 삶은 고단하고
희망은 차가운 바람 속에 움츠린다
굶주린 눈빛, 허공을 향한 눈물,
자유마저 무거운 쇠사슬에 묶여 있다

철교 아래 출렁이는 물살은
수많은 꿈과 두려움을 품고 있다
한 걸음, 한 걸음 내딛는 순간,
삶의 기억이 뒤흔들리고
낯선 미래로 몸을 던진다

북에서 남으로 이어진 길,
그 길은 자유를 향한 간절한 외침이지만
목숨을 건 여정의 험난함을
누구나 알고 있다

떠나는 자와 남겨진 자,

다른 길 위에 서 있어도
공통된 고통과 같은 희망이 스며 있다

그들이 건너는 것은 단순한 강물이 아니라
절망 끝에서 붙잡은 마지막 빛이다
나는 철교 위에서 멀리 신의주를 바라보며
그들의 이야기가 언젠가
자유의 햇살 아래 당당히 피어나길 기다린다

이 영 하
시인

수상소감

샘문그룹과 심사위원 여러분께 깊이 감사의 마음을 전합니다.
2025년 제15회 샘문 신춘문예 공모에 응모한 제 시 「현미경과 망원경」 외 2편이 ≪샘문특선상≫이라는 귀한 상에 선정되었다는 통보를 받고, 가슴 깊이 벅찬 감동을 느꼈습니다. 봄꽃이 만개한 청명한 계절에, 제 문학 인생에도 또 하나의 꽃이 피어났습니다.
이번 수상은 저에게 문단 등단 이후 17번째 문학상, 그리고 1974년 공군사관학교를 졸업한 이래 군과 민간을 통틀어 총 71번째 수상이라는 상징적인 이정표가 되었습니다.
'17'과 '71'—거꾸로 놓아도 같은 이 두 숫자 사이에는, 시와 조국, 문학과 인생, 사랑과 헌신이 교차하며 쌓아온 저만의 여정이 응축되어 있습니다.

시는 언제나 제게 삶의 안쪽을 들여다보는 렌즈였고, 마음의 망원경으로 더 먼 진실을 향해 나아가게 해준 길이었습니다.
이번에 수상한 「현미경과 망원경」 역시 세상을 미시적으로 관찰하고 거시적으로 껴안고자 했던 내면의 성찰에서 피어난 작품입니다.
이 상은 제 개인의 기쁨을 넘어 오랜 시간 저를 지지해 준 가족과 문우, 독자 여러분과 함께 나누고 싶은 축복입니다.
또한, 저를 지켜봐 준 하늘과 조국, 그리고 문학을 사랑한 저의 지난 시간에게 드리는 작고도 깊은 감사의 헌정이기도 합니다.

이번 공모전을 성심껏 주최해 주신 (사)샘문뉴스, (사)샘문학, 그리고 주관해 주신 (사)문학그룹샘문, 아울러 후원해 주신 서울특별시와 중랑구, 샘문그룹의 노고에도 진심으로 감사드립니다.
저는 앞으로도 초심을 잊지 않고, 더욱 진실한 언어와 따뜻한 시선으로 누군가의 마음을 어루만질 수 있는 시를 써 나가겠습니다.
이 상을 제 가슴에 겸허히 새기며, 시인으로서의 길을 성실히 걸어갈 것을 다시 한번 다짐합니다.
감사합니다.

2025.04.21.
시인 이영하 올림

제15회 샘문학상 샘문특선상 수상작 시부문

그리움이 별빛 되어 외 2편

유 호 근

철길 건너고 나면 나타나는 여우고개
가쁜 숨 몰아쉬고 마루턱에 오르면
저 멀리 눈에 빨려 드는 골목길
풍경처럼 늘어선 동네 모습이 좋았다

어느 늦은 밤길
한달음에 달려가 대문 안 마당에 서면
하늘 꽃밭에 피어있는 보석 같은 꽃별을
채반으로 쳐서 뜰에 뿌린듯 산란한다

한참을 서성이다 돌아서서
침묵의 바다에 잠든 희미한 기억을 소환하고
돗자리 깔아 놓으면
동네 어귀에서부터 따라온
젊은 날 뜨락에 묻어둔 이야기들이
산란하는 별빛과 조우한다

아직 대청마루 끝에 머물러 있는
달빛과 눈인사만 나눴는데
고단한 할머니의 느린 숨결이
안방에 걸린 벽시계 추 흔들림처럼
내 심상은 흔든다

*****
여우고개 : 영월읍에서 덕포 넘어가는 고개

첫눈 설화

유 호 근

빈가지에 덩그러니 놓여 있는 회색빛 그림자
꽃 같던 잎들이 남기고 떠난
소리 없는 공연장에
구르는 시간들이 조바심한다

쌩 하니 코 끝을 스치는 바람결에
나설 채비를 서두르고
반 백 년도 더 된 묵은 앨범 속
그 애와의 약속을 꺼내본다

첫눈 오는 날
동강다리 반쯤 씩만 걸어서
손 잡자던 그 소녀의 목소리는
창가 커피잔에 잠겨 버리고

나홀로 그리움이 눈에 들어오는 곳
딱 거기 까지만 걸어 본다

언제까지 그 자리에 있을 거 같던
금낭화 갈래 머리가
굵고 성근 웨이브로 변한 무심한 세월
빗나간 시간의 초침 위로

매운바람이 격하게 지나간다

한 번도 완성되지 않은 내 그림은
오늘도 볕 든 벽에 걸어 놓은
그 소녀의 애뜻한 얼굴이다

해마다 절뚝거리며 걸어보는
심연(深淵)의 허우적임이
이제 가름마한 여인이 되어있을
소녀 곁으로 가는
하나뿐인 지름길 이런가

다리 난간에 걸터앉은
그 소녀 닮은 낮 달이
강물로 낙하하는 눈발을 삼키며
외롭게 흐르고 있다

*****
동강다리 : 강원 영월/덕포리와 읍내를
　　　　　　　　연결하는 다리

보라, 오월의 아침을

유 호 근

부시게 푸른 햇살
감나무 잎사귀에 내려앉아
실로폰 맑은 소리 울리듯
통통 튀어 오른다

열두 빛깔 파스텔 색으로 칠해
뻐꾸기 소리와 어우러진 산과 숲
청보리 구수하게 익어가고
신부의 면사포 닮은
찔레가 파란 하늘을 끌어 안는다

꽃보다 더 싱싱한 새벽 공기는
산길 가득 아침을 깨우며
창문을 가로질러
내 앞에 보석처럼 투명하게 빛난다

꽁꽁 동여맨 마음 살포시 열어
발그레한 미소 한 자락 건네는 아침이면 이슬 두어 방울 머금고
멍울진 옷고름 풀어 헤치는 중이다

유 호 근
시인

수상소감

바람이 휘몰아치는 겨울 숲처럼 숨죽이며 봄을 기다려 왔는지도 모른다.

긴 겨울을 이겨낸 봄 꽃들이 다투어 피어나 눈길 가는 곳마다 생명을 노래하는 찬란함에 한껏 위축되었던 내 마음도 조금씩 녹아들어 비로소 그 꽃들을 마주 할 용기도 생겨났다.

살아가면서 마치 꽃처럼 웃는 얼굴을 마주하면 그렇게 좋을 수가 없다. 새 봄에 갓 피어난 싱그런 꽃을 보고 있으면 유모차에 태워진 갓난 아가의 웃음처럼 세상 근심을 잊게 하는 마법이 있다. 또한 긴세월 살아낸 주름진 얼굴에 번지는 촌노(村老)의 자글자글한 웃음도 큰 기쁨이다.

새로운 봄이 시작되고 잎들이 연두색 옷을 차려 입는 오늘 2025년 제15회 신춘문예 샘문학상 본상부문에 응모한 저의 졸시拙詩가 <샘문특선상>에 당선 되었다는 통보를 받고 기쁘고 행복한마음 한편으로 자신을 뒤돌아 보는 계기가 되었다. 그리고 다시 한번 용기를 갖게 되어 기쁘다.

저의 졸시拙詩를 심사하고 커다란 상을 주신 이정록 이사장님과 이근배 심사위원장님, 심사위원님들께 머리 숙여 감사의 마음 올립니다. 그리고 '동강문학회(문협영월지부)' 서철수 회장님, 엄의현 사무국장님과 문학회원님들께도 감사의 마음 전하며 늘 곁에서 응원하여 주는 가족들과 기쁨을 나누고자 합니다.

끝으로 문학그룹 샘문의 무궁한 발전을 기원드리며 샘문 가족 모두에게 건강과 행복한 시간 많으시길 바랍니다.

2025.04.21.
광양에서 유호근

제15회 샘문학상 특별작품상 수상작 시부문

나룻배 사랑 외 2편

박 승 문

겨울 강가, 나룻배가 묶였다
얼음에 묶이고 바람에 묶였다
노가 얼고 돛대가 얼고
사공의 시름도 얼음과 바람 입자도
덕지덕지 붙어
서러운 겨울을 보내고 있다

부초 같은 인생
강물 흘러가는 대로 노 저어
바람 지나가는 대로 돛대 펼쳐
선단에서의 풍류風流가
뒤따르는 연심戀心이
해와 바람과 구름을 쫓던 날이
사뭇사뭇 그립다

어둠이 휘연할 땐,
인생 막장드라마인 것이
자연 다큐멘터리인 것이
별빛은 얼음 위에서 춤을 추고
달빛은 새벽 강, 물안개 채색하니
묶인 설움이 스며든다

겨울 강이 해동하고
풀죽은 한寒, 물소리 우려내는 날
나룻배 띄우는 날
묶인 사랑도 피어나리라

동백꽃

박 승 문

봄, 여름은 가고 가을인가 싶더니
이내 겨울이 찾아왔을 땐
춥다 하여, 섧다 하여
두꺼운 새살이 그대 마음을 덮었어요

일 년 내내, 멀쩡하게 살아왔음에
꽃망울 접는 날, 모르고 있었어요?
어처구니 없는 척박의 시간을
어처구니 없는 척박의 외로움을
그대 어찌 다 말하리오

꽃다운 청춘으로 살았던 기억의 흔적이
툭툭 떨어졌던 실연의 아픔이
심장에 스미어 핏꽃 틔울 날 기다리면
봄이 오고 그대가 피겠지요?

칼바람이 숨통을 쪼여오는
살얼음이 수 겹의 악몽으로 덮는 어제
설령, 그렇다 할지라도
그대 다시 피어 이 척박한 겨울 벗어나 소망하는 오늘을 맞았네요?

그대가 핏꽃 틔우시고
동박새 노랫소리 찬란한 봄을 여니
진정 동경의 시간입니다

찬란한 봄이 오면

박 승 문

겨울엔 침몰한 은폐는 불쌍했고
자화상은 일그러져
애처로운 몸 두룩두룩 살쪘지만
눈에 가득 채워지는 슬픈 애환의 입자들
푸석푸석 핏기조차 사그라진 나
나는 꽃이었습니다

통곡에 뻗친 마디마디로 에인 흔적이
절망으로 절여 놓은 것 같아
햇빛에 쪼그라든 것이
바람에 널브러진 것이
여느 날 가고 봄이 올 때까지
지독한 열병을 앓은 내 모습이 아닐는지
겨울이 혹독했습니다

한세상 옴팡지게 살다 홀연히 떠난 삶일지라도
피고 지면, 지고 피어 쉽지 않았던 나
겨울눈에, 겨울비에, 겨울바람에,
이런저런 날 떠나면
형언할 색채와 그윽할 향기 그리워하는
꽃으로 태어나고 싶었습니다

그 모습 잃은 것 없이 그대로
초라한 빈곤을 벗어
아지랑이 화려한 들에서 살다가
노을 지는 강가에서 우아하게 살다가는
나는 아름다운 꽃으로 피고 싶었습니다
여느 날 가고 봄이 오면

박 승 문

아호 : 다원
시인, 수필가, 기자
경남 거제시 거주
(사)문학그룹샘문 기획국장
(사)샘문그룹문인협회 이사
(사)샘문학(구,샘터문학) 이사
(사)샘문뉴스 취재부 기자
(사)한용운문학 편집위원
(사)한국문학 편집위원
이정록문학관 회원
샘문시선 회원
〈수상〉
샘문학상 시 등단
샘문학상 수필 등단
샘문학상 최우수상(본상)
한용운문학상 우수상(중견)
한용운문학상 특별창작상(중견)
〈공저〉
바람을 연모하는 꽃
리라꽃 그늘 아래서
태초의 새벽처럼 아름다운 사랑 외 다수
〈컨버전스시선집/ 샘문시선〉
*****
나 그렇게 당신을 사랑합니다
추야몽 秋夜夢
이별은 미의 창조
불의 詩 님의 침묵
〈한용운문학시선집/ 샘문〉
*****
호모 노마 드투스
〈한국문학시선집/ 샘문〉

수상소감

회색빛 물든 하늘,
회색빛 잠긴 바다, 우중충한 날씨가 봄꽃조차 우울했다.
벌써 떨어진 꽃잎을
벌써 새잎이 돋아나는 꽃잎 진 나무를
눈이 닮아가는 우중충한 시선을 어제 그리고 오늘 내내 그랬다.

아직은 신춘,
아침저녁으로 듣는 까마귀 울음소리 대신해서 까치가 울었다.
하늘이 파래졌나!
바다가 파래졌나!
새 꽃이 피었나!
태양이 돌고 지구가 도는 사이에 신춘은 쾌청했고 청정했다.

그리고
까치가 들려준 소식
2025년 제15회 신춘문예 샘문학상 본상 ≪특별작품상≫에 당선되었다는 소식이 들려왔다.
신춘이었다.
5년 만에 가슴 벅찬 소식을 받아 기쁨이 두 배는 충분했다.
웃을 수 있어서 좋았다.

시를 짓는다는 것이 어렵고 힘들지만
고독이 있어, 사색이 있어, 독백이 있어,
행복해서, 기뻐서, 만족해서, 우주 만물이 내 것 같아서
시인의 길은 뿌듯합니다.

시의 동행에,
깊으신 관심과 배려를 주신 이정록 회장님께 감사드립니다.
이근배 심사위원장님께 감사드립니다.
심사위원님께 감사드립니다.

2025.04.21.
박승문 드림

제15회 샘문학상 특별작품상 수상작 시부문

어머니 외 2편

김영기

어머니의 손톱 밑에서 흐르는
빨래 물결이
밤하늘 별 알로 익어 갑니다

내 등짝에 붙은 밥풀 하나가
어머니의 젖은 눈썹에
눈꽃이 되어 내립니다

삶은 쟁반에 캄캄히 익어가는
반찬통 속에서
어머니 만이 들을 수 있는
뿌리의 심장소리

주름진 아침마다 새우잠을 재우던
그 손길이 이제
바람의 그물을 짜서 내 머리칼에
가로수 그림자를 엮어 넣습니다

흙이 되어 내 등에 기대면
어머니의 그리움
한 그루 밤나무로 자라나
천 년 뒤 별빛도 숨을 곳을 찾습니다

타향 같은 고향

김 영 기

베개 밀치고 일어나 어둠을 쓸어
도심의 답답한 삶의 흔적
새벽이슬에 씻는 듯 하구나

달빛 따라 긴 길 달려와
父母 훈기 젖어드니
앞마당 싸리비 들고
아버지 흉내 내어 본다

이제야 알겠네
고향이 타향인 걸
하룻밤 쉬어가는 아쉬움에 잠기여
오는 발걸음 머뭇머뭇 거리네

삶

김 영 기

더욱이 깨달았네, 마음 홀로 고달픔을
속세에 버린 마음 늙어
공연히 서럽게 될 뿐이네

근심과 즐거움 모두 잊어버리고
허허실실 속없는 죽대 나무처럼,
아침이슬 태양이 말려주길 기다리네

안타깝구나 세상살이가
술상의 안주인 듯
한때의 아름다움 오래가지 못하네

김 영 기
경기도 하남시 거주
현대시선문학회 회원
(사)문학그룹샘문 회원
(사)샘문그룹문인협회 회원
(사)샘문학(구,샘터문학) 회원
(사)한용운문학 회원
(주)한국문학 회원
샘문시선 회원
<수상>
2022 현대시선 시 등단
현대시선 시화전 대상
충무공 김시민장군기념사업회 특별상
경기도 미술서예대전 입선
문예마을 홍보국장(현)

수상소감

육십 평생 삶에 묻혀 책 한권의 여유를 가져보지 못하였으나 이제사 작은꿈 이루어 연필을 잡고 글을 써봅니다.

한파 속에 봄꽃 피듯 부족한 졸작에 이런 큰상을 주서서 깊은 감사의 인사를 드립니다.

어릴적 책 한권 원고지 한 장이 소중했던 초등시절이 구름지나듯 지나가네요.
더욱더 노력하여 더 높은 달과 별이 되도록 좋은 작품쓰는 데에 최선을 다 하겠습니다.
감사합니다.

2025.04.21.
김영기 드림

제15회 샘문학상 특별작품상 수상작 시부문

최화우催花雨 외 2편

김 애 숙

동백꽃 뭉텅 떨어지는 날에
뭉텅한 체기도 쏟아진다.
떨며 흩어지는 붉은 바람에 대지는
봄의 맥이 뛰놀고

내 안 어느 헐거워진 새벽에
포슬포슬 피어나는 그대는 꽃춘(春)자를 눈물로 써 내려간다

봄비 한 소절에 몸살 난 봄이 재채기 해대니 푸른 풋것들이 들썩들썩,
서리꽃 밀어내는 물컹한 흙냄새에
꽃물이 차오르고 어화 사랑가를 부르며 파도가 밀려온다

동박새 날개 파닥거리면 새실새실 살이 오른 봄, 살구꽃
오얏꽃 깨어나 물의 리듬에 따라
흔들리며 노래하며 흥에 겨우니
꽃자리 찢고 나오는 그대의 순정에 가슴이 저릿하다

부풀어 오르는 땅의 정수리에
물고기 잡아 어제 올리니
담바당담바당 다가오는 그대는
연둣빛 봄을 깨우는 전령,
만화방창으로 꽃들이 날아오른다

바람은 바람을 몰고 다닌다

김 애 숙

오늘과 내일의 경계에서 바람이 일어난다
선잠 털고 일어나 길을 가는 바람은
헤드라이터 불빛이 도시의 심해 속으로 빨려 들어가면
텅 빈 어둠 홀로 바랜 빛을 몰고 간다

서커스 곡예사처럼
밤길 달리는 바람의 질주
거칠어진 속도가 10시를 치고
밤을 환하게 밝히는 학원가 도로변에서
색바랜 바람이 버스를 기다린다

소금에 절인 배추처럼 축 늘어진 어깨들
바람은 또 다른 바람을 타고 버스를 타고 어둠 속으로 사라지고

포기할 수 없는 바람의 무게에
가슴 깊은 곳에서 왈칵 치솟는 뜨거운 바람의 바람

바람의 크기가 커질수록 심지 돋우는 바람
멈추면 쓰러지는 회오리처럼
끝없이 바닥 치고 올라오는 바람

숨죽인 바람이 하늘에 별로 매달려
초목 살찌울 바람 기다리고 있다

닭

김 애 숙

날개가 없어서 날지 못하는 것이 아니다
푸른 물 무늬 날개로 번져 바람을 부르면
나는 매양 똑같은 자세로 서 있을 뿐
나는 법을 모르므로 서시에 물비늘을 그리기만 할 뿐
하얀 왜가리처럼 큰 날개를 가지고도 방점이 찍힌 채 서 있다

날개는 날개의 본능으로 나의 품을 떠나려 하지만
날아본 적이 없으므로 비린 바람을 맞으면서도 허공을 갈망하지 않는다

내 안에서 바람이 일어나 나를 멀리 떠나보낼 때에도
청록빛 날개가 나를 매혹해도
기러기 무리를 따라 날아가지 않는다

어미 새가 아기 새를 부르며
꽁지깃 치켜들 듯 나를 쪼고 휘저어도
한파에 살얼음이 갑옷처럼 두꺼워진 채
여울목 아래 마음 한쪽 내려놓은 채
나는 날개를 펼 줄 모른다

아프게 사랑을 잃어본 사람은
사랑이 두려워 사랑을 펴지 못한다

먼 태초부터 몸에 새겨진 DNA가 매번 바람을 일으켜도
때가 와도 때인 줄 모르므로, 나는
누구라도 거부할 수 없는 운명을 거부하며
제 자리에 서서 날개가 있다는 사실조차 모른다

김애숙
시인

수상소감

　봄이 오는가 싶더니 금세 꽃이 지면서 놓쳐버린 풍선처럼 곁을 떠나버립니다. 봄꽃 중에서도 화르르 피었다 지는 벚꽃을 유독 좋아하는 저는, 꽃이 피기 시작하면 꽃과의 만남을 즐기기 위해 연례행사처럼 꽃바람 타고 봄나들이를 다니지요. '꽃을 재촉하는 봄비'라는 '최화우'도 저의 꽃을 사랑하는 마음에서 나온 제 마음이기도 합니다. 이번 공모전에 함께 제출했던 다른 작품에 기대를 모았는데 의외의 결과에 다소 의아해하기도 했습니다. 저의 부족한 작품을 선정해 주신 심사위원님의 고뇌 어린 심사에 깊은 감사를 드립니다. 아울러 시를 어떻게 써야 할 것인가? 시의 방향을 생각하는 시간이 되었습니다. 이정록 회장님과 심사위원님들께 다시 한번 진심으로 감사드립니다.

2025.04.25.
김애숙 드림

제15회 샘문학상 특별작품상 수상작 시부문

자유 선언서 외 2편

이 승 아

세월이 언제까지 날 깨울텐가
아무리 생각해도 이상하다
갈수록 세상은 누굴 위해 존재하는지
날 낳아 길러주신 어머니의 사랑도

세월속에 묻혀 추억으로 묻어둔 채
가슴은 그리움만 쌓이는구나
이제 여인도 노을을 바라보며 걷고 있다
인생 참 빠르구나
어느새 이렇게 세월 탓을 하는지

내 인생을 내 사랑을 논거 하는가?
인생사가 어디 그렇게 만만하던가?
세상을 어떻게 살것인가 생각해 보았는가?
세월은 속절없이 말타고 가는데!

난 무엇을 기다리나?
사랑을 위해서 진심으로 살았는가?
이제 자유롭게 새처럼 날고 싶다
세상에 불어 오는 바람처럼
내 인생도 바람따라 구름처럼 떠돌며 하늘을 날고 싶다

자연의 경이로움을 만끽하는 것이
진실한 사랑을 찾는 길이다
세상에 불어오는 바람처럼
내 인생도 구름처럼 떠돌고 싶다

가을 연가

이승아

무더위가 도시를 맴돌다 사라지면
어느새 바람 도포자락에 묻어온 단풍이
산야에 아름답게 펼쳐집니다

그리운 그대 얼굴이 물들듯
홍엽은 갈홍빛으로 물드는구나
쪽빛 하늘이 구름 사이로 관조하는
홍엽이 불을 지피면

바람 따라 만산홍엽은 존재감을 드러내고
어느새 불길 따라 찾아온 그대는
사랑을 불사르고
또다시 시간 속으로 여행을 떠나지만
그대가 남기고간 정염은
익어가는 사과처럼 붉게 물듭니다

아 ~ 당신이 이래서 좋습니다
홍엽 따라 밀려오는 간절한 연민이
기다림으로 채색되고
우리 사랑이 한 폭의 그림이 됩니다

꽃피는 봄이 오면

이 승 아

기다리는 그대가
꽃피는 봄이 오면 찾아 올까

차가운 가을바람이 겨울을 재촉하고
꽃샘바람은 봄 소식을 알리는데
세상 순리대로 돌아가고 있는데

봄이 오면 그대 그리워
진달래 개나리 산수유 꽃 향기 속에 마음도 피어 나고
세상은 새 생명을 그리워하고
훈풍은 새싹을 해산하는데

종달새 노래 부르고
산에 들에 꽃이 피고
내 마음도 피어 물들 듯이
마음은 활짝 웃는 봄이 오면
그대가 그리워지는데

우리 사랑이 꽃피는
인생의 봄을 간절히 기다린다오

이 승 아

경기도 남양주시 거주
충청북도 충주시 출생
심정문학회 팀장, 아송문학회 회원
남양주시인협회 행사국장
서울문학회 회원, 한국창작문학 사무국장
열린동해문학 회원, 글벗문학회 회원
오남호수詩정원 부회장
(사)문학그룹샘문 회원
(사)샘문그룹문인협회 회원
(사)샘문학(구)샘터문학) 회원
(사)한용운문학 회원
(주)한국문학 회원
샘문시선 회원
<수상>
2021 아시아문예 시 등단
2021 아시아문예 수필 등단
한국창작문학 우수작가상
아시아문예 효행상

수상소감

존경하는 심사위원 여러분, 그리고 이 자리에 함께해 주신 모든 분들께 진심으로 감사드립니다.

오랫동안 마음속 깊이 간직해 온 자유선언서 외 2편이 특별 작품상으로 당선이 되었습니다.

가치를 담아 낸 저의 작품이 이렇게 의미 있는 상을 받게 되어 고맙고 감사합니다.

이 작품을 통해 글의 소중함과 그 깊이 있는 의미를 조금 이나마 전달 하고자 했던 작은 노력이 결실을 맺게 되어 더욱 기쁩니다.

때로는 희망으로 때로는 고뇌로 다가 왔던 이 작품이 특별 작품상이라는 특별한 이름으로 불리게 된 것은 저에게 더욱 큰 의미로 다가 왔습니다.

다시 한번 귀한 상을 주신 심사위원 여러분께 깊은 감사를 드리며 이 기쁨을 함께 해 주신 모든 분들께 진심으로 감사드립니다.

2025.04.21.
이승아 드림

제15회 샘문학상 특별작품상 수상작 시부문

서투른 오해 외 2편

강 개 준

그대의 눈에 비친 나는
어둠 속의 그림자,
진실은 가려진 채로
소음 속에 묻혀버립니다

내 마음의 소리 그대는 듣지 못하고
내가 지닌 상처는
그대의 이해를 기다리며 조용히 흐르고 있습니다

한 번의 대화로
서로의 마음을 열 수 있다면
오해는 사라지고
진정한 나를 볼 수 있을 텐데

그대의 기대와 요구는
내게 짐이 되어 가끔은 숨이 막힙니다
나는 나일 뿐
그 이상의 무엇도 아닙니다

이해의 다리를 놓아
나와 그대의 마음을 연결해
그대 심상의 스민 진정한 나의 순정을 알아 주기를
그대 마음속에 내가 자리하길 바랍니다

사랑하기에

강 개 준

사랑하기에
너의 눈빛은 별빛처럼
어둠 속에서도 나를 비추네

손길은 따스한 바람
내 마음의 문을 열어주고
너와 나, 두 영혼이 하나 되어
세상의 모든 색깔을 담아내

사랑하기에
날마다 새로움으로 가득 차
작은 일상에서도
너의 미소는 꽃처럼 피어나

서로의 존재가
서로의 힘이 되어
이 세상에서 가장 아름다운
이야기를 함께 써 내려가

사랑하기에
우리는 영원히 함께할 것
너와 나, 끝없는 여정 속에
사랑의 노래를 부르리

가슴골 메아리

강 개 준

내 마음은 한 송이 꽃
햇살에 고개를 들고
바람에 살랑이는 그 모습
너의 미소를 닮았네

너는 나의 비
가뭄에 갈증을 해소하고
흙 속 깊이 스며들어
새싹을 키우는 생명

우리의 마음은 별빛
어둠 속에서 반짝이며
서로의 길을 밝혀주는
영원한 지도 같은 것

너와 나는 두 나무
서로의 그늘이 되어
함께 자라나는 꿈
절대 외롭지 않은 길

이렇게 애정은
자연의 언어로 흐르고

너와 나의 가슴골은
하나의 메아리로 울려 퍼지네

강 개 준
서울시 금천구 거주
전남 해남 땅끝마을 출생
독학으로 시문학 공부
기형도문학관 시창작반 수료
대한문인협회 회원
(사)창작문학협의회 회원
시시각각 시 동아리 대표
경기도지적발달장애협회 광명지부 근무
(사)문학그룹샘문 운영위원
(사)샘문그룹문인협회 운영위원
(사)샘문학(구,샘터문학) 운영위원
(사)한용운문학 회원
(주)한국문학 회원
샘문시선 회원
<수상>
대한문인협회 시 등단
대한문학세계 시부문 신인상
<공저>
불의 詩 님의침묵
<한용운문학시선집/샘문>
*****
들꽃처럼(제5집)
<대한문인협회 서울지회>
*****
名人名詩 특선시인선
<시음사 동인지>

수상소감

오랜 시간 가슴속에서 울려 퍼지던 메아리가, 이제야 바깥세상으로 흘러나온 듯한 기분입니다. '오해', '사랑하기에', 그리고 '가슴골 메아리'—이 시들을 통해 제 마음속 깊은 울림이 누군가에게 닿을 수 있다는 사실이 참으로 감격스럽습니다.

이 자리까지 올 수 있도록 응원해 주신 분들께 깊은 감사의 마음을 전합니다.
특별히 심사를 해주신 심사위원들께 감사를 드리고 싶고 한국 문학 발전을 위하여 애쓰시는 샘문그룹 이정록 이사장님께 신심한 감사를 드리고 싶습니다.

시는 혼자 쓰는 것이지만, 결국 많은 사람과 함께 나누는 것이기에 더욱 의미가 깊다고 생각합니다. 앞으로도 더욱 깊이 있는 시를 쓰며, 삶과 사랑, 그리고 존재에 대한 끝없는 탐구를 이어 가도록 더 많은 노력을 하겠습니다.
이 순간을 새로운 시작점으로 삼아, 문학의 길을 더욱 힘차게 걸어가겠습니다.
감사합니다.

2025.04.18.
시인 강개준 장로

제15회 샘문학상 특별작품상 수상작 시부문

덕석 외 2편

옥 귀 녀

소가 등이 얼면 물똥 싸듯, 당장 눈앞을 꾀다가 휴가를 크게 받았다

어줍은 이방인 자세로
요 며칠부터 색안경을 끼고 동네만 계속 돈다

몸이 반 푼이라
통원과 차단하는 절차는
십년 단위로 빨라야 세 손가락 가시들이 박힌 벽을 기대고 앉아
놀아본 기억을 찾아본다

예능에 걸맞은 어휘들을 줄줄이 들이대도
놀 줄 아는 게, 하나도 없다

바깥은 안의 심장
시계추는 불알 하나로 딸깍딸깍 지구까지 잰다

가방끈도 끈이지만
끔벅끔벅 죽어본 자리가 더 굵어
누가 봐도 사기당하기 딱 좋은 몰골

몸집은 커도 계산이 더딘
티벳 야크 같은 소는 섬뜩한 그 자체의 일

싹 훑은 볏짚같이
버석버석 쥐어 짜이는데 만, 능숙해서인지
굵을수록 속은 든든한 법이라고
여기저기서 염장을 지르는 내장들까지
사람취급 않으려 든다

맷집 좋은 날건달
거적때기 돈방석이 거덜 나도
이참에 얻은 기회마저 부끄러운 나날

들머리 저기서 반쪽 눈을 뜬 한 사내가 절뚝절뚝 걸어 다닌다

기하학

옥 귀 녀

무상과 무아가 삶으로 세워지는 얼굴이라고 할 때
만약 우리에게 어떤 확률로
살아가는 방식을 알기 위한
문제를 낸다면 어떡할까

앓고 있는 이 상태를
괴물 같은 변화율 위에 얹었다

처음과 끝의 중추로
값을 구하지도 전, 자로 잰 듯
그래프가 지시하는 기울기에 따라
체념을 통감해야 하는
사람의 직감도 분명 따랐다

조화롭게도
구체적 대상과 수행되는 동행에
얻은 것과 잃은 것에 대한
용어들이 나를 칭칭 감았다

무서워서 폴리스를 친 다음
기이한 숫자들을 조합하고
심장에 박힌 공식까지 분석해도

단어 하나를 찾기 위해 도서 한 권으로도 부족한 것처럼
기적을 걷는 내가, 사는 세상과는 딴판이었다

사상이 밝힌 성문율은 여전히 보석 같이 빛나고 있다

순서상
해석 기하학에 암울한 뇌를 꽂아
나는 참말로 눙치지 않고
똑 떨어지는 저것한테 묘수를 제시해본다
生死에는 어떠한 공식이 필요하냐고?

발바닥 악보

옥귀녀

지금 세상의 전부인
잔뼈를 캡처하고 있어
마른바람 같은 외로움 옆에서

끊어지고 이어지는
산중 이리 떼와 별은 한 통속이었다

발끝으로 튕겨내는 박자를 향해
새의 삶을 훔치는 것으로
막판이 될 때까지 에우던 수 만근의 무게

뼈대 갈기는 허공에 묶어
통통 튀는 날개를 달의 꼬리까지 매달아야
밥을 먹는 법과 잠을 자는 방식을 배운다

저기 라켓을 관장하던 지주들이 걸어온다
용수철 같은 어제를 내어주고는
가던 길을 간다

손의 지휘에 발의 노래가 멱살 잡힌다
오래 묵은 쇳덩이가 하늘을 넘기까지
내가 나의 주인이 아닌 까닭입니까,

밑천 드러난 쾌청한 숲이 첫걸음을 데리고
풀독에 걸린 누런 악기 하나를
군중을 향해 번쩍 들어 올린다

깃털 하나로 음표와 쉼표를 찾아내는 화음의 곳
발톱을 닮은 악보가
꾹 챙겨둔 다음 장을 펼치고 있다

옥 귀 녀

경기도 시흥시 거주
한국방송통신대 국문학과 졸업
글타래문학회 회원
(사)문학그룹샘문 회원
(사)샘문그룹문인협회 회원
(사)샘문학(귀,샘터문학) 회원
(사)한용운문학 회원
(주)한국문학 회원
샘문시선 회원
<수상>
2019 학술문예지문학상 우수상
2022 문학이후협회 시 등단

수상소감

    제가 매일 아침 일찍 낮은 산을 뜁니다. 이때 머리 위에서 까치 한 마리가 목이 터져라 소리를 질러대더니 거짓말처럼 이런 통보를 받았습니다. 기쁜 소식과 화창한 날씨가 참 많이 닮은 하루를 또 이겨보기로 하면서 이리 소감문을 써봅니다.

    글을 잘 쓴다는 것은 조금은 타고나야 한다는 說도 있더라만, 강점과 단점이 어우러지는 생각을 빌미로 글쟁이 대열에 오르기까지, 고통의 시간이 무색하지는 않았나 봐요.

    이런 좋은 상을 받았다는 것은 부족한 점을 더 많이 채우라는 뜻으로 받들기로 하고 그저 낙서 같기도 하고 가슴에 뭉클 와 닿는 글들을 그려가면서 살도록 누차 노력하겠습니다. 아낌없이 격려해주신 이정록 교수님께 깊은 감사드립니다.

2025.04.21.
옥귀녀 드림

제15회 샘문학상 특별작품상 수상작 시부문

임진강 외 2편

김 명 희

가슴이 시리도록 푸른 하늘은
그리움의 눈길로도 닿을 수 없고
건널 수 없는 다리 아래 강물은
뒤돌아 돌지도 않고 말이 없이
저 가고 싶은 따뜻한 곳으로 흐른다

언제부터 다리는 전설이 되었나
뜨거운 햇살에 목마른 장단석 벽은
애타는 가슴앓이로 밤마다 펑펑 우는 눈물로 속내를 적신다

길게 펼친 강 수면을 하염없이
바라보며 가다오다 오다가다
돌돌 실풀리는 반짇고리 실패,
아아 가고파라 아아 보고파라

더덜나루 강은 한없이 젊고
그리움은 늙지 않는다고 때맞춰 나타나
두루미가 속삭이네
근데 넌, 어디까지 가보고 왔니

징검다리

김 명 희

작은 돌 위에 서서
흐르는 물을 바라본다
내가 가고 싶은 곳은 저기

노을진 고독의 물살이 세차다
사랑으로 엎드린 디딤돌도
때로는 물이 되어 흐른다

슬픔과 아픔을 건너던 깨금발이
기쁨과 희망의 돌 하나씩
조심스레 숨을 고르며 한 걸음 한 걸음 디딘다

바람이 속삭이는 봄이 오는 소리
물결에 실려오는 풀잎 돋는 희망
새로운 시작으로 건너는 설레임

시詩

김 명 희

한 웅큼씩 마음 밖으로 나와
반짝이는 낱말들을
설렘으로 도란도란 구워낸 詩가
깊고 넓은 바다로 가기 위해
신을 벗고 발목을 씻는다

물빛이 길을 내고
넘치는 물기를 따라가는
내가 나에게 매혹되어
벌써부터 이 생이 고맙다

마을을 지나 숲을 지나
강물을 만나 바다에 이르면서
시가 만나는 곳에서
나무와 물고기가 되살아난다

시는 바다에서 파도와 춤추며
옛날옛적에로 시작되는
세상 뒤집을 것 같은 통쾌한 이야기
철새들과 끊임 없이 주고받는다

창백한 푸른 지구별 가슴에 안은

금가루 은가루 뿌려진 우주에서
시인은 생명수 넘실대는 치유자다

김 명 희

경기도 용인시 거주
숙명여자중고등학교 졸업
이화여대 한국어문학과 졸업
한국기독교장로회교육원 선교석사 학위
한국심리상담협회 심리상담사
여성의전화 간사로 봉사
(사)문학그룹샘문 회원
(사)샘문그룹문인협회 회원
(사)한용운문학 회원
(주)한국문학 회원
샘문시선 회원
<수상>
문학예술평론 신춘문예 시 등단
현대시편 신춘문예 최우수상

수상소감

　존경하는 심사위원장님과 심사위원 님들께, 그리고 이정록 이사장님께, 깊이 감사드립니다. 시부문 '특별작품상'이라는 영광스러운 상을 받게 된 것은 제 인생의 가장 큰 축복 중 하나 입니다. 작가로서의 창작 활동에 대한 자존심에 큰 힘이 되었습니다.

　저는 글쓰기를 통해 세상과 소통하는 과정을 좋아합니다. 제 글에 공감하는 분들이 있다는 사실에 큰 힘을 얻습니다. 이 상을 받게 된 지금, 수상의 영광을 느끼면서 또한 목소리를 사회에 전달해야 된다는 책임감을 갖습니다. 저의 글이 누군가에게 위로와 사랑이 되기를 바라며, 앞으로도 더욱 진실하고 사랑을 전하는 이야기를 나누기 위해 노력할 것입니다. 감사합니다.

2025.04.21.
김명희 드림

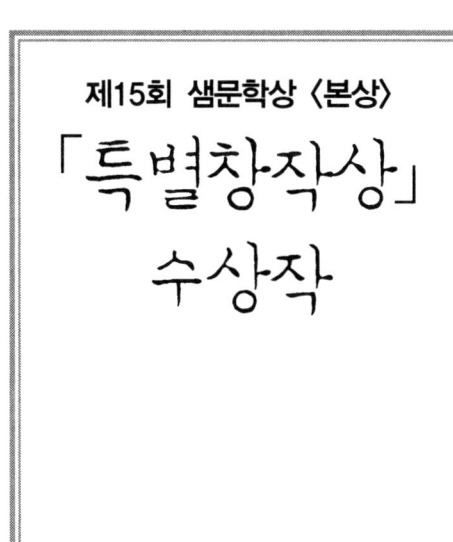

제15회 샘문학상 〈본상〉
「특별창작상」
수상작

제15회 샘문학상 특별창작상 수상작 시부문

화사花死 외 2편

박 무 원

산물 낯선 두멧골로 들어 온 새댁
꽃길만 걸어도 아까울 모란 같은 꽃인데

중절모자에 바바리코트 백구두
영국 신사 뽄쟁이* 남편

술주사 박주사 치다꺼리에
사흘돌이 보따리를 쌌다 풀었다 한,
시집살이

밤만 되면 꽃은 떠나려는 눈물에
베갯잇은 흥건해도
몽우리 세 송이는 어쨌든 간에 활짝 피워 놓았다

마당 한 귀에서 수십 년은 붉었던 붙박이 꽃
한창 벙글어질 때 이야기를
뜬금 없이 늘어놓더니

달포간
꽃잎이 시들고, 대궁까지 말라붙으며
초여름 밤에 붉은 눈물 떨궈놓는다

*****
뽄지기다 : 멋부리다

기린

박 무 원

선 채로 새끼를 낳았다
내동댕이 쳐진 핏덩인 고갤 드는 순간 엉덩이가 걷어 차인다

다시 일어서는 데
또 차여 꼬꾸라지고 만다
갸우뚱댄다
비틀거리는 데 또 다시 날아오는 발길질

달린다 달린다
달아난다 달아난다
주저앉는다 앉는다
그제야 달려와 핥아주는 어미,

하이에나 같은 맹수가 사는 초원에서 달리고 달려야 살 수 있다고
그래야 기린아가 될 수 있다고

차고 또 차니
미쳐 사랑인 줄 몰랐다

멸화군滅火軍

박 무 원

난 금화도감 소속이었다

돌래石川를 휘감는 물돌이, 회야回野
난 그 물길을 따라가며 불길을 잡았다

세상 깨우는 사이렌 소리,
수십 년 출동하며 아침을 멸화자滅火子에 젖셨다

불이란
두려움의 몸부림이었고

불꽃은
살아가게 하는 꽃불이었다

여태 몸에 불을 끄지 않는 건,
나를 단단하게 만드는 사람을 밝게 보고픔이었다

그 빛으로 하늘을 보고 땅을 쓴다
내겐 사람이 불이고 물이다

이젠 더 이상 끄지 않아도 되는 뒤안길
그 길을 뭉근히 피우는 시가 잉걸불이다

*****
멸화군 : 조선시대 소방관

박 무 원

울산시 울주군 거주
소방공무원 정년퇴직
한국방송통신대 국문학과 졸업
울산시인협회 회원
(사)문학그룹샘문 회원
(사)샘문학(구,샘터문학) 회원
(사)한용운문학 회원
(주)한국문학 회원
샘문시선 회원
<수상>
2021 문학세계시 등단

수상소감

꿈을 꾸다 깨어나니 전기매트가 꺼져 있었다. 거듭하던 말썽이 끝나고 낮에 구매한 것을 처음 사용하였다. 기대가 온 맘에 열꽃으로 변해 뒤척이는 날밤을 새웠다. 사용설명서에도 없는 문제에 반품준비 중 당선 축하 소식이 들어왔다.

싸늘한 마음이 온몸을 감싸는 불꽃으로 불화군이 꽃을 피우는 하루가 되었다.

10년 전 돌아가신 어머니의 세상살이 가운데 자식을 바르게 키우기 위해 인고와 희생을 담은 작품이 당선으로 꽃을 피웠다.

담담한 시간은 저 혼자 기쁨으로 가득한 하루를 보내는 중에 知人 선생님의 기뻐하시는 음성이 찾아왔다.

윌리엄 워즈워드의 귀한 구절이 스쳤다. "시인이란 인간의 본성을 지키는 바위 같은 존재, 그는 지지자요, 보호자이고 어디를 가든 정과 사랑을 지닌 사람"

늘 칭찬과 격려로 함께하는 율리시조 스터디 리더 이채율 선생님과 부족한 글에 귀한 눈길 쏟아주신 이근배 심사위원장님과 샘문그룹(이사장) 이정록 교수님께 감사 인사 올립니다.
옆지기와 사랑하는 영. 면. 한. 다인내에게 평안을 기원하며 고마움을 전합니다.

2025.04.25.
박무원 드림

제15회 샘문학상 특별창작상 수상작 시부문

홀딱새 외 2편

고은경

꽃향기에 취했나 춘몽은 아니련만
진달래꽃 숲에서 나물 뜯는 여인이여

산나물 향기 따라 두근대는 설레임
분명 봄바람의 유혹이었다

유혹인지 명령인지 보는 이 없다고
나뭇가지 사이로 햇살 눈부신 숲

어디선가 홀딱 벗어 홀딱 벗어
자꾸만 추근대는 너는 누구냐?

모습은 보여주지 않고 추근대는
한량 목소리에 부끄러운
여인의 얼굴은 진달래 꽃보다 붉다

뻐꾸기

고 은 경

이산 저산 뭘 잘했다고 재잘거리노
동네 방네 바람 난 년이 부끄러운 줄도 모르고
남의 집 안방에 제 자식 갖다 버린 주제에

참 염치도 없지, 뻔뻔스럽기도 하지
뻐꾹 뻐국 우아한 척, 노래한다고?
너만 모르는 비밀이 있다더냐?

제 자식 죽인 도둑놈의 씨앗을
여름 내내 땀내 나도록 업둥이 키우는
불쌍한 오목눈이는 업둥이가
제 자식들 죽인 연쇄살인마인지도 모르고

오목눈이는 살인마 키우느라
팔다리 허리가 휘건만
알고도 모르는 척, 한여름 다 가도록
노래하는 너, 누가 예쁘다 그러드노

인동초

고은경

한 송이 아름다운 나빌레라
사뿐히 내려앉은 그대 모습은
하얀 나래 접은 흰 나빌레라

긴 대롱 끝에 투명한 이슬 머금고
풀숲에 다소곳이 고개 숙이고
초록빛 넝쿨 따라 님 찾아가네

줄기 줄기 넘쳐 나는 그대 이름은
설렘에 꽃 피우는 인동초라네
사랑, 사랑 사랑초 하얀 나비꽃

연분홍 그리움을 가슴에 안고
기다림에 하루 해가 기울어갈 제
타는 가슴 설움 안고 피는 사연을
햇살에 그린 연정 노랗게 물들었소

고 은 경

아호 : 샛별
시인, 수필가, 웹소설가
제주특별자치도 출생
충청남도 천안시 거주
소석문학회 회원
국제펜한국본부 충남지회 회원
문예의전당문학회 회원
(사)문학그룹샘문 운영위원
(사)샘문학(구,샘터문학) 운영위원
(사)한용운문학 회원(샘문)
(주)한국문학 회원(샘문)
(사)샘문시선 회원
<수상>
해피데이스 수필 2회 당선
에세이문예 수필 신인상
시와수필마당 시 신인상
작가와문학회 문학상
<수필집>
별처럼 꽃처럼

수상소감

글을 쓰다보면 욕심이 생기기도 하고, 사소한 것에 상처를 받기도 한다. 워낙 방랑벽이 심한 필자가 요즘 봄바람에 꽃잎 날리듯 동분서주 하느라 글쓰기 조차 게으름 중이다.

언젠가 SNS 페북에 인동초가 아닌 다른 글을 발표했는데, 인터넷이 이상해지더니 내 시가 안보였다. 그런데 페북에 내 시를 모방한 시가 올라와 있었고 황당 했었다. 연마다 내 시를 그대로 표절하여 게재해서 내 글을 표절한 것이니 내려달라고 했다.

표절한 자가 내 시를 모방한 작가 이름을 대는데 그 작가 이름이 익숙하면서도, 낯설어서 황당했다.
처음에 보냈다가 메일이 되돌아와 글이 행방불명 됐기에 "인동초"로 대체해서 보냈다. 부주의한 내 잘못도 크니 앞으론 조심해야겠다.
아직도 글 쓰는 시인들이 남의 글을 퍼다가 제멋대로 갖다 게재하는 사람이 시인이라니 부끄럽고 어처구니가 없었다.

요즈음 이래 저래 안 좋은 일도 있었지만, 한편으로는 영광스러운 행운도 있어서 요즘 축하를 많이 받고 있다.

이번 봄에 샘문그룹에서 시행한 2025년 제15회 신춘문예 샘문학상 공모전에서 본상에 당선되었다.

부족한 졸시를 뽑아주신 샘문그룹 이정록 이사장님과 심사위원님들께 머리 숙여 감사드립니다. 그리고 저를 항상 응원해주는 가족들에게 이 영광을 돌립니다. 사랑합니다.

2025.04.26.
시인 고은경 드림

제15회 샘문학상 특별창작상 수상작 시부문

목련화 외 2편

김 정 형

하얀 몸 순결한 자태
속살 가득 사랑을 품고서
한 송이 인연 곱게 맺은 목련화

먼 훗날 윤회의 세월을 떠돌다
어느 별 사랑의 계절에 인연이 닿으면
목련꽃 하얀 마음이 피어나는 봄이 올까요

그대 어느 별, 낯선 계절에
목련꽃 하얀 미소를 짓고 있는가?
그리움 짙게 깔린
어느 봄날에 우리 만나
망울망울 못다한 사랑을 꽃피우나요

그대 날갯짓으로 나를 불러 주오
목련꽃 봉오리 봉오리 넘어
그대의 별에 닿으리라

내 손을 잡고 이끌던 나들이 길
고향의 아득한 그 봄에도
하얀 목련이 고혹히 피었답니다

봄바람 자리

김 정 형

봄은 여인의 계절이라 하였던가
여인의 봄길에는 엄동설한 눈보라 헤치며
사랑의 온기로 서릿발을 녹였지
여인은 봄으로 봄으로
화려한 치장을 하고 꽃으로 옵니다

봄바람은 유혹을 부르고
강남 갔던 제비 돌아와 짝을 찾습니다

남자가 여자가 사랑을 하고 이별을 하고
소설 속으로 들어가 아름다운 봄을 꽃피우고
사랑을 나누었답니다

그 봄자리에 새겨진 기억들
아름다운 꽃 한 송이 가꾸어가던
인연자리 꽃 피운 보금자리
운명을 안고 일생을 내려놓고
천생연분 꽃 피운 봄바람 자리
천지 치장 신의 작품 춤추는 봄바람

하늘에 있는 것

김 정 형

별들이 어울려 사는 하늘에
태양이 일하고 지구가 일하여
낮과 밤을 만들어 세상이 돌아가고
음과 양이 맞물려 돌아가는 하늘과 땅
보이고 보이지 않는 것들이 하나라

시작은 계획 속에서 왔고
시작 위의 시작은 무無에 있고
무無의 시작은 생각으론 갈 수 없어
시작과 끝을 알 수 없는 끝에
무한이 맞물려 돌아가고

생각과 마음이 갈 수 없는 현상계 밖에서
저절로 움직이고 있는 것
저절로 있는 세상
저절로 맺어진 인연사
하늘과 땅과 세상과 생명이 하나라

김 정 형
시인

수상소감

사월의 봄은 화려하고
산천초목은 푸르름을 더해갑니다
혼란한 우리네 세상사도
이 봄만 같기를 소망해 봅니다.

이 뜻깊은 봄에
신춘문예 특별창작상이라는
반가운 수상 소식을 접합니다.

먼저 심혈을 기울여 심사를 하여주신
심사위원님들
한 분 한 분께 감사의 마음을 전합니다.
특히 한국 문학사에 큰 걸음을
하고 계시는 이정록 회장님께도
응원의 박수를 보냅니다.

샘문에서 시인으로 등단한 지도
벌써 2년이 지났습니다마는
시를 창작한다는 것은
엄청난 고난도 작업이라고 생각합니다.

이번 특별창작상에 힘입어
세상이라는 노트에
영혼을 쓰는 시인으로서
사회적 의무와 책임을 다하는 공인으로
거듭나리라 다짐해 봅니다.
감사합니다.

2025.04.25.
김 정형 배상

제15회 샘문학상 특별창작상 수상작 시부문

밤하늘 별이 된 영혼 외 2편

김 영 남

살결이 하얀 얼굴
어린 누이 삶은 둥굴레를 먹고
그 길로 밤하늘 별이 되었다

아버지와 난 둥굴레를 캐 온 퉁메기
깊은 산기슭에 묻었다

엄마가 광주리 장수를 떠난 뒤
어느날 동생이 밤하늘의 별이 되었다

아직 캄캄한 새벽길
아버지와 나는 뒷산 기슭에 또 묻었다

엄마는 장사 나가서 그것도 몰랐다
광주리를 이고 집에 돌아 온 엄마!
부서진 사립문 밀치고 들어오시며
무너지는 엄마 가슴을 보았다!
무릎과 무릎사이로 그을른 얼굴을 묻은
나약한 아버지
가난한 얼굴을 보았다!

육신과 목숨은 밤하늘 별이 되고

밤하늘 달이 되고 영혼이 되어
살아 있는 내 가슴에 묻혀있다

내가 죽으면 넋이 나간 저 모습들은
가슴에 묻힌 애닮은 영혼이 되어
처연한 심연의 바다로 가리니

죽음 앞에 선
오, 나약한 인간이여

아리랑我理郎

김 영 남

"아리랑 아리랑 아라리요.
아리랑 고개를 넘어간다.
나를 버리고 가시는 님은
십리도 못가서 발병난다."

아리랑, 아리랑
참 진리, 참 사랑
참 나, 참 너

아리랑은 노래가 아니야
아리랑은
애환哀患도, 한恨도, 원한살怨恨殺도
이별도, 떠남도, 죽음도 아니야

아리랑이 노래가 되고
애환이 되고 한이 되고 원한살이 된 것은
심진애深眞愛 깊은 진리와 참사랑이야
꺾을 수 없는 꽃,

피, 눈물, 땀, 통한의 자비!
황망한 지혜의 유정有情,
황망한 지혜의 무정無情,

아리랑을 모르면
내 몸에서 난 내 몸이라도
그건 내 몸이 아니야
그것은 내 목숨도 생명도 피도 눈물도 피땀도 피눈물도 아니야

아리랑을 잊으면 처연하고 파란한 삶에
나는 스러지리라
아我가 없는 자아自我가 삶이겠는가?

아리랑 아리랑
아리랑은 노래가 아니야
아리랑은 노래가 되었어
누가 너를 묻고 나를 묻거든 말해

아리랑은 깊고 깊은 참사랑이야
깊고 깊은 참진리라 다른 말로 둘러대지 마
그렇게 하지마
아리랑은 말 대신 몸이야!
목숨이고 생명이고 피고 땀이고
눈물이고 피땀이고 피눈물이야!

아라랑, 아리랑, 아리랑은
참 진眞이고 참 선善이고 참 미美이다.
나이고 너이고 참이고 혼이고 넋이야!

아리랑은 후우하고 불어도
영원히 살아가는 몸이다

이시논시 以詩論時

김영남

내가 과연 시인이란 말인가
이 시대에 밤하늘에 빛나는 별보다도
더 많은 시인, 시인들……,

그 찬란히 빛나는 별들 중 나도 하나,
시인 가슴에 어찌 원한이 없으랴만,
처연한 이 어둠의 시대에
인간이 자아내는 마지막 언어 시인의 말!
시어가 죽었다!

시대의 목숨, 시대의 생명,
시대의 눈물을 닦아주지 못하는
시인의 시어, 시어들….

신과 마주보며 판란한 인간의 삶과 영혼을 속삭이는 시인!
오, 인간이 자아내는 가장 마지막 언어 시인의 말!
정녕, 분연히 일어서면 못할 일 없겠노라!
칼날보다 붓이 무섭고 강한 것이라고,
내심 위선자가 되어 으스대고
나는 입이 비뚤어지고 돌아갔도다
아, 그것을 모를 시인은 없으리니

나는, 교활하고 사악하고
비열하고 저열하고
구역질나게 더러워졌도다

악랄하고 추악하고 야비하고
탄로되고 폭로될 음모와 거짓을
몰래 등 뒤로 감추고 미소짓고 있다

시인 인척 야만적 미개함을
양심과 진실이라 외쳐대는 저 미개한 무리들,
잔인함 그 한 가운데서 시인이랍시고 자처하는 자들이여
나 자신도 활개를 치는구나

아, 이를 보고도 못 본 채 하는 시인은
이 시대를 향해 죄를 짓는 추악한 얼굴

이 시대, 시는 죽었다
시인은 죽었다
시인은 살아 있어도 썩었도다
이 시대의 영혼들이 스러져가는 데도
그것을 못 본 채 외면하고 있다
시인은 말이 없다

아, 가증스러운 시인의 미소
이 시대, 시인은 죽었다
인간의 마지막 언어가 죽었다

이 시대, 시인은 죽은 유령이다
시인은 죄와 악의 축이다
그리고 거리를 어슬렁거리며 걸어다닌다
죽은 자가 유령이 되어....,

그리고는 화려하고 우아한 입으로
사랑, 인생, 시대, 정치, 철학을 이야기 한다

찢어진 입으로 미사여구美辭麗句로
현란한 언어로 논한다
현란한 언어가 시가 될 수 있단말인가?
시인을 자처하며 자연을 노래하고
밤하늘의 별을 노래한단 말인가?

현란한 유령이 작렬하는 태양을 노래한다
짙푸른 달빛을 노래한다
우주와 신과도 속삭인다

그래, 입으로 신과 우주와 만물을 노래하고 읊조린들,
그래, 어디 그렇게만 하면,
그것이 시인이고 시란 말인가?

이 시대가 죽어가는데
이 시대의 인간이 죽고 영혼이 죽어가는데
어디 그렇게만 하면
그것이 시인이고 시란 말인가?

그런가, 정녕 그런가?

※※※
이시논시以詩論時 : 시로써 시대를 논하는 것. 시대를 논하지 않는다면 그것은 시도 아니고 시인도 아니다.

김영남
시인

수상소감

이 시대는 거짓말하는 시인의 시대이다.
시대의 눈물을 외면하는 시인은 시를 쓸 수 없다.
나 자신이 쓰고 있는 시는 물론,
지금, 여기, 이 순간, 이 시대의 시인의 시는 거짓말이다.
엄동설한 칠흑같은 암흑에, 머리위에서 들리는 국가권력이 하는 잔인한 소리,"너희들, 이 순간부터 내 말 안 들으면 다 죽인다! 알았지?"

눈, 귀, 혀가 잘리고 사라졌다.
보고 듣고 입으로 말할 수 없다.
순식간에 벙어리, 귀머거리, 눈 뜬 소경이 되었다.
나의 목숨과 생명은 오랏줄에 홀쳤고, 목이 밧줄에 걸렸다.
먹을 갈아 글줄이나 쓰고, 시를 읊어대는 자들은 힐끔 힐끔 흰 비단 속옷에 오줌을 질질 지리며 살궁리에 눈치만 본다.
그리고 아무일도 없었다는 듯이 시를 읊조린다. 하얀 거짓말이다. 시인은 그 순간 죽었다. 이 시대는 시인이 죽고 시가 죽었다. 문학이 죽고 예술이 죽었다. 정치가 죽었고 문화와 문명이 죽었다. 학문이 죽고 지식이 죽었고 인간의 삶과 상식과 상상력과 철학이 죽었다.
하지만 시인은 입을 닫고 말이 없다.

시인이 시대와 정치와, 문학과 예술과 역사와 철학을 논하지 않는다면, 과연 시인이 이 시대에 존재해야 할 사유 가치 의미가 있단말인가?

하물며,
한낱 국가권력이, 가장 비열하고 저열하고 역겨우며 구역질나고 사악하고 악랄하며, 교활하고 유치하며 천박하고 잔인하며 참담함의 극치와 탈로나고 탄로될 음모가 인간을 죽이고 살린다. 피비린내가 천지를 진동하는 망나니의 두렵고 더러운 칼춤! 암울한 계엄령이라니!
국가권력은 변명한다. 평화적 계엄령이라고.
죽음을 선포하고서도, 그것은 허황된 말이라고 애써 변명하고 있다.
헌법과 법률이 정한 계엄이 그런 게 어디있는가!
그것은 순전히 말일뿐!
계엄이 그런 게 어디있는가?
그렇다면 허무이다.

너희 시인은 들으라.
밤하늘에 빛나는 별들보다도 많은 시인!
화려하고 현란한 시인....문학가....예술가....지식인....
이 시대와 등을 돌이고 돌아서서 웅크리고 말이 없다.

그리고 한다는 짓거리들....종이를 펼쳐 시를 쓰고 짓고 읊고....
물감을 섞어 그림을 그리고....고상한 얼굴로 소설을 쓰고...
진지하고 심각한 표정을 연출하며 여신상女神像을 다듬어 낸다.

나는 시인이다.
나는 지금 이 시대를 보고 한낱 거짓말을 한다.
나의 화려한 거짓말엔 태산과 바위도 감쪽같이 속아 넘어간다.

그러면서 한다는 말. 시인의 세계는 거룩하고 고상하며 고등하고 정결하다고, 순결한 시인들의 세계라고. 너희와는 다르다고 말한다. 시인의 세계는 문학인들의 세계이고 예술인들의 세계여서, 영혼과 넋이 살아 고상하다고 말한다.
모두 거짓말이다.

그렇게 외쳐대면서 하는 말, 눈을 흘기며 하는 말.
위선과 위악으로 충열된 눈을 부릅뜨고 하는 말.
"정치얘기 종교얘기 신앙얘기 이념과 사상얘기 하려면 여기서 나가라. 여기 우리가 있는 곳은 신성한 예술인들의 세계이고 공간이다."라고 소리친다.
나는 나에게 말한다. "나는 시인이어서 백노이고, 너흰 까마귀떼들....
나는 시인이어서 황새이고, 너흰 뱁새떼들....
나는 시인이어서 푸른창공을 나르는 기러기이고, 너흰 굴뚝을 기어 나온 검댕이 묻은 굴뚝족제비들이다."라고 외쳐대며 시대를 향해선 싸늘한 냉소와 소박을 준다.
시인인 나와 너희들은 그런 위선과 위악으로 이 시대 순진한 인간의 눈물을 외면하고 가렸다. 그래서 자칭 너희의 역사에 그러한 시인 지식인 지성인들이, 그러한 악행으로 산 채 땅에 묻혀 죽음을 맞이한 사초가 어디 한 두 번이련가?
수 백, 수 천, 수 억만명이다.
분서갱유焚書坑儒, 중세마녀사냥, 알렉산더정벌, 징기스칸정벌, 프링스시민혁명과 나폴레옹정벌, 러시아10월혁명, 모택동의 중국혁명과 제2의분서갱유, 폴포트의 킬링필드대학살 등의 공통점은 지식인에 속하는 집단들이 시대의 피와 눈물과 피땀과 목숨과 생명을 철저하게 외면했다는 명료한 사실들로 모두 생매장이 돼었다는 역사적 사실이다.

시인은 신神이다.
시인이, 이 시대의 눈물을 외면하고 부정하고 거부하고 모른 채 하면서 어떻게 시인이 될 수 있으며 신이 될 수 있단 말인가.
인간의 목숨과 생명과 영혼과 넋이, 국가권력에 스러졌는데 과연 무슨 사유로 시인이, 이 시대를 존재할 수 있단 말인가!
그래서, 나는 시인인 너를 외면하고 말한다. "나는 까마귀이고 뱁새이고 굴뚝에서 기어 나온 검댕 묻은 굴뚝족제비이다."라고 탄식하노라!
나는 지금 거짓말로 시를 쓰는 시인이다.

2025.04.28.
시인 김영남다미아노

제15회 샘문학상 특별창작상 수상작 시부문

사계 설화 외 2편

오 영 민

저기 담장 넘어 노란 별 같은
개나리꽃 닮은 아이야
천천히 나에게 오너라
너와 함께 이 좋은 세상 한바탕 실컨 놀아보고 싶구나

거기 새색시 치마저고리 차려 입은
연분홍 진달래꽃 닮은 화동아
천천히 너도 오너라
너와 함께 이 좋은 세상 오랫동안
춤추며 놀고 싶구나

오랜만에 참으로 오랜만에
갇혀 있던 마음속 철창을 뛰쳐나와
상큼한 풀 내음 달콤한 꽃 내음
가득한 이곳에서 너와 함께
커다란 함박꽃 웃음소리 속에서
더덩실 춤추고 노래하며
행복하게 놀고 싶구나

봄이다, 봄바람 나기 딱좋은 날이다
오고 또 오는 계절의 순환 속에서
어김없이 찾아오는 봄

나의 청춘도 이렇게 다시 돌아온다면
환희로 가득찬 푸르른 날에
종다리 닮은 고운 목소리로
목청 껏 노래 부르며
벌 나비 따라 덩실덩실 춤을 출 것이다

이렇게 화동의 봄바람은 떠나갔다
신록으로 가득찬 푸르른 날에
춘풍을 노래하던 정열도 사라지고
울긋불긋 색색의 옷으로 차려입고 아름다움을 뽐내던 추경秋景도 지워져 마
지막 버티던 은행나무도 힘겨워 하는데
이제는 어쩔 것인가

찬란한 태양이 식어가는 이 시간
등 허리 굽은 비탈길에 불어오는 노풍은
지나간 피끓던 아픈 청춘을 쓸어낸다
한 조각 바람에도 멀리 떠나버릴 것 같은 작은 풀잎 마냥
오늘도 떨리는 마음 안고
아직도 떠나지 못하고 떨고있는
앞뜰 화단의 소녀를 바라보노라

절영도의 하얀 노래

오 영 민

흰 여울 밀려오는 절영도 바닷가에
이제는 지워져 버린 당신의 발자국
하나 찾아봅니다

당신과 나의 잿빛 머릿속에
남겨진 희미한 호롱불 같은 기억들은 산산히 부서지는 하얀 파도와 함께
이제는 녹슨 전두엽 한 켠에 쌓여있는 먼지들을 씻내야만 하기에
유령 같은 빈 바닷가 오늘도 서성입니다

뻘밭의 깃발처럼 너덜너덜 헤진 추억은
영도다리 난간 위 모퉁이 한 구석에 꾸깃꾸깃 꾸겨져 버려졌지만,
비릿내 나는 고깃배 사이로 나르는
하얀 갈매기 날개짓 속에 숨어 있는
시절 인연의 기억 만이 출렁입니다

소리없이 내리는 하얀 밤
누런 가로등 아래 멈춰진
남항동 전차 종점 위 그려진
당신의 수줍은 사랑 고백이
아직도 동백꽃처럼
붉은 심장을 뛰게하는 마법처럼
나의 귓가를 하염없이 맴돌고 갑니다

봉래산 삼신할망의 자애로움이
꽃비 되어 한 올 한 올 내리는 그날
생선 비늘 같은 윤슬이 빤작이고
달콤한 화풍이 동행한
태종대 자갈마당에서 맺어진
우리들의 사랑 노래는
꿈결처럼 눈부시고 아름다웠지요

고대 중국 시황제의 불로초를 찾으러 다녀갔던 곳
푸른 청학과 신선이 기거하였다는
청학동 전설이 내려오는 이곳,
고갈산 꼭대기 자봉의 머리 위로
오늘은 청운이 내려 앉았습니다

백무가 피어나는 75광장에서
지난시절 회상해 보면 마냥 즐거웠던
그 시간이 꿈인지,
지금 이 시간이 꿈인지,
아직도 알 수는 없지만

내 머릿속 깊은 곳에 각인된
당신과 함께했던 연정은
영원히 풀 수 없는 숙제로 남겨두렵니다

새하얀 목련꽃 사랑

오 영 민

연두빛 풀잎 사이로
한 모금의 상큼한 초록바람이 스치면
어여쁜 당신의 환한 미소가
새하얀 목련꽃 담은 사랑으로
그렇게 내게로 왔습니다

수줍움 감추며 살며시 피어난 꽃잎처럼 그대의 숨결이 바람결에 전해오는
별들의 속삭임처럼 감미로운 피아노
선율 같습니다

사랑한다는 말은 없어도 사랑함을 느낄 수 있기에 당신을 사랑합니다
이 아름다운 날 사랑하는
당신과 함께 햇살 좋은 꽃밭에서
아름다운 목소리로 다정하게 노래하고 싶습니다

그대의 따스한 품속 같기도 하고
노오란 병아리 솜털 같기도 한
곱고 부드러운 미풍 속에서
사랑의 향수를 날리며 당신을 향해
아주 가벼운 몸짓으로 하늘 높이 날아갑니다

오 영 민

아호 : 청뫼
경남 마산시 출생
부산광역시 영도구 거주
개인사업 운영 중(대표)
(사)문학그룹샘문 자문위원
(사)샘문학(구,샘터문학) 자문위원
(사)샘문그룹문인협회 자문위원
(사)한용운문학 회원
(주)한국문학 회원
(사)샘문뉴스 회원
(사)도서출판샘문(샘문시선) 회원
지율문학 회원
<수상>
2023 한국문학상 시 등단(샘문)
2023 한국문학 신인문학상(샘문)
2024 신춘문예 샘문학 특선상
<공저>
위대한 부활 그 위대한 여정
<한국문학시선집/샘문>
2024 제14회 신춘문예
<신춘극장 개봉관/샘문>

수상소감

오지 않을 거 같은 봄날이 메마른 가지에 연두빛 채색하며 그렇게 다가 왔습니다.
야위어진 가지에 연분홍 물감으로 한 점 한 점 점찍어 화사한 꽃송이 피워 내 봄향기와 함께 기쁜 전언이 날아 왔네요.
글을 쓴다는 것 자신만의 사고를 나타낸다는 것 존중하고 존중받아야 한다는 것은 당연하다고 생각합니다.
누가 누군가의 사고를 평한다는 것은 참으로 어렵고 어려운 일입니다.
개개인의 생각을 어느 기준의 잣대로 평가 한다는 것은 쉽지만은 않을 것입니다.
이점에 관하여 심사위원님들의 노고를 이해 안 할 수가 없습니다.
수고하셨습니다.
저의 글에 대한 특별창작상은 초로에 시에 대한 목마른 열정이 있었기에 오늘이 있지 않았나 생각합니다.
아직 많이 부족하고 섬세하지 못한 저의 시에 큰 응원 주신거라 생각하고 더욱더 노력하겠습니다.
그동안 많은 작품들을 심사하신 존경하는 샘문그룹 이정록 이사장님. 심사위원장 이근배님, 이하 심사위원님들의 노고에 깊은 감사의 마음을 전합니다.
늘 건강하시고 더욱 더 발전하는 샘문그룹이 되시길 진심으로 기원합니다.

2025.04.25.
부산에서 오영민 드림

제15회 샘문학상 특별창작상 수상작 시부문

겨울 나무 외 2편

김 기 홍

꽃피는 봄, 진한 향기 내뿜어
바람 유혹하여 잉태하고
탱볕에 생육 되어
가을 햇살에 결실을 살찌우고

엄동설한 준비하려 속내 비워내니
잎새는 소슬바람에 떨어지고
결실을 떨궈내니
삭풍에 우수수 떨어진 잎새는
초봄 꿈속 아지랑이

앙상한 가지에 첫눈 쌓이고
낙엽 위로 포근히 쌓이는 눈
삭풍이 몰아치니 텃새도 날아가고
새봄 기다리는 꿈, 흠뻑 머금은 채
나무는 꿈속에 들었네

봄비

김 기 홍

외로움에 잠 못 이루어
전전반측하는 깜깜한 새벽
창문 두드리는 소리에 창밖을 보니
조용히 찾아온 당신

손 내밀어 맞이하니
당신이 모닥불 피우고
외로움에 젖은 눈물 닦아주며
그대 찾아 방황하는 마음
부드러운 손길로 보듬어 주셨지요

이제 훤히 밝아오는 아침에
당신을 향한 나의 마음은
뿌리 깊이 내린 나무가 되어
촉촉한 당신의 사랑을
흠뻑 머금으렵니다

가을 연가

김 기 홍

가을바람 타고 와서
온 산을 울긋불긋 물들인 여인
당신은 가을 여인입니다

봄에는 화려한 치장하고
진한 꽃향기로 벌 나비 유혹하여
결실의 수분 합궁 이루더니

긴긴 여름 장마와 무더위에
미처 단장 못하시고
초록 저고리 입고 계시더니

이제야 갈홍빛 치장하고
호수에 비친 고혹한 당신은
어느 꽃보다도 아름다운
하늘에서 노을을 타고 내려온
천상의 선녀입니다

멀리서 바라만 보다가
가슴 두근거려 한 발짝 다가서면
벌 나비 유혹하던 붉은 불빛 지펴서
은근슬쩍 나를 끌어당기고

그대 품에 안기기 원하시나
호수가 가로막아 가까이 갈 수 없어서
바라보고 있어요

선홍빛 노을 서산 마루에 펼쳐놓고
울긋불긋 치장하고 서 계시는 당신은
천상의 귀인이십니다

김 기 홍

아호 : 석강石江
성균관대학교 무역학과 졸업
기아자동차(주) 해외구매본부 이사 역임
기아인터트레이드(주) 영업이사 역임
대명공업(주) 관리담당상무 역임
(사)샘문그룹문인협회 자문위원
(사)문학그룹샘문 자문위원
(사)한용운문학 편집위원
(주)한국문학 편집위원
샘문시선 회원
<수상>
2024 샘문뉴스 신춘문예 당선
2024 샘문학 신인문학상 시 등단
<저서>
시집 : 잊힌 꿈을 찾아서
<공저>
개봉관 신춘극장
<컨버전스시선집/샘문시선>
*****
호모 노마드투스
<한국문학시선집/ 샘문>
*****
불의 詩 님의 침묵
<한용운문학시선집/ 샘문>

수상소감

봄은 꽃과 바람의 계절이다.

개인적인 일로 약한 우울증과 무기력증이 와서 마음을 진정시키려 꽃이 지천인 흰 벚꽃잎이 날리는 가로공원을 산책하다가 예상치 않은 통보를 받았다. 2025년 제15회 신춘문예 샘문학상 특별창작상에 본인의 시가 선정되었다는 통보였다.

어린 시절 문필가 시인을 꿈꾸던 소년이 생활에 찌들려 잊고 있었던 꿈을 2024년 샘문학 신인문학상 당선으로 시부문 등단하여 잊힌 꿈을 찾아 새롭게 펼칠 공부와 노력은 하고 있었지만 기대는 하지 않았습니다.

샘문학 신인문학상 당선으로 신인 등단에 이어 초보 시인에게 이런 영광을 베풀어주신 샘문그룹 이정록 이사장님, 그리고 부족한 작품을 선정해주신 이근배 심사위원장님을 비롯한 심사위원님들께 깊은 감사를 드리며 저에게 채찍을 주신 것으로 알고 더욱 정진하겠습니다.

끝으로 저를 믿고 항상 응원의 말로 지지해주는 가족과 친지, 친구, 저를 아는 모든 분들께 나이는 숫자일 뿐이라는 말과 함께 감사를 표합니다. 사랑합니다. 그리고 고맙습니다.

2025.04.21.
시인 김기홍 배상

제15회 샘문학상 특별창작상 수상작 시부문

핫팩 외 2편

박 주 곤

예고 없는 추위
손발이 따뜻할 날에는
매서운 추위에 그는
나의 손을 데워준다

내 손이 뜨거워
주머니 편에 그를 긴급 보관했네
그 진영에 있던 카드 한 장
온몸이 찌그렁 바가지가 되었네

때와 장소도 모르는 열난 분쟁
니편 내편에
애잔한 카드만 장애자가 되었네
함부로 화내거나 편향적이면 안 돼

뜨거운 맛, 차거운 맛,
물불을 가리지 않으면
천당 지옥 흑백논리 피해에
후회만 낳을 뿐이네

외소한, 측은한 이웃 보살필 일이
어디 뜨거운 불씨뿐이랴

귀순 주민 한강 하구로

박 주 곤

샛별 따라 북에서 남으로
죽음 질펀한 썰물을 걸어서 온다

자유 평화 햇살이 비치는
이슬이 같한 목 축여줄 곳으로

부는 바람결 숨 죽인 행진이
부모 형제 재회 기약 없는 이별을

한강 썰물이 환영식 여는
잃은 양, 맞이하는 구둣발 소리

가족 같은 기다림은 언제부터
게거품 뽀글뽀글 날짜 헤아리듯

귀순 환영식은 어둑한 새벽
가다 죽어도 좋다, 다짐만 뿌린 채

곱씹어 삼키는 숨 막히는 발걸음
샛별 빛나는 손길 따라

*****
참고자료 : 조선일보(2024.08.08.)

백두산 꽃사슴

박 주 곤

백두산 천연기념물
가족끼리 한낮을 즐기는
한적한 자연 산야를 노닐며
태백산 줄기 휘돌아 온
남풍 사연은 누가 들으랴

계절 여왕 행차에
꽃사슴 수레는 우리들 차지
구름범의귀꽃 안테나 세우고

봄 여왕 행차에 그 향기 깔고
두메양귀비꽃은 자리 앉히고
무지갯빛 꽃마차 달려보자

남북통일 기원, 하나가 되어
아이 꿈이 시들지 않도록
자유, 평화, 진리가 울려 퍼지는 노래
더덩실 잔치 열리게 하자

박 주 곤

인천시 서구 거주
(사)한국문인협회 회원
한국방송통신대 국문학과 재학중
월간 한울문학 회원
(사)문학그룹샘문 회원
(사)샘문그룹문인협회 회원
(사)한용운문학 회원
(사)샘문학(구,샘터문학) 회원
(주)한국문학 회원
샘문시선 회원
<수상>
2011 한울문학 시 등단
2012 한국문인 수필 등단
경기문협작가상
갯벌문학작가상
월간시니어 대상
<저서>
제1시집 : 떠나듯 머물다
제2시집 : 천전리 암각화
<공저>
한국시선 100인선집
한울 동인지 외 다수

수상소감

"여호와께서 집을 세우지 아니하시면
세우는 자의 수고가 헛되며 여호와께서 성을 지키지 아니하시면 파수꾼의 깨어 있음이 헛되도다."
<시편 127편 1절>

무궁화 피는 동산에 한 줄기 강변
상록수 잎사귀 푸르게 짙어가는 봄날
봄날의 환희에 교차하는 시절 바람결
제비처럼 날아드는 기쁜 소식
사단법인 문학그룹샘문이 신춘문예 샘문학상 본상부문 공모전에서
시부문 작품 <핫팩> 외 2편이
<특별창작상>에 당선 되었다는 통보서를 받았습니다.

주님께 영광 돌리며 교우님들
우리 딸 내외와 일가친지, 친구, 지인님들 감사와 기쁨을 나눕니다.

그리고 샘문그룹 이정록 회장님과 심사위원님들께 머리 숙여 감사를 드립니다. 앞으로 더욱더 정진하겠습니다.

감사합니다.

2025.04.18.
시인 박주곤 드림

제15회 샘문학상 특별창작상 수상작 시조부문

부부 여정 외 2편

최 경 순

어느 날 하얀 빛을 가득 안고 나타난 당신
팔각 모자 잘록한 허리선이 고왔더라
오빠야 부르는 소리 잠결에도 들렸지

가난한 연애에도 만나면 즐거웠고
해질 녘 헤어짐이 그렇게도 아쉬워
뒤돌아 쳐다보는 눈길 눈물마저 그렁그렁

손잡고 거닐던 길 바람에도 깔깔대고
언덕 위 빨간 집을 지어준다는 허풍도
이제는 추억이 되어 미소짓게 하는구려

가난한 신접살이 지혜롭게 견디고
사랑은 이런거라 위로하던 당신이
어느새 희끗한 머리 반백으로 늙었구려

살면서 누구인들 어려움 없으랴마는
가슴을 도려내는 아픔마저 삼키고
이렇게 곁에 있으니 당신은 천사로다

여인이여 동반자여 여생도 함께 가세
가진 것 부족해도 서로로 채워가며

지긋한 눈빛만으로 보기만 해도 좋은 당신

저녁노을 예쁜 것은 사랑이 많아서고
가슴이 아픈 것은 맺힌 한이 깊어서라
여보야 살아온 세월 그럼에도 좋았구려

희망

최 경 순

발걸음 무거워도 새벽길 나서노니
어둠을 뚫고 나온 새벽별이 빛나고
꼭 다문 입술 사이로 새 희망이 솟는다

바람이 불어오고 잔가지 울어대도
당신의 가슴에는 따순 봄이 오겠지
끝내는 찬란한 햇살 기다리고 있으리니

어린 남매

최 경 순

잡아라 잡아봐라 오빠의 외침소리
못잡아 못잡는다 웃음소리 까르르
남매의 거친 숨소리 행복으로 가는 중

오빠는 동생에게 세상을 가르치고
동생은 오빠에게 세상살이 배운다
남매는 버팀목 되니 믿음직한 오누이

오빠야 나 힘들어 동생이 어리광을
다정한 오라버니 팔을 벌려 감싸고
남매가 품어 안으니 사랑 온기 흐른다

최 경 순
아호 : 흑천黑泉
전남 해남군 출생
전남 담양군 거주
전남대학교 졸업
중등교사 정년퇴직
노인 문학지도사
(사)문학그룹샘문 회원
(사)샘문그룹문인협회 회원
(사)샘문학(구,샘터문학) 회원
(사)한용운문학 회원
(주)한국문학 회원
샘문시선 회원
<수상>
시와예술문학회 시 등단

수상소감

눈부신 봄 햇살처럼 따스한 기쁨으로 가득합니다. 특별할 것 없는 졸작에 특별창작상을 안겨주시어 영광스럽고 감사할 뿐입니다.

제가 글을 쓰는 것은 혼자의 일이지만, 그 안에는 많은 사람의 숨결이 함께합니다.

사랑하는 손자와 손녀는 늘 순수한 영감을 선물해 주고, 밝은 웃음과 호기심 가득한 눈빛은 작품 속에 고스란히 스며들고, 또 이번에도 그들의 순수함이 묻어나길 바랐습니다.

특히, 나의 첫 번째 독자이자 가장 냉정한 비평가이며 동시에 따뜻한 응원자인 아내에게 깊은 감사와 사랑을 전합니다. 그녀의 조용한 격려와 따뜻한 지지 없이는 이렇게 글을 쓸 용기도, 완성할 힘도 없습니다. 앞으로도 그녀의 손을 잡고 더 많은 이야기를 만들어 가겠습니다.

상은 언제라도 기분을 좋게 하고 큰 격려가 됩니다. 그리고 또 다른 시작입니다. 나를 돌아보고 나를 기록하는 것이 독자들의 마음에도 작은 울림이라도 있기를 바라며 정성스럽게 글자로 수놓을 것입니다.

다시 한 번 심사위원님과 모든 분들께 감사드립니다.

2025년 봄, 깊어 검은 샘을 닮고 싶은 마음으로

2025.04.21.
최경순 드림

제15회 샘문학상 〈본상〉

「샘문뉴스회장상」 수상작

제15회 샘문학상 샘문뉴스회장상 수상작 시부문

아미산 굴뚝 외 2편

정 현 숙

교태전 뒷문 열고 곱게 웃던 님은 가고
세월을 건너온 듯 우아한 굴뚝 네 채
영원히 남을 그리움 벽돌빛만 사무쳐

자손만대 태평성대 온몸으로 기원해도
구들장 깃든 꿈은 속절없이 타버리고
재가 된 옛 이야기만 연기처럼 피누나

*****
아미산 : 여기서는 경복궁 뒷뜰

부부 단풍

정 현 숙

부대끼고 흔들리며
한세월 살다보니

이제는 서로 닮아
속마음도 함께 익어

가을빛 물든 그대와
노을빛에 젖은 나

사월의 수유리

정 현 숙

떨어진 꽃잎 꽃잎 피멍 들어 잠이 든 곳
할 말을 다 했는지 젊은 넋은 말이 없고
그날 그, 눈물 빛 같은 진달래가 피었다

세월이 쌓인다고 아픈 가슴 덮어지랴
하늘로 날아가도 마음은 거기 남아
해마다 풋별이 뜨는 수유리의 사월아

정 현 숙
서울문학회 회원
(사)문학그룹샘문 운영위원
(사)샘문학(구,샘터문학) 운영위원
(사)한용운문학 운영위원
(주)한국문학 운영위원
(사)한국문인협회 회원
샘문시선 회원
<수상>
2019 서울문학 시조 등단
2023 지하철 시 공모 선정(익선동 골목)
2024 한용운 문학상 신인상
시조집:「행복 하나」

수상소감

바람에 꽃눈이 날리는 오후입니다.
저의 작품이 샘문뉴스회장상을 받게 되었다는 소식이 왔습니다.
손주들에게 과자를 사주며 할머니가 상을 받는다고 자랑을 했습니다.
상은 좋은 거라며 어린 손주들이 깡충깡충 뜁니다.
어느새 저의 마음도 더 즐거워집니다.
커다란 책 속의 우수한 작품들 틈에 저의 작품이 함께 있으면 얼마나 큰 영광이겠습니까.
샘문 덕분에 틈틈이 시를 쓰며 방송대 공부도 하고 있습니다.
동료들에게도 샘문을 소개하려고 합니다.
부족한 글 뽑아주셔서 감사합니다.
샘문의 발전도 함께 기원합니다.

2025.04.25.
정현숙 올림

제15회 샘문학상 샘문뉴스회장상 수상작 시부문

동백꽃 외 2편

장 복 순

사랑에 눈먼 동박새
천 년을 노래 부르고

그대 변함없는 사랑에
저리도 붉어져서 핀 꽃이라오

붉은 뺨 노오란 꽃등 켜고
꽃의 마음으로 애타게 부르는
아름다운 사랑의 세레나데

내 심장을 닮은 동백의
수줍은 사랑 고백은
그대를 누구보다 사랑합니다.

샤론의 꽃 무궁화여

장 복 순

샤론의 꽃 무궁화여!
유구한 세월 속에
피고 지고 또 피어나는
불멸의 꽃 무궁화여!

아침 햇살 머금고
꿋꿋하게 피어난 자긍심
한국인의 가슴에 남아
영원토록 불타오르는
찬란하게 빛나는 꿈이여!

샤론의 꽃 무궁화여!
고요한 아침의 나라
삼천리 방방곡곡에
끈기 하나로 지켜낸
한민족의 기상과 자존심
영원히 지지 않으리라

무지개 사랑

장 복 순

어쩌다가 볼 수 있는
일곱 색깔 무지개

가슴에 소중히 담아
남몰래 꼭꼭 숨겨두면

내 안에 그대처럼
수시로 꺼내 볼 수 있지

힘들 때면 위로가 되는
빨주노초파남보의 희망
신바람나는 무지개 사랑!

장 복 순
시인

수상소감

연둣빛 고운 봄입니다.
봄꽃의 향연 속에 들려온 희소식 <샘문뉴스회장상>이라는 큰 상에 참으로 기쁘고 행복하여 시인의 뜰에 쌍무지개가 떴습니다
에세이 <동행을 부르는 이야기> 5쇄 출간에 이어 시집 <동행하는 그곳에 꽃이 핀다> 2쇄 출간에 이처럼 큰 상까지 받는 행운에 감동입니다

언제나 씨앗이 품은 그리움처럼 시를 쓰고 진주처럼 영롱한 이슬 같은 맑은 마음으로 별처럼 반짝이는 꿈을 꾸며 매일매일 새롭게 한 편의 시를 씁니다. 초심으로 돌아가 더욱 성장하는 문학인이 되도록 노력하겠습니다.

샘문그룹 이정록 회장님, 이근배 심사위원장님 이하 심사위원님들께 진심으로 감사드립니다.

물심양면으로 도와주고 응원하는 가족이 있다는 것은 축복입니다.
사랑하는 가족들에게 영광을 돌립니다. 감사합니다.

2025.04.21.
초담 장복순 올림

제15회 샘문학상 샘문뉴스회장상 수상작 시부문

나목 외 2편

이 태 복

그녀의 앙상한 어깨, 어깨에서
떨구어 내는 연민,
가녀린 손으로 혹한을 비질하는
그녀의 외침,

찬바람 몰아치면
그녀의 신음이 하엽을 산란하고
대지에 뿌리 내린 상처는
치유의 고통을 토합니다

겨울은 산하를 호령하고
봄은 강 건너 멀리 있지만
그녀는 또다시 봄이면 깨어나는
희망을 꿈꾸고 있으니

앙상한 나신에서 떨구어 내는 연민은
연둣빛 새순을 잉태하는
새 생명을 부르는
대자연의 섭리에 순응하는
그녀의 처절한 외침입니다

도시의 뒤안길

이 태 복

도시의 빌딩 그림자 속
그 좁은 골목길엔
직장인의 한숨이 서리고
먹거리 내음이 끊이지 않으니
밀집 인파속에서 고요히 흐르는
서민들 삶이 담긴 작은 창문이다

행인들의 소소한 이야기 품고
빠른 걸음으로 지나가지만
그들의 종종걸음엔
희망의 리듬이 묻어나고
골목길을 가로지르는 바람 따라
드넓게 퍼져간다

가로등 불빛은 어둠을 삼키며
아름다운 형상을 찾아 길을 비추고
희망의 도시는
이 작은 그늘진 골목에서도
새로운 꿈을 심어가며 켜켜이 자라난다

뒤안길의 소박함 속에 숨은 빛,
그 곳엔 도시의 진짜 이야기꽃이
소담소담 설화를 피운다

나무 철학 개론

이 태 복

나무의 일생을 보라
동쪽 가지는 햇살을 탐하며
내가 더 큰 빛을 받아야 한다고 주장하고
서쪽 가지는 바람을 타고
내가 더 넓은 세상을 품어야 한다고
서로 뒤질세라 으름장 치네

어수선한 가지들은 서로를 바라보며
너희들 탓이라 우기고
내탓이 아니라 횡설수설이니
갈등은 깊어지고
나무는 점점 기울어져 가네

나무가 곧게 자라려면
뿌리가 깊어야 하고
가족원 가지들은 서로 지지해야 하며
사방에 각자의 자리가 있지만
대들보에 자양분을 주어야 함이니

세간의 흐트러진 행태를 보라
좌우로 갈라진 가지들
극단으로 치닫는 말 말들

서로를 비난하며
서로 옳다고 외치지만
정작 대들보는 흔들린다네

곧고 바르게 서려면
서로 의지하고 배려하고 상생하며
깊게 뿌리를 내려야 하고
견해가 다르고 진영이 다르더라도
갈등이 해소될 수 있다네

이 태 복

아호: 죽송 (竹松)
대구광역시 출생
대구광역시 동구 거주
(사)샘문학(구,샘터문학) 이사, (사)샘문그룹문인협회 이사, (사) 샘문뉴스 편집위원, (사)한용운문학 편집위원, (주)한국문학 편집위원, 이정록문학관 회원, 지율문학 회원, 샘문시선 회원
<수상>
2022 한용운문학상 특별작품상   2022 신춘문예 샘문학상 우수상
2021 한용운문학상 특별창작상   2020 샘문학상 최우수상(본상)
2019 샘문학상 시 등단
〈공저〉
고장난 수레바퀴
태양의 하녀, 꽃
첫눈이 꿈꾸는 혁명
바람을 연모하는 꽃
리라꽃 그늘 아래서
〈컨버전스시집/ 샘문시선〉
*****
나 그렇게 당신을 사랑 합니다
추야몽 秋夜夢
이별은 미의 창조
〈한용운문학시선집/ 샘문〉
*****
위대한 부활, 그 위대한 여정
〈한국문학상시선집/ 샘문〉

수상소감

금년은 민초들의 아픔이 더한 한해의 시작이었습니다.

탄핵정국에서 여야의 대립과 찬성, 반대집회 등 정국이 불안정한 시국에서도 문학의 꿈들은 중단되지 않고, 더 한층 빛을 발하고 있는 것 같습니다.

틈틈이 문학 활동 준비를 해왔는데, 저에게는 가사 사유로 창작의 자유가 조금 제한적인 일상이 되었으나, 그래도 틈틈이 시를 쓰기에 희망적인 한해의 시작 이었던 것 같습니다.

그러던 중 2025 제15회 신춘문예 샘문학상 공모전 및 공동시선집 공모에 응모신청을 하였는데, 반갑게도 본상부문 시 부문작품 『나목』외 2편이 <샘문뉴스회장상> 당선의 소식을 받고 너무 기뻐서 가슴이 벅찹니다.

부족한 저의 작품을 선정하여 주신 심사위원 여러분 노고에 감사드립니다.

샘문그룹 이정록 이사장님께도 깊은 감사의 말씀을 올립니다.

늘 부족함을 깨우쳐 주시고 지도하여 주신데 대해 고마움을 가슴속에 담고, 앞으로 더욱 정진할 것이며 꾸준히 노력 하겠습니다.

샘문그룹이 더욱 발전되고, 우뚝 서는 빛나는 문단이 될 것을 기원 드립니다.

감사합니다.

2025.04.21.
죽송 이태복 올림

제15회 샘문학상 샘문뉴스회장상 수상작 시부문

유정은 말한다 외 2편

박 호 제

잃어버린 엽전이
땡그랑 땅에 떨어지는 소리가 난다

마침 바람을 타던 우쭐한 마음이
접히고 접혀 하늘로 뛰어 올랐다

심장에 감춰 두었던 그 여인이
문득 문득 떠올라

유정은 말한다
상념의 언덕에 서서
봄이 피는 것보다 더 보고 싶다고

줄지어선 문장처럼
노랗게 노랗게 맞추어지고 있다고

난 별님이 좋아요

박 호 제

온 세상에 어둠을 밝혀주는 해님이랑
가난하고 슬픈 자에게 친구가 되어주는
달님이 참 고맙다

그렇지만
나는
눈물이 가득한 마음을 녹여주는
별님이 더 좋아요
언제나 마음 가는 곳을 정해주기 때문이지

오늘도
마음껏 호강하라 한다

상념

박 호 제

순백의 겨울 산 바라보며
계절의 소중함에 고개를 끄덕끄덕

남과 다르지 않는 나의 삶도
시시때때로 빛이 나고
아픔을 맞을 때

뚝뚝뚝 떨어지는 눈물의
짠맛과 단맛을 동시에 꿀덕 삼킨다

박 호 제

강원도 안마산로 거주
강원도 안마산로 출생
시인, 모델, 연극배우, 가수, 작사가
종합문예유성 글로벌문예대학 교수
(사)한국예술인복지재단 회원(예술인 등재), (사)대중문화예술인총연합회 부회장, (사)춘천 대룡공연예술단 이사, 한국문인협회 춘천지부 회원, (사)문학그룹샘문 회원, (사)샘문그룹문인협회 회원, (사)샘문학(구,샘터문학) 회원, (사)한용운문학 회원, (주)한국문학 회원, 샘문시선 회원

<수상>
2020 월간한비문학 시 등단
2022 대한민국문화예술 인기가수 대상
2023 종합유성문예협회 평론 등단
2023 국자감문학상(가곡작사부문)
2023 종합유성문예협회 소설 등단
2023 종합유성문예협회 수필 등단
2023 종합유성문예협회 동시 등단
2023 종합유성문예협회 시조 등단

수상소감

아직도 글밭에 진실한
마음을 잘 심는다는 게 참
어렵다는 것을 항상 깨닫고 있어요

지금으로부터 4년 전 병마에 시달리며 사경을 헤매고 있을 때
눈앞에 또렷하게 보이는 책 한 권이
다시금 세상에..... 음,

많이 부족합니다
뚜벅뚜벅 걸어가는 저에게 더욱더 노력하라는 뜻으로 상을 주셨다고 생각해요

심기일전하며 꾸준히 다독하고 좀 더 매진하겠습니다

존경하는 이사장님 이하
심사위원 여러분께 진심으로
감사드립니다

2025.04.21.
시인 박호제 드림

제15회 샘문학상 샘문뉴스회장상 수상작 시부문

비는 어머니 눈물꽃 외 2편

이 종 숙

비가 옵니다
어머니의 눈물일까요
보고 싶다, 보고 싶어 견딜 수 없어요
가녀림의 비가 눈물로 내립니다

그리움이 빗방울로 채워가듯
어머니의 간절한 바람으로 내립니다
그리움이 그리워하는 어머니를 향한
추억의 그리움이 눈물로 내립니다

하늘을 보고 있으면
뽀얀 얼굴에 시원한 빗방울이
맑은 어머니처럼 쓰다듬어 줍니다

덥지, 힘들지, 인생이란 그런 거야 물으며
우리 힘내자, 방울방울 빗소리 들으며
변함없는 약손으로 나를 다독여 줍니다

만남과 이별의 공존

이 종 숙

별들이 아름다운 건
눈에 보이지 않는
그대라는 한 송이 꽃 때문입니다

사막이 아름다운 것
어딘가 샘물을 감추고 살기 때문에
서로가 간절함을 유지하며
보물로 감추고 살아가고 있는 겁니다

겨울에 깊숙한 곳에
마법의 보물이 숨어 있듯
그대 그리운 것은
그 보물로 인해 그 집 전체가
신비한 마법에 걸려 있기 때문입니다

지금 내 눈에 보이는 것은
오직 껍질뿐인데
가장 중요한 건
이별 없이 살아가는
눈에 보이지 않는 마음입니다

당신은 인생 등불

이 종 숙

꽃이 필 때도 꽃이 질 때도
곁에 있어 주는 사람입니다
바람 불고 눈보라 치는 곳에서
나는 당신과 같이 있습니다

하늘이 맺어준 인연이라는 끈은
쉽게 얻어진 것이 아닙니다
시련과 고통도 연緣이라는 글자에 묶긴
우리 사랑의 힘이라 했습니다

마음의 등불 바람에 흔들려도
바람 따라가는 것이 아니라
심지의 정신은 꺼지지 않는 등불로
서로 지키는 것이라 했습니다

당신과 나는 오늘까지
손잡고 있다는 것은 감사한 마음
당신은 어디에 있어도 영원히 꺼지지 않는
나의 동반자 인생 등불입니다

이 종 숙

아호 : 고은
경남 마산시 거주
경남 하동군 출생
대한문인협회 회원
(사)문학그룹샘문 회원
(사)한용운문학 회원(샘문)
(사)샘문학(구,샘터문학) 회원
(주)한국문학 회원(샘문)
<수상>
2019 대한문인협회 시 등단
2022 마산문인협회 등단
한국문학 예술인 금상
한국문학 베스트셀러 작가상
현대시선 신춘문학상
대한문인협회 신춘문학상

수상소감

제가 시를 쓰게 된 동기는 우연히 만난 박경리 작가님 손끝에서 기를 받은 것 같습니다.

하동군 악양면 박경리 문학관 골목을 걸어 올라갈 때 박경리 작가님이 제가 박경리입니다. 하시면, 두 손을 내밀며 반갑게 악수를 청하였습니다. 토지 저자의 이름만 알고 있었는지라 직접 뵙는다는 것은 상상도 할 수 없는 일이었습니다. 순간적으로 가슴이 뛰기 시작했습니다.

그 이후로 나도 모르게 꿈이 부풀기 시작했고 나의 어머니 모습 같은 작가님을 생각하기만 하면, 그 옆에서 저의 어머니가 서성거리셨습니다.

시를 쓰는 작가가 된다는 것은
자연현상을 이해하는 도구로써
물리학이 필수적이라는 인식에서 시작되었습니다. 자극에서 일어나는 느낌은 나의 능력이 되었고 감각적 자극은 오늘날 시인이라는 마음의 성질로 내는 소리로서 있습니다.

밴드에 올려진 우연한 기회로 샘문그룹 신춘문예 응모에 접수하게 되었고 <샘문뉴스회장상>에 당선되었다는 통보를 받고 너무 놀라고 기뻤습니다.

더욱더 기쁜 것은 이근배 시인님과 이사장님이신 이정록 시인님의 심사로 선정되었다는 것은 저에게 새로운 시의 맛을 일깨우는 길이 될 수 있는 것 같습니다.

저는 모든 면에서 궁금한 것이 있으면 파고드는 습성이 있습니다. 손에서 열린 글은 자신에게 맞는 열쇠를 찾는 열정으로 채워 넣습니다. 지금 생각하니 참 고마운 마음의 공간에 있는 시간을 축적하며 부족하지만 한 걸음 한 걸음 성장해 가는 모습에서 내가 나에게 칭찬하는 사람으로 살아가는 시인 이종숙 모습을 보여드리고 싶습니다.

다시 한 번 문학그룹샘문 이정록 이사장님과 이근배 심사위원장님 이하 심사위원님들께 감사드리며, 수고하신 직원 여러분께도 감사의 말씀드립니다.

그리고 사랑하는 저의 가족들과 당선의 기쁨을 함께하겠습니다.
감사합니다.

2025.04.18.
시인 이종숙 드림

샘문학상 특집
인/생/칼/럼

독고다이 스타일

인생칼럼/ 이 정 록

"인생은 독고다이"
 예능인 이효리가 자신의 모교 졸업식에서 한 말이다. 굳건히 견디고 자신을 믿으라는 충고다. 자니이 걸은 길이 얼마나 험한 가시밭이었으면 이런 내심을 비췄을까. 자기 스타일을 고집해야 하는 藝人에게는 약인데, 독선의 유혹에 빠지기 쉬운 정치가에게는 毒이다.

 이번에 개봉한 영화 '건국전쟁'의 주인공 이승만 전대통령도 독고다이다. 패권국 미국과 감히 담판을 해내는 약소국 지도자가 누가 있었을까. 단정 수립 아니면 북한 정권에 먹혔을 가능성이 컸다. 토지개혁은 더러 알려졌지만, 이승만이 밀어붙인 한미상호방위조약은 생소할 것이다. 그것으로 최후진국 한국은 해양세력의 일원이 됐다. 친일은 반공의 이항대립이었다. 1956년부터 81세 이승만에겐 종신 집권이 어른거렸는데 민주적 저항을 예상하지 못했다. 4·19 항쟁 시 부상 학생에게 흘린 눈물엔 자신의 과오와 민주 열망에 대한 경외가 동시에 담겼다.

 청년 이승만을 투옥한 고종도 독고다이였다.
 그는 아관파천으로 개화파를 무너뜨리고 대한제국 황제에 올랐다(1897). 내각(의정부)과 행정(궁내부)을 분리해 근대적 체제를 얼핏 갖췄지만 고종은 전권을 휘둘렀다. 혼란기를 돌파해 온 기억이 거기 있었다. 만기친람. 눈 밖에 난 대신들은 하루아침에 교체됐다. 신안군 섬, 해남, 제주도에 유배 정객들이 득실

댔다. 을사오적 이완용과 송병준은 통감부와 교감해 장수를 누렸다. 고종의 독전獨戰이 망국을 재촉했다.

민주화 37년간 보수 정권에 유독 독고다이가 많은 건 뜻밖이다. 세태에 밝았던 YS는 경제 펀더멘탈이 튼튼하다는 말만 믿다가 미국 클린턴 대통령의 긴급전화를 받았다. 성탄절 이브, 나라 곳간이 거덜 났다. 시민에게 묻지도 않고 서울시를 하느님께 봉헌한 MB는 미국산 쇠고기 수입을 흔쾌히 수락했다가 혼쭐이 났다. 독실한 크리스천 부시 대통령과 영성이 그냥 통했다. 성공의 독선은 그만큼 무섭다. 청와대 관저에 깊숙이 틀어박힌 대통령에게 최순실에 대한 보고가 닿을 리 없었다. 그 탓에 대통령이 귀양을 갔다. 이번에는 섬이 아니라 감옥. 독선의 비극이었다.

오빤 강남스타일!로 세계를 풍미한 싸이가 말춤을 춰대는데 몸이 저절로 들썩인다.
'반전이 있는 여자, 그래 바로 너야', 오빠는
혼신을 다한다. '갈 데까지 가볼까~' 라는 절창에 이르러 여자는 결국 오빠에게 왔을 거다. 문제는 다음이다. 그 여자 앞에서 '강남스타일!'을 고집하고, '나는 뭘 좀 아는 놈, 갈 데까지 가볼까'를 계속 외치면 그 여인이 남아 있을까? 연예인 싸이는 그래야 하지만 정치인은 낭패를 부를 뿐이다.

'석열스타일!' 유배라는 위험지대를 건너 권좌에 등극한 후에도 오빠는 '석열스타일!'을 계속 외치는 중이다. 좌파의 기습 공격과 십자포화를 물리친 힘은 목숨을 담보한 독고다이의 도박이었다. 검찰총장 시절 뚝심이 아니라 좌파의 오만 때문에 유권자들이 힘을 실어줬다. 뚫고 왔다는 독선의 강장제, 석열스타일!의 유효기간은 이미 만료된 지 오래다. 그런데 용산집무실 근처에는 말춤 노래만 들린다.

춤도 같이 춰야 제맛인데, 참모들은 보이지 않는다. 내각도 누군지 헷갈린다. 가끔 내놓는 정책에 살 만한 것이 더러 있음에도 그 경위와 내막은 깜깜하다. 의사 증원은 국민이 다 원하는 시급 사안인데, 지난 1년 세월에 막후 타협이 있었는지. 총선 전면전에 앞서 의료계 전투가 먼저 터졌다. 강경 진압은 저급한 정치다. 문재인 정권에는 주연급 인물이 너무 많아 탈이었다. 책임 전가의 달인이었다. 윤정권에는 조연助演조차 아리송하다. 내각과 참모의 존재감이 없기에 모든 화살이 오빠에게 쏠린다.

말춤 추는 오빠가 앞으로 죽 내민 팔에 갑작스레 명품 백이 걸렸다. 크리스챤 디올 파우치란다. 몰카, 영혼을 구제할 목사가 할 짓인지는 모르겠으나 이쯤 되면 오빠가 알아차려야 한다. 대통령의 연인은 유권자임. 내부에서 누가 말도 못 꺼낼 거다. 야당이 몰아붙인 특검법안은 불법 몰카라도 이용 가치를 총동원하는 진보의 치졸한 공세였다. 참다못한 김경율 여당 비대위원이 '마리 앙투아네트'를 발설했을 때 대통령은 성공의 독선을 떠올려야 했다. 웬걸, 대통령 비서실장이 혼비백산 한동훈 비대위원장을 찾아 결별을 통고했단다. 망연자실, 비서실과 내각은 말춤 추는 대통령의 백댄서, 민주정치의 한 축인 책임성이 증발한 현실이다.

한국의 민주정치는 300만원짜리 디올백에 휘청거리고, 유권자를 살필 대통령과 참모들은 '오빠 석열스타일!'에 정신이 없다. 유권자는 '반전反轉'을 좀 아는 사람인데, 오빠의 사전엔 반전이 없다. 화석처럼 굳어진 민주당을 탓할 필요는 없다. 반전이면 역전逆轉인데, '갈 데까지 가볼까~'라는 독고다이 노래의 끝은 역사가 안다. 파산 아니면, 파면 되고, 유배 되니, 이것이 한국 정치의 서글픈 운명이다.

시인, 교수, 칼럼니스트
이정록

샘문학상 특집
철/학/칼/럼

무측은지심 비인간
— 無惻隱之心 非人間

철학칼럼/ 이 정 록

한 아이가 우물가에서 놀다가 잘못하여 우물에 빠질 급박한 상황이다. 그것을 본 사람이라면, 아이가 누구인지 생각하지 않고 손길을 내밀어 구해준다. 아이의 부모가 누구인지도 생각할 겨를이 없다. 아이의 부모가 부유한지 가난한지, 나와 어떤 관계인지를 따지지 않는다. 순간적 위험에서 자기도 모르게 아이부터 구해놓고 보는 것이다. 그래야 사람이다. 그냥 사람이 아니라 인仁의 마음을 가진 사람이다. 누구든 남의 어려움, 위험, 고통, 불행 등을 보면 불쌍히 여기는 마음이 일어난다.

"맹자"에 나오는 이야기이다. 맹자는 사람에게 4가지 마음이 있다는 단서를 말하는데, 측은지심惻隱之心은 그중 첫 번째이다. 맹자는 '무측은지심 비인간'無惻隱之心 非人間이라고도 했다. 측은지심을 느끼지 못한다면 인간이라 할 수 없다는 것이다. 삼풍백화점 붕괴, 성수대교 붕괴, 서해 페리호 침몰, 대구 지하철 화재, 부산 구포역 열차 전복, 화성 씨랜드 화재 사고 같은 지난 세기 엄청난 비극은 말할 것도 없고 마우라 리조트 붕괴, 세월호 참사 같은 사고를 보면 안타깝고 슬퍼 눈물 흘리게 되는데, 그것이 측은지심이다. 크고 작은 사건 사고를 보고 들으며 혀를 차거나 이맛살을 찌푸리거나 속울음을 삼키는 일이 많다. 사람이 다치거나 죽는 일을 보면 저절로 고개 숙여진다. 전혀 인연이 없는 사람의 죽음 앞에서도 명복을 비는 게 인지상정이다. 사고를 당한 사람이 나와 어떤 관계인지 따지거나 생각하지 않는다. 그런 행동을 함으로써 장차 내가 그의 가족으로부터 어떤 보상을 받으려는 것도 아니고 다른 사람으로부터 칭찬을 받고자 하는 것도 아니다.

그럼, 그 반대도 성립하지 않을까 하는 생각을 뜬금없이 해본다. 어떤 사람이 죄를 지어 교도소에 가게 생겼다. 죄가 있는지 없는지 또는 죄가 큰지 작은지 따져보기 전에 안타깝게 생각하는 경우가 대부분이지만, '그놈 참 고소하다'고 생각하는 경우도 없으란 법이 없다. 어떤 사람이 사고를 당하여 목숨을 잃었다는 소식을 들으면 안타깝다는 생각도 없진 않겠지만 정말 속으로는 '잘됐다!' 싶은 마음이 들 수도 있을 것이다. 측은지심을 가진 인간이라 하더라도, 아니 오히려 그런 인간이기 때문에 더욱 그럴 수도 있을 것이다. 어떤 사람이 스스로 목숨을 끊는 대단히 불행한 일을 두고도 비슷한 감정을 느낄 수 있을 것이다.

대개 이런 경우는 그 사람이 누구인지 잘 알기 때문이고 그가 어떤 행동과 말을 해왔는지 알기 때문이고 그가 살아남아 하게 될 어떤 많은 일들보다 차라리 앞으로 어떤 일도 하지 않게 되기를 바라는 마음이 가득하기 때문일 것이다. 객관적으로 보면 이런 일은 서로에게 불행한 일이다. 이런 생각을 하는 사람도 그렇고 그런 평가를 받는 사람도 행복하다고 할 수 없을 것이다. 모든 인간은 인간의 존엄성을 갖고 있으며 인격적 대우를 받을 권리가 있고 이는 신성불가침의 "천부인권"이기 때문이다.

그러나 우리 주변에는 인격을 제대로 존중해 주고 싶지 않은 사람이 있다. 만일 그가 물에 빠져 죽을 지경이거나 스스로 목숨을 내던질 지경에까지 몰렸다 하더라도 일부러 모른 척 해버릴까 하는 마음이 들게 되는 인물이 의외로 많다. 굳이 몇몇 사례를 들어보자면 정치인들이 많이 들어가겠다. 훌륭한 정치인도 많지만, 국민이나 나라의 앞일보다 자신의 이익과 당리당략에 얽매인 정치인이 많다. 나중에 생을 마감할 때는 선한 얼굴과 마음으로 돌아올지 모르지만 지금 당장의 모습을 봤을 때는 원고개를 틀어버리고 싶은 정치인이 많다. 각종 탈세와 불법 뇌물, 불법 정치자금을 대어주면서 개발이익을 얻는 일부 재벌들도 예외는 아닐 것이다. 노동자를 조선시대 하인 부리듯 하면서 호의호식하는 이들을 보면 그들이 먹는 밥과 반찬이 나중에 지옥에 가서 먹게 될 똥이지 않을까 하는 생각도 하게 된다.

큰 죄를 지은 사람이 수사를 받다가 어찌어찌하여 사망하면 그 수사는 종결된다고 한다. 죽은 사람에게까지 죄를 물을 수는 없기 때문이다. 그런데 수사 과정에서 알게 된 사실 때문에 손가락질하고 욕을 하던 사람도 혀를 차며 "불쌍한 놈!"이라고 한마디 뱉고는 만다. 그것도 인지상정 이라고 할 수 있을 것이다. 하지만, 정말 그럼에도 불구하고 끝까지 욕을 퍼부어줘야 속이 풀릴 만한 짓을 하는 사람이 의외로 많다. 멀리에 가까이에. 그런 감정은 측은지심의 반대편에 있는 마음일 텐데 뭐라고 하면 좋을지 모르겠다. 그걸 '증오' 또는 '저주'라고 할 수 있을까.

신인문학상 당선작

춘화연서 외 2편
― 春花緣書

김 강 현

당신 마음의 꽃가람에
단 하루만이라도 물안개로
피어 오를 수 있다면 좋겠습니다

철 지난 갈대밭에
잃어버린 시간 쪼아 먹는
새벽 도요새의 배고픈 심정으로
꽃이 흐드러질 즈음, 봄바람 붓 끝으로
우리 사랑을 그려놓은
질박한 유화 연서를 씁니다

그리움 비에 젖고
내 가슴 한 켠에 그대 눈물이 번질 때
내 입술로 전하지 못한 꽃잎 향기로
처연한 연시를 씁니다

수취인 불명으로
그대가 받아 읽을 수 없어도
진실의 나무가 펼쳐주는 푸른 편지지에
아침마다 편지를 씁니다

봄의 투쟁

김 강 현

깃발이 저리 펄럭인 것도
아픔 말 못 한, 힘겨운 눈물을
참아내는 기침 일게다

겨울 상흔에 풀도 나무도
호흡조차 사치가 된 언 땅,
뼈를 갈아 먹는
푸른 꽃씨 살을 뚫고 나온다

진통 자지러진 가슴에 졸음 오지만
끙끙 앓던 심장의 봄은
그렇게 몸살 품고 꽃바람으로 태어난다

가시를 통째로 삼키고도
웃을 수밖에 없는 어설픈 시계 바늘
가려운 곳 지날 때마다
손톱자국에 핏줄만 터진다

황금 깃발으로 타오르는 축전의 향연
빨간 꽃잎이 팝콘처럼 터질 때
몸살 비껴갈 너라는 해열제와 진정제를 먹고 투쟁을 한다

인생 음표

김 강 현

울음은 통곡 소리와
눈물만이 아니외다

흐느끼지 않는
조용한 몸짓의 울음을 보았는가?

웃음은 표정으로 보이는
호탕한 소리만이 아니외다

어두운 표정 사라지는
밝고 맑은 눈빛만으로도 충분한 것을

같이 울고 웃고 깊은 사랑이 흘러도
무색하지 않을 그대가 부를 노래
인생 음표 하나면 될 일인 것을

김 강 현
전남 나주시 출생
광주광역시 남구 거주
전남 나주시청 40년 정년 퇴직
생태계농장카페 무료나눔 운영(나주시)
(사)문학그룹샘문 회원, (사)샘문학(구,샘터문학) 회원, (사)한용운문학 회원, (주)한국문학 회원, (사)샘문뉴스 회원, 샘문시선 회원
<저서>
2022 세상은 온통 너 뿐이다

김강현 시인 신인문학상 심사평

철학적 사유가 깊은 초극(超克)의 미학

강 소 이 (시인, 소설가, 문학평론가)

 2025년 제15회 샘문뉴스 신춘문예 신인문학상에 당선된 김강현 시인의 시 세 편은 모두 삶에 대한 철학적 사유가 깊다. 사유에 끝나지 않고 <춘화 연서>에서는 님의 부재(수취인 불명으로 님의 부재인 상황)라는 결핍의 상황, <봄의 투쟁>에서는 겨울의 상흔이라는 동토의 상황, <인생 음표>에서는 통곡 소리, 눈물, 울음, 어두운 표정 등의 인생의 낮은음자리에서 시인은 모두 초극을 말하고 있다. 시의 3요소를 회화성, 음악성, 의미성(철학성)으로 본다면, 김강현 님의 시는 모두 사유가 깊은 철학성을 보인다.

 <춘화 연서>에서 꽃가람, 물안개, 갈대밭, 붓끝, 푸른 편지지라는 시어를 통해 회화적인 시각적 이미지의 형상화에도 성공하고 있다. 꽃잎 향기의 후각적 이미지를 동원하기도 한다. 프랑스의 정신분석학자인 쟈크 라캉은 "욕망은 결핍에서 비롯된다"라고 했다. 수취인 불명이라는 님의 부재 상황은 결핍이다. 님의 존재하지 않는 부재의 결핍 상황을 시인은 절망과 좌절로 주저앉지 않는다. "잃어버린 시간을 쪼아먹는/ 도요새의 배고픈 심정으로…. 아침마다 편지를 님에게 쓰곤 한다. 님이 부재한 것 같지만, 김강현 님의 가슴 속에는 님이 항존(恒存)한다. 님을 그리워하는 "그리움 비에 젖고/ … 그대 눈물이 번질 때"라고 하는 애달프고 구슬픈 비애의 정서를 보이지만, 변하지 않는 상록수와 같은 마음으로 시인은 아침마다 편지(연서 –戀書)를 씀으로써 슬픈 상황을 초극하고 있다.

 같은 맥락에서 <봄의 투쟁>에서도 겨울의 상흔, 언 땅이라는 고통과 어두운 상황을 살을 뚫고 푸른 꽃씨가 싹을 틔운다. 이는 진통, 몸살, 가시를 통째로 삼킴, 해열제와 진정제를 먹고 투쟁하는 상황으로 초극을 말하고 있다. 겨우내 얼어있던 동토의 땅 - 고난을 극복(초극 – 超克)하는 의지는 봄의 소생과 부활, 봄의 승리 – 꽃씨, 꽃바람, 축전의 향연, 빨간 꽃잎의 잔치를 보인다. 겨울이 절망스럽지 않은 것은 봄에 다시 소생할 새싹의 행진을 잉태하고 있음을 암시하는 원형(原型 – Archetype)이므로 이 시는 사유와 통찰이 깊은 우수한 시라고 하겠다. 또한, 시의 서두에서 "깃발이 저리 펄럭인 것도…"라고 깃발을 끌어내었다가 시의 끝에서 "황금 깃발로 타오르는 축전의 향연"이라고 했다. 수미쌍관을 이루어 시의 구조가 튼튼하다.

 <인생 음표>도 울고 웃고 깊은 사랑이 흐른다 해도, 흘러넘쳐도 인생을 살아가는 모든 존재자가 불러야 하는 노래라고 했다. 인생은 울기도 웃기도 하여 음의 고저, 가락, 리듬이 있는 것처럼 인생도 "음표"로 보고 인생을 통찰하고 있다. 이 시도 역시 인생에 대한 사유가 깊은 우수한 시라고 하겠다.

 이 시에서 "울음은 통곡 소리와/ 눈물만이 아니외다…", "웃음은 표정으로 보이는/ 호탕한 소리만이 아니외다"라는 대구(對句)와 대조의 표현력을 써서 단단한 시의 구조를 보이는 것도 우수한 점이라 하겠다. 세 편 모두 시 공부가 짧지 않은 내공 있는 우수한 작품들이다. 끝으로 김강현 시인의 등단을 감축드린다.

수상소감

정말 그랬습니다. 사람 마음이 얼굴과 표정이 글이 되고 표현의 자유가 되는 간절한
깃발이었습니다.
사람의 마음에 꽃이 피고 향기 나는 웃음이 있다는 것도 알았습니다.

나무에 그늘이 있고 계곡에 물이 있고 강물에 물고기가 있어야 하듯
글 속에는 늘 양심이 바탕이 되는 진실의 저울과 사랑을 퍼 올리는
두레박과 웃음의 온도계가 있어야 합니다.
사람과 자연의 소리에 귀를 열면 세상의 소리가 들립니다.

그 소리를 듣다 보니 그들과 소통의 통로가 되고
갇힌 틈에도 빛이 들어오고 어둠 속에서도 별이 길을 재촉하니
세상의 언어라는 두꺼운 껍질 깨어 나오는 애벌레가 나방이 되었습니다.

자유를 얻기 위한 날개 짓으로 마음과 마음의 오작교에 강물 흐르니
봄은 그렇게 내 마음의 뜰에 꽃 한 송이 피워내기 위해
홍역을 한바탕 치르고도 부족해 몸살을 앓고
깨어지고 부서진 유리 조각 사이를 걸었나 봅니다.

더 붉을 수도 더 푸를 수도 없는 노을과 강물에 나를 던지고
소리 나지 않는 악기로 살아온 세월을 찻잔에 부어 마십니다.

서로가 취하지 않는 갈증이 부서지는 별빛 쏟아지는 추억을 엮어 놓고
홀연히 돌아선 외면한 바람의 자식이 나를 넘어뜨립니다.

그런 줄 알면서도 4월의 밤이 찾아온 거리마다 목련이 목욕을 합니다.
한 올 한 올 수치심 벗어던지고 낮은 곳에서 안부 편지를 씁니다.

백옥같은 가냘픈 숨결 곱게 모아진 손으로 염모했던 시간 위에
샘문을 향해 멈출 수 없는 발걸음이 보리밭길 푸른 소리를 밟고
사랑해야 할 만남과 인연의 옷자락을 펄럭입니다.

가난한 마음의 가지에 흔들리는 바램이 당신이었고 당신이 주신 선물이
내가 살아가야 할 분명한 소명이고 사명의 시간이었습니다.

내가 다시 글이 되고 글이 다시 내가 되는 날
비로소 당신이 죽어가는 내 문학에 가장 비옥한 땅을 주고 비를 주신
생명의 시작이고 은혜의 축복이었음을 알것 같습니다.

주야불철 문학계 발전을 도모하시고자 진정한 문인 작가들을 발굴하시는데 열정을
다하시는 샘문그룹 이사장님 이근배 심사위원장님과 심사위원님 제 작품을 당선되게 채
택해주셔서 진심과 충심으로 감사의 말씀을 드립니다.
더 좋은 언어들이 세상에서 태어나고 만나서 행복을 갈구하는 노래를 글로 담겠습니다.
애써주신 마음 잊지 않고 감사한 마음 전합니다.
감사 합니다.

2025.04.09.
시인 김강현 배상

신인문학상 당선작

콩나물 김칫국 외 2편

김 주 은

한겨울 혹독한 추위
잘 보내고
따뜻한 봄이 왔는가 싶었는데

꽃샘추위 칼바람을 맞고
몸이 으슬으슬 떨리더니 콕콕 쑤셔
쌍화탕을 사 먹고 몸져누웠다

목이 아파 음식을 먹지 못해
배가 고프고 속이 쓰리다
콩나물 김칫국 생각에 신물이나니
속이 더 쓰린다

어린 시절 몸살이 났을 때
어머니가 끓여 주셨던
시큼하면서도 칼칼한 그 콩나물 김칫국이 먹고싶다

윗방 시루에 키우는 콩나물에 물을 주고
보자기 덥어주지 않았더니
녹색 머리로 치장을 한, 콩나물을 한 줌 뽑고

뒤뜰에 묻은 커다란 항아리에

배추와 무를 숭덩숭덩 썰어 넣고
막 담근 김치 바가지로 푹 퍼다 넣고

멸치 한 줌 넣고 펄펄 끓인 국을
한 그릇 먹고, 땀 흘리고나서
하룻밤 푹 자고 나면 감기 몸살 다 나았다

오늘은 아픈 만큼
어머니께서 사랑 가득 담아 끓여 주셨던
보약 같은 그 콩나물 김칫국이 먹고 싶다
어머니 그립습니다

장미

김 주 은

높은 담장 아래
아름답게 피어있는 가을 여인아

무더위와 가뭄도 잘 이겨내고
예쁜 저고리 속에 향기를 가득 품은
그대의 붉은 자태는 참 아름다워요

그대의 열정 기쁨 욕망을
소슬바람에 하나 둘 묶어 떠나 보내고
강렬한 여심만 날카롭게 세웠구나

그대 떠난 후
가을 풍경을 감상하다
예쁜 그대 모습 그리워서
외로움이 밀려오면

너와 다시 만날 그날을 위해
연민으로 화해하고

시인처럼 그대를 사유하는
감성의 계절
가을을 예찬하고 싶구나

재회

김 주 은

태풍이 지나간 후
청량한 바람이 불면
가을이 오는 소리

살갗을 스치는 선들바람
피부로 느껴 옷깃을 여미면
가을이 오는 소리

귀뚜라미 울음소리에
귀 기울이면
가을이 오는 소리

파란 하늘에
하얀 뭉게구름 행렬을 보면
가을이 오는 소리

솜처럼 부드러운 뭉게구름 사이로
방끗 웃는 그대 모습 보이면
내 가슴에 가을이 오는 소리

김 주 은

서울특별시 양천구 거주
한국방송통신대학 국문학과 졸업
한국방송통신대학 법학과 졸업
독립운동가 김경달 후손
한국문인협회 수필창작과 수료
동국대 평교원 나만의 글쓰기 수료
(사)문학그룹샘문 회원
(사)샘문그룹문인협회 회원
(사)한용운문학 회원
(주)한국문학 회원
샘문시선 회원
<수상>
출판과문학 수필 등단
이헌기 노동부장관 모범근로가족 표창
노동부 생활수기 공모전 입상(84/87)
정한주, 이헌기 노동부장관상
한국방송통신대 문예지(통문) 우수상
<공저>
바느질하는 남자
공굴러가다(한국방송통신대)
그리움엔 무엇이 담겼을까(윤보영 동인지)

김주은 시인 신인문학상 심사평

시적 대상을 설명하고 진술하는 말하기 시詩

손 해 일 (시인, 문학박사, 국제펜한국본부 제35대 이사장)

김주은 선생의 응모작 「콩나물 김칫국」, 「장미」, 「재회」 3편을 2025년 ㅈ15회 신춘문예 샘문학상 신인문학상 당선작으로 뽑는다.

시창작 기법을 대별 하면 시적 대상을 설명하고 진술하는 '말하기'와 설명 대신 비유와 상징으로 그림처럼 '보여주기' 시가 있다. 말하기는 행과 연을 갈랐지만, 문장을 그냥 쭉 연결하면 산문이다. 시의 본령인 응축과 비유와 상징이 부족하기 때문이다. 시와 산문의 기본적 차이를 유념해야 한다.

「콩나물 김칫국」은 전형적인 말하기 시이다. 이 시의 화자는 혹독한 추위가 지나고 봄인가 했는데, 꽃샘추위에 몸살감기로 몸져누었다. 어릴 적 어머니가 끓여주시던 "시큼하면서도 칼칼한 콩나물 김칫국이 먹고 싶다", "어머니가 그립다" 콩나물 김칫국은 콩나물에 배추와 무를 숭덩숭덩 썰어 넣고, 막 담근 김치를 바가지로 퍼서 넣고, 멸치 한 줌 넣고 펄펄 끓이면 된다고 한다.

「장미」는 아름다운 장미꽃을 의인화하여 예찬한 시이다. "장미는 가을 여인", "방끗 웃는 다운 그대의 붉은 자태", "그대 떠난 후 외로워서 그리움이 밀려오면", "다시 만날 그대를 연민으로 화해하고", "시인처럼 그대를 사유하는 가을도 예찬한다." 가을을 의인화 했다.

「재회」는 다시 만난다는 의미이다. 여기서는 가을과의 재회를 시화했다. "가을이 오는 소리"는 태풍이 지난 후 바람 불면, 선들바람에 옷깃을 여미면, 귀뚜라미 울면 파란 하늘 뭉게구름을 보면 알 수 있다고 전개한다. 궁극적으로는 "뭉게구름 사이로/ 방끗 웃는 그대 모습 보이면/ 내 가슴에 가을이 오는 소리"이다.

전체적으로 시를 맛깔나게 하려면 기존의 상투적 표현을 벗어나, 남과는 확연히 다른 은유와 상징을 열심히 찾아서 쓰면 좋은 작품이 탄생할 수 있다. 시인의 문운 창대를 기원하며 등단을 감축드린다.

수상소감

꿈을 잃지 않으면 꿈을 이룰 수 있다

　사고로 오른쪽 팔 골절로 깁스를 하여 손을 맘대로 쓸 수가 없어 샘문학상 공모전에 응모 신청을 할까 말까 망설이다 응모 마감날 용기를 냈다. 팔목 근육이 끊어지듯 아파도 참고 시 세 편을 메모해서 메일로 보냈다. 보낸 메일을 열어서 퇴거하기를 여러 번 반복하여 밤 10시쯤에 마지막 메일을 보내 놓고 걱정되어 잠을 편히 자지 못했다.
　일주일이 지나서 당선 통보서를 받았다. 나는 손이 아파서 몇 번 망설이다 포기하지 않고 해냈기에 당선에 대한 감회가 어느 때보다 깊다.
　어린 시절에 누군가와 이야기를 나누고 싶으면 나와 가만가만 이야기하듯 일기 쓰는 것을 좋아했다. 늘 글을 쓰는 사람이 되고 싶었지만 꿈으로만 간직하고 살아왔다.
　우리나라가 일본의 식민지 생활을 할 때, 할아버지께서 독립운동을 하다 포로가 되어 전사하신 후, 아버지는 독립운동가의 자손이라고 학교를 다닐 수가 없어 글을 전혀 배우지 못하셨다. 일상생활에서 글을 몰라 답답하실 때면 종종 나에게 글을 써달라고 부탁하시곤 했다. 그래서 나는 글을 쓰는 사람이 되려는 꿈을 잃지 않았기에 공부를 하여 수필가로 글을 쓰게 되었다.
　유난히 꽃을 좋아하셨던 어머니의 정서는 나의 문학의 원천이 되어 글로 삶을 설계하기도 하였고 절망 속에서 문학적으로 치유를 받기도 하였다. 그래서일까 문학은 내가 온전하게 삶을 살아갈 수 있게 하는 어려운 퍼즐 게임과도 같다.
　수필은 붓 가는 대로 삶과 사물에 대해 자유롭게 쓰는 글이라 하여 어떤 정형이 없기는 하지만 인위적으로나 억지로 쓰는 쉬운 글도 아니다. 수필은 글 속에 반듯이 본인의 의지를 담은 긴 여운이 독자들 가슴에 문학으로 승화되는 글이기도 하다. 수필에는 글을 쓰는 형식이 없다 보니 가끔은 가슴이 타들어 가듯 막막함이 느껴지기도 했다. 그래서 짧은 글로 감동을 줄 수 있는 시를 쓰고 싶다는 마음에 시 쓰기를 배웠고 이번에 샘문학 공모전에 응모 신청을 하여 샘문학 신인상에 당선되었다. 나는 지금 그동안 꿈꿔왔던 시인이 된다는 기쁨에 아픈 손목을 수십 번 주물러가며 설레는 마음으로 당선 소감을 쓰고 있다.
　앞으로 어떤 어려움이 있어도 시를 쓰기 위해 부단히 노력하여 마음이 풍요로워지는 삶을 살 수 있도록 오래오래 영원히 시를 쓰고 싶다.
　부족함이 많은 저에 시를 좋게 심사해 주신 이근배 심사위원장님과 샘문그룹 이정록 이사장님께 깊은 감사를 전합니다. 고맙습니다.

2025.02.22.
김주은 드림

신인문학상 당선작

시한부 외 2편

김 희 창

회색빛 창문 너머
또 다른 세상의 창이 있다
비끼는 낯익은 그림자
밤새 씻어 내고 싶다

언젠가 자식에게 잊힐 존재
가위질 당하듯 날마다
뭉텅 잘려 나가는 시간
나이 들어 간다는 걸 숨기며 사는 이 아픔
익숙해질 수 없는 적막

애써 살아내고 싶던 세월이
먼, 섬 불빛처럼 가물거리고
숨 막히게 느끼는 날
외로움 조차도 사치로 다가온다

연기처럼 흐느적 거리며 살다가
어느 틈에 지쳐 떠나버리는 인생
그제야 사라질 내 안에 암덩이 시한부여
가슴이 미어진다
어디로 갈까

겨울 위령탑

김 희 창

고추바람이 분다
어린 딸과 이별하며
목메어 돌아서던 당신 뒷모습
가슴을 에며 부딪힌다

흔적도 없이 어디로 가셨을까
송추 뒷산 운경 공원묘지,
유골조차 장맛비가 휩쓸어
이름 석 자만 위령탑이 기억한다

석양이 너울거리면 그곳을 바라본다
한평생 논밭 일로 고생하시다 가신
어머니의 이 겨울,
어찌 지내실까!

시린 가슴의 탑돌이
위령탑에 불어오는 고추바람에
겨울이 깊어간다

이별가

김 희 창

스물 일곱 나이에
큰 동생 내 곁을 떠나고
스물네 살에 둘째 동생도
세상 떠났다

봄이면 꽃들 보며
여름이면 바다를 보다
가을이면 뒹구는 낙엽을 보며
겨울이면 내리는 눈을 보며
마음이 흔들렸다

동생들 무덤 앞에 술잔을 부어 놓고
이름을 부르다
내 설움까지 쏟아 내었다

남은 동생까지
내 곁을 떠날까봐
마음은 살얼음을 걷는다

지도에도 없는 곳에서
서로 만나 의지하며 지내면서
누나를 기억해 주겠지

석양이 늬엿늬엿 질 때면
두 동생 그리워
가슴 깊은 곳에서 슬픔이
몰려오곤 한다

김 희 창

경기도 남양주시 거주
명지대 평교원 사회복지사 수료
2008 사회복지시설 개원
2011 늘푸른요양원 개원
한아름요양원 운영 중
해드림펜션 운영 중
해드림문학회 회원
문학힐링학회 국제치유코칭 회원
(사)문학그룹샘문 회원
(사)샘문그룹문인협회 회원
(사)샘문학(구,샘터문학) 회원
(사)한용운문학 회원
(주)한국문학 회원
샘문시선 회원
<저서>
수필집 : 무궁화꽃이 피면
<자격증>
요양보호사 1급
와엠씨 간병사
문학힐링 1급, 2급

김희창 시인 신인문학상 심사평

슬픈 사연을 비유를 섞어 잘 간추린 말하기 시

손 해 일 (시인, 문학박사, 국제펜한국본부 제35대 이사장)

　김희창 선생의 응모작「겨울 위령탑」,「시한부」,「이별가」 3편을 2025년 신춘문예 신인문학상 당선작으로 선정한다.

　시는 작가의 인생이나 그 시대 사회상을 비치는 거울이다. 시를 통해 작가의 체험과 상상력과 인생관까지를 유추할 수 있다. 시를 기법상 자신의 체험을 진술하는 '말하기 시'와 비유와 상징을 통해 그림처럼 '보여주기 시'로 대별 할 때 김희창 선생의 작품은 말하기 시에 해당하지만, 슬픈 사연들을 비유를 섞어 짧게 잘 간추린 작품들이다.

　「겨울 위령탑」은 작가가 어릴 적 돌아가신 어머니를 그리는 사모곡이다. 어머니는 "한평생 논밭 일로 고생하시다 가신" 분이다. "어린 딸과 이별하며/ 목메어 돌아서던 당신 뒷모습"이 가슴을 친다. 불행히도 "송추 뒷산 운경 공원묘지"는 장맛비에 묘지가 다 쓸려나가 유골조차 찾을 수 없어 위령비에 이름 석 자만 남아 있다. 겨울에 위령탑을 찾아 시린 가슴으로 탑돌이를 하지만 "고추바람에 겨울이 깊어간다."

　「시한부」에서는 암 투병으로 시한부 인생을 살며 느끼는 인생무상과 회한을 토로하고 있다. "언젠가 자식에게 잊힐 존재", "몽땅 잘려 나가는 시간", "익숙해질 수 없는 적막" 속에서 "애써 살아내고 싶던 세월"에 "외로움 조차도 사치로 다가 온다", "연기처럼 흐느적거리며 살다가/ 어느 틈에 지쳐 떠나버리는 인생" 등이 좋은 표현이다.

　「이별가」는 큰동생이 27세에, 둘째 동생이 24살에 요절한 두 남동생을 그리는 내용이다.
　봄에는 꽃을, 여름에는 바다를, 가을에는 낙엽을, 겨울에는 눈을 보며 "마음이 흔들렸다."
　두 동생들 무덤 앞에 술잔을 따르고 슬퍼하며, 남은 동생마저 이별할까 조바심을 낸다.

　응모한 3편 모두 애틋한 사연들이지만, 인생만사가 '새옹지마'요 '마음먹기'에 달렸으니, 작가 자신부터 힘내어 건강하게 살기를 바란다. 시인의 등단을 감축드린다.

수상소감

이제 새로운 삶은 또 다른 문학의 삶을 걷습니다. 막상 당선 소감을 쓰려니 문득 자식들이 떠오릅니다.
되돌아보면 자식들에게 참 미안합니다. 저는 엄마라는 호칭마저 아쉬운 엄마로 살았습니다.

70평생 삶의 높고 낮은 곡절이 굽이굽이 쌓여 지금도 자식들을 만나면 툭 털어 놓고 해야 할 이야기도 정작 서먹서먹해서 말문을 닫곤 합니다. 어미로서 제대로 뒷바라지를 못해 준 처지에서 무슨 할 말이 있겠습니까.

끊임없이 이어지는 질곡의 삶 가운데 터질 듯한 분노와 억울한 일들을 겪을 때마다 4남매 자식들이 버팀목이 되어 늘 감사하고 행복했습니다.

세월 탓인지 외로움과 고독이 갈수록 깊어 가지만 자식들 목소리만 들어도 따뜻해집니다. 가까운 거리나 먼 거리나 그립고 보고 싶은 것은 마찬 가지입니다. 자식들과 한자리에서 살아보고 싶은 꿈이 있지만 그리 쉽지가 않습니다.

옷 한 벌 그럴 듯하게 차려입고 자식 앞에 나타나지 못 하였지만 이제는 부끄럽지 않습니다. 지금은 제 시문학이 부족 한 것을 이정록 회장님, 교수님과 고태화 이사님 그리고 심사위원님들께서 저를 추천하고 당선시켜주시고 등단시켜 주셔서 정말 영광이고 감사합니다.

이제 새로운 길이니 지금까지 살아온 것처럼 성실하게 최선을 다해 좋은 시와 수필을 쓰도록 하겠습니다.

문인의 길로 이끌어 주신 이정록 회장님, 심사위원님, 고태화 이사님 진심으로 감사 드립니다.

끝으로 저의 사랑하는 가족들과 저를 아는 모든 분들과 이 기쁨을 나누겠습니다. 존경과 감사를 드립니다.

2025.02.27.
시인 김희창 올림

신인문학상 당선작

일장춘몽一場春夢 외 2편

유 광 호

꿈을 찾아 꿈속을 헤매인다
저 좁은 동굴 속,
거울처럼 보이는 세상이 환상인지 현실인지

밤새 내린 봄비가 빚어낸 영롱한 구슬이
거울속 illusion을 향해
툭툭 알갱이를 터트리며
콧등 위로 비릿함을 남겨 놓는다

손으로 잡을 수 있는 공간적 거리에
손으로 잡을 수 있는 것이 아무것도 없다
환상이 현실이 되고
현실이 꿈이 되어버린듯 하다

그리 바람이 지나간 자리에
꽃이 지는 줄 알았더니
바람은 꿈이요, 꽃은 환상이더라

밤새 꿈을 찾아 헤매였지만
내내 한자리에 맴도는 그 바람에
오늘이 세월이고,
깨어보니 현실 이더라

초원 연가

유 광 호

이건 꿈일 것이다
필경 내가 누운 자리 위에 자라난
그대 영혼이 가져온
그러나 긴 여행의 끝에서 본
영혼의 초원 숲은 누워 잠을 자고
돌을 던지면 깨질 것 같은
하늘 위에서 볼 수 있는 건, 빛 바랜 무지개뿐
구름 사이로 언듯, 피곤한 한 무리의 태양빛이 머리를 내밀고
외로운 학 한 마리 고개 들어 눈물 한 방울,
내가 간 곳은 그리움의 초원이었다.

풀잎마다 애처로운 고개짓으로
언덕 아래 시냇물을 부르며
하늘 위로 큰 강물이 되어
그리움으로 떨어지는 초원에서
밤으로 긴 천을 둘러, 속삭임이 꽃이 되고
향기가 되어, 별의 이야기를 듣다가
눈물 자국으로 얼룩진 별에 기대에 잠이든 초원 위에
별빛 동화 속 이야기도 아니고
네가 그리워 누운 그대의 하늘에서
눈물 흘리는 나는 그대의 초원

회한

유 광 호

언 듯 돌아본 내 등 뒤에는
나의 모습만큼이나 허전한 삶,

이제 피곤이란 동행과 함께
결코 지칠 줄 몰랐었는데,
몇 걸음 전 만났던 사랑이란 고통으로
가슴 한 귀퉁이 진한 상처를 지닌 채
언덕을 넘어 간다

그 너머에는 천국이 있을 것이라는
어머님 말씀
언덕 위에서 바라본 세계는
어머님의 죽음만큼 공허하다
천사도 있었지,
그 하늘 위에 따사로움으로
그 땅 위에는 잘리워진 날개 밖에
이해할 수 없는 혼돈의 무게로
두 다리가 무너져간다

등 뒤에는 언듯
깨닫지 못하는 세월의 모습
주린 배를 부여잡고 걷는 지친 그림자

풀 한 포기 조차 소유할 수 없는 주제에
한 줌의 공기 조차 커다란 무게로
어깨 위에 얹혀있고
똑 바로 걷는 내 뒤에서 따라오는
어지러운 발자국 천천히 지워야겠지,
나의 삶 전부를…

내가 어머님의 눈물로 만든 삶을,
무참히 뜯겨져 버린 잡초는 아닌데
언젠가 깨닫지 못한 아픔이
내 몸 위에 눈물로 맺히리라

유 광 호

경기도 용인시 거주
경희대학교 영어영문학과 졸업
주금경 미국의류영업 영업부 차장
(주)한솔섬유 이사(미국의류영업)
(주)세아상역 대표(미국의류영업/17년)
서울대학교 생활과학대학 패션산업(8기)
Tex+Fa CEO 비즈니스스쿨(3기)
Global CMO School(21기)
(사)문학그룹샘문 회원
(사)샘문학(구,샘터문학) 회원
(사)한용운문학 회원
(주)한국문학 회원
<수상>
한국의류산업협회 우수상
대한민국 정부 산자부장관상
대한민국 정부 국무총리상

유광호 시인 신인문학상 심사평

현실과 비현실을 넘나드는 추상적인 작품

손 해 일 (시인, 문학박사, 국제펜한국본부 제35대 이사장)

유광호 선생의 응모작 「일장춘몽」, 「초원 연가」, 「회한」 3편을 2025년 제15회 신춘문예 샘문학상 신인문학상 당선작으로 뽑는다.

시는 자신의 체험이나 전인격을 언어로 표출한 예술이다. 시의 화자(persona)는 1인칭의 작가 본인일 수도 있고, 2인칭, 3인칭의 타자일 수도 있다. 비유법 또는 상징기법에 따라 발언의 주체를 달리할 수 있다. 김소월 시인은 남성이지만 진달래꽃의 화자는 여성인 것처럼 전개하고 있다.

「일장춘몽」은 현실과 비현실을 넘나드는 자아의 혼돈상태를 주제로 하고 있다. 인생 자체가 한바탕 허무한 꿈이라서 '일장춘몽' '한단지몽'이라고도 한다. 장자의 나비에서는 장자와 나비의 '물아일체'를 말하고 있다. 이 시의 화자는 "꿈을 찾아 꿈속을 헤매인다" 좁은 동굴 속에서 "거울처럼 보이는 세상이 환상인지 현실인지" 헷갈린다. "꽃이 지는 줄 알았더니/ 바람은 꿈이요 꽃은 환상"이며, "밤새 꿈을 찾아 헤매었지만/ 깨어보니 현실"이었다. 실제로 요즘의 첨단과학은 가상현실을 진짜 현실처럼 기막히게 재현하는 경지에 이르렀다.

「초원 연가」는 초원에서 그대에게 보내는 연가이다. "이건 꿈일 것이다"를 서두로, 긴 여행 끝에서 본 초원 숲은 "빛바랜 무지개뿐", "피곤한 한 무리의 무지개", "외로운 학 한 마리 눈물 흘리는" 그리움의 초원이다. 문맥상의 초원 숲은 낙원이라기보다는 "그대의 하늘에서 눈물 흘리는 내가 그대의 초원"이라는 다소 비극적 역설적 공간이다.

「회한」은 화자가 자신의 삶을 돌아보며 느끼는 후회의 시편이다. "언뜻 돌아본 내 등 뒤에는/ 나의 모습만큼이나 허전한 삶"이다. 라 브뤼에르는 "인생은 느끼는 자에게는 비극이요, 생각하는 자에게는 희극"이라고 했다. 이 시의 화자는 주로 느끼는 쪽인지 시의 흐름이 약간 시니컬하고 감성적이다. "어머님의 눈물로 만든 삶", "언젠가 깨닫지 못한 아픔이/ 내 몸 위에 눈물로 맺히리라."라고 맺는다. 끝으로 유광호 시인의 등단을 감축드린다.

수상소감

눈이 유난히 많이 내렸던
작년 겨울,
내린 눈의 무게에
밤새 힘들다 힘들다
하소연 하던 배롱나무에

오늘은 따스한
봄의 햇살이
배롱나무 가지에 내려와
신인문학상 당선의 기쁜 소식을 전해주고 있습니다.

배롱나무의 꽃이 빨갛게 필 때
시의 성숙이 열매가 될 수 있도록
오늘의 기쁨을 거름으로 삼아
더욱 정진하도록 하겠습니다

다시 한번 감사의 인사를 올립니다

2025.03.21.
유광호 배상

신인문학상 당선작

향수 외 2편

이 다 은

예전에는
투지폰,
지하상가에서 산 옷,
캐릭터가 그려진 지갑,

요즘에는
아이폰,
백화점에서 산 옷,
로고가 불박된 명품 지갑,

난 그래도
너가 내 옆에 있던 그때가 좋았던 거 같아

너랑 같이 먹던 500원짜리 떡볶이,
너랑 같이 몰래 봤던 '무서운게 딱 좋아'
너랑 나랑 둘만의 숨바꼭질,
넓은 운동장에 둘이 누워있으면
세상을 다 가진 것 같았거든

지금은 많은걸 가졌는데도
그때 그 기분이 안나

커피 창조

이 다 은

생쥐 조차도 살금살금 걷는 새벽
적막을 깨는 그라인더,
오늘도 그라인더는 사람들의 새벽을 갈아낸다

새벽을 마신다
사람들이 아우성치던 그 새벽을
사람들의 땀방울 섞인 그 새벽을
사람들의 눈물서린 그 새벽을

아우성치는 목소리를
그 누구도 알아채지 못하고
목소리는 묵살되고, 몸부림치는 삶들만이 남는다
요란한 소리만이 남는다

밤을 갈아낸 새카만 물이
사람들의 새벽을 집어삼켰다
태초의 새벽을 갈아낸 새카만 물이 사람들의 삶을 집어삼켰다

고요한 음미는
물 속 사정은 알지 못한다
그라인더는 쉼없이 삶을 연단해서
세상에 뿜어내고
오늘도 삶은 세상을 지배한다

바보 명예훈장

이 다 은

우리 참 예뻤어

학교에서도
도서관에서도
너희집에서도

헤픈 너의 웃음 소리가 좋았어
지켜주고 싶었어
나와 너무 닮은 너를

지켜주지 못했어
어색함이 감돌잖아
적막이 생겼잖아

외면했던 것만이 우리를 지키는 답이였을까?
정말 불명예라고 생각해야 할까?

너랑 친구했던 선택은
명예스런 훈장감이였어

빛이 바랜 명예훈장
인연 줄에 걷히고 있었는 용한 명예훈장

네가 일산으로 떠난 그날
줄이 서럽게 끊어졌어

더 이상 외면할 수가 없었고
우리 사이 잇는 끈도
이제 더 이상 존재하질 않고

넌 다른 사람과 첫 여행을 가고
첫 술을 마시고
나와 네가 약속했던 버킷리스트를
너만 이루는걸 보면서도

괜찮아 괜찮아
너가 날 잊어도 괜찮아

잘지내 나의 친구야
잘지내 나의 바보야

이 다 은

서울시 마포구 거주
신광여자고등학교 중퇴
(사)문학그룹샘문 회원
(사)샘문그룹문인협회 회원
(사)샘문학(구,샘터문학) 회원
(사)한용운문학 회원
(주)한국문학 회원
이정록문학관 회원
샘문시선 회원

수상소감

안녕하세요.
2025년 제15회 신춘문예샘문학상 공모전 및 컨버전스공동시선집 신인부문 공모에 당선된 이다은 입니다.

저는 원래 시를 좋아하던 사람이 아니었습니다. 그런데 고등학교에 진학하고 힘든 마음들을 시가 치유해 주는 듯한 느낌을 받고 시를 좋아하게 된 것 같습니다. 시는 함축된 단어들로 구성하여 큰 의미를 담고 있는 것이 제 마음에 들었습니다. 시를 읽기만 하던 제가 고등학교에 진학하면서 느끼는 부정적인 감정들을 떨쳐내고 담아내기 시작하였습니다.

그렇게 일기처럼 시작한 저의 글을 저와 비슷한 처지에 있는 사람들이 위로 받고 공감 받았으면 하는 마음에 글을 출품하게 되었습니다. 그런 저의 마음이 헛되지 않았다는 확신을 주신 심사위원님들께 감사를 표합니다.

또한 제가 글을 쓰기 시작하도록 해주신 최수지 선생님과 당선소식에 함께 기뻐해준 가족들에게도 감사합니다.

앞으로 부끄럽지 않은 글을, 공감 받고 위로 받는 글을 쓰는 사람이 되도록 정진하겠습니다. 감사합니다.

2025.04.21.
이다은 드림

신인문학상 당선작　　　　　　　　　　　시

처음 본 달 외 2편

이 상 록

뉴욕
단풍나무 아래서
달 처음 본다

어디서 왔을까
아버지 몰래 장독 뒤에 숨었다
이제 온 것일까

일어 와와
산비둘기 우는 피앗골
골은 지금쯤
아버지 맘 따라 산이 되고 골이 되어가겠지요

뉴욕
밤하늘 아래서

나, 이슬 젖은 달빛
나뭇잎 떨어지는 소리에
긴 편지를 쓴다

님은 떠나가고

이 상 록

그리움
푸른 새싹으로 돋아 날 때
종달새 뛰뚱, 내 마음으로 걷는다

저 구름
어머니와 달 힐끔 보며
어디로 가고 있을까

오늘 낮
태양, 저렇게 많이 웃고 있었는데
시냇가 흐르는
물, 저렇게 많이 속삭이고 있었는데

떠난 사람
먼 산 노루 눈에 홀로 남은 구름 한 조각
눈발처럼 쏟아지는 갈대밭 추억

하루
무당벌레
나그네 발끝에 머문다

바람

이 상 록

바람 바람 바람
하늘 떠돌다 떠돌다
무엇이 되어 날 찾아 왔나

오월은 푸르게
강물도 푸르게

어제 돌아 가신 어머니 무덤가에
별 하나 떨어져 내려온다

지난 여름
번쩍, 밤 하늘 베어 먹고 달아 난
그 별 일까

어머니는 가고 없는데
난, 산속 무덤가에서 뻐꾸기 떨구간 그리움에
반짝, 별빛으로 운다

이 상 록
서울시 동대문구 거주
청주사범대학교 졸업
운수업(자영업) 운영중
(사)문학그룹샘문 회원, (사)샘문그룹문인협회 회원, (사)샘문학(구,샘터문학) 회원, (사)한용운문학 회원, (주)한국문학 회원

이상록 시인 신인문학상 심사평

이미지의 형상화가 뛰어난 그리움의 미학

강 소 이 (시인, 소설가, 문학평론가)

2025년 제15회 신춘문예 샘문학상 신인문학상에 당선된 이상록 시인의 시, 3편 <처음 본 달>, <바람>, <님은 떠나가고>의 공통점은 그리움의 미학을 성공적으로 다루었다는 것이다. 세 편의 그리움은 아버지에 대한 그리움, 어머니에 대한 그리움, 떠난 님에 대한 그리움으로 그리움의 대상이 각기 다르다. 하지만, 이미지의 형상화에 모두 성공하고 있다. 이상록 님은 오랫동안 시 공부를 해온 내공이 역력히 보인다. 시 세 편 모두 군더더기 없이 압축적인 시어로 시인의 감수성을 촉촉하게 끌어내고 있다.

특히 <처음 본 달>은 "뉴욕/ 단풍나무 아래서/ 달 처음 본다"로 독자들의 주의를 끈다. 이 시의 공간은 뉴욕이다. 뉴욕 밤하늘 아래 단풍잎이 떨어지는 소리를 들으며, 시인은 아버지의 피맛골을 기억 속에서 소환해 내어 피맛골은 "아버지의 맘 따라 산이 되고 골이 되어가겠지요"로 연결해 내는 상상력의 증폭을 보인다. "이슬 젖은 달빛/ 나뭇잎 떨어지는 소리에 긴 편지를 쓴다"라고 했다. 아버지를 그리워하는 절절한 편지를 뉴욕의 밤하늘 아래서 쓰고자 하는 시인의 시심이 놀랍지 않을 수 없다. 피맛골이라는 단어가 내포하고 있는 무거운 역사의 어둠을 살짝 소환해 내지만, 독자들을 설득하려고 하거나 설명하지 않고, 시각적인 이미지로 그려내는 "이미지의 형상화"에 성공한 우수한 작품이다.

같은 맥락에서 <바람>은 "어머니 무덤가에/ 별 하나 떨어져 내려온다"라고 했다. 어머니의 부재, 무덤에 "번쩍, 밤하늘 베어 먹고 달아 난/ 그 별일까"라는 표현이라든가 "무덤가에서 뻐꾸기 떨구고 간 그리움에/ 반짝, 별빛으로 운다"는 시각과 청각의 이미지를 보이며 누구도 표현해 내지 못하는 표현력(밤하늘 베어 먹고 달아 난/ 그 별)이 우수하다.

<님은 떠나가고>에서도 "저 구름/ 푸른 새싹으로 돋아날 때/ 종달새 뒤뚱, 내 마음으로 걷는다"는 표현도 남다르다. "태양, 저렇게 많이 웃고 있었는데...물, 저렇게 많이 속삭이고 있었는데"라는 표현도 태양과 물 - 천상의 불의 이미지와 지상의 물의 이미지를 대조시키면서, 두 문장을 대구(對句)로 연결하여 시의 구조가 단단하며 다양한 이미지의 형상화를 보인다. 이상록 님은 문학 - 시에 관한 공부의 깊이가 보인다. 시어를 다루는 능력과 표현력도 훌륭하다.

"먼 산 노루 눈에 홀로 남은 구름 한 조각/ 눈발처럼 쏟아지는 갈대밭 추억"으로 이 시의 표현의 극치를 보인다. 연인에 대한 그리움이 눈발처럼 쏟아진다. 서정시로써 매우 훌륭한 시라고 하겠다. 신인문학상 당선으로, 시단(詩壇)에 첫 문을 열기 시작하시는 길에 신의 은총이 함께 하실 것으로 여겨진다.

수상소감

먼저 하늘의 신께 감사드리고
달에 계신 어머니 아버지께 시 당선 소식을 전하고 싶다

사람보다
달과 별과 꽃을 더 좋아해서
시인이 된 것 같습니다
은하계에서 쏟아지는
별빛 영감으로 더 맑고 더 깊은 시를 쓰고 싶다

뽑아주시고 평가해주신
샘 문학 이정록 시인님과 그밖에 여러 선배 시인님께도
깊은 감사를 올립니다

2025.04.18.
이상록 드림

신인문학상 당선작

모란牡丹 외 2편

전은수

구중궁궐 여인의 삶,
큰 들숨과 긴 날숨으로 견딘
두툼한 꽃잎

자색의 궁중 치마저고리 한 폭
절간 천장에 매달린 불 밝힌 연등 같아라
동동거리며 건너뛰는 징검다리 한세상

인자한 보살,
비단으로 내려 앉아
완성의 사주단자 풀어 헤친다
부귀와 영화 가득한 천운天運이라 적혀있네

사주

전은수

어쩐지 술술 잘 풀리더라니
덜컥,
발목을 잡는 운명의 사주,
넘어 질 듯 말 듯 본능적 몸부림
경주마에서 낙마하자
경쟁자들로 가득 찬 트랙 위에서 헤매는 시간들

말고삐 다시 쥐고 올라
서서히 다시 해오름 날개 짓하며
상위 선두에 두각을 내며 치달리는 호기로움

내 명 내 복 이상 욕심내는
로또 당첨, 인간의 야욕
집착하는 인생이란
어쩜 모두 헛발질 인생
전지적 작가의 사주
그 운명의 스토리 속에 산다

겨울 산

전 은 수

노쇠해진 겨울 산
드러난 나뭇가지, 옷도 없이 춥다
병든 늙은 산 위로 작은 배불뚝이 새,
그 슬픔 모른다
희끗희끗 산 머리 위로 날아다니는
극락에서 온 새떼들
손자처럼 섬기고 산다
아파하지 않고, 웃음 보이며

가을 노래 부르는 흔들리는 갈대
8분 음표 긴 노래
지루하지 않아
발바닥 저리지 않아
철없는 겨울 새
이 산 저 산 날다 보니 자꾸 꿈만 꾸고
멋진 사랑만 보게 되는데
어떻해요?
그리움도 잊혀질 그를
어떻해요?

괜찮다.
입산 금지

성냄 금지
절망 금지
겨울 산 팻말이 지그시 눈을 감는다

허허허 이래야지
허허 저래야지
노쇠해진 겨울 산
낮은 목소리

전 은 수

필명 : 전대원경
경상남도 밀양시 거주
전라남도 여수시 출생
전남대학교 불어불문학과 졸업
북한대학원 대학교 석사과정(현)
래저스포츠 대리점 대표(운영)
밀양문화의집 회원
(사)문학그룹샘문 회원
(사)샘문학(구,샘문학상) 회원
(사)한용운문학 회원
(주)한국문학 회원
샘문시선 회원
<수상>
밀양문화의집 시민상 2회

전은수 시인 신인문학상 심사평

인생과 사물의 오묘함과 아이러니를 풍자한 시

손 해 일 (시인, 문학박사, 국제펜한국본부 제35대 이사장)

전은수 선생의 응모작 「겨울산」, 「모란」, 「사주」 3편을 2025년 제15회 신춘문예 샘문학상 신인상 당선작으로 선정한다. 인생과 일상의 오묘함과 아이러니를 풍자한 작품들이다. 앞으로 본인만의 독창적 시를 위해서는 상투적 해석보다는 "낯설게 하기"차원의 참신한 시각을 요한다.

「겨울산」은 4계절 산풍경중에서 겨울을 노래한 시이다. 산의 역사는 유구하지만, 사계절 중 겨울산은 인생 노년에 해당한다. 신록의 무성함을 만끽하고, 풍성한 결실도 맛보고, 쓸쓸한 노년을 맞은 겨울산이다. "노쇠해진 겨울산/ 드러난 나뭇가지, 옷도 없이 춥다/ 병든 늙은 산"이다. 그럼에도 겨울산은 철없는 새떼들을 손자처럼 맞으며, "괜찮다. 허허허 이래야지, 저래야지" 하는 너그러운 할아버지 모습이다.

「모란」은 모란꽃을 구중궁궐 여인의 삶에 비유한 작품이다. '꽃 중의 여왕' 모란은 목단(牧丹)이라고도 하는데, 꽃말은 '부귀영화'이며, '왕실의 꽃'이다. 흔히 모란은 작약과 혼동되지만 먼저 피는 모란은 나무이며, 조금 늦게 피는 작약은 풀이다. 이 작품에서 모란은 "구중궁궐 여인의 삶", "자색의 치마저고리 한 폭", "징검다리 한 세상", "인자한 보살", "부귀영화 가득한 천운天運"으로 비유되고 있다.

「사주」는 인간의 사주팔자를 풍자한 작품이다. 동서양을 막론하고 인간의 운명과 길흉화복에 대한 의존도는 높고, 오늘날에도 여전하다. 특히 한국인은 미신이라 무시하면서도 풍수지리, 사주팔자, 작명, 점괘에 대한 믿음을 놓지 못한다. 첨단문명의 현대에도 개업식, 건물 낙성식, 원정대 출정식, 선박이나 첨단무기 완성 등에 돼지머리로 고사를 지내야 안심이 되는 아이러니컬한 현실이다. "어쩐지 술술 잘 풀리더라니/ 덜컥/ 발목을 잡는 운명의 사주"이며, "내 명, 내 복 이상 욕심내는…. 어쩜 모두 헛발질 인생"이다.라고 한다. 전은수 시인의 등단을 감축드린다.

수상소감

작가나 시인을 꿈꿔 본 적 없는 '태생적 작가'는 아마 천재겠죠.

그림일기부터 즐거운 일 보다 어른이 되는 과정에서 인생의 비애를 느낀다거나 인간으로서 좌절이 사람마다 다르지만 그 해탈해소의 방법으로 하나인 나의 글쓰기

늦깎이 문학도인 박완서 선생님보다 한참 늦게 댓글 달기처럼 소소하게 시작되어 밀양 문화의 집 문학교실에서 당근반찬인 칭찬으로만 먹여서 제 재능을 키워 주신 이광남 선생님께 우선 감사드립니다.

저는 누군가를 각인 시키려는 글쓰기보다 시대의 낭만적 통속이나 민족적 웅비를 꿈꾸는 아주 작지만 대중적 포만감이 스스로의 각인이 되도록 제게 채찍질하며 큰 강 따라 유유히 흐르도록 할 것입니다.

저의 거울인 시와 글, 아직은 연마와 연마를 거듭 중 철로위인데도 불구하고 샘문 문학 <신인문학상>을 수여해 주셔서 심사위원께 황송하고 깊이 감사드립니다.

2025.04.04.
시인 전은수 올림

신인문학상 당선작

아이들 수묵담채화 외 2편

한 상 국

버찌, 오디의 물감은
분홍 아니 살색 도화지에 그림을 그린다

고무신 내 벗어 던지고 누가 먼저 할까?
순서도 없는 눈치도 뒤바뀐 채
나무로 올라타고는
퍼런 하늘과 초록 들판의 누런 황소를 보고
검정과 흰색 옷 입은 까치의 쫓기는
비행을 본다

손끝의 애처로움이 닿을 듯 말 듯
한가득 입에 물고도 욕심의 나래를 펴는 오색 옷 입은 비행기의
하얀 두 줄의 붓칠을 볼 때쯤엔
유인원이 날렵하게 낚아채는 솜씨로
가지 끝에 매달려
까만 혀를 뱀처럼 날름댄다

배고픔은 아이들을 날쌘돌이를 만들고
천방지축 날뛰는 망아지처럼
벚나무, 뽕나무는
아직 설익은 배앓이를
우리들에게 나눠 주었네

몇 날을 그림 그리던 혓바닥은
너 나 할 것 없이
여름의 문턱을 넘어설 때쯤
살색 도화지에 수묵담채화만 남겼다

말 없는 말

한 상 국

해물찜을 앞에 두고
뭐 그리도 쭈뼛 대는지
어시장 물고기들 마냥
입만 뻐끔 거리는 것들

어느 날로 돌아서면
얼리고 잘리고 다듬어져
소금기 빠진 물에 처박힌 몸뚱이들
말을 잃고 들숨을 잃고
그저 죽을 날도 냉동고에선 시렸을 터

진짜 죽음이란,
참맛을 내는 거라던데
잘려 나간 몸뚱이, 잃어버린 혀,
벙어리라며 비웃는 세상은
여전히 시끄럽다

컨베이어벨트 위를 흐르는 시간,
무성영화처럼 반복되는 하루,
실에 매달린 인형처럼
비틀거리는 삶이란 게 참 우습다

오늘을 마지막으로 끓어오른 찜,
산 채로 비틀거리다가
이제야 말 없는 말을 한다
맛있는 삶을 산만큼 그들은 조용하다
조용한 것이 참맛이라면
이건 지독하게 잘 익었다

소주 한 잔씩 삼키는
성대 없는 자식들도
쓸데없는 취기가 목젖을 달구면
해물찜 맛집이란 소문은 날개를 단다

이무기 사랑

한 상 국

용왕의 부름도 잊고, 지 좋아 날뛰더니
짠물이 싫다하여도
썩지 않는 깨끗함이 보석인데
어찌 섬 밖의 환청에 시달리는지
어머니는 회초리로
아들놈의 정신줄 잡아당긴다

이쁘고 아름다운 것엔
눈독이라는 독이 있다지?
특효약은 눈물뿐이라
한 번씩 바닷물을 발톱으로 할퀴고
괴로움을 토해내야만 비늘이
육지에서 견디는 갑옷이 된다니,
겹겹이 녹아든 눈물바다에
한가로운 돛단배 낚싯바늘 드리운다

숨을 들이쉬고 육지 구경 떠나 볼까
나의 삶의 터전은 구석이라
갯바위에 걸터앉아
인어처럼 드러누운 노을의 고운 빛을
눈에 넣어 아파하는
청순함을 품은 아린 마음이여!

저 멀리 육지에서 망원경으로 들춰보면 알몸뿐이지만
내 사랑이 깊은 바닷물 저 너머로 가서
산봉우리 끝에 앉아서
눈이 아프게 눈꼬리가 잘리도록
그 사람 만나고 싶다

육지로 떠나
이름도 바꾸고 살아가야 하는
성공이란 빛 좋은 개살구라 자칭하는 어머니,
이무기의 마음을 바꿀 수 없으니
용의 아들도 없다

한 상 국

경기도 이천시 거주
인천광역시 강화도 출생
2000 동원대학교 졸업
2007 충주대학교졸업
2009 충주대학교 경영대학원 졸업
경기도의료원 이천병원 행정과 재직중
(사)문학그룹샘문 회원
(사)샘문그룹문인협회 회원
(사)샘문학(구,샘터문학) 회원
(사)한용운문학 회원
(주)한국문학 회원
샘문시선 회원
<표창장>
경기도지사 유공표창
보건복지부장관 유공표창
<전자도서>
사전에 없는 사랑을 하면 외 22편

한상국 시인 신인문학상 심사평

시적 대상을 비유와 상징으로 패러디한 수작

손 해 일 (시인, 문학박사, 국제펜한국본부 제35대 이사장)

한상국 선생의 응모작 「말 없는 말」, 「아이들 수묵 담채화」, 「이무기 사랑」 3편을 2025년 제15회 신인문학상 당선작으로 선정한다.

3편 모두 자신의 독특한 체험에 비유와 상징을 활용하며, 다변으로 시를 이끌어가는 저력이 있다. 글을 많이 써본 솜씨이리라, 더욱 정진하기 바란다.

「말 없는 말」은 어시장 물고기를 인생살이로 의인화하여 감정이입하고 풍자한 작품이다. 6연 중 첫 연은 "어시장 물고기들 마냥 해물찜을 앞에 두고 쭈볏대며 입만 뻐끔거리는 것들"로 시작한다. 어느 날은 얼리고 잘리고 다듬어져 냉동고에 실린다. "진짜 죽음이란/ 참맛을 내는 거라는데/ 벙어리라며 비웃는 세상은 시끄럽다" 이 시의 핵심은 5연에 있다. "오늘을 마지막으로 끓어오른 찜/ 산채로 비틀거리다가/ 이제야 말 없는 말을 한다/ 맛있는 삶을 산만큼 그들은 조용하다"

「아이들 수묵담채화」는 어릴 적 시골에서 버찌와 오디를 따먹으며 입을 시커멓게 물들이던 추억을 '아이들 수묵담채화'로 비유하고 있다. 배고픈 아이들은 누가 먼저랄 것도 없이 고무신을 내던지고 뽕나무 벚나무에 오른다. "손끝의 애처로움이 닿을 듯 말 듯/… 유인원이 날렵하게 낚아채는 솜씨로/ 가지 끝에 매달려/ 까만 혀를 날름댄다", "벚나무 뽕나무는/ 아직은 설익은 배앓이를" 아이들에게 주었지만, '수묵담채화'처럼 아름다운 추억이다.

「이무기 사랑」은 섬 아이가 육지를 그리며, 탈출하고 싶어 하지만 만류하는 어머니와의 갈등을 '이무기의 사랑'으로 패러디했다. "어찌 섬 밖의 환청에 시달리는지/ 어머니는 회초리로/ 아들놈의 정신줄을 잡아당긴다." 이쁘고 아름다운 것에 있는 '눈독'이라는 독의 특효약은 '눈물'뿐, "괴로움을 토해내야만 육지에서 견디는 갑옷"이 된다. "육지에서 성공이란 빛 좋은 개살구라고 자칭하는 어머니"도 용이 되려는 이무기의 마음을 바꿀 수는 없다. 한상국 시인의 등단을 감축드린다.

수상소감

2025년도 3월에는 밝은 세상을 위하여 늦을 함박눈이 내렸습니다.

[늦은 시작이란 없다] 란 인생 좌우명을 갖고 꿈을 포기하지 않았습니다.

조급해지면 조금만 천천히, 천천히 하면서 마음을 가다듬고 습작을 이어왔습니다.

세상은 밝은 빛과 어둠의 빛이 있어서 인간의 육신인 눈으로는 밝은 빛만 바라볼 수 있지만, 시인의 마음으로는 어둠의 빛도 볼 수 있다고 믿어왔습니다.

오늘에서야 늦게 내린 3월의 함박눈이 녹아내려 냇물 일부가 되듯이 아직 미숙한 저에게 이러한 큰 기쁨과 영광을 안겨 주신 이근배 심사위원장님과 이정록 샘문그룹 이사장님께 머리 깊이 숙여 감사드립니다.

거짓되지 않은 사람은 글로서 그 마음이 표출되어 나타난다고 생각합니다. 상상의 깊이도 거짓에서는 나올 수 없고, 기쁨과 아픔 또한 같다고 생각합니다. 16살 소년의 시절에서 시작된 습작이 50 중반이 되도록 잊거나 버리지 않았기에 지금의 기쁨의 당선 소감문에 한상국이라는 세글자의 이름을 적을 수 있다고 생각합니다. 저녁 시간이면 글쓰기에 매진하도록 배려해 주는 아내 백미영, 큰딸 유정과 예서, 충남 서천 처가에서 늘 응원해 주시는 김춘옥 장모님께도 감사의 인사 글을 남깁니다. 끝으로 여러분, 늦은 시작이란 없습니다. 여러분들도 지금부터 시작하신다면 좋은 성과를 거둘 수 있을 거라 저는 믿습니다.

2025년 제15회 신춘문예 샘문학상 공모전 및 컨버전스 공동시선집 공모전에 엄격한 심사를 통하여 심사해 주신 이근배 심사위원장님과 이정록 샘문그룹 이사장님께 다시 한번 당선 소감문을 통해 감사의 인사를 대신할까 합니다.

2025.03.27.
한상국 드림

> 신인문학상 당선작

예기치 못한 우리의 특별한 데이트 외 1편

강 원 자

퇴직 후, 제2의 인생을 시작하며 백수가 과로사 한다는 얘기가 남의 일이 아니었다.

다람쥐 쳇바퀴처럼 앞만 보고 정신없이 달려 온 40여 년의 직장생활을 마무리했다. 아름다운 정년퇴직을 꿈꾸었지만, 너무 열심히 살았던 결과로 질병이 찾아왔다. 계속 직장생활을 해야 할지, 아니면 내 몸을 돌보고 건강을 생각해 그만둬야 할지, 선택의 기로에서 고심 끝에 결국 퇴직을 결심했다.

몸이 아파 뒤돌아보니, 나 자신을 돌보지 않았던 것에 대한 후회가 밀려왔다. 그동안 숙제처럼 살아왔다면, 앞으로는 제2의 인생을 축제처럼 살아보겠다고 다짐했다.

퇴직 후 갑자기 쉬게 되면 번아웃을 겪고 우울에 빠지는 선배들을 봐왔기에, 무언가를 해야겠다고 결심했다. 스트레스를 받지 않는 선에서 무엇을 시작할까 고민했는데, 원래 가만히 있지 않는 성격이기도 했고, 우울해진다는 것은 더 슬픈 일이었기 때문에 그것만큼은 피하고 싶었다. 그래서 요양보호사 자격증에 도전하게 되었다. 더 나이가 들어서 가족을 돌볼 때도 도움이 될 수 있을 것 같았고, 부부 간에도 서로가 아플 때는 요양보호사 자격이 큰 도움이 될 것 같아, 일단 자격증을 취득하기로 결심했다.

다행히 남편과 나는 사회복지사 자격을 이미 취득한 상태여서, 일반적인 요양보호사 교육을 다른 사람보다 반절만 이수할 수 있는 기회를 얻었다. 물론 그것도 짧은 시간이 아니었다. 7월달 더워지는 여름부터 시작된 교육은 직장생활을 하는 남편의 시간에 맞추어 저녁 시간에 수업을 신청하게 되었다. 이때

약 3개월 동안 남편과 의외의 데이트를 매일 하게 되었다. 일주일에 세 번, 4시간씩 진행되는 수업은 어릴 적 학습과는 달리 따라잡을 수 있을지 두려운 마음도 있었다. 첫 교육이 시작되었을 때, 기존에 다니던 학생들과 우리처럼 새로 시작하는 학생들이 함께 수업을 듣게 되었다. 다들 나이 많지 않은 우리 부부를 보고 놀라기도 하고, 부럽다고 농담도 했다. 염려했던 것과 달리 분위기도 좋았고, 나이가 지긋한 분부터 젊은 새댁, 출산한 지 얼마 안 된 사람들까지 다양한 사람들이 열정적으로 수업에 임했다. 실생활에 바로 적용할 수 있는 내용이라 시간 가는 줄 모르고 즐겁게 수업을 들을 수 있었다.

요양보호사 자격을 취득하려면 기본 교육과 실습을 포함한 240시간의 교육을 이수해야 한다. 기초교육에서 요양보호사의 역할, 노인학, 기초의학 지식 등을 배우면서 시어머니가 아프신 상태라 실생활에서 배운 내용들이 많은 도움이 되었다. 무엇보다 배운 지식을 바로바로 적용할 수 있어서 좋았다. 이렇게 억지로 데이트를 하게 되면서도, 즐거운 시간이었고, 수업을 가는 길에 차 한 잔 마시거나 간식을 나누며 다른 학생들과 이야기도 나누었다. 이런 소소한 일상이 시간이 어떻게 갔는지도 모르게 지나갔다. 그 과정에서 더 깊어지는 부부의 애정을 느낄 수 있는 소중한 시간들이었다. 우리는 사회복지사 자격이 있어서 실습 시간은 적었지만, 요양원에서 환자분들을 정성껏 돌보며 실습에 임했다. 나중에 나이가 들어 우리도 이렇게 서로를 돌보며 살아갈 날이 올 것이라 생각하니, 더욱 성심껏 보살폈다.

누구나 필기시험에 쉽게 합격한다고 생각하지만, 선생님 말씀에 의하면 몇몇 사람은 떨어진다고 했다. 우리는 상대적으로 젊은 편이라 떨어지면 망신이라고 생각되어, 여름 휴가도 반납하고 도서관에서 3일 동안 문제를 풀며 열심히 공부했다. 시험 당일, 전라북도 사람들은 모두 전주에서 시험을 치르게 되었다. 수험생들이 길게 줄 서 있는 모습을 보며, 젊은 학생들과 남자들도 많아 깜짝 놀랐다. 나이가 많은 사람들이 요양보호사 자격증을 취득하는 이유가 그냥 시간 보내려고 하는 것이라는 오해를 많이 했던 것 같다. 엘리베이터에서 만난 한 젊은 학생은 "공부를 전혀 못했는데 떨어지면 어쩌죠?"라고 걱정하는 모습이었다. 나는 "아는 것만 차분하게 풀면 괜찮을 거에요"라며 다독였다. 수험장에 들어가 보니, 시험 방식이 완전히 바뀌어 컴퓨터로 문제를 풀고 답을 체크하는 방식이었다. 수십 년 만에 보는 필기시험 방식에 놀라며, 또 하나의 새로운 경험을 했다.

다행히 시험을 마친 후, 남편이 "만약 만점을 받으면 어쩌지? 떡이라도 해야 하나?"며 웃으며 얘기했다. 그 말을 듣고 긴장이 풀렸다. 한 달 뒤, 핸드폰으로 "합격하였습니다"라는 메시지와 함께 점수가 도착했다. 기쁨의 순간이었다. 우리가 함께 애썼다는 생각에 서로를 칭찬하며 더욱 돈독해진 부부애를 느꼈다. 발걸음이 가볍게 합격증을 찾으러 학원에 가는 날, 감사의 표시로 떡을 준비해서 원장님을 만났다. 정말 몇 명이 떨어졌다는 얘기를 들을 수 있었다.

무슨 일이든 쉽게 얻어지는 것이 없다는 것을 깨닫게 된 것은 그 해 여름이었다. 그 여름, 우리는 휴가도 반납하고, 주어진 시간 동안 최선을 다해 준비했다. 나의 모든 에너지를 쏟았기에 그때의 열정은 시간이 흐르고 나서도 여전히 생생하다. 덕분에 그 해 여름은 그토록 더운 날씨도, 그 모든 고생도 잊은 채 지나갔다. 그리고 그 결과는 어느덧 내가 원하는 대로 찾아왔다. 일이 끝난 후, 뒤돌아보니 열심히 준비하고 노력한 만큼 얻은 성과가 있음을 느낄 수 있었다.

이렇게 작은 일에도 큰 의미를 두고 함께 했던 시간이었다. 앞으로도 이런 기회가 생기면 남편과 함께 공부하며 동행하는 것을 주저하지 않겠다고 다짐해본다.

아버지, 미워할 수 없는 사랑

강 원 자

　삼형제의 둘째로 태어나, 가난과 싸우며 할아버지와 같은 동네에서 살며 신접살림을 시작했다고 어린 시절 아버지에게 들은 기억이 있다. 5남매를 둔 우리 집은 땅도 없고, 변변치 않은 살림에 늘 남의 일을 돌보며 하루하루를 버텼다. 소재지는 전주였지만 외곽에 있는 그야말로 시골 깡촌 모습 그대로였다. 그 시절, 겨울이 오면 볏집을 방 안으로 다 끌어들여 새끼줄을 꼬던 기억이 난다. 나는 옆에서 열심히 도왔고, 비록 어린 손가락으로 제대로 잡히지 않았지만 꼬는 일에 몰두하며 뱀이 꽈리를 틀 듯 수북히 쌓여가는 모습에 뿌듯함을 느꼈다.

　우리 가족은 성실하게 살아가며 땅을 조금씩 늘려갔다. 무엇이든 악착같이 따라 하려던 나는 논밭 일에 늘 앞장서서 나섰다. 아니? 나를 앞장 세워 일을 하게 한 것이 맞는 표현일게다. 초등학교 저학년 시절, 모를 심는 날에는 새벽 4시부터 일어나 그야말로 새벽 샛별을 보며 일을 시작해 하루 종일 어른 못지않게 힘껏 일했다. 그런 모습을 지켜본 동네 어른들이 당신네 일을 할 때 일꾼으로 오지 않겠냐며 진지하게 제안을 해오기도 했다. 웃으며 넘겼지만 지금 생각해보면 웃지 못할 해프닝임에 틀림없다.

　그렇게 시작이 된 것 이었을까? 배추를 심거나 다른 작물을 심을 때면 학교에 보내지 않고 나를 데리고 들로, 밭으로 나가곤 했다. 다른 친구들은 학교에서 공부하거나 동네 어귀 넓은 곳에서 고무줄놀이, 딱지치기 등 맘껏 놀고 있는데, 나는 우리 집이 왜 이렇게 가난할까 고민하며 늘 집안일을 도와야 했다. 오죽하면 학교에서 선생님이 수업 중에 나를 데리러 오지 않았던가? 물론 큰 딸로서 당연히 해야 할 일이라 생각했지만, 동생들은 전혀 하지 않아서 유독 나만 끌고 다니며 일을 시켜 가끔 입이 댓 발이나 나오곤 했다. 그래도 일을 마친 후 저녁이 되면 아버지는 그림일기를 그리며 어떻게 써야 하는지 가르쳐 주셨고, 그때마다 아버지의 자상함과 감수성이 느껴졌다.

아버지는 집안일도 열심히 하셨지만 밖에서도 항상 앞장을 서셨다. 기억에 남는 일 중 하나는 우리 집의 전 재산인 소 한 마리로 우리의 농삿일과 남의 집 품앗이를 하며 동네 어른들의 일을 도우셨던 것이다. 어느 날, 우리 집 논 한가운데에 쟁기와 소가 덩그러니 서 있는 모습을 보고 깜짝 놀랐다. 그날 마침 동네 어르신 한 분이 돌아가셨고, 아버지는 쟁기 일을 하던 중 급히 장례를 돕기 위해 논을 떠났던 것이다. 그 당시 아버지는 필체가 좋은 분으로 소문이 나서 서사라고 부의금 접수 등 야무지게 총무역할을 하니 항상 장례식장에 불려가시곤 했다. 보통 삼 일 정도는 그 집에 있어야 하는데, 아버지가 돌아오시면 밤새도록 어머니와 싸움이 일어나곤 했다. 거의 일방적으로 어머니에게 혼나는 모습을, 우리들은 거의 뜬눈으로 지새며 그 싸움을 맥없이 지켜보고 있어야만 했다.

하지만 아버지의 예술적인 감각과 흥은 잔치집에서 늘 빛을 발했다. 아버지는 노래도 잘 부르시고, 언제나 사람들이 불러주면 그 또한 기꺼이 참여했다. 어느 날, 시내에 나가셨다가 밤 늦게까지 집에 돌아오지 않으시자 온 가족이 걱정하며 찾으러 나섰다. 결국, 멀리서 보이는 불빛을 따라가 보니 그 집에서 열리는 회갑잔치에 참석하여 마이크를 잡고 흥에 겨워 시간 가는줄 모르고 노래를 부르고 계신게 아닌가? 간혹 아버지는 초대받지 않은 집을 지나가다 들러서 당신의 특기인 노래로 잔치집을 빛내며 모두의 마음을 사로잡고 있어 놔 주질 않았던 것이다. 그날 밤, 어머니에게 또 혼날게 뻔해 불안했지만 한편으로 농삿일에 스트레스를 이렇게 푸는구나 생각하며 멋지게 사는 아버지를 조용히 응원했다.

초등학교 3,4학년 때의 일이다. 우리 집은 땅이 없어서 엄마와 나는 냉이, 다슬기 등 자본이 들지 않는 자원을 구해 시장에 팔며 조금씩 땅을 늘려갔다. 내가 초등학교 5학년이었을 때, 손이 빠른 덕에 보탬이 되니 꼭 나를 데리고 다니며 다슬기를 바구니에 채우기도 하고 산을 넘고, 물을 건너 냉이를 캐러 다녔다. 밤늦게 돌아올 때면 '왜 우리 집은 이렇게 가난할까?' 하는 원망도 많이 했지만, 내가 해야만 도움이 된다는 생각에 잠깐 이런 마음도 접어두고 더욱 열심히 일했다.

학교를 마치고 집에 돌아오면 어김없이 아버지는 농사를 지은 배추, 시금치, 무 등 채소를 싼 흙 묻은 비닐보따리가 나를 기다리고 있었다. 나는 장사하는 엄마에게 물건을 전달하는 역할을 맡았다. 유독 작은 어깨의 아이가 버스에 갖고 올라 타기 힘드니 아버지가 지나가는 버스에 손을 들어 세워 짐을 실어주곤 했다. 지금은 보자기도 형형색색으로 이쁘게 쏟아져 나오고 매장에 쌓여 있지만 그때만 해도 변

변한 보자기가 없었다. 부끄러움과 더불어 버스안이 더럽혀질까 전전긍긍하는 마음으로 겨우 버스를 타 마음씨 좋은 기사 아저씨를 만날 때는 "학생 넘어지지 않게 한쪽으로 짐도 놓고 꽉 잡고 가요!"라며 자상하게 말씀해주시는 분이 있는가 하면 "학생! 그 흙 묻은 것을 갖고 타면 어떻게 해? 차 안이 지저분해지게!!"라며 큰 소리도 나무라는 기사님을 만날 때도 있었다. 버스 안에 사람이 많지 않으면 개의치 않고 조금만 버티다 보면 곧 내리게 되니 혼자 최면을 걸어 '괜찮아! 괜찮아! 가난이 부끄러운게 아니지' 되뇌이며 조금은 뻔뻔스럽게 도착지에 내리기를 기다리지만, 버스 안에 타고 있는 사람이 많을 때는 정말 쥐구멍이라도 있으면 들어가고 싶은 아찔한 마음이 있을 때도 있었다.

지금도 어쩌다 버스를 타게 되면 그 트라우마에 기사 아저씨 얼굴을 먼저 살핀다. 더욱 부끄러울 때는 학교 동급생이나 선생님을 간혹 만날 때가 있다. 물론 상대방도 억지로 고개를 돌려 모른 척 하지만 나는 그것을 눈치를 채고 얼굴이 화끈거려진다. 속으로 다시 한 번 원망스런 목소리가 나온다. '쳇! 아버지가 갖다 주면 될 것을 왜 꼭 나를 시킨담!!!' 메아리 없는 불평을 쏟아내고 있을 즈음 그렇게 전주 중앙시장에 도착을 한다. 가끔 어머니 옆에 앉아 장사를 도와드리면서, 어쩌다 한 번 짜장 한 그릇을 사주시면 세상에 이런 꿀맛이 있을까? 감탄을 하고선, 이런 맛으로 시장을 나오는거야.. 피식 웃으며 게눈 감추듯이 후다닥 먹어 치웠던 기억이 난다. 지금은 그 맛을 찾아 볼 수가 없다. 언젠가 그 옛 맛이 생각이 나 그 근방 짜장면 집을 찾아 나섰지만 없어지고 새로운 집이 생겼는데 그 맛이 나지 않아 내심 서운했었다.

학창시절 친구들이 집에 놀러 오면 변함없이 흙 묻은 비닐로 농사지은 갖가지 채소를 싸서 빈손으로 돌려보내지 않고 꼭 챙겨주시는 정 많은 아버지셨다. 그러면 친구 어머니들은 참 좋아하셨다. 항상 아버지는 첫 수확한 채소들을 정성껏 준비해 전주시내에 사는 친척들에게 밤새 돌아다니며 나누어 주셨다. 그때부터 아버지에 나눔의 기쁨을 하나씩 하나씩 배운 것 같다.

그렇게 가난 속에서도 힘겹게 살아가던 우리 가족은 내가 실업계 고등학교를 졸업하고 원하던 직장에 취업하게 되자, 아버지가 얼마나 기뻐하셨는지 지금도 기억에 선하게 남는다. 동네에 딸 자랑을 하시며 막걸리로 한 턱 냈다고 들었다. 월급날이면 삼겹살을 사와 조출한 파티를 하였고, 가끔 아버지를 시내로 불러 그가 좋아하는 막걸리와 고기를 함께 나누며 행복한 시간을 보냈다. 하지만 그 행복도 잠시, 아버지는 일에 지쳐 간경화로 고통을 겪게 되었고, 나는 직장 생활을 하면서 간호를 맡아 밤을 지새워가며 아버지를 돌봤다. 동료들과 지인들이 병문안을 올 때마다 아버지는 그들의 방문과 사온 과일들을 꼼꼼히 일기장에 기록했다. 가족 모두가 쾌유를 위해 물심양면으로 노력했지만 강인하다고 생각한 아버지가 결국 병을 이기지 못하고 돌아가신 후 유품을 정리하던 중, 나는 그 일기장을 꺼내 들고 서럽게 꺼이꺼이 울었다. 바쁜 농삿일을 하면서 그날그날 간단하게 정리한 일기장이 수십 권이 상자안에 정리되어 있는 것이 아닌가? 이제 살만한데 좀 더 사시다 가시지 안타까움이 일었다. 그래서 어른들 말씀이 하나도 틀린게 없다고 하는가보다. 살만하면 병을 얻어 가게 된다고...

아버지가 돌아가시기 전, 추후 가망이 없다는 애기를 듣고 어머니는 아버지를 모시고 가을걷이도 못한 체 기도원에 들어가셨다. 겨울 초였던 그 당시 김장철이었고, 나는 동생과 함께 밭에 덩그러니 놓여있는 500포기가 넘는 배추를 수확하여 직장에 사나흘 휴가를 내고는 그동안 어깨너머로 배운 액젓 끓이기, 각 종 재료들을 밤새 씻고 썰어서 어설프게 김장을 끝냈다. 그 후, 아버지는 의식이 없는 상태로 집에 돌아왔고, 우리가 지켜보던 중에 하룻밤 만에 세상을 떠나셨다. 아버지가 돌아가신 그날, 하늘이 슬퍼한 듯 함박눈이 소리없이 내렸다. 나는 아버지에게 마지막 선물로 3일 내내 김치찌개를 끓여 조문오신 손님들에게 대접하며 상을 치렀다. 아버지 53세, 내 나이 22세 때 돌아가셨으니 어릴 적 추억 밖에 남지 않아 아쉽지만, 가끔 꿈에 나타나 웃으시는 모습을 뵐 때면 어김없이 그 다음 날에는 좋은 일들이 생겼다. 잠깐이었지만 미워 할 수 없는 사랑을 듬뿍 주시고 간 것이 틀림없다. 오늘 저녁에 꿈에 또 나타나시기를 소망하며 그리움을 접는다.

강 원 자

전주시 완산구 거주
전주예수병원 행정직 명예퇴직(39년)
(사)문학그룹샘문 회원
(사)샘문학(구,샘터문학) 회원
(사)한용운문학 회원
(주)한국문학 회원
샘문시선 회원
<수상>
전주시 버스체험수기 장려상

강원자 수필가 신인문학상 심사평

어려운 환경에도 열심히 살아온 진솔한 인생 고백

손 해 일 (시인, 문학박사, 국제펜한국본부 제35대 이사장)

강원자 선생의 수필부문 응모작 「아버지, 미워할 수 없는 사랑」, 「예기치 못한 우리의 특별한 데이트」 2편을 신인상 당선작으로 뽑는다.

수필은 넓은 의미의 '붓 가는 대로 쓰는 글'이라고 쉽게 생각하기 쉽다. 수필은 자기 자신의 체험담을 1인칭으로 쓰기 때문에 자신의 인생관, 문장력, 지적 수준까지가 여실히 드러나는 정직한 장르이다. 신변잡기 수준을 넘어 품격 있는 수필을 쓰려면 부단한 노력이 필요하다.

「아버지, 미워할 수 없는 사랑」은 작가가 20대 초에 53세로 작고한 아버지를 그리는 사부곡이다. 작가가 전주 근교의 농촌 태생으로 초등학교 시절부터 가난한 집안의 대소사와 농사일을 열심히 도우며 살았던 추억담이다.

작가의 아버지는 삼 형제의 둘째로 태어나 5남매를 두었으나 물려받은 유산도 없어, 전 재산인 소 한 마리로 남의 일을 해주거나 소규모 농산물 판매로 근근이 가정을 꾸리던 성실남이다. 그 와중에도 동네의 애경사를 열심히 챙기고, 잔치집에는 노래와 재치로 흥을 돋구거나, 첫 수확한 채소를 이웃에 나누어주던 멋진 남자이다. 그러다 간경화로 고생 끝에 돌아가신 아버지가 남기신 수십 권의 일기장을 보고 슬퍼했다는 에피소드다.

「예기치 못한 우리의 특별한 데이트」는 작가는 40여 년의 직장을 퇴직한 후 제2의 인생을 축제처럼 살자고 다짐했다. 남편과 작가는 사회복지사 자격증은 이미 취득했으나, 요양 보호사 자격증을 추가로 따기로 한다. 퇴근하는 남편의 저녁 시간에 맞추어 240시간의 교육을 함께 이수하며 겪은 일화이다. 그러다 보니 교육을 통해 많은 지식들을 얻고 교육생들과의 교류하는 외에, 교육을 받으러 오가며 남편과의 특별한 데이트가 너무 즐거웠다는 추억담이다. 고단했던 어린 시절부터 열심히 살아왔고 배우는 즐거움도 느끼는 작가의 인생관이 녹아있는 작품이다. 강원자 수필가의 등단을 감축드린다.

수상소감

이 소중한 기회를 주신 문학그룹샘문, 샘문뉴스, 샘문학 관계자와 당선을 시켜주신 심사위원님들께 진심으로 감사드립니다.

특히 여러 가지 조언으로 두려운 마음을 해소시켜 주신 이정록 교수님께 감사의 말씀을 드리고, 작가로서 첫걸음을 내딛는 이 순간, 제 이야기를 이름 모를 독자분들께 전할 수 있어서 고마운 마음을 전합니다.

그동안 많은 어려움과 도전을 겪으며, 이 자리까지 올 수 있었던 것은 주변의 응원 덕분입니다. 특히 날마다 컴퓨터 앞에서 고민하며 앉아 있는 저에게 남편과 아이들의 응원이 없었다면, 지금 이 자리에 있을 수 없었을 것입니다. 글이 재미있게 술술 읽힌다고 칭찬해 준 친구들에게도 이 영광을 함께 나누고 싶습니다.

앞으로 더 좋은 이야기로 진솔하게 글에 담아보겠습니다. 이 기회를 소중히 여기며, 더 나은 작가로 성장하기 위해 계속 노력하겠습니다. 감사합니다."

2025.02.21.
수필가 강원자 드림

신인문학상 당선작

물에 대한 인식의 전환 외 1편

박 용 수

물(H_2O) 수소 산소의 화합물로 색, 냄새, 맛이 없는 액체로 자연계의 빗물, 강물, 바닷물, 따위이며... 지구의 생명체는 물에 의해 탄생했다. 지구에는 약 13억 5000Km² 물이 지구를 덮어 쉬우고 있다. 그중 97.5%가 바닷물이고 18%가 빙하이고 만 년 설이 되어 있으며 지하수는 0.7% 하천수와 호수 등 지표면 흐르는 물은 불과 0.02%가 되어 있어 우리 인간 생활에 관계 되는 물은 불과 얼마 되지 않는다.

이와 함께 물은 지구상을 빙빙 돌면서 순환하고 있다. 또 태양으로부터 에너지를 육지와 바다에 흡수하여 다시 물은 그 열을 흡수해 수증기가 되어 공중으로 상승해 그름을 만든다. 이에 수증기는 상공에서 열을 방출해 다시 비나 눈 그리고 안개가 되어 지상에 물을 갖다 주기에 우리 생활에 없어서는 안될 생명수다. 우리 사회 전반적으로 물에 대한 인식이 많이 변했지만 아직도 생활 속에서의 중요성이 언제나 뒤로 밀려 천대받고 있지 않나 싶다. 우리는 의식적으로 중요하다고 생각은 하지만 일상 생활에서는 물을 물 쓰듯 낭비하고 있다. 우리의 생활은 물과 직결되기 때문에 물 없이는 생활 할 수 없을 뿐 아니라 지구상 모든 생물체도 물 없이는 살아갈 수 없다는 것은 너무나 당연 한 사실이다. 우리 조상들은 해와 달을 높여 햇님, 달님이라 했듯이 자연환경에 순응하는 삶을 살아왔다.

마을을 가로지르는 냇물이나 동네 우물을 두고서는 서로 간 다툼을 하지 않았고 지혜와 슬기로움으로 자연환경을 잘 지키고 물을 잘 관리하고 보호해 왔다. 그러나 지금은 어떠한가 "인간의 생명수"를 가지고 서로 간 다툼으로 분쟁이 일어나 법정 다툼(2006년 12월 13일 메리 공단) 부산시민 단체, 김해 메리

공단설립 관련하여 소송은 우리는 잘 기억하고 있을 것이다. 이 다툼에 필자는 시민사회 단체장으로 경남 민의 젖줄이고 부산 시민의 식수인 낙동강을 살리려고 온갖 투쟁이 지금도 생생하다. 또 그런가 하면 땜을 만들어 마치 자기 소유의 물인 듯 서로 얼굴을 붉히며 항변하고 있으니 정말 안타까운 일이 아닐 수 없다. 우리나라는 1980년 들어 경제성장과 함께 공업화가 급속도로 발전하면서 중금속 등을 함유한 산업폐수 처리가 되지 않은 채 하천이나 바다로 배출되어 인위적(인재)오염 사고가 꼬리를 물고 일어났다. 특히 이들 오염 사건이 대도시의 수도 상수원으로 되어 있는 큰 강에서 발생 되었다는 것이 충격을 안겨 주었다. 이것이 바로 지난날 1991년 구미공단 페놀 방류 오염 사고 등이다. 이 사고들로 하류 주민들은 상류 지역에 대한 불신이 심화 되기도 했다. 유엔(UN) 수자원 개발보고서에 의하면 한국은 아시아 지역에서 물 부족국가(2006년부터) 분류되어 있어 물에 대한 인식이 이젠 정말 달라져야겠다고 명심해야 한다. 지금 곳곳에는 기후 이상 기온 변화로 각종 질병과 재해뿐 아니라 물 부족으로 인하여 불안만 더 가중시키고 있는 것이 현실이다. 우리 현실에 닥친 것이 35년 작년 여름 폭염과 가뭄 11월 대 폭설로 인한 피해가 가뭄으로 낙동강 8개 보에서는 부영양화로 인한 물고기 폐사가 일어났고 시민단체(낙동강 네트워크 환경운동 연합 등 시민단체)가 부산에서 경북까지 낙동강 주변에 사는 주민 대상으로 비강 검사를 한 결과 주민 22명 중 11명에게서 녹조 독소 유전자가 나왔다고 한다.

낙동강 주민 비강 검사 녹조 독소 검출

개발이라는 이유만으로 자연환경을 무차별 파괴하고 훼손하여 생명의 물 마저 오염 시키고 있으니 심각한 문제다. 세계의 물의 날 1992년 리우데자네이루에서 개최한 UN 환경개발회의에서 그 싹을 틔워왔다. UN 총회는 매년 3월 22일 "물의 날" 선포했으며 우리나라도 1994년부터 이날을 통해 물의 중요성을 알리고 있다. 국민 모두가 절수 운동으로 10%만 아껴도 연간 280억 원이라는 국가자원을 절약할 수 있다고 한다. 본인은 노무현 대통령 시절엔 전국 최초로 필자는 군부대 절수운동(물아끼기 위한) 강의를 2013년부터 10년간 군부대 39사단, 53사단 예하부대, 거창부대, 함양부대, 산청부대, 의령부대, 함안부대, 사천부대, 통영부대, 거제부대, 양산부대, 진영군수부대, 울산유류부대, 장산 레이더기지, 장유 레이더기지, 56육군병원, 사천공군 교육사령부, 진해 해군교육사령부, 함대사령부, 김해 전투부대, 김해 공군 5672부대 등에서 절수운동 관련 강의하여 절수 운동 교육을 했다. 한 번 잃어버린 생태계는 다시 복원하기 어렵고 어떠한 댓가로도 보상받을 수 없다. 한 번 균형이 깨지고 생태계가 허물어진 곳엔 어떠한 조류도 살 수 없다. 마찬가지로 황폐한 환경에서는 우리 인간도 살 수 없으며 자연의 법칙과 순리에 따르며 자연환경의 중요성을 깨달아야 한다.

청소년들에게 용기와 희망을
- 자연환경 사랑, 청소년 사랑

박 용 수

하느님께서는 지구상에 많은 인간들에게 제각각 그 생김새와 피부색까지 다르게 갈라놓았다. 그러나 귀중한 생명만은 어느 누구도 더 가질 수 없는 오직 한 개만 나누어 주셨다. 그러나 그 생명마저 헌신짝 버리듯 포기해 버리는 비정한 삶을 사는 사람도 있다. 어디 이뿐입니까, 우리가 만들어 놓은 덫에 걸리듯이 이제 온 세상은 우리(기성세대) 생활의 부산물(부정 한 행위)이 청소년들의 마음과 정신을 오염시키고 있습니다. 또 국가적 과다경쟁으로 비롯된 핵무기개발과 발달은 우리들을 죽음의 공포에서 벗어나지 못하게 하고 있습니다. 또 이러 한 것으로 인하여 자연환경은 심각하게 오염되고 있으며 동식물은 점점 건강한 삶을 잃어가고 있습니다. 환경뿐만 아니라 남이야 어찌 됐던, 나만 잘 살면 최고라는 생각이 만연되고 있습니다.

우리의 청소년들은 기성세대들이 그릇된 생각에 범죄가 날로 급변하고 있으며 또 점점 공포스러워지고 있습니다. 우리는 더 이상 남의 집 불구경 하듯 안이하게 있어서는 안된다는 생각이 간절합니다. 물론 늦은 감은 없지 않지만 지금 부터라도 청소년 문제 해결을 위 정부 당국 뿐만 아니라 우리 부모들이 발벗고 나서야 할 절박한 위기입니다. 이젠 정부와 우리 기성세대(사회적 책임)는 사춘기 호기심 많은 청소년들이 건전하게 여가를 보낼 수 있도록 문화시설을 충분히 확충하고 다듬어야 합니다. 청소년들은 선도의 목적이 상실된 여관(모텔), 유흥업소, 퇴폐 술집, 속수무책으로 난립 된 디스코장, 밀폐된 만화가게, 불량 청소년의 오락장, 음란 비디오테이프 판매 등 숱한 유흥 속에 접하고 있습니다. 이러한 무방비 상태에서 밤늦게까지 활보하고 있는가 하면 본드 흡

입으로 환각 상태에서 성폭행까지 하는 데에는 어른들은 할 말조차 잃게 됩니다.

우리 기성세대는 지금이라도 청소년들이 푸른 마음을 잘 가꾸기 위해 투자해야 합니다. 또 용기와 희망을 줄 수 있는 환경을 조성하여 청소년들이 먼 훗날 튼튼한 재목으로 성장 할 수 있도록 노력하고 헌신해야 합니다. 이 푸른 재목들이 훌륭하게 성장하여 사회 곳곳에서 필요한 기둥이 될 것이라고 꼭 확신합니다.

요즘같이 각박한 세상살이에도 이에 굴하지 않고 낮에는 삶의 현장에서 밤에는 한자라도 더 배워 보겠다는 청소년들이 있습니다. 그리고 졸지에 천애 고아가 된 어린 소년 소녀는 한 가정의 가장 노릇을 하면서 어린 동생들을 지키고 있습니다. 우리 주위에는 이렇듯 남몰래 눈물을 삼키며 꿋꿋하게 살아가는 청소년들 너무나도 많습니다. 이웃과 부모 형제 그리고 자식까지도 외면한 채, 사회적 지탄이 되고 있는 어른이나 청소년들의 소식을 접할 땐 정말 내 자신이 부끄럽다는 생각이 듭니다.

지금 우리 경제가 처해 있는 현실은 어떠합니까? 정국이 난국이고 고물가 시대에 하루에도 수십 개씩 자영업자들이 문을 닫고 중소기업이 도산되고 수많은 노동자들이 일자리를 잃고 있습니다. 또 사회적으로 과소비를 억제하고 새롭게 허리를 졸라매자는 여론이 더 높게 일고 있습니다. 이제 정치인들도 국민을 위한 정치와 나라를 위한 정책 정치를 논해야 함에도, 서로간 당 이익만을 위한 그런 정책은 삼가고 진정 국민을 생각하는 그런 정치인이 되어야 합니다. 국민의 목소리가 커지고 있습니다. 이러한 위기에 우리 어른들은 물론이고 어린 자녀들에게 과소비와 허영심만을 부추기지는 않는 지 우리 기성세대는 다시 한 번 가슴에 손을 얹고 자기반성을 하지않으면 안될 것입니다.

졸업 시즌이 되면 일부 졸부들 간에 자동차를 졸업 선물로 준다고 하니 이 얼마나 한심스러운 일입니까? 우리 사회 빈부격차를 더욱더 심화시켜 계층간 갈등을 조장하고 있습니다. 성실한 중산층과 저소득층의 근로 의욕을 떨어뜨리는 반사회적 행위라고 보아도 좋을 것입니다. 또 그들의 자녀에게는 황금만능주의와 이기주의의 잘못된 가치관을 심어주게 될 것입니다. 서울 오랜지족이나 부산 해운대족이나 하는 X세대 청소년들이 사회적 물의는 일부 졸부들의 잘못된 자녀 교육에서 빚어진 것입니다. 그러기에 잘못된 부분을 앞장서서 개선해야 합니다. 그러면 사회는 자연히 부정부패가 척결되고 청소년들은 자연히 선도 될 것입니다.

대망의 새해 2025년에는 청소년들에게 용기와 희망을 줄 수 있도록, 국민이 선택한 위정자 정치인 정국이 낭국으로 만들지 말고 우리 사회 기성세대들 여러분들도 견인차 역활을 해서 희망찬 새해 2025년을 청소년의 해로 미래의 푸른 나무를 심었으면 합니다.

박 용 수

부산광역시 북구 거주
신라대학교 평생교육원 책임교수
동서대학교 응용공학부 환경공학 졸업
대구대학교 산업사회복지대학원 수료
동서대학교 대학원 토목공학부 공학석사
동서대학교 대학원 토목공학부 책임연구원
동서대 응용공학부 환경공학 1-2학년 출강
지식경제부 중소기업청 상인대학 교수
(전)부산가톨릭대학 평생교육원 지도교수
(전)부산과학기술대 평생교육원 지도교수
(전)경기대학교 대학원 환경학 외래교수
(전)경성대학교 평생교육원 지도교수
(전)고신대학교 환경학 외래교수
(현)신라대학교 평생교육원 책임교수
원전5-6호기백지화 시민운동 공동대표
(사)문학그룹샘문 자문위원
(사)샘문학(구,샘터문학) 자문위원
(사)한용운문학 자문위원
(주)한국문학 자문위원
샘문시선 회원
<수상>
2024 한국문학상 특별창작상
부산시장 표창 및 감사장(30회)
한국수자원공사(물 사랑 실천) 최우수상
교통안전진흥공단 88 안전 공로 봉사상
체육부장관 88올림픽 자원봉사 대상
MBC문화방송 문화시민상 전국 대상
한국정년회의소 자랑스러운한국인 대상
검찰 청소년선도 봉사부문 전국 대상
연합뉴스 VISION TOP BRAND 전국대상
스포츠조선 자랑스러운 혁신한국인 대상
88올림픽 새마을운동 질서부문 대상
국제신문 창조혁신 & CEO 대상
대한민국 정부 대통령 표창
내무부장관장관상(표창장) 3회
체육부장관 88올림픽 봉사상상
부산 민주시민상(질서부문) 대상
2018 부산시 녹색환경 대상(본상)
대구대학총동창회 자랑스러운동문상 대상

박용수 수필가 신인문학상 심사평

물에 인식을 전환 시켜주는 지적이고 논리적인 수필

강 소 이 (시인, 소설가, 문학평론가)

　　박용수 님의 수필 2편 <물에 대한 인식의 전환>과 <청소년들에게 용기와 희망을 - 자연환경 사랑, 청소년 사랑>은 미셀러니라기보다 에세이라고 하겠다.

　　생활 주변에서 일어나는 신변잡기의 가벼운 생활 수필이 아니다. 시사와 철학적 문제를 논리적 지적으로 접근하고 있는 중수필의 특징을 갖고 있다. 에피소드나 감상에 관한 내용은 전혀 없고, 환경(물)과 사회 문제(청소년 문제) 등을 다루고 있다. 다루기 힘든 소재들이고 아무나 쓰기 힘든 내용의 글이다. 대부분 수필가는 가벼운 생활 수필을 쓰곤 하는데, 박용수 님의 수필은 남다른 주제를 다루고 있어서 눈에 뜨이는 면이 있다.

　　<물에 대한 인식의 전환>을 보자. 도가 사상道家 思想에서 "최고의 선은 물과 같다"라는 의미의 상선약수 上善若水를 이야기했다. 노자의 『도덕경』에 나오는 말이다. 물은 항상 낮은 곳, 낮은 위치를 향해 자리하기 때문에 겸손함, 남과 다투지 않음을 상징하는 말이다. 중국 춘추 시대 때에도 물에 관한 관심은 많아 왔음을 알 수 있다. 이런 관념적인 겸손을 물질적인 물에 비유하여 이르는 상선약수에서 알 수 있듯이 물에 대한 사유는 유서가 깊었음을 알 수 있다. 고대에 사용되던 물질 중에 사용의 효능이 소실되어 소멸된 물질들도 있겠으나, "물"은 가장 기본적인 물질임을 박용수 님은 수필에서 언급하고 있다.

　　모든 생명체는 탄생에서 죽을 때까지 물 없이는 살 수 없으니 물은 곧 생명수인 것이다. 이런 깊은 사유의 관점을 기초로 물에 대한 투쟁(낙동강 살리려는 온갖 투쟁), 산업 폐수, 물 부족, 환경 오염에 관한 심각성(물고기 폐사)을 지적하고 있다. 절수의 필요성, 자연환경의 중요성을 깨달아야 한다고 주장한다. 매우 지적이고 논리적이며 다소 설명적인 글이다.

　　두 번째 수필 <청소년들에게 용기와 희망을 - 자연환경 사랑, 청소년 사랑>을 보자. 청소년의 범죄 급증, 낮에는 산업 현장에서 일하고 밤에는 공부하는 청소년들도 있음을 언급한다. 반면, 어린 자녀에게 과소비와 허영심을 부추기며 황금만능주의와 이기주의의 잘못된 가치관을 심어주기도 한다고 했다. 이 글도 매우 냉혹하고 비판적이며 지적이고 논리적이며 교훈적인 글이다.

　　끝으로 박용수 수필가 님의 등단을 감축드린다.

수상소감

 2025년 제15회 신춘문예 샘 문학상 신인 공모 전에 물에 대한 인식의 전환을 주기 위한 글을 쓰기로 결심하고 특히 자라나는 청소년들에게 우리의 귀한 생명수인 물의 중요성에 대하여 글을 쓰지만, 심사위원님들 평가를 어떻게 받아들일지 염려가 되지 않을 수 없었다.

 많은 문학가들이 활동하고 있지만 더 안타까운 것은 환경수필을 등단하는 분이 없어 정말 안타깝네요. 문학에 시, 시조 문학평론, 수필, 꽁트 등으로 환경 관련 집필로 환경의 중요성을 알려 주었으면 하는 마음이다. 특히 물은 우리 인간들에게 많은 것을 가르치고 있다.

1. 물은 인류 생활의 근원이다.
2. 물은 우리 인간들이 살아가는 길을 지켜보고 있다.
3. 물은 많은 사람들에게 무언을 가르치고 있다.

 우리 조상님들은 해를 햇님이라고 불렀다. 그러나 우리의 생명수인 물은 왜 물님이라고 하지 않은지 이해가 되지 않는다. 작금은 탄소 중립 실천이라고 하고 있지만, 탄소 중립 실천은 우리 생활 가까이에 있다. 나무를 많이 심을 것, 에너지절약, 절수 운동 등이 우리 가까이에 있음을 까맣게 잊고 있으니, 이제는 문학인들이 문학(글)으로 환경의 중요성을 알리고 홍보하며 탄소 중립을 실천할 수 있는 기회를 제공하는 것도 우리 문학인이 할 일이라고 생각하며 샘문 그룹 회원들은 다른 문학인과 달리 각종 문학표현을 알려주는 계기가 되었으면 하는 바램과, 샘문 그룹의 무궁한 발전과 회원님들의 건강을 기원합니다. (감사합니다.)

2025.04.14.
환경수필 박용수 책임교수

신인문학상 당선작

미륵암 빼꼼이 외 1편

민 병 미

유튜브를 보고 가까운 곳에 미륵불을 모시는 암자가 있다는 걸 알게 되었다. 70대 비구니 스님 한 분이 특별한 인연으로 그동안 방치해왔던 미륵불을 세상에 드러내고 정성껏 모시고 기도드리는 도량으로 가꾸고 있다고 했다. 내가 살고 있는 소도시에서 수십 년간 그곳을 수 없이 지나쳐 다녔는데 까마득히 몰랐다니 궁금해지고 찾아가 보고 싶었다. 남편에게 그 내용을 말했더니 마침 그곳 남면행정복지센터에 제출해야 할 서류가 있다며 겸사겸사 같이 한 번 가보자고 하였다.

남면행정복지센터에서 볼일을 끝낸 후 부상고개로 올라가 유명한 어탕국수를 점심으로 사 먹고 월명리 미륵암으로 향했다. 도로변에서 아주 가깝다. 그런데 오래도록 가꾸지 않아 잡초만 무성히 자란 흔적, 덤불숲이 되어버린 묵정밭이 암자의 담장을 온통 가리고 있어 보통 그곳을 지나다녀도 그저 흔히 보는 산자락일 뿐 거기 암자가 숨어 있는 줄은 보통은 모르고 지나칠 만한 위치에 자리 잡고 있었다.

묵정밭 사이로 좁은 길로 올라가니 거친 돌과 흙이 섞여 깔린 주차장이 보인다. 주차하고 계단을 오르면 담벼락으로 가려져 있던 작은 암자와 요사채 한 채가 그제야 본모습을 드러낸다.

그런데 차에서 내리는데 갑자기 두 마리의 개가 계단을 내려오며 심하게 짖어댄다. 아마 부부 개인 것 같다. 특히 남편 개가 목청 높여 짖어대고 아내 개는 주도권을 남편에게 맡기고 남편을 따라다니며 추임새만 한다. 남편 개는 특히 내게 심하게 짖어댔다. "왈왈왈~" 난생 처음으로 개에게 이런 대접을 받으니 놀랐고 당황스러웠다. 계단을 오르니 마당 왼쪽으로 미륵불이 서 계셨다. 개 부부는 따라다니면서 계속 짖고 거기다 새끼들도 합류하기 시작했다. 남편 개는 파란색과 검정색이 들어간 자켓을 입었고 아내 개는 주황색과 검정색이 들어간 자켓, 강아지들은 초록색 쫄쫄이를 입고 몰려와 나를 향해 단체로 짖어댔다.

"미륵 부처님이 궁금해 잠깐만 뵙고 갈 테니 짖지 마라."

조용히 말을 하니 알아들었는지 코에 주름을 켜고 사나운 이를 드러내며 으르렁대던 남편 개가 잠시 멈추는가 싶더니 강아지는 요사채 쪽으로 달려간다.

이윽고 절 마당에 서 계신 미륵부처님께 3배 올리려고 합장하여 엎드렸는데 바닥에서 흙냄새가 푹 올라오고 이놈이 아직도 나를 경계하고 있음이 확연히 느껴진다. 내가 엎드린 배석대 주변을 "사사샥" 빙빙 돌고 있는 발자국 소리가 들린다. 집요한 녀석이다. 집중이 안된다. 집중하려고 애를 써도 소용이 없다. 내 귀 가까이에서 녀석이 내뿜는 숨소리가 "쉑쉑쉑" 계속 들려오니 집중이 되지 않은 채 급히 의례적인 인사만 올리고 일어나 앉았다. 이 예의 없는 개를 제압해야겠다는 생각이 들었다. 눈을 똑바로 보고 엄한 표정을 갖춘 후 낮은 목소리로,

"내가 나쁜 마음을 갖고 찾아온 것도 아니고 너를 해롭게 할 마음은 아예 없는데 너는 왜 내게 그렇게 짖어대어 부처님 계시는 신성한 곳을 시끄럽게 하는가?"

또 기도하려고 엎드린 내 주변을 계속 빙글빙글 돌며 내는 숨소리에 집중할 수 없었다.

"너는 도대체 무슨 마음으로 부처님께 올리는 내 기도를 방해하며 고요해야 할 절 마당을 어지럽히는가?"

돌이킬 수 없고 지난 일이 되었으니, 그만 용서할 것이니 이제 나를 방해하지 마라. "와~ 근데 이 개 표정 보소. 순간 알아듣는 듯, 눈의 독기가 사그라들고 미안한 눈빛이 되더니, 민망했는지 고개를 법당 쪽으로 돌린다. 남편 개 옆에서 내내 조용히 따라 다니던 아내 개가 갑자기 코와 입을 찡그리며,

"내 남편 왜 혼내느냐?" "으르렁~~"
"너도 그러지 마라. 부처님 계시는 곳 지키려는 마음은 갸륵하지만, 남편이 아무 때나 아무에게나 짖어대지 않도록 바르게 알려줘야지. 내조를 제대로 해야 새끼들도 보고 배우는 거야."

법당으로 향해 걸어가는데 이 녀석들이 이번에는 멀찌감치 거리를 두고 천천히 따라온다. 법당의 문을 열고 들어서려는 순간 입구에서 아내 개가 또 "으르렁~~" 법당문을 닫았다. 아내 개가 남편 개보다 속이 좁은가 보다. 개를 마음속에서 보내버린 후, 법당에 모셔있는 부처님께 평상시의 기도를 올리고,

"부처님, 저 밖의 개들과 혹시 제가 악연을 갖고 있었다면 풀고 싶습니다. 저 개들이 어떤 업으로 개로 사는지 저는 알 수 없으나, 이곳에서 사는 동안 업을 다 녹여 다음 생에선 좋은 몸 받기를 바랍니다."

진심으로 바랐고 반복하여 기도했다. 공양을 올리고 법당 밖으로 나오니 먼 발치에서 우리를 바라보는 녀석들은 언제 그랬냐는 듯 눈이 순해져 있고 절 마당은 조용해졌다. 참 신기한 일이다. 마당을 가로질러 걸어 나오며 그들을 향해 내가 먼저 손을 들어 "이제 우리는 간다. 잘 있어. 배웅나오지 말고. 안 나와도 돼" 했더니 오려다 멈칫하더니 제자리에 그대로 서 있다. 마당을 지나 계단을 내려와 주차장에 세워둔 차에 올랐다. 그런데 실은 녀석들이 졸래졸래 따라오는 발걸음 소리가 가만가만 들렸었다. 남편은, 장난기가 들었는지 "저놈들 어쩌는지 좀 지켜보다 갑시다. 재미있네." 한다. 차 안에서 가만히 지켜보았

다. 과연 살살 다가와 담벼락에 몸을 가리고 숨었다가 고개만 빼꼼히 내밀고 쳐다보다가 우리가 차 안에서 자기를 보고 있다는 걸 알아챘는지 벽 쪽으로 얼굴마저 숨어버렸다. 잠시 후 또 궁금했는지 고개만 빼꼼히 내밀어 우리를 바라본다. 사람 말귀 다 알아듣고 밀당까지 하는 녀석, 남편 놈이다. 녀석의 이름을 임의로 붙여주었다. '빼꼼이'라고.

한참을 그러다가 우리는 천천히 차를 운전하여 도로 쪽으로 방향을 바꾸는데 그 순간, 아까 우리가 처음 들어설 때 그랬던 것처럼 두 녀석이 갑자기 숨이 멎도록 "왈왈왈왈" 짖어대며 계단을 급하게 뛰어 내려온다. 도로 쪽에서 낯선 차량 한 대가 올라오고 있었다.

"빼꼼아, 미륵암 잘 지키고 잘 있어."

왼팔과 오른팔이

민 병 미

연휴 마지막 날이었다. 새벽 3시에 깨어나 다시 잠들려니 잠이 오지 않았다. 기왕 깨었으니 그동안 미뤄 놓았던 불교대학에서 지난 학기 동안 배운 내용들을 정리해 놓자고 했던 걸 마무리해야겠다고 생각했다. 곤히 자고있는 가족들이 깨지 않도록 조용히 큰 책상이 있는 작은 아들 방으로 들어가 나름 열심히 복습도 하면서 마무리했다. 오랜만에 숙제를 끝낸 가뿐한 기분으로 아들 방을 나왔다. 내친김에 주방에서 선물할 간단한 냅킨 아트 작품 두 개를 만들어 놓고 널브러진 재료들을 상자에 담아 씽크대 상부장에 넣고 문을 닫으려는 순간, 앗! 발을 헛디뎠고 무게중심을 잃고 그대로 바닥으로 처박히며 떨어졌다. 우당탕 요란한 소리와 함께 의자 두 개와 내몸이 서로 엉켜 그대로 바닥에 내팽개쳐진 것이다. 의자는 부딪쳐 바닥에 짙은 자국을 내었고 나는 일어나지 못하고 씽크대 하부 장에 머리를 박고 그대로 한참을 꼼짝없이 앉아 있었다. 오른팔로 하부장을 짚고 일어서려 했으나 오른팔을 들어 올릴 수 없었고 오른쪽 쇄골과 목과 어깨, 허리의 통증이 심해 움직일 수 없었다.

다음 날 아침 일찍 정형외과로 향했고 엑스레이 판독 결과는 목과 가슴 쪽에 골절이 있어 보이진 않는데, 허리뼈에 골절이 있으니, 전문적인 영상의학과 의원에서 CT와 MRI 검사를 해보고 오라는 것이다. 안내해 준 대로 구미에 있는 영상의학과 의원에서 검사를 마치고 설명을 들었다. 쇄골은 골절되었고 실금이 두 개 보이며 척추뼈는 과거에 다친 것이라고 했다. 다시 정형외과로 돌아와 CD를 제출하고 결국 몸통과 팔을 밀착시켜 움직이지 않고 지내고, 복용할 약 일주일 분과 일주일 후에 다시 상태를 확인해 보자는 처방을 받고 돌아왔다.

그날 밤 처방 약을 먹고 몸통과 팔을 밀착시키는 보호대를 착용하고 꼼짝없이 앉아 있자니, 상처로부터 올라오는 통증과 열감에 몸이 뜨겁고 고통스러웠다. 고비가 시작되었구나. 이렇게 지독히 아픈 건 몸이 최선을 다하고 있는 것이니 마음아, 용기를 내어 몸의 노력을 도와주자. 다짐했지만 잠들었다가 또 깨어나고 다음 날도 내내 그런 고통을 견뎌야 했다. 일상이 새로운 도전을 요구했다. 어눌한 왼손이 젓가락질을 하며 실수 연발, 칫솔질도, 샤워는 남편에게, 머리 감기도 남편에게, 꼼짝하지 못하고 앉아서 바라보면 구석구석 먼지가 쌓여 있고, 어질러진 물건들이 그렇게 눈에 띈다.

만들어 두었던 국과 반찬이 동이 나고는 남편이 외식하자며 이끈다. 고깃집 식당 사장님은 내 모습을 보고는 "포크를 갖다 드릴까요?" 묻더니 포크를 갖다주고 어쩌다 다쳤냐고 묻는다. 주방에서 그리되었다고 사연을 말하자 본인은 지금 왼팔 들기가 안 된다며, 매일 무거운 고깃덩이를 왼쪽 어깨로 들고, 수시로 고기를 써느라 왼쪽 손가락도 베어서 세 바늘 꿰맸다고 하며 장갑 낀 손가락을 주무르며 이야길 한다. 돈 버는 일이 편하고 수월하게 되는 게 아닌 이치라며 살짝이 눈물도 비친다.

"그렇지요. 돈 벌기가 쉬운 게 아니지요. 공감합니다. 주방엔 참 위험한 게 많습니다. 항상 조심하고 주의하지 않으면 한순간에 사고 날 수 있지요. 불, 칼, 물기로 늘 미끄러운 바닥, 기름, 끓는 물, 숯불…."

한 쪽 팔을 쓰지 못하고 있다는 동류의식이 통했는지, 살아온 날들을 반추시키고 주부이며 직업인으로서 살아온 날들을 공감하며, 짧은 시간에 라포 관계가 형성되었고 사장님과 어느새 가까운 이웃이 되어버렸다. 처음 만난 손님과 식당 주인장 사이가 급속하게 가까워진 것이다.

구워진 고기를 연신 내 앞접시에 놓아주고, 반찬을 먹기 좋게 밀어주고 고기를 굽고 있는 남편의 얼굴이 참 평화롭게 보인다.

당분간 오른팔을 쓰지 못한다는 불편함은 꼭 부정적인 영향만 주는 게 아니란 걸 깨닫는다. 왼쪽 팔을 더 활용하게 되었고, 요령껏 덜 힘든 방법을 찾아내고 왼손의 소근육 감각을 더 발달시키는 기회가 되기도 하니까. 한편, 오른팔이 그동안 해온 노고를 참 고맙고 대단했다고 재평가하기도 한다. 숟가락 들 수 있는 높이까지만 팔이 올라가면 좋겠다는 희망도 품고 있다. 첫날과 둘쨋날은 꼼짝을 못했지만 며칠 지난 오늘은 오른손을 옆구리에 붙이고 천천히 워드는 할 수 있으니 다행이다. 참고 기다리면 숟가락도 들고 머리도 감을 수 있겠지. 또 며칠을 참고 기다리면 오른쪽 목이 뻣뻣해 앞이 막힌 옷을 입을 수 없어 팔을 늘어뜨린 채 소매를 끼

위 입지만 곧 팔을 올려 티셔츠도 입을 수 있게 되겠지.
 남편이 대신 걸레질을 하고 간단한 먹거리도 준비할 수 있으니 그만해도 고맙다. 그런데 실은 걸레질한 곳을 조금 지나고 다시 보면 머리카락이 눌어붙어 있다가 물기가 마른 후 그 자리에 그냥 있는 게 보인다. 설거지해놓은 그릇을 보면 덜 씻겨 얼룩진 흔적이나 밥알이 뭉개져 붙어있다. 이때 최대한 자제하면서도 어쩔 수 없이 지적질을 하지만 이내 그러지 말 걸 나를 돌아보게 된다.

 오른팔은 그동안 나와 함께 살아오면서 온갖 궂은 일 힘든 일 묵묵히 해오며 몸 전체를 돌보았고 내 세상을 지켜주었다. 한동안 활동을 제대로 할 수 없지만 여전히 내 세상과 일체이며 소중하다. 왼팔은 어떤가? 왼팔 역시 오른팔과 같이 내 세상을 함께 지켜왔다. 거기에 현재 본연의 역할에 오른팔의 업무까지 겸한 고된 노동을 하고 있지 않은가? 싫다는 기색 없이 자연스럽게 온 힘을 다해 오른팔의 역할까지 돕고 있다. 왼팔이 오른팔 업무를 일사불란하게 수행하지 못한다고 말할 수 있는가? 남편도 그렇지 않은가? 지금까지 왼팔로서 중요한 역할을 묵묵히 해왔고 거기에 갑자기 오른팔의 업무까지 비상근무를 수행하느라 최선을 다하고 있지 않은가? 따끈한 커피 한 잔을 권해야 할 것 같다.

민 병 미
경북 김천시 거주
대구교육대학교 졸업
대구대학교특수교육대학원 석사
41년간 교직생활 재임
다수초등학교 교장 정년퇴임
(사)문학그룹샘문 회원
(사)샘문그룹문인협회 회원
(사)샘문학(구,샘터문학) 회원
(사)한용운문학 회원
(주)한국문학 회원
<저서>
문턱이 너무 낮습니다(비매품)

민병미 수필가 신인문학상 심사평

동병상련과 감사의 미학이 있는 작품

강 소 이 (시인, 소설가, 문학평론가)

 수필은 가장 개성이 잘 드러나는 문학 장르이다. 형식의 구애를 받지 않고 붓가는 대로 쓰는 자유로운 글이다. 인생이나 철학, 정치에 관한 무거운 수필도 있지만 대부분 수필은 신변잡기 적이 가벼운 경수필이다. 민병미 님의 수필도 일상에서 일어난 생활 수필이다. 글이 진솔하다.
 이 수필은 냅킨 아트 작업 후 씽크대 상부장에 재료들을 정리하고 내려오다가 발을 헛디뎌 다친 일화에서 겪은 감회를 작품화한 것이다.
 한 문장 한 문장이 군더더기 없이 매끄럽다. 일어난 일을 시간이 경과함에 따라 순차적으로 술회하면서 느낀 소회가 담백하게 그려져 있다. 읽는 이들에게, 안타까움과 아픔을 주면서 공감하게 한다. 그리고 생각하게 한다. 무겁지 않은 사유다. 너무나 깊이 공감하게 하는 잔잔한 차향을 느끼게 해주는 수필이다.
 "발을 헛디뎌 의자와 함께 바닥에 내팽개쳐졌다"라는 표현에서 독자들은 안타까운 아픔을 함께 공감하게 된다. 쇄골 골절, 실금, 예전에 다친 척추뼈…
 "지독히 아픈 건 몸이 최선을 다하고 있는 것이니, 마음아 용기를 내어 몸의 노력을 도와주자"라는 표현은 깊은 배움을 준다.
 민병미 님이 오랜 교사 생활과 교장 선생님의 경력이 있어서인지 수필 속에서 독자에게 강요하지 않으면서도 조용한 가르침을 주고 있다고 보인다. 문학예술이 주는 거부감을 주지 않는 은은한 향기인 것이다.
 그리고 외식하러 갔던 고깃집 식당 사장님의 친절한 환대를 받는 상황에서, 독자들은 동병상련이라는 사자성어를 생각하게 된다. "… 짧은 시간에 라포(Naphor) 관계가 형성되었고 사장님과 어느새 이웃이 되어 버렸다. 처음 만난 손님과 식당 주인장 사이에 급속하게 가까워진 것이다"라는 부분을 읽으면 미소가 절로 지어진다. 사람은 마음 속에는 천사가 있어서 다친 사람에 대해서 측은지심이 생기기 마련이다. 식당 주인장도 왼쪽 손가락을 베어서 세 바늘이나 꿰맸던 일이 있었으니, 동류의식이 생겼다고 했다.
 그리고 다친 부인을 마음 아파하며, 일거수일투족을 옆에서 도와주고 있는 남편에 관한 이야기가 나온다. 부인이 집안일을 도맡아 해줄 때는 당연한 것으로 감사 없이 누리기만 해왔던 남편일 테다. 다친 부인 대신 일일이 일을 도와주면서 남편도 부인의 고마움이 절감되었을 듯 테다. 그래서인지 "싫다는 기색 없이 자연스럽게 온 힘을 다해 오른팔의 역할까지 하고 있다"라는 표현을 보면, 어진 남편의 마음이 느껴진다. 오른팔을 자유롭게 쓰지 못하는 상황 – "오른팔로서 업무를 일사불란하게 해내지 못하는 상황"에서 오히려 감사를 배우게 되는 계기가 되었다고 보인다. 오랜 세월 동안, 왼팔보다 더 힘 있고 충실하게 일을 해왔을 오른팔에 인간은 누구나 감사의 마음을 갖게 될 것이다.
 더 나아가 우주의 삼라만상 하나하나에도 감사의 마음을 갖게 될 생각하게 하는 수필이다. 산들바람이 불어 볼을 시원하게 해주니 감사하고, 들에 들꽃이 피어 감사하고, 햇살이 비척주어 감사하고, 산이 있고 바다와 강이 있어 감사하고 그저 감사, 감사의 마음을 갖는 게 행복이고 평안이고 복 짓는 일임을 생각하게 하는 수필이다. 설득하려 하지 않으면서도 독자들에게 은은한 향기로 교훈을 주고, 고요한 가르침을 주고 있는 우수한 수필이다.
 새벽 공기와 같은 훌륭하고 고급스러운 문장의 수필에 박수를 보내며, 민병미 작가의 등단을 감축드린다.

수상소감

서툰 첫걸음이 하나의 인연이 되고 다음 인연으로 이어집니다
두려워하지 않고 다음 걸음으로 나아가겠습니다

일주일 전, 눈이 소복 쌓이고 시가지는 온통 눈 이불을 덮고 있는 듯했습니다. 그 눈이 언제 녹았는지는 알지 못합니다. 오늘 거실 창문으로 보이는 산과 시가지는 봄볕이 온천지를 골고루 비추고 있었고 봄은 이미 우리 곁에 와있었습니다.
'당선통보서'
얼마 전 원고를 송고하고, 이미 활을 떠난 화살이니 잊어버리고 그다음 일을 하자고 마음을 잡고 있었습니다. 뜻밖에도 생각보다 빠르게 봄이 웃으며 데려다준 기쁜 소식, '아~뽑아주셨구나.'
심사위원님들께 진심으로 깊이 감사드립니다. 서툰 첫걸음을 내디뎠고, 모든 부모님이 아이의 첫걸음을 기뻐해 주며 응원하듯이 이 첫걸음을 기반으로 다음의 걸음들은 넘어지는 걸 두려워 말고 걸어가라는 응원과 격려라고 생각하겠습니다.

당선통보서를 보고 갑자기 '빼꼼이'가 어찌 지내나 궁금해졌고 바로 월명리 미륵암으로 달려갔습니다. 가기 전에 먹이나 간식거리를 사려고 마트로 갔지만 오늘은 수요일, 들떠서 매장이 쉬는 날인 걸 그만 깜빡했습니다. 동물약국에 먹이가 있다는 생각이 떠올라 갔더니 강아지들은 식성이 까다로워 모르고 사가면 먹지 않는다고 합니다.

역시나 세 마리가 뛰어나와 '왈왈'거리며 경계 반 반가움 반으로 맞아주었습니다. 미륵불께 인사드리고 법당으로 들어가려 했으나 법당문은 열쇠로 잠거져 있었고 그때 요사채에서 공양주 보살 같은 분이 나오고 세 녀석이 그쪽으로 꼬리를 흔들며 쪼르르 가서 에워싸더니 꽁냥꽁냥 뒹굴고 장난을 칩니다. 지나가다 들렸냐는 보살님의 물음에 한 번 왔었고 그날 있었던 '빼꼼이'와의 일화를 말씀드렸더니, 그러면 본인이 출타 중에 오셨었나 보다 하시고 미륵암의 천기누설하면 안 되는 비밀이 하나 있다는 사실과 빼꼼이를 비롯한 개 세 마리를 키우게 된 사연을 들려주셨습니다. 세 녀석이 모두 버려진 유기견이었고 각자마다의 사연이 있고, 최근에 빼꼼이 부부가 새끼를 낳았다는 소식까지 알게 되었습니다. 이름은 '기1', '기2', '순자'라 하였는데 '기1'이 '빼꼼이'였던 것입니다. 같이 놀다가 가끔 두 녀석이 '순자'를 왕따를 시키기도 한다니 둘 이상 모인 '사회' 집단이면 흔히 볼 수 있는 사람들의 모습과 다르지 않았습니다. 대화 중 곰곰 떠오르는게 미륵암에는 비구니스님 홀로 불사를 이루고 계셨는데, 아차! "혹시 스님이세요?" 했더니 그렇다고, 이런~실례를 어쩌나. 너무 마음 편히 다가갔고 보통 절에서 마주치는 보살님을 대하듯 스스럼없이 이야기를 나누었는데. 그도 그럴 것이 스님은 수건과 때밀이 타올을 들고 털모자를 눌러썼고 목도리를 칭칭 감고 패딩 조끼에 일바지 모습이셨으니, 뒤늦게 알았지만 목욕하러 가시는 길이었다고 했습니다.

'빼꼼이'와의 인연이 글이 되고 독자와의 인연으로 이어질 것이라는 기대감에 설레임을 어쩔 수 없습니다. 그리고 글을 읽는 동안, 하루를 살아내느라 애쓰신 읽는 이의 마음이 잠시라도 느슨해지길 희망해봅니다. 뽑아주신 심사위원님들께 거듭 감사드립니다.

2025.03.21.
민병미 드림

신인문학상 당선작

의사 파업 관련한 사회적 파장 小考
- 의사들의 집단심리 분석에 대하여

김 영 규 (시인, 문학평론가)

1. 들어가기

개인의 목표와 집단의 목표가 다르듯이 개인의 심리와 집단의 심리도 다릅니다. 의사들은 개인적으로는 다 훌륭합니다. 의사는 사회적으로 명성도 높고, 많이 배우고 공부한 훌륭한 사람들이라 급여도 최고 수준입니다.

의사협회는 집단체제이며, 회원의 권익을 위한 단체입니다. 국가의 정책 결정은 법의 테두리 안에서 정책 결정권자가 결정합니다. 대통령은 우리가 직접민주주의를 통해서 뽑은 정책 결정권자입니다. 결정권자는 정책 결정의 권한이 있습니다. 그분들의 양심과 소신을 따르기 위하여 국민은 선거를 하였습니다. 피 결정권자는 일단 따라야 합니다. 대한민국 대통령은 단임제입니다. 옳지 못한 정책 시행은 다음 선거에 영향을 미칩니다.

선생님 숫자를 선생님이 결정하지 않고, 공대생 숫자를 공대생이 결정하지 않듯이, 의사 숫자도 의사가 결정하지 않아야 합니다. 병원 등 여러 수요처의 수요를 파악하여, 그런 근거와 통계를 바탕으로 국가가 전체 숫자를 결정 관리해야 할 것입니다. 이익집단은 개인과 다른 목표를 지향하기에 의사 정원을 국가에서 관리하고 결정하는 것은 사회적 차원에서 타당할 것입니다.

대학에서 의예과, 이과, 문과대생들이 그들이 전공한 분야 현장에서만 일하는 것이 아니고, 세계적으로 보면 대통령, 장관, 국회의원 등 사회 여러 곳에서 일하듯이, 의학을 전공한 의사도 병원에서만 일하지 않고, 정치인, 제약회사, 연구원, 공무원, 선생님, 외국 근무 등 다른 여러 분야에 활동합니다.

의사들은 경제적 수입만 생각하지 말고, 대학에서 공부한 것을 바탕으로 적정한 급여로 다른 현장에서도 사회에 기여할 곳이 많고, 기여할 수 있습니다. 그래서 의사들의 근무처를 다양하게 확대하여, 여러 분야에서 역량이 발휘되어야 합니다.

그래서 정부가 아무 근거도 없이 의사 정원을 늘렸다는 것은 믿기 어렵고, 오히려 의사협회에서 의사 증원 동결이나 증원 철회 요구의 타당한 근거를 제시하지 않거나 공지하지 않는 것으로 알고 있습니다. 먼저 요즘 여론에 회자되고 있는 요지는 국가에서 의사들의 수요를 적정히 확보 하고자 의과대학 입학정원을 늘리는 것에 대해 기존의 전공의들이나 의협에서 반대하는 의견이 강하여 파업까지 가고 있는 실정입니다.

2. 본문(대안 제시)

국민의 한 사람으로서 의사들이 보는 시각과 차이가 있어, 이에 몇 가지 대안을 제시해 보고자 합니다.

첫번 째로 앞으로 정부는 필요에 따라 현재 대학병원과 유명한 사립병원에 몰려있는 주요 진료과 외에, 소외지역 의료혜택 평형을 위하여 국가가 산부인과, 소아과 등 기피 진료과를 보건소 등에 신설하고, 공공의 제도를 도입하여 적정 인원의 의사 간호사 등을 보건소에 배치하여야 하겠습니다. 기본 급여는 국가가 보장하고, 진료 및 수술 실적에 따라 추가수당을 지급하도록 하여 능률을 향상하도록 하여야 하겠습니다.

두번 째로 요즘 유튜브나 AI, Chat GPT 등이 발전하였으므로, 직접 환자 가족이 시간제 의사, 간호사 등 의료인과 연결하는 방안도 연구 검토해보아야 하겠습니다. 그리하여 필요시 환자도 직접 1일 의사, 간호사 등 시간제 타임 진료를 선택해서 비싸더라도 치료가 가능하도록 하는 것도 방법일 것입니다. 앞으로 그런 앱을 개발하거나, 그런 마케팅이 활성화 되어도 괜찮으리라 생각됩니다.
이러한 시스템에 의료보험을 적용할 수 있는 플랫폼 앱 등을 개발하여 의사나 의료집단의 수익화를 꾀하고, 환자들에게는 의료비를 낮추어주는 가성비 좋은 의료를 서비스하는 솔루션 개발을 서둘러야 할 것이다.

세번 째로 현행 의료 체계하에서 진료 과목별 의사 숫자와 미래의 의사 숫자를 비교하여 국민이 납득할 만한 통계 수치를 모르기 때문에 공지하여 주는 일도 정부와 의사협회가 해야 할 필요한 일이라 봅니다. 미래 지향적 판단과 정부와 의사협회의 원만한 의사소통으로 신뢰할 수 있는 합의점을 찾아서 현재 의사 파업에 대한 근본적 대책을 서둘러야 하겠습니다. 대책 미흡으로 장기간 환자들을 불안하지 않게 해 주어야 하겠습니다. 환자들의 마음을 안정시키고, 국민들도 편안하게 진료를 받고 건강복지를 누릴 수 있는 사회가 되길 바랍니다.

3. 나가기

아무쪼록 정부와 의협은 국민이 수긍할만한 근거를 바탕으로, 의사 정원에 관한 정책을 공지하고, 대화로 합의점을 찾아야 할 것입니다. 흑백 논리로 이분법적 사고로 진영논리로 합의점을 찾지 못하여 국민을 불안하게 하지 말고, 확증편향과 인지편향으로 파업으로 치닫지 말고, 타당한 근거를 제시하며 최선의 노력으로 미래 지향적 정책 결정이 이루어지도록 하여야 하겠습니다.

의료분야 정책 결정에 대한 파업 등 국민의 기대와 신뢰에 어긋나는 행위가 의사 불신과 정부 불신으로 이어지지 않도록 하여야 되겠습니다.

김 영 규

경기도 용인시 거주
(사)한국문인협회 회원, (사)한국경기시인협회 회원, (사)경기PEN문학 회원, 호음문학문인협회 자문위원, 용인시낭송예술협회 감사, (사)문학그룹샘문 자문위원, (사)샘문그룹문인협회 자문위원, (사)한용운문학 회원, (주)한국문학 회원, 샘문시선 회원
<수상>
한국시학 시 등단
한국문학 수필 등단(샘문)
호음문학 작품상
좋아졌네문학상
<시작>
꽃을 가꾸는 일 외 6권
<공저>
훈민정음 글모음 외 다수

김영규 평론가 신인문학상 심사평

의사 파업의 사회적 파장 小考를 다룬 시사 평론

강 소 이 (시인, 소설가, 문학평론가)

김영규 님은 한국문인협회, 경기PEN문학 회원이며 경기시인협회에서 활동하는 시인이다. 대부분의 시인들은 다소 감상적이며 서정적인 시를 쓰곤 한다. 혹자는 사회 비판적인 현실 참여적 시를 쓰는 이들도 물론 여럿이다. 어떤 류類의 시를 쓰는 시인인지는 깊이 있게 아는 바가 없다. 「생명의 색과 빛」을 시집으로 낸 바 있는 무게 있는 소재를 다루었을 것으로 짐작되는 시인이다.

인생의 가장 근원적인 이슈인 생명에 대한 사유를 생명의 색과 빛으로 다루고 있지 않나 하는 짐작이 된다. 생명 존중 사상은 모든 인류가 추구해야 하는 최고의 가치, 가치 중의 가치일 것이다. 김영규 시인은 생명에 관한 사유를 시로 형상화 낸 시인답게 의사들의 집단 파업에 대해서 간과하지 않고 이에 관한 시사평론을 써서 평론가로서 신인문학상을 받게 된다. 수필로 이미 등단한 바 있는 작가의 시선으로 김영규 님은 요즘 사회의 이슈 문제인 의사 파업에 관한 소고小考를 피력하고 있다.

의사들이 집단적으로 파업을 하고 있어 사회적인 문제가 되고 있다. 이 문제에 대해서 국민들이 의견을 달리할 수도 있다. 김영규 님이 이 문제를 보는 시각에 대해서 그 논거의 타당성을 따질 필요는 없을 것이다. 시사평론은 그 평론가의 관점에 자유가 부여되기 때문이다. 다만, 논거를 이끌어가는 논리적인 흐름을 독자는 읽으면 된다. 김영규 님은 의사 파업의 사회적인 파장에 대해 <1. 들어가기> 부분에서 충분히 객관적인 논거를 타당하게 제시하고 있다. <2. 본문>에서는 의사들의 파업에 관한 문제를 해결할 대안을 3가지로 제시해 주고 있으며, <3. 나가기>에서는 정부와 의사협회가 대화와 합의점을 찾아 국민의 기대와 신뢰에 어긋나지 않게 하자고 요약하고 있다.

전체적으로 지적이며, 논리적인 시사평론이다. 감상에 치우치지 않고 논리적인 근거를 들어 설득력 있게 자신의 평론 방향을 이끌어 나가는 우수한 글이다. 의사들의 집단심리 분석에 관한 시각도 남다른 참신한 관점이다.

수상소감

평론이란 때로는 쉽지만, 때로는 참 조심스럽다 생각합니다.
한 분야만 두루 섭렵한 학자도 아니면서, 또한 사회 전반에 걸쳐 박식한 지식이 풍부하지도 않으면서 대상을 평하고 논하기란 쉽지 않기 때문입니다.

하지만, 사회 다방면을 많이 경험하고 살아온 사람이라면, 나름대로 소신과 갈등 속에서 깊은 의견을 갖고 있습니다. 그 의견이 조금이나마 해당 분야와 사회 전반에 도움이 되고 발전이 된다면 제시해야 될 것입니다. 용기를 내면 평화롭고 아름다운 삶을 위하여 도움이 될 것이리라 생각합니다.

이번 저의 '의사 파업 관련한 사회적 파장 小考' 부족한 글이지만, 너그럽게 평하여 택하여 주신 심사위원님 분들께 감사드립니다.

향후에도 더욱 깊고 다양하게 숙고하여, 선배/ 동료/ 후배분들에게 부끄럽지 않은 글을 쓰도록 노력하겠습니다.
감사합니다.

2025.04.02.
김영규 드림

신인문학상 당선작

칠월 칠석날 설화

김 종 진

제 1 화
소석마을 운봉

창수가 사는 소석마을을 가려면 남원에서 24번 국도를 따라 굽이굽이 고개를 넘어가다 보면 여원정이 나오고 고개를 넘으면 바로 운봉 분지가 나온다. 소석리 마을은 황산 가기 전에 지리산 쪽으로 우측에 있다. 운봉에는 국가 소유의 큰 목장이 있고, 운봉면 전체 면적의 4분의 1 정도로 아주 큰 목장이다. 소석마을은 목장 바로 아래 마을로 지리산 노고단으로 이어지는 줄기 따라 생성된 작은 마을이다. 창수가 나고 자란 지역이다. 작은 분지이지만 고지대로 여름에는 시원하고 겨울에는 추운 지역이다. 남원 운봉 인월 함양으로 이어지는 국도변에 일어나는 다양한 이야기와 옛날부터 이 지역에는 전설이 서려 있다. 남원과 인월 지역 사이에 춘향가와 흥부전이라는 조선시대부터 전해지는 설화를 근거로 소설이 탄생한 지역이고, 역사가 깊고 아직도 작가는 미상이지만, 아주 재미나고 아기자기한 이야기로 사람들이 다 잘 아는 이야기다. 판소리는 섬진강 줄기 남원 구례 순창지역을 동편제로 분류되는 곳으로 유명한 판소리의 고장으로도 알려져 있다. 운봉 앞으로 흐르는 물줄기는 진주 남강으로 흘러가고 지리산 노고단 성삼재 뒤쪽으로 흐르는 물줄기는 구례 곡성을 지나 하동을 거쳐서 섬진강으로 흐른다. 운봉을 전후로 두 강이 시작되는 곳이다.

운봉이라는 지명은 고려를 거쳐서 조선시대는 물론 현재에 이르기까지 지명이 그대로 남아 있고 현재까지도 사용되는 곳이다. 고려말에는 왜구들이 사천과 진주를 거쳐서 함양성을 함락시킨 왜구는 이동 방향을 운봉 쪽으로 돌렸다. 1380년 9월에 왜구는 남원산성을 공격하다 실패하자 퇴각하면서 운봉현을 불태우고 인월역에 주둔하였다. 인월역에서 왜구는 "장차 광주光州의 금성金城에서 말을 먹인 후 북쪽으로 진격할 것이다"라고 호언好言하여 조정을 놀라게 하였다. 조정에서는 지리산과 해주 방면에서 왜구 토벌에 용맹을 떨친 이성계를 양광, 전라도, 경상도 도순찰사都巡察使로 삼고, 변안열을 도체찰사都體察使로, 왕복명·우인열·도길부·박임종·홍인계·임성미·이원계를 원수元帥로 삼아 이성계를 도와 왜구 대토벌 작전에 나서게 하였다.

제 2 화
이성계 황산대첩비 전설

고려말에 이성계가 운봉 황산벌 싸움에서 일본 왜군을 물리친 전승 지역이다. 이 전투 승리로 이성계가 나중에 위화도 회군 후 조선을 건국하는 계기가 된 전투이기도 하다. 전쟁을 승리로 거둔 후 한양으로 가던 도중에 전주 교동 근처 유적지 "오목대"라는 곳에서 쉬어간 장소로도 알려져 있다. 승전을 자축하는 연회를 열었던 곳이다. 오목대는 전주 경기전이라는 곳에서 약 500m 정도 거리에 있으며, 전주 경기전은 이성계 초상화가 모셔져 있고, 임진왜란 때 조선왕조실록을 전국 4곳에 분배하여 보관했으나, 3곳은 불에 타 소실되고 유일하게 전주고 경기전에 있는 것만 남아 있었다. 이렇게 역사의 현장과 흔적이 의외의 외진 곳에 숨은 이야기가 있는데, 외부 사람들이 그런 내용을 잘 모른다.

운봉은 고려말 일본 왜놈들이 배 500여 척으로 쳐들어오면 사천 통해 진주, 운봉을 지나, 남원, 전주로 쳐들어 오는 길목이다. 그리고 이성계가 고려말 왜놈들이 쳐들어와 함양성을 함락시키고, 다시 운봉과 인월역 사이 황산이라는 고지대가 있다. 산이 험하고 높아서 주변 정세를 알 수 있기도 하고, 전시에는 이 지역을 통찰할 수도 있는 지역으로 그런 황산에 왜구들이 진을 치고 있을 때, 이성계가 운봉현의 고남산 계곡에서 목욕을 재개하고, 황산성에 있는 일본 왜장 아지발도阿只拔都의 투구를 벗기고 나니, 다른 장수가 목을 향해 활을 당기니 그가 죽음으로서 황산 계곡에는 아직도 넓은 바위와 그 바위에 피가 묻어서 빨간 돌이 되었다는 피바위라는 장소가 있다. 그리고 황산 밑에 마을을 비전碑前이라고 부르고 있으며, 이성계가 전쟁을 승리로 이끌면서 전승 기념비를 남겼다. 지금도 그 비석이 남아 있다. 이 마을 앞에 이성계 전승비가 있다고 해서 비전마을이라 오래전부터 불렀다.

비전마을에 황산대첩비는 일제강점기에 일제가 이 땅의 민족혼을 말살시키기 위해 1945년 조선총독부에서는 도 경찰부장에게 비밀문서를 보내 조일간朝日間의 전쟁이나 자신들의 침략과 관련이 있는 고적古蹟과 유물遺物을 없애라고 명령한다. 이리하여 400년 동안 보존되어 오던 황산대첩비가 폭파되었다. 1957년 파손된 귀부龜趺를 짜 맞추어 비교적 온전한 모양의 이수는 옛 모습을 되찾았으나, 이미 파손된 비석은 검은 대리석으로 원형과 똑같은 비를 다시 만들어 대첩 비각 안에 보존하였다. 폭파된 비석들은 한데 모아 비각을 세워놓았는데, 그것이 파비각破碑閣이다. 일제는 비전碑殿을 폭파하고 어휘御諱 새긴 내용을 철정鐵釘으로 쪼아버려 그 글씨를 알아볼 수 없게 만들었다. 그런 역사적 사실 외에 문화예술 적으로도 비전마을에서는 소리(창)를 잘하는 유명한 사람들이 태어난 마을이다. 동편제 마을에서 명창이신 송홍록과 동생 고수 송광록과 여자 명창 박초월이가 태어난 마을이다. 그 마을을 지나 인월 방향으로 1km 정도 가다 보면 우측에 흥부 마을이 있다.

제 3 화
이사 온 소녀 김지연

창수는 늦잠을 자고 일어나 밖을 내다보니, 오늘따라 가는 실비가 내리고 야산 주변에는 안개가 자욱해지고, 온종일 추적추적 비가 내리면서 조용한 숲속은 너무나 적막해진다. 소석마을에는 봄이면 진달래 철쭉꽃이 만발하고, 송홧가루가 날리는 마을로 주택이라고는 60여 가구가 사는 작은 동네로 외지 사람이 오지 않는 소박하고, 논농사와 밭농사로 생계를 이어가는 조용하고 아담한 빈농의 마을이다. 학식이 높거나 출세에 큰 관심도 없는 허름하기 짝이 없는 마을이다. 밭에는 돌이 많아서 소석小石 마을이라 부르고, 봄철이면 마을 중앙에 흐르는 개울에는 진달래 철쭉꽃이 둥둥 떠가는 개천이 있어서 화수花水 마을이라고도 한다. 아마도 마을이 최초로 형성되는 시기는 조선 철종 때라고 이 마을 이장님이 말씀하시는데 아마도, 가장 먼저 신씨, 범씨, 이씨, 김씨가 들어와 집성촌을 이루고 사는 마을이 되었다고 한다.

마을 웃 숲 옆에 지어진 작은 기와집은 외지에서 오신 분이 부부가 같이 살다가 어느 날 떠나가 버리고, 1년간 비어 있던 집이다. 그 집은 동네에서 1km 정도 거리가 있어, 사람들이 왕래가 없는 집이었다. 그 집은 웃 숲과 가까이 있는 집으로 그 웃 숲에는 큰 나무가 많아서 여름에는 사람들이나 소들을 매어 두기도 하고, 그 늘에서 쉬기도 한다. 그 숲 아래 계곡에서는 매년 삼나무를 삶는 행사를 한다. 여름이 지나고, 다음 해 봄이 찾아오고 갑자기 그 외딴집에 어떤 여자아이와 아빠가 그 집으로 이사를 왔다. 도시에서 이사를 왔는지 모르지만, 여자아이는 시골 아이들보다 좀 더 세련돼 보이고, 옷차림과 머리 모양도 무척 단정해 보였고, 나이는 중학교 3학년 16살 정도로 보였다. 중학교는 다니지 않았고 집에서 지내는 것으로 보였다. 이름이 지연이라고 하는 소녀는 너무나 얼굴이 희고 이뻐서 금방 친해지고 싶을 정도로 아름다웠다. 그래서인지 관심 있게 보고 있었고, 누구나 한 번 보면 이쁘다고 칭찬하는 얼굴이었다. 가끔 산과 들에서 나물을 채취도 하고, 자전거로 읍내 장에 가서 장을 봐 오기도 했다. 텃밭에서 기른 채소로 요리도 하고 뜨개질도 하면서, 주로 집에서 지냈다. 종종 햇빛 내리는 장독대에 앉아서, 트랜지스터 라디오라는 것을 켜고, 이미자의 "섬마을 선생님" 배호의 "누가 울어" 노래를 따라 부르기도 했다. 보통 집에는 트랜지스터 라디오가 많이 없어서 신기하기도 했고, 제법 잘 사는 집이구나 생각하였다. 그러나 식구가 많은 집은 아니고 가족은 단 둘 인데, 아마도 아빠는 하반신을 쓸 수가 없어서, 활발하게 밖에 나다니지도 못하고, 딸의 도움을 받아야 하는 아빠로 보였다. 사고인지, 선천적인 불구인지는 모르겠지만, 그렇게 둘이 사는 집이었다. 소녀의 아빠는 가끔 휠체어를 타고 밖에 나가시곤 했다. 몸이 불편하신 관계로 동네도 잘 가시지 않고, 주로 방에서 지내고, 그래도 지연이에게 요리하는 방법을 가르쳐 주시고, 양념 만드는 방법 등을 자주 가르쳐 주시곤 하였다.

    그렇게 한참을 지나서 동네 또래 여자나 남자애들이 드나들고, 그 아이는 김지연이라고 자기를 소개했고, 동네 친구들도 모두 자기를 소개하면서, 가끔 동네에 놀러오기도 하고 동네 아이들도 그 작은 집에 놀러 가기도 했다. 아마도 같은 또래이기도 하고 타지에서 처음으로 우리 동네로 이사를 와서 더 많은 관심을 가졌던 것 같다. 그후 많은 시간이 흘러서 관심을 가지는 아이들도 많아지고 이쁜 얼굴 때문에 인기가 많아지면서 그중에서도 창수가 가장 관심이 많았던 것으로 보인다. 창수는 형제가 없고 혼자 외롭게 자라면서 느끼는 외로움을 함께 할 좋은 친구로 생각을 했던것 같다. 지연이도 마찬가지로 타지에서 이사와서 아는 사람이 별로 없었고 특히 형제자매가 없는 무남독녀로 외로움을 느끼면서 조금만 친절하게 대해 주고 작은 관심에도 더욱 고마움을 느낀 것이다. 그래서 창수는 봄 나절에는 소석리마을 뒷산에는 진달래꽃이 만발하니, 산에 가서 진달래꽃을 한 묶음 지게 위에다 올려서 산에서 내려오다가, 시간이 날 때마다 지연이가 있는 집에 가서 지연이를 불러서 진달래꽃, 붓꽃, 나리꽃, 철쭉꽃 등 꽃다발을 전달해 주기도 했다. 그런 창수가 지연이는 싫지 않았고 창수와 더욱더 가까워지기 시작했다. 더욱이나 창수네 집이 가장 가깝게 있어서 자주 왔다 갔다 하기도 편했고 남의 눈에 잘 띄지도 않아서 왕래가 잦아서 더 가까이 지낼 수가 있었다. 창수는 지연이 집에 가려는 핑계로 고구마 감자도 자주 삶아서 지연이에게 가져다 주었다. 그것은 창수가 가장 잘하는 행동으로 초등학교 때부터 선생님에게 관심을 받으려고 교실 화병에 꽂아 놓는 행동을 해왔던 일이기 때문에 누구보다 남에게 관심을 보이는 방법을 잘 알고 있었다. 어쩌면 창수가 부모로부터 어릴 때부터 사랑받지 못하고 크면서, 더욱더 그런 생각이 많았는지도 모른다. 창수의 이런 여러 가지 마음씨를 알고 지연이는 창수에게 관심을 보이곤 했다. 국민학교 때 사진도 보여주고 옛날 남원에서 살던 이야기 등을 심심하지 않게 창수에게 이야기도 하고, 지연이가 형제가 없이 혼자이기 때문에 창수의 관심과 자주 놀아주는 것 모두 지연이는 창수에게 고마운 마음을 가지고 있었다. 그렇게 지연이는 누구보다 가장 가까운 친구가 되었다. 지연이 아빠도 창수가 착한 아이라는 것을 알게 되고, 우리 지연이와 사이좋게 잘 지내라고 말씀하셨다.

제 4 화
창수와 지연의 첫사랑

지연이가 하루는 장독대에서 감자를 다듬고 손질해서 바구니에 담고, 그러더니 잠자전을 부치고, 다시 호박을 다듬어서 호박전, 파전도 하면서, 고소한 기름 냄새가 온 야산을 감싸고 돌았다. 골고루 잔칫상을 차리려는 듯이 많은 음식을 준비하고, 읍내 나가서 떡도 해오고 생선도 사오고 해서, 오후 무렵 친구들이 그걸보고, 지연이에게 물었다. 그날 밤에 제사를 지낸다고 해서, 또래 애들이 야밤에 제사음식을 음복하기로 하고, 사랑방에서 놀던 친구들이 그 집에 가서 음식을 받아서 먹고, 그다음 날 애들이 지연이에게 물어보았다. 고사떡 맛있게 먹었다고 전하며 '누구 제사인데?'라고 아이들이 물으니 한참 있다가 지연이는 사실 오늘이 엄마 제삿날이고 돌아가신지 2년이 되고, 자기 아빠가 왜 불구가 되었는지를 이야기했다. 6월 어느 날 휴일 엄마와 아빠가 전주 사시는 고모님 아들 결혼식에 다녀오시는 중, 남원 오는 길에 오수 장날이고 해서 식당에서 쓸 재료들을 난전에서 준비하고 있는데, 술을 먹고 음주 운전을 한 화물차가 아빠와 엄마가 서있던 난전으로 들이닥쳐서, 그 자리에서 엄마는 돌아가시고, 아빠는 불구가 되어서 남원중학교 1학년 때 아빠가 운영하시던 음식점을 할 수가 없어서, 지연이는 아빠와 떨어져 외할머니 댁에서 2년을 지내다가 이곳으로 이사를 오게 되었다고 한다. 불구가 되신 아빠를 위해서 중학교를 포기하게 되었고, 외갓집 가정사정이 나아지면 다시 여수로 가서 학교 다니고 싶다고 했다. 그런 사정을 잘 알고 있지 못했던 아이들은 한참 숙연해지고, 분위기가 싸~~ 해지면서, 애들이 말을 잇지 못하고 있을 때 지연이가 말을 이었다. 그래도 아빠라도 살아 남아서 고맙다고, 지금은 지난 일이고 다시 외할머니가 사정이 좋아지면, 아빠와 같이 외할머니댁에 가서 살 거라고 했다.

어느새 가을이 되고, 또 한 해가 흘러서 지연이가 18살이 된 해였다. 지금까지는 그동안 아빠가 식당을 운영하여 벌어 놓은 재산으로 생계를 유지하면서 살아왔지만, 그 돈이 고갈 되어서 형편이 어렵게 되면 어떻게 살아야 하냐며, 날마다 아빠가 지연이에게 말을 하기도 하고, 실제로 당장 다가올 고통스러운 미래를 생각하면 지연이가 걱정이 되었다. 지연이 아빠는 당장 생계를 책임져야 하는데, 신체적 조건으로 여건이 되지 못하기 때문에 더욱더 지연이 아빠는 걱정을 많이 하시는 것 같았다. 동네 또래 애들이 가끔 들러서 놀기도 하고, 자기 집에서 감자 고구마를 삶아서 지연이를 가져다주기도 했다. 지연이 집에서 국수도 함께 끓여 먹기도 하면서, 자주 동네 애들과 친하게 지내던 어느 날인지 모르지만, 어떤 아주머니가 지연이 집에 다녀가고 나서, 집안 분위기가 너무나 조용하고 차분해지는 시점에 지연이 아빠가 지연이를 불러서 조용하게 물어보았다,

"우리가 언제까지나 여기서 살고 그리고 너는 매년 나이가 들어가는데, 너도 공부도 하고 시집도 가야지? 그래서 가정을 이루고 살아야 한다. 아비 걱정은 하지 말고 시집을 가야 한다. 어떻게 생각하느냐?"라고 물었을 때, 지연이는 눈물을 흘리면서

"내가 시집가면 아빠는 어떻게 살고? 나 혼자 시집을 가서 잘 살 수 있겠어요?"라고 반문하면서 마냥 눈물만 흘렸다.

그날은 그렇게 지나가고, 또 평범한 다른 날과 다름없이 오늘도 창수가 지연이 집에 가서, "야! 지연아? 오늘 칠월 칠석날인데 계곡에 물 맞으러 가자"라며 창수는 오늘 따라 바삐 서두르는 것이다. 그렇게 서두르는 창수의 뜻을 알기에 지연이는 모르는 척하고 따라 나섰다. 그리고 큰 냄비 하나와 감자를 싸서 들고서 목장 길을 따라서 걸어간다. 가다 보면 계곡 옆으로 절이 나오고, 계곡을 따라 조금 더 들어가면 바위에서 떨어지는 작은 폭포는 물보라를 일으키면서 떨어지고, 폭포 아래는 아주 폭이 넓은 공간에 폭포 물이 고여있었다. 이미 동네 아줌마 할머니 할아버지

그리고 가족들이 모여서 물을 맞고 있었고, 계곡에서 떨어지는 폭포 아래는 작은 시장처럼 사람들이 모여서, 저마다 비닐 비료 포대를 반을 잘라 머리에 쓰고, 폭포 아래서 물 맞고 있었다. 지연이가 말했다.

"야! 창수야 왜 이날 저렇게 사람들이 물을 맞는거야?"라고 물었다.

그때 창수가 하는 말이
"1년 중에서 칠석날 물을 맞으면, 1년을 건강하게 잘 지낼 수가 있다고 어른 들이 그랬어. 나도 몰라서 동네 이장님한테 여쭤봤지, 그런데 동네 어르신이 이야기를 해 주셨는데, 아주 오랜 옛날옛적에 하늘나라 목동인 견우와 옥황상제의 손녀인 직녀가 혼인하였고, 이들이 혼인한 후, 놀고 먹으며 게으름만 피우자, 옥황상제가 크게 노하여 견우는 은하수의 동쪽에, 직녀는 은하수의 서쪽에 떨어져 살게 하였다고 해, 그래서 이 부부는 서로 그리워하면서도 건널 수 없는 은하수를 사이에 두고, 애태우면서 지내야 했고 견우와 직녀의 안타까운 사연을 안 까마귀와 까치들은 해마다 칠월 칠석날에 이들을 만나게 해 주기 위하여, 하늘로 올라가 다리를 놓아 주었대, 이것이 오작교이고, 그래서 견우와 직녀는 칠월 칠석날이 되면 이 오작교를 건너 서로 그리던 임을 만나서 일 년 동안 쌓였던 회포를 풀고, 다시 헤어지는 너무나 안타깝고 슬픈 전설이야, 그래서 날짜를 정해서 물을 맞고 장수하기를 바라는 사람들이 많다고 들었어, 아마도 남원 광한루에도 그래서 연못에 오작교 다리를 만들어서 춘향과 이도령이 만나게 다리를 만들었다고 하는데, 하하하~ 근거는 없어, 지연이가 직녀고 내가 견우 인지도 모르지"라고 말하자

지연이가 하는 말이
"그러면 목동이 옥황상제 손녀를 만났으니, 창수 너는 횡재를 한거지 하하하~"

그렇게 서로 얼굴을 쳐다보며 웃고, 장난을 치다보니 시간 가는 줄 몰랐다. 언제나 잘 웃어주고 장난도 잘 치는 여자아이로 항상 내 곁에 있어 주면 좋겠다고, 창수는 속으로 생각을 하면서도 자꾸만 그런 지연이가 안쓰럽게 보였다. 다른 아이들처럼 중학교도 가지 못하고, 아주 순진하고 효녀다운 지연이가 대단해 보였다. 지연이는 혼자서 엄마도 없이 홀로 남겨지고 몸이 성치 못한 아빠를 위해서 자신의 인생을 포기해야만 하는 지연이가 불쌍하고 또 대단해 보였다. 그리고 잘해 줘야겠다고 혼자 생각한다. 짧은 시간에 이런저런 생각을 하는 사이에 지연이가 물을 맞

고 있는데 웃옷을 입었는데도, 옷이 젖어서 몸에 짝 달라붙는 바람에 가슴이 불룩하게 나오고, 차분한 머릿결이 그날따라 아름답게 보이고, 여자로 보이면서 정말 옥황상제 손녀가 아닌가 싶었다. 얼굴은 정말 옥황상제 손녀처럼 아름답게 보이고, 늘씬한 몸매도 너무나 아름다운 선녀다. 지연이의 그런 모습 하나하나가 더욱 이뻐 보인다. 창수는 그런 지연이를 유심히 보면서, 온종일 지연이 마음을 맞추어 주고, 좋은 말을 하면서 "지연아! 너 바다에 가본 적 있어?"라고 창수가 물어보았다. 지연이는 외할머니 따라서 여수 오동도에 가서 여름방학 때 바다를 보았고 2년 전에 할머니 댁에 살면서 바다를 자주 가보았다고 했다. 그런데 정작 창수는 한 번도 바다를 본 적이 없었다. 다음에는 저 멀리 바다에서 수영하자고 창수가 지연이에게 제안했다. 그렇게 하려면 수영을 배워야 한다면서 창수가 개 헤엄치는 방법을 지연이에게 가르치면서 엉덩이도 만지고, 배도 만지면서 장난을 치면서, 더욱 친밀해지는 기분을 둘 다 느끼면서, 그럭저럭 반나절이 지났다.

그런데 지연이가 창수에게 말했다.
"바다를 갈 수 있을까? 아빠가 계셔서 집을 비울 수도 없고 장시간 내가 없으면 아마도 하루도 살지 못하시고, 그래서 나를 장거리 여행이나 다른 먼 곳을 못가는 거야, 그리고 휠체어를 이용하려면 내가 도와줘야지, 그렇지 않으면 휠체어를 혼자 타실 수가 없어"

창수는 이해가 되고 그럴 수 있다고 생각하면서, 괜히 지연이 마음을 흔들어서 기분만 상하게 만들지 않았나 싶어서 창수는 스스로 자책하면서, 기분 전환도 할 겸 가지고 온 감자를 삶아 먹기로 했다. 지연이의 다 마르지 않은 옷이 몸에 착 달라붙어서 몸매가 드러나고, 머릿결이 차분해지고 비누 냄새가 채 가시지 않아서 창수는 기분이 너무 좋았다. 창수는 오늘따라 달라 보이는 지연이를 보면서 기분이 매우 좋은 날인가 싶어서 온종일 지연이만 따라다녔다. 창수는 돌을 모아 간이 아궁이를 만들고 큰 냄비에 물을 부어 불을 피우는 순간 지연이는 감자를 씻어서 가지고 왔다. 그리고 점심 때가 되자 사람들마다 옹기종기 모여서 물가에 불을 피우고 가져온 찹쌀밥, 닭백숙, 감자, 쑥떡을 먹으면서 온종일 물속에서 보내다가 새참쯤 되면서, 사람들이 한 팀 두 팀 집으로 돌아가는데, 창수도 그날 가져온 감자를 쪄서 지연이와. 나눠먹고 가져온 사이다도 나눠 마시고 나서 서둘러 산길을 걸어서 집으로 향했다. 그러면서 산길을 내려가다가 더덕도 캐고, 잔대 뿌리도 캐고, 삽초 순도 따고, 도라지도 캐서 소득도 얻었으니 집에 가는 길이 너무나 즐거웠다.

계곡 가기 전에 작은 절이 있었다. 주변 마을 사람들이나, 운봉사는 사람들은 자주 가는 절이다. 창수가 태어난 얼마 후에 하루는 스님이 시주하실 때, 스님이 창수 어머니에게 하시는 말씀이, 이 아이는 명이 짧아서 명을 팔아야 한다고 하셨고, 그러려면 우리 절에 등을 켜고 기도를 드려야 이 아이에게 액땜도 하고, 제 수명을 다 할 수 있다고, 창수 어머니에게 말씀하시고, 시주 쌀을 받고 뒤돌아 가셨다. 그리고 며칠이 지나고 쌀과 초와 돈을 가지고 창수 어머니는 그 절에 등을 달고 창수가 오래도록 명이 유지돼서 잘 살아 달라고, 기도를 드렸다는 이야기를 창수는 어머니로 부터 들었다고 한다. 아직도 그 절에는 창수 이름이 적힌 명패가 놓여 있다고, 창수는 지연이에게 말한다. 소석리 마을은 언덕 하나를 두고 목장과 바로 붙어있는 마을이라 그 폭포와 절을 가려면 목장길을 따라서 가야 했다. 아마도 대한민국에서 소를 키우는 목적으로 국가가 가지고 있는 제일 큰 목장이고, 한우 종자 개발을 하는 곳이다. 너무나 넓어서 한 바퀴를 돌려면, 아마도 반나절 이상 걸렸다. 해마다 봄이면, 비료를 뿌리고 풀씨를 동시에 뿌려서 모든 목장이 여름철에는 녹색 바다가 된다. 초지 조성을 잘해야 겨울 동안 소들이 먹이를 먹을 수 있기 때문이다. 바람이 불면 사람 한 키 정도 자란 풀잎들이 부딪치는 소리가 나고, 마치 녹색 바다가 되어서 파도가 일렁이는 모습으로 연출된다. 그곳은 새들의 천국이고, 봄이면 철조망 사이로 나리꽃이 반발하고, 붓꽃들도 아름답게 피어난다. 창수도 초등학교, 중학교 가려면, 꼭 이 길을 걸어가야만 했다. 그리고 마을에서 작은 고개를 넘어가고, 그 고개 위에서 마을을 전부 볼 수 있는 곳이다. 목장 중앙에 흐르는 개울따라 야생 딸기나무가 많아서 한 주전자씩 따먹었던 기억도 있다. 창수에게는 그런 개울에서 새와 가재도 잡고, 송사리도 잡았던 국민학교 시절을 떠올리면서 창수에게는 어린 시절 중에서 가장 기억에 남는 장소다.

창수가 국민학교 가려면, 그 목장길은 황토길은 봄이면 얼었던 길이 녹아서 장화 없이는 학교 가기가 너무나 힘들고, 비가 오면 흙이 신발에 달라붙어서 다닐 수가 없는 길이다. 학교 가면서 봄이면, 나리꽃 붓꽃을 꺾어서 교실 화병에다 꽂아놓는 일을 창수는 자주 했었고, 4학년 때 담임 선생님은 이쁜 여자 선생님이 담임 선생 이셨는데. 여자 선생님은 그런 창수를 칭찬하고, 창수는 항상 이쁨을 받으려고, 일부러 자주 했다고 했다. 그 선생님은 점심 때가 되면 그런 창수에게 미군이 지원하는 옥수수 전분으로 만든 빵과 분유를 끓여서 식혀서 만든 딱딱한 우유 덩어리를 매일 선물 받는 계기가 되었다고도 했다. 도시락을 못 싸오는 가난한 집이 많아서 먹거리가 없었고, 가난한 아이들에게는 그런 식으로 배식했다고, 창수는 이런저런 이야기를 지연이에게 하는 사이 어느새 마을에 도착했다. 아빠가 문 앞에서 기다리시다가, 지연이가 오는 모습을 보면서, 웃음을 지으며 반기는 모습이 지연이가 없으면, 집에 혼자서 아무것도 할 수가 없어서 반나절이지만, 얼마나 오래 기다렸는지를 알 수가 있었다. 그런 아빠와 딸이 몹시도 부럽기도 했다. 저런 아빠가 지연이를 학교도 못 보내고, 얼마나 마음이 아프고, 슬프실까 하면서 집으로 갔다. 가을바람에 낙엽은 지고, 야산에는 어느새 억새풀이, 흰 수염을 달고 흔들거리고, 단풍이 서서히 물들이던 계절에 창수가 밭에서 잡아 온 장꿩을 지연이 집에 가져다주고, "지연아 이것을 아빠에게 삶아 드리고, 국물에 칼국수 해 먹으면, 아주 좋다"라면서 창수는 지연이에게 물을 끓이라고 하고서, 한참을 지나서 물이 끓고 대야에 장 꿩을 담그고, 끓는 물을 부어서 털을 다 벗기고, 나서 내장도 꺼내 손질을 한 다음에, 손질된 꿩고기를 지연이에게 건네주고서, 창수는 서둘러서 집으로 향했다. 다음 날 지연이는 고맙다는 인사로 만두를 해서, 창수네 집에 가져왔고, 마루에 앉아서 이런저런 이야기를 한참을 하고서, 시골 동네에서 소문이 날까 싶어서 조심조심 다니는 길이라 오랜 시간을 머물 수 없었다. 단지 아빠가 요리를 잘해서, 그 꿩고기로 만두를 만들어서 먹고, 나머지 국물을 내서 칼국수도 해 먹었다고 한다. 그래도 아빠가 다행히 요리를 잘하시는 편이라 잘해 먹을 수 있었다고 전하고, 지연이는 부랴부랴 서둘러서 집으로 향해 달렸다.

며칠이 지나고 장날이 돌아오고, 날씨도 좋아서 동네 숲이 우거진 옷 숲에서 소를 매고 있는데 '야 창수야?' 하고 지연이가 불러서 보는데, 어떻게 날아다니는 산짐승을 잡았냐고 물었다.

"아! 그거 며칠 전에 하도 꿩이 콩밭을 쑥대밭으로 만들어놔서 함정을 파고, 그 위에 덮개를 하고, 그 덮개 위에 콩을 잔뜩 뿌려놓아도, 꿩이 너무 영리해서 조금만 이상해도 안 속아 넘어가기 때문에 웅덩이 덮개 위에 풀을 깔아주고 덮개 끝에 고무줄을 묶어서 놓으면 꿩이 먹이를 먹으려고 덮개 중앙에 있을 때. 고무줄이 늘어나면서 파놓은 웅덩이로 빠지면, 그때 잡으면 되지"

"야, 너는 그런 방법도 알고, 너는 참 똑똑한 아이야. 어떻게 그런 생각을 다 하고"

"응, 동네 할아버지가 가르쳐 주신 방법이야, 옛날부터 전해내려온 전통 사냥법이지, 내가 똑똑해서가 아니고 배운 거야 사람은 그래서 배워야 해"

"아, 참! 너는 고등학교는 왜 안 간 거야?" 하고 지연이가 물었다.

"아 그거 실력도 없고, 돈도 없고, 그래서 일찍 포기 한 거야"

"그러면 시골에서 계속 살 거야?" 지연이가 묻는다.

"글쎄 생각만 많고 잘 안 되네! 내가 장남이고 해서, 도시에 나가서 살 수도 없을 것 같고, 이런저런 고민이 많고, 미래가 불확실하다는 것은 나도 알아" 하면서
창수는 자기 자신에 대한 이야기나 집안 사정에 대하여 자세하게 이야기를 한 적이 없었는데 오늘은 진지하게 지연이한테 토해낸다.

제 5 화
창수의 출생의 비밀

사실은 창수는 업둥이다. 창수의 친아빠가 6.25사변 때 전선에 나가서 싸우다, 돌아가신 것도 아니고, 지병으로 돌아가신 것도 아니다. 지리산에서 빨치산이 한참 활약하였는데, 그 지리산에 빨치산 놈들이 창수 아빠를 짐꾼으로 데려갔는데, 나중에 들통나면 은신처가 발각될까 봐, 총으로 즉석에서 사살한 것이다. 그러니 생계가 막막한 창수 친 생모는 동네에서 그런대로 잘 살면서 자식이 없는 동네 과부댁 대문 앞에다 놓고 가버린 것이다. 창수는 중학교 다닐 때까지 자기 어머니가 친어머니인줄 알고 살아왔다. 동네에서는 창수를 위해서 아무도 업둥이라고 발설하지 않았다. 창수는 한 번도 아빠를 본 적이 없고, 사진도 없다. 친엄마를 본적도 없고 소식도 모른다. 지금 창수가 사는 집 아빠는 사진으로만 볼 수 있는 것이다. 창수의 의붓아버지는 지병으로 돌아가셨다. 그래서 얼굴조차 아니, 생전에 한 번도 뵙지 못했다. 그리고 현재 창수 의붓어머니가 시집와서 제법 잘 사는 집이었고, 사는데 별문제 없이 살았지만, 남편이 죽고 나서 창수가 어릴 때까지는 머슴을 두고 살림을 꾸려 나갔지만 살림살이가 자꾸 어려워지고, 나이가 많아지면서 가세가 점점 기울고 창수 의붓어머니가 더 이상 어려운 농사일도 못 하고 창수 뒷바라지도 제대로 하지 못하는 환경이 된 것이다. 농사도 창수가 아니면 할 수가 없는 실정이다. 그러다 보니 창수를 중학교까지만 보내고 고등학교는 엄두를 못 낸 것이다. 창

수도 참 어떻게 보면 지연이 보다는 사연이 많은 것이다. 창수는 먼 친척들로부터 얻어들은 적이 있기에 알고 있을 수도 있었다. 아빠 산소가 어디 있다는 소리는 들었지만, 한 번도 아빠 무덤에 가본 적도 없다. 그리고 친가 쪽 일가친척도 왕래가 없어서 만나 본 일이 거의 없었다.

제 6 화
남원 광한루 춘향제

겨울 지나고 새봄이 찾아오면서 모두가 논농사 밭농사에 분주하고, 5월이면 밭에는 감자꽃이 피어나고, 파릇한 보리와 밀이 누렇게 익어 갈 무렵에는 보리이삭 서리, 밀이삭 서리 하는 사람들이 있고, 오월 초파일이 찾아오면, 야산에는 아카시아꽃들이 만발하여 향기로운 꽃향기가 초저녁이면 진동한다. 매년 초파일에는 남원 시내 큰 도로에서 등불놀이 연등제를 하고, 남원 시내 거리마다 사람들이 너무 많아 음식을 파는 가게마다 손님들이 넘치고, 춘향이 사당이 있는 광한루에서는 그네도 타고, 춘향이 선발대회에서는 춘향이도 뽑고, 그네를 타는 남녀 대회도 있어서 그네 맨 아래는 얇은 끈이 매달려 있어서 멀리 타면 탈수록 끈 길이가 길어지고, 성인 가요 대회도 있으며, 가장 큰 행사는 국악인들이 창을 부르는 현장인데 거기서 일등을 하면 상도 받고 프로 국악인으로 활동을 한다. 주변 상가에는 온갖 상품과 먹거리로 발 디딜 틈도 없는데, 지방에서 이렇게 큰 축제는 없다. 그래서 창수도 지연이를 데리고 가고 싶던 것이다.

"야! 지연아? 내일 남원 광한루에 춘향이 축제에 가자"
"아빠 때문에 못가"
"내가 아빠 모시고 휠체어 밀어주고, 하면 되지"
"버스 기사들이 휠체어 타고 내리고 하는데 짜증을 내"
"그러라고 하지 뭐 아빠도 모처럼 남원 가시는 것 좋아하시고, 한 번 가서 보시고 나면, 아빠 마음도 좋아질 거야! 좌우지간 내가 모시고 갈 거야!"
지연이는 답답하면서도 기분은 좋아 보였다. 너 나 할 것 없이 모두가 이때쯤이면 춘향제에 가는 분위이다. 이날만 되면 남원 시내가 관광객으로 넘친다. 전주, 서울, 부산, 광주 등 전국에서 모여든다.

다음날 춘향제에 가기 위하여 옷을 차려입고, 지연이 집으로 가서 아버지를 모시고, 지연이와 같이 운봉 읍내에 광주 여객인지, 전북 여객인지, 모르지만 버스를 타고 남원 광한루에 도착했다. 지연이의 한복 입은 모습은 너무나 아름다웠다. 천사가 따로 없었다. 어찌나 이쁘던지, 주변 사람들도 칭찬이 끊이지 않았다. 그런 지연이가 춘향으로 뽑혔으면 좋겠다고 생각했지만, 지연이는 그런 대회 나가는 것은 관심도 없었다. 주변에 사람들이 이구동성으로 지연이 보고 이쁘다고 할 때마다 그 소리를 들었을 때 창수는 기분이 너무나 좋았다. 그런 지연이를 보고 있으면 덩달아 좋아지는 것을 여러 번 느꼈다. 사람들이 하도 모여들어서 발 디딜 틈이 없었다. 아빠 휠체어를 밀고 다니면서 먹을거리 볼거리를 원 없이 다 하고 나니 집에 갈 시간이 되었다. 그런데 지연이 아빠가 미안하지만, 남원 시내에서 국밥집을 했던 "남원소머리국밥"집에 한 번 가 보고 싶다고 하셨다. 자주 올 수 없는 것을 아는 창수는 그러자고 했다. 그래서 송동 마을에 있는 그 국밥집을 가 보았으나, 그 집은 지연이네가 가게를 넘겨주고 난 후에 국수집으로 되어 있었다. 국수집 주인에게 안부도 묻고 장사가 잘되는지도 물어보고, 지연이 아빠는 이곳에서 지연이 엄마와 같이 생활했던 이곳저곳을 유심히 살펴보고 계셨다. 아마 옛 기억이 나서 그런 것이라 생각되었다. 지연이 아빠는 옛날을 회상하면서, 아마도 지연이 엄마 생각도 나고, 지난날들을 그리워하시면서, 이 가게를 들어왔는지도 모른다. 국수 한 그릇씩 먹고 나서 주인에게 인사를 건네고 다시 소석마을로 돌아왔다. 아빠가 생각하는 지연이 엄마의 기구한 인생과 그리고 사고로 인해서 가정이 파탄 난 모든 사실에 지연이 아빠는 너무도 많이 원망스럽고 한탄스러운 일이라 통곡했을 것이리라. 지연이와 지연이 아빠가 너무나 안쓰럽게 보였다.

제 7 화
지연이 아버지의 자살

 어느새 지연이의 나이도 20살이 되었다. 처녀 티가 나고 제법 여자다운 모습으로 변해가면서, 여기저기서 중매가 들어오고, 시집가라는 아빠가 더욱더 서둘러 당장 시집을 보내지 못하면 안 된다 생각을 하던 차에 중매 아줌마의 발걸음이 잦아지고, 봄날이 화창한 날에 외딴집 지연이 집으로 한 중매쟁이가 들어오고 나서 지연이 아빠와 그 중매쟁이 아줌마가 방안에서 오랜 시간 대화를 마치고, 지연이 아빠가 지연이를 불러서 얘기한다.

 "지연아! 지금부터 하는 말 잘 들어. 이제 너도 스무살이 되고, 시집도 가야 하는데. 아빠는 걱정이다. 그래서 말인데, 너의 좋은 상대 남자가 있으니, 이번에 만나보고, 시집을 가라"라고 종용하였다. 지연이는 아무 말도 하지 않고 듣고만 있다가, 지연이가 아빠를 똑바로 바라보면서,

"아빠는 내가 시집 못 갈까 안달인데. 나는 시집 안 가고, 아빠와 같이 이 집에서 살 거야, 왜 자꾸 시집을 가라고 해?" 하면서 참았던 눈물을 흘리고, 오늘 이후로 시집가라 하지 말라고 사정했다. 그런데도 아빠는 사진 한 장을 보여주면서 말한다.

"이 집은 삼천포에서 배를 가지고 있고, 부잣집이야 거기 가서 배부르게 먹고 잘 살면 되지. 뭐가 걱정이냐"라고 하시면서 자꾸만 지연이 마음을 알지도 못하고, 독촉하셨다.

"지연아 네가 시집가면 나는 전번에 오셨던 목사님 말대로 국가에서 독거노인을 먹여주고, 입혀주는 그런 보살펴 주는 집으로 가서 살면 되니까. 아무 걱정하지마"라고, 지연이를 안심시키려 하셨다. 그리고 나서 며칠 동안 지연이는 잘 먹지도 않고 계속 울기만 하다가, 지쳐 쓰러져 자기도 하고 눈이 통통 부어서 얼굴도 엉망이 되었다. 창수가 그런 소식을 듣고 찾아가서 혹시나 위로될까 하는 생각에 지연이를 찾아 다녔다.

"지연아 지연아 어디있어?"
"응 나 여기 장독대야"
"거기서 뭐 하는데?"
"응, 지금 보리죽 쑤고 있어"
"왜?"
"아빠가 음식을 못 드셔서 죽 쒀 드리려고"

한참 후에 하얀 찹쌀죽을 아빠가 드시게 소반에 올려서 방에 들어가 아빠에게 드리고 난 후, 안방 문을 닫고서, 곧장 웃 숲 큰 정자나무 아래 둘이 앉아서, 사정 이야기를 들었으나, 창수는 지연이의 말이 귀에 들어 오지가 않았다. 창수 마음은 벌써 지연이에게 가 있었고 사랑하기 때문이다. 한참을 지연이를 쳐다보았다. 아무런 말도 없이 고개를 숙이면서 창수가 말했다.

"너는 시집을 가지 않으면 어떻게 할 거야?", "저런 아빠를 두고, 어떻게 맘 편하게 시집을 갈 수 있다는 거야, 너 같으면 그렇게 하겠니?"
"그래 그건 그렇지"

그리고 며칠이 지나고 다시 장날이 찾아와서 지연이와 창수는 장에 가기로 마음을 먹고, 그날 장을 보러 갔다. 신발전에 들러서 장화도 사고, 동동구루무 장사에게 구루무도 사고, 장터 우시장 옆에 국밥집에 둘러서 국밥도 맛있게 먹으면서 지연이가 하는 말이 남원에서 아빠가 국밥집을 했다고 했다. 손님도 많고 단골이 생겨서, 장사도 잘되었다고 했다. 어머니가 얼마나 상냥하신지 사람들이 엄마 칭찬을 그렇게 많이 했다고 했다. 지연이는 엄마 얼굴을 닮고, 성격도 비슷하다고 했다. 오면서 창수가 말했다.

"지연아! 너하고 나하고 둘이 남원 가서 살면 안 될까?"
"야 너나 나나 아무것도 없고, 기술도 없는데 뭐 하고 먹고산다는 거야?"
"그건 그래"

창수 마음은 너무나 답답하고, 안타까운 마음 뿐이었다. 대책도 어떤 것도 없는 이야기라는 것이다. 한참을 걸어오면서, 토끼풀로 시계도 만들어서 손목에 채워주고, 아카시아 잎으로 점도 치면서 재미나게 집으로 향해 오는데, 동네 입구에 들어서는데 마을 사람들이 웅성대고 난리가 났다. 지연이 아빠가 나무에 목을 매고 낭떠러지로 휠체어를 몰고 떨어졌다는 것이다. 그러면서 아빠가 없어져야 지연이가 시집을 갈 수 있다고 유서를 써 놓고 돌아가셨다는 것이다. 지연이는 정신을 잃고 쓰러졌다. 집으로 업고 갔는데 아빠가 불쌍하다고 계속 울면서 우리 아빠 불쌍한 우리 아빠 그러면서 울 때 마다 창수도 너무나 슬프고 안타까운 마음이 들었다. 괜히 장에 내가 가자고 해서 나 때문에 돌아가시게 했나 하는 죄책감이 들었다. 지연이가 이제 혼자서 살아가야 하는데 지연이가 너무나 걱정이 되었다.

동네분들이 시신을 간신이 모셔서 웃 숲에 모셔두고 지연이 오기만 기다렸다는 것이다. 다시 읍내로 가서 지연이는 외할머니댁에 전보를 치고, 다음 날 오후에 시골집에 오신 외할머니와 외삼촌과 조카들이 들이닥쳤다. 상을 처러야 하는 것이다. 단출하게 연락할 사람도 없고, 그날부터 3일 동안 동네 이장부터 젊은 청년들 때문에 서둘러서 장례를 치를 수 있었는지 모른다. 마을 공동묘지에 안장을 마치고, 지연이만 딸랑 혼자 남게 되니 지연이 외할머니가 지연아 너 혼자인데 여수로 같이 가자고 했다. 그런데 지연이는 여기 정리가 되는 대로 가겠다고 했다. 외할머니는 그렇게 하라고 하시고는 여수로 돌아가셨다. 지연이는 혼자 있으니 그 집이 무섭다고, 그곳에서 살 수가 없다고 했다. 마침 마을 이장님 댁에 방 한 칸이 남아서 그 곳에서 지내게 되었다. 그 후로 지연이는 우울해지고, 답답해하면서 창수의 집을 오가면서, 하루하루를 지내고 있었는데, 불과 아빠 장례 치른 지 두 달 정도 지났는데, 다시 전번에 왔다 간 중매쟁이가 다시 와서 그 집에서 몸만 오면 된다고 하니, 서둘러서 결혼식을 치르면 좋겠다는 연락이 왔다는 것이다.

제 8 화
삼천포로 시집가는 지연이

지연이가 하루는 창수야 나 시집이나 갈까 봐 하는 것이다. 창수는 먼 산만 쳐다보다가 좋은 곳 있으면 가야지, 하면서도 마음속으로는 절대 보낼 수 없다고 생각하면서, 차마 말을 하지 못한다. 시집가는 것이 피난처라고 생각하는 것 같았다. 그리고 지연이 시집가는 문제로 아빠가 고심하시다가, 자기 때문에 지연이가 시집을 안 간다고, 생각해서 스스로 목숨을 거두었는지도 모른다고 생각하니, 한없이 슬프고 자책하는 지연이가 더욱 불쌍해 보였다. 그런 지연이도 한편으로는 시집을 갈 생각을 했는지도 모른다. 보랏빛 감자꽃이 한참 필 때쯤 지연이는 삼천포에 있는 뱃놈에게 시집을 가기로 했다. 그러면서 창수와 지연이는 서로 서먹서먹 해지고 말았다. 그 뱃놈은 나이가 지연이보다 열 살이나 많았고 한 번 장가를 이미 갔다고 했다. 아들이 한 명 있다고 했고, 지연이와는 재혼이라고 했다. 온 동네 소문이 나고, 지연이는 정말 삼천포 뱃놈에게 정말로 시집을 간다고 온 동네 소문이 났다. 그런 소문에 창수는 지연이가 원망스럽고, 미워지기 시작했다. 바보같이 그런 곳으로 시집을 가는가 싶기도 했고, 안타깝고 답답한 나날이 지나고, 어느 날인가 결혼 날짜를 잡았고, 혼수 장만도 하고, 결혼식은 삼천포에서 한다고 했다. 그런 지연이가 너무나 안쓰럽게 생각되었다. 그런 창수는 스스로 바보 멍청이, 능력도 없는 한심한 놈이라고 생각했다. 지금이라도 당장 붙잡고 싶고, 말리고 싶지만 어쩔 도리가 없었다. 이제는 더 이상 지연이를 붙잡거나, 사정해도 아무런 소용이 없다고 생각했다. 창수가 이제 포기를 할 수 없었지만, 마음속으로는 잘 못 되어서 지연이가 다시 돌아왔으면 하는 생각밖에 없었다.

이런저런 생각으로 몇 날을 보내고 나니, 지연이를 만나서 이야기하는 것도 뜸해지고, 점점 만나는 횟수도 적어졌다. 이렇게 허무하고 서운할 수가 없었다. 그런 날이 지나가고, 원망스러운 결혼 날이 다가오고 있었다. 지연이는 전날 밤에 나에게 와서 미안하다, 참으로 미안하다고 했다. 자기도 어쩔 수가 없다는 식으로 이야기했다. 결혼 날짜를 정하고 보니 너를 앞으로 못 볼 것 같아서, 일부러 왔다고 하고 편지 한 장을 건네주면서 내 볼에 갑자기 뽀뽀하고, 도망을 치듯 이장님 댁으로 가고, 정말 그날 삼천포로 떠나가는 버스를 물끄러미 바라보기만 했다. 슬픈 눈물보다는 서러움에 어찌할 바를 몰랐다. 분하고 원통하고 안타까웠다. 창수도 창수지만 지연이는 얼마나 마음이 아플까 생각하면서 불쌍하기도 했고, 한편으로는 지연이가 멍청하다고 생각했다. 그런 곳으로 시집을 간다고 생각하면, 화가 치밀어 오르기도 했다. 요 며칠 사이에 온 동네는 사람들은 물론 창수와 지연이의 마음도 편치가 않았고 서로가 다른 생각을 하다 보니 너무나 안타까운 시간만 흘러갔다. 지연이가 이렇게 쉽게 시집을 간다고는 차마 생각하지 못했기에, 왠지 모를 불안감과 개운하지 못한 마음을 어찌 할 수가 없었다. 너무나 갑작스러운 지연이의 결정에 당황하는 창수는 못내 자기 자신에게 스스로 답답하고 바라만 보고 있어야 하는 자신에게 많은 화가 치밀어 올랐다.

지연이가 시집을 가고 난 후로 창수는 온종일 집안에서 술에 취해서 두문불출하고 몇 날을 보내고 겨우 정신을 차리고 나서, 다시 일상에 복귀해서 논과 밭에 나가 일을 하고, 봄보리 타작과 밀 타작을 하면서 밭에서는 감자 수확에 바쁘게 살고 있을 때, 한여름 무더위 속에서 또 색다른 하루가 시작된다. 삼베를 짜는 집들은 우선 삼나무를 베고 베어온 삼나무를 우선 삶아야 한다. 그러기 위하여 숲 아래 개울가에 웅덩이를 만들어야 한다. 사람 60명이 들어가고도 남을 정도로 큰 웅덩이를 파고서, 동네 사람들은 그곳에 다발로 묶어진 삼나무를 온종일 삼 삶는 일에만 매달린다. 동네에서는 웃 숲 삼을 삶는 삼터 라고 불렀다. 삼나무는 가지를 치지 않고 곧게 자라는 나무다. 삼밭에는 삼나무를 빽빽하게 심어야 삼나무가 곧게 자란다. 삼나무밭에는 언제나 풍뎅이가 많아서, 창수는 초등학교 시절 친구들과 놀면서 풍뎅이를 잡아서 잔인하게 머리를 두 바퀴 정도 비틀어서, 땅바닥에 뒤집어 놓으면, 풍뎅이가 어지럽게 헬리콥터처럼 같은 장소에서 계속 도는 모습을 보고 좋아했었다. 삼나무는 어른 키 정도 되면 삼나무를 베어서, 삼베 나무껍질로 실을 만들어서 삼베를 짠다. 시골 마을에 소득원이 별로 없어서, 삼나무 삶는 날에는 모든 동네 아줌마 아저씨 어른아이들까지 모두 나와서 양동이 하나씩 들고서, 냇가에서 물어 퍼서 종일 나르는 일이 전부다. 이미 웅덩이에는 큰 돌덩이를 넣고, 그 위에 삼 나무를 길게 길게 넣고서, 그 웅덩이 밑에서는 장작불을 지펴서, 하루 동안 불을 때고, 어느 정도 익을 무렵 물을 부어서, 삼이 다 익어가면 감자를 보자기에 싸서 삼 찌는 웅덩이 속 안에 넣으면, 감자가 잘 익어서 여름날 먹거리로는 최고의 먹거리가 된다. 익은 감자에 열무김치 척척 말아서 먹으면 별미 중에 별미다. 전체 마을 사람들이 삼베 짜는 데 온 힘을 다한다. 풀도 쑤고, 겨자를 삶아서, 노란물도 추출하고, 풀과 겨자 물을 섞은 다음, 그 삼베 실을 길게 잡아당겨서 팽팽하게 한 다음, 그 실에다 겨자풀을 먹이면 실이 튼튼하게 되고, 말려서 그 실로 실타래를 만들어서 베틀에 앉아서, 온종일 어머니들은 삼베옷 짜기 바쁘다. 잘 짜여진 삼베 옷감을 사러 오는 도매상에게 넘겨서, 쌀도 팔고 장에 나가 생활용품도 사고, 명절을 나기도 한다.

제 9 화
시집간 첫사랑 돌아오다

창수는 오늘따라 지난날의 지연이가 살던 집터를 둘러보고 싶어졌다. 집을 둘러보면서 그동안 지연이와 같이 보냈던 생각에 빠져든다. 잘살고 있겠지, 하면서도 걱정이 앞선다. 혹시나, 하는 마음에 종종 들려 오는 소식에 민감하면서, 애도 한 명 낳았다더라, 삼천포 시장에서 누구는 보았다더라 등등, 삼천포에 갈 날도 갈 이유도 없지만, 소식은 종종 듣고 있었지만 들어서 좋은 이야기가 아니면, 기분도 안 좋고 잊어버리고 사는 것이 약이지만, 그래도 궁금한 것은 어쩔 수 없다. 세월이 가도 생각나고, 당장 보고 싶어도 갈 수가 없어서 안타깝기만 했다. 시간이 지나고 어느 가을날 온 동네가 가을걷이에 한창이고, 소석리 앞뜰에는 누렇게 익은 벼들로 가득하다. 뜬금없이 창수 어머니가 창수야 너도 이제 장가를 가야 않나, 하고 말씀하시지만, 창수는 듣는 둥 마는 둥 하고 창수는 논으로 향한다. 창수가 초등학교 때 학교를 다녀오면 무조건 가을철에는 참새떼를 몰아내는 오두막에서 지내야 했다. 그리고 참새떼가 오지 말라고 허수아비도 논에 세워두거나, 깡통을 줄에 달아서 흔들거나, 기다란 줄로 채찍을 만들어서 맨 끝에 소리가 나도록 하는 등 온갖 여러가지를 동원해서 새를 보는 일을 하기도 했다. 때로는 도중에 새참으로 먹을 감자를 싸서 들고 가서 오두막에서 먹었던 일들도 많았다. 며칠이 지나간 후에 창수의 논과 들에서 가을걷이가 시작되고, 창수는 집안일을 혼자 알아서 처리하여야 했기 때문에 무척이나 바쁘다. 일꾼들 새참도 챙기고 많은 수확량의 벼들도 창고에

차곡차곡 쟁여서 겨울 식량을 하거나 쌀을 시장에 내놓아서 다른 것들을 사기도 한다. 들일을 마치고 집에 들어가는데, 창수의 방문 앞 섬돌 위에 가지런하게 놓인 이쁜 꽃무늬 하얀 여자 고무신이 눈에 들어온다. 누가 왔지? 이모가 오셨나! 아니면 손님이 오셨나, 하면서 가만히 문을 열고 보니, 지연이로 보이는 여자가 누워 있는 것이다. 창수는 깜짝 놀랐지만, 마음은 한없이 기쁘지만 그럴 수도 없었다. 잘 살아야 하는데 어쩐 일로 왔는지가 더욱더 궁금했다. 그것도 갑자기 오다니 그럴 이유라도 있을까? 온갖 생각이 머리를 스쳤다. 잠이 깰까 봐 다시 방문을 닫고 대충 씻고서, 부모님이 밥상을 차려 주시면서 지연이가 오후에 와서 네 방에 있다고 하시면서, 지연이와 같이 밥 먹으라고 하시지만, 제가 가기 그렇다고 어머니가 가서 밥을 먹으라고 하셨으면 한다고 말씀드리고서, 밥상 앞에서 기다리니 지연이가 나오면서, "창수야 잘 있었어", 말을 했다. "응 언제 왔어? 어서 와", 밥을 먹으면서 얼굴을 보니 얼굴은 그대로인데 몹시도 안 좋은 표정이다. 이마 한쪽이 머리에 가려서 잘 보이지 않지만, 멍이 살짝 든 모습이 보인다. 막걸리를 마시면서 "지연아 술 한잔할래?" 하니까, 지연이가 "그래, 같이 하지 뭐" 하면서 한 사발을 금방 마시고 나서 사실은 도망 나왔다고 했다. 남편이 주벽이 심해서 자주 싸우고 때려서, 도저히 못살 것 같아 도망 나온 거라 했다. 그래도 아무렇지도 않은 사람처럼 천연덕스럽게도 이야기했다.

그날밤에 자초지종 지연이의 소식을 듣고서 창수는 많은 생각을 했다. 그렇게 몇 년을 살았단 말인가! 하는 생각에 화가 난 창수는 앞으로 어떻게 할 것인가를 물어보았다. 지연이는 아빠 생각도 나고 해서 우선 내일 아빠 묘소도 갔다 오고 싶어서 마을에 들렀다고 한다. 다른 아는 친척도 없고, 그래도 네가 가장 보고 싶기도 해서, 너의 집으로 왔다고 하며, 며칠 동안 너의 집에서 지내고 싶다고 했다. 창수는 빈방도 있고 하니, 그렇게 하라고 했다. 그렇게 며칠을 보내다가 창수가 용기를 내서 말을 했다. "지연아! 응 아기는 있어?" 하니까 지연이가 "아니, 처음부터 부부관계도 좋지 않았고, 낳고 싶은 생각이 없었다" 라고 한다. 그동안 소문은 원래 그 사람 아기인데 시장에서 생선 가게를 하면서, 동네 사람들이 그 아이를 보고서 지연이가 낳은 아기로 알고 소문이 난 것이다.

지난날에 지연이와 아빠와 셋이서 같이 좋은 시간을 보냈던 남원 시내를 둘이서 다시 가보기로 했다. 버스를 타고서 시내 중앙시장에서 내려서 떡도 사 먹고, 걸어서 광한루에 들러서 오작교도 건너고, 그네도 타고 춘향이 소설에 나오는 이도령과 성춘향 사랑 이야기를 한참을 나누고, "너는 만약에 내가 이도령이라면, 지연이 너는 언제까지 기다릴 수 있어?"라고 갑자기 창수가 물어보니 "평생이라도 기다리겠다"고 지연이는 말을 했다. 오라 너는 완전 춘향이식으로 "나를 좋아한다는 거야"라고 반문하니, 지연이는 그렇다고 답을 한다. 그런저런 장난을 치고, 광한루를 한 바퀴 돌고서 많은 생각을 하게 되었다. 그리고 시내를 돌아 다니다가 근처 추어탕 집에서 추어탕도 먹으면서 창수가 말했다. "지연아, 삼천포 남자와 정리할 용기는 있는 거야?" 하니까, "아니 무서워서 두 번 다시 가고 싶지도 않고, 이혼할 엄두가 나지 않는다"라고 한다. 상처를 건드리는 것 같아서 창수는 다시 물어보지 않았다.

제 10 화
첫사랑과 여수로 도피하다

집에 돌아오는 도중에 지연이가 말을 걸었다. "창수야? 응, 저기 여수에 외할머니가 남겨둔 집이 한 채 있고, 거기 외삼촌이 배를 가지고 고기잡는 배가 있는데, 거기 가서 같이 살면 어떨까?"라고 물어본다. 창수는 한참을 생각하다가 "그것도 좋은 생각이다"라고 답을 하지만 창수는 같이 가면 더 좋겠다고 생각했다. 이런 상황에서 지연이와 마음을 나누고, 살 부딪치면서 살아가는 것도 나쁘지 않겠다 싶어서, 지연이가 "그러면 내가 그렇게 하면 되는 거야?"라고 말하면서도 좋아하는 모습이 확연하게 다 보였다. 얼굴이 빨갛게 달아오르면서 "지연아, 너만 괜찮다면 나는 상관없어"라고 말을 했지만, 뭔가 속 시원하게 답을 할 수가 없었다. 남원을 갔다 오고 나서 지연이가 나에게 많은 것을 물어보기도 했다. "너는 장가는 안가니? 어떤 사람이 좋아? 너도 홀어머니 모시고 혼자 살면서 마누라 없이 어떻게 살려고 해? 너도 중매로라도 해서 장가가야지,"
"내 걱정은 마라 언젠가는 장가도 가고, 아기 낳고 잘 살 거야"라고 답을 했다. 그 날밤을 보내고, 아침이 되었는데도 일어나지 않은 지연이를 깨우러 갔는데, 이불에서 나오지도 않고, 속이 좋지 않다면서, 지연이가 아침 밥을 먹지 않고 이불 속에만 있었다. 창수가 서두르면서 지연이 보고 읍내 병원에 가자고 했다. 그래서 읍내 의원에 들러서 자초지종 이야기하고 진료를 받았는데, 의사 선생님이 말씀하신다. 혹시 임신 같은데 두 달에서 두 달 반 정도 되는 것으로 보인다고 하면서, 남원 큰 병원에 가서 진찰받아 보라고 하셨다. 지연이도 놀라고 창수도 너무나 놀랐다. 병원을 나와서 창수가 지연이에게 물어보았다. "혹시 너는 임신 사실을 몰랐냐?" 하고 물어보니까 "전혀 알 수가 없었다"라고 한다. 다음 날 부랴부랴 챙겨서,

남원 읍내 산부인과에 갔더니, 틀림없는 임신이라고 했다. 아이가 없는 것은 창수가 아니라, 지연이였다. 재수 없게도 임신이 되어서 온 것이다. 지울 것인지 낳을 것인가? 매우 어려운 결정을 해야 하는 것이다. 창수는 말을 하지 못하고 있는데, 지연이가 물끄러미 쳐다보다가 병원비도 없고, 준비도 안 되었는데, 우선 외삼촌 댁으로 가자는 것이다. 아무런 대책도 없는데, 지연이가 말 한대로 그러기로 하고, 지연이를 무작정 따라나섰다. 당장 버스터미널에서 여수 가는 버스로 표를 사고서, 일단 여수로 향해 나섰다. 둘 다 어떤 계획도 없이 그야말로 무작정 나선 것이다. 차 안에서 다른 때 같으면 많은 이야기도 하고 웃기도 하고 했을 텐데, 둘 다 아무런 말 못하고 창밖만 바라보다가 여수에 도착해 보니 집은 단독 주택인데, 옛날 기와집으로 아주 커다란 저택이었다. 우선 집에 들어서는 순간 외숙모가 반겨 주시면서, 외삼촌은 뱃일 나가서 늦게 들어오신다고 했다.

그런데 외숙모님께서 물어보시는 말씀이, 지금 삼천포에서 오는 것인지를 묻고서 어떻게 살았는지 물어보시면서 그동안의 안부를 물었다. 지연이가 온 까닭을 하나에서 열까지 상세하게 외숙모님께 말씀드리고 나니 잘 알았다고 하셨다. 그리고 이 총각은 누구고? 하시면서 잘 왔다고 했다. 여러 가지 현재 몸 상태를 더 물어보시고는 지연이를 쳐다보시다가, 말없이 얼굴을 보면서 미숫가루 한 잔씩 타 주셨다. 그리고 숙모는 이제는 걱정하지 말라고 하셨다. 지연이는 그동안 속아서 시집가고 그렇게 살았고, 지금은 이렇게 되어서 당장 급해서, 삼촌 집에 왔다고 하니, 외숙모는 따뜻하게 맞아 주시면서, 걱정하지 말라고 하시고, 그날 저녁을 먹고서 한참을 지내다 보니 어느새 밤 11시가 되었을 때 삼촌이 뱃 일을 마치고 들어오셨다. 밤이 너무 늦어서 목 인사만 하고 침실로 들어가 잠이 들었다.

다음날 잠을 자고서, 아침에 삼촌이 지연이를 불러서 여러 가지 물어보고, 당장 여수 산부인과에 가자고 하시며, 지연이는 그날 바로 여수 산부인과에 가서 임신 사실을 다시 확인하고, 병원에서 수술 날짜를 잡자고 하고서, 지정된 날짜에 낙태 수술을 잘 받았다. 외삼촌 댁에 와서 갑자기 눌러앉게 되었다 창수는 고향 집에 농사지을 사람이 없어서 소석리 어머니께 가서 말씀드리고, 다시 오겠다고 창수는 소석리로 돌아와서 그동안 있었던 지연이 이야기하고, 다음 농사나 어머니 보살피는 일에 대하여 말씀드리니, 어머니는 걱정은 말라고 하셨다. 머슴을 두고 일하면 된다고 했다. 그렇지만 창수는 죄송하고 미안하고 한편으로는 답답했다. 지연이나 어머니나 모두 가엽기는 마찬가지다. 그길로 다시 여수로 돌아왔다. 그 후에 지연이가 외삼촌에게 말씀드렸다. 창수가 삼촌 댁에서 머물면서 삼촌 배에 같이 타고서 일을 배우면 좋겠다고 하니, 삼촌은 흔쾌히 같이 일해 보자고 말씀하시고, 바로 당일 창수는 뱃일을 매일 하게 되었다. 여러 달이 지나고, 창수와 지연이의 일들이 하나둘 매듭이 풀려가고, 나니 당장 창수와 지연이가 앞으로 같이 살아야 하는데, 서로 말은 안 했어도 같이 있는 것은 마음속으로 서로 간직하고 연모를 입 밖으로 말 못하고 있는데 그렇다고 창수와 지연이는 결혼한 상태도 아니라고 하니, 외숙모님이 둘 다 서로 좋아하는 눈치인데 같이 우리 집에서 같이 살면은 안되냐고 창수에게 물어보았다. 창수가 대답하지 못하니 지연이가 그러자고 창수를 설득했다. 창수도 슬그머니 고개를 끄덕였다. 지연이 외삼촌도 숙모도 둘이 좋아하는 것 같은데, 같이 살자고 하셨다. 그래서 서서히 창수와 지연이는 부부가 될 준비도 없이 어느 순간부터 자연스럽게 부부가 되고, 같은 방에서 잠을 자는 정식 부부가 되었다. 결혼식도 없이 자연스럽게 부부가 된 것이다. 창수나 지연이도 몹시도 바라는 바고, 어쩌면 그렇게 되는 것이 당연하다는 것처럼 행동했다. 항상 같이 움직이고, 뭐든 같이 상의해서 하루하루가 너무나 행복하고 즐거운 나날이었다. 둘만의 시간이 많아지고, 시골에 계신 부모님은 전혀 생각도 하지 못할 정도로 마음이 편안했다. 하지만 창수는 항상 마음속에 소석리 어머니 생각이 나고 걱정도 했다. 그래서 창수는 시골에 부모님께 말린 해산물 보내드리고, 그리고 부모님 옆에서 할 수 없는 많은 선물을 정기 화물로 보내 드렸다. 소석리 어머니는 지연이나 창수에게는 나쁜 내색을 하시거나, 안 좋은 이야기를 하시지 않았다. 어디서든 너희 둘만 행복하게 잘 살면 된다고, 하시면서 둘 다 외롭게 살았으니 더 잘 살라고 당부의 말씀을 하셨다. 여수로 오고 나서는 어머니를 뵙는 날이 많지 않아서 소식도 전하지 못하고 해서, 혼자 사시다 보니 가끔 편지도 써서 우편으로도 보내드리고, 정기 화물이나 소포로 여수에서 나는 마른 생선이나 해산물을 보내드리는 것이 전부였다. 여수로 가서 창수와 같이 살면서 지연이는 낳아 주신 어머니를 대신해서 의지하고 싶은 마음이 더욱더 컸다. 창수 어머니도 지연이와 창수를 생각하면 안쓰럽고 안됐다는 측은 한 생각이 들었다. 그래서 그런지 몰라도 잔소리도 없으시고 우리가 하는 대로 참견 없이 잘 대해 주셨다. 창수도 지금까지 잘 키워주신 고마운 분인데 서운할까 봐 항상 미안한 마음뿐이었다.

제 11 화
아이 출산과 창수의 사고사

여러 달이 지나가고 지연이 뱃속에 창수의 아기를 잉태하면서 호적 정리해야 했다. 그전에 삼천포 남자와 결혼해서, 이미 유부녀로서 이혼 처리가 안 되었기에 혹시 몰라서 호적등본을 동사무소에 가서 보니, 이미 행방불명으로 사망 처리가 되어 있었다. 다시 동사무소에서 사망 신고가 된 바람에 죽은 자가 되어 있었다. 그것을 다시 살리는 방법을 찾아야 했다. 호적에 사망 처리 부분을 정정 처리하여서, 다시 이창수와 김지연이 부부가 되어서 혼인 신고도 잘 마치게 되었다. 세상은 고요하고 바다의 뱃일도 외삼촌 대신 창수가 해 나가면서, 안정을 되찾고 매일 매일 즐거운 날이 되고, 지연이도 숙모 가게에서 일을 돌봐주고, 일을 배우고 있었다. 임신해서 점점 배가 불러오고, 출산도 순조롭게 잘해서 창수의 아들을 본 것이다, 그야말로 창수의 아이를 낳은 것이다. 바라는 대로 잘 되어가고 있었다. 너무나 행복하게 여수 생활에 익숙해지고, 매일 매일 이 행복하기만 했다. 그렇게 세월은 흐르나 싶었는데 그날따라 지연이는 간밤에 꿈자리가 생각났다. 그리고 오늘은 파도가 조금 있는 날이고, 날씨도 흐려서 창수가 일을 나가는데, 기분이 안 좋을까 봐 지난밤의 꿈자리 이야기하지 못하고, 속으로만 간절하게 기도 하였다. 제발 아무 탈 없이 잘 나갔다 오라고, 하고서는 잊은 채 하루를 보내고, 이제는 건강한 사내 아기도 하나 낳았고 너무나 평온한 나날이 되는가 싶더니, 그날 또 큰 사고가 발생한 것이다. 하늘이 무너지는 소식이었다. 뱃일을 나갔던 창수가 망을 바다에 투망하면서 밧줄에 감겨서 바다에 빨려 들어가 버린 것이다. 청천벽력도 유분수지 이런 날벼락이 없다.

　　지연이는 스스로 자책하고, 내 팔자가 더러워서 이런 세상을 사는가 싶기도 하고, 전생에 무슨 죄를 지었기에 이승에서 나에게 이런 일이 있을까? 별생각이 다 났다. 앞으로 어떻게 혼자 살아간다는 말인가 싶고, 큰아이는 겨우 한 살이 지나고 나서 이런 일이 생기니, 지연이의 팔자도 기구하였다. 지연이는 그날로 고향 마을 소석리에 가서 장례를 치르고, 졸지에 과부가 되고 상주가 되었다. 창수의 시신은 고향 땅에 묻고 아빠의 무덤도 같이 둘러보면서, 지연이는 아빠 성묘 앞에서 한없이 울었다. 아빠를 원망하기도 하고 신세 한탄하기도 했지만, 어쩔 도리가 없는 지연이는 그럴 시간조차 없었다. 그동안 생각했었던 남원에 모셨던 엄마 묘도 소석리에 아빠 묘소 옆에 같이 이장을 해서, 엄마와 아빠를 같이 모시게 되었다. 그리고 창수가 이야기했던 계곡 폭포 가기 전 작은 절을 찾았다. 그 절에는 아직도 창수 어머니가 걸어둔 명패가 있었다. 그리고 지연이는 주지 스님을 만나 뵙고 창수 어머니의 이야기를 하니까, 주지 스님도 창수와 어머니를 기억하고 계셨다. 지연이는 창수가 죽게 된 이야기를 전하니 스님께서는 망자의 천도 제를 지내면 좋겠다고 말씀하셨다. 불교에서는 망자가 저승에서 지내다가 매주 7일마다 심판받고, 마지막 심판을 받는 날이 49제 라고 하였다. 지연이는 창수가 좋은 곳에서 행복하게 지내라고 49제를 드리겠다고, 주지 스님과 약속하고 다시 절을 내려와 여수로 향했다. 그리고 49제 날이 되어서 다시 그 절에 가서 창수 49제를 지내고, 주지 스님에게는 모든 제를 지내는 동안 창수가 좋은 곳으로 가는데 노자돈으로 쓰라고 중간중간 제를 지내는 동안에 돈 봉투를 제사음식 앞에 몇 번을 나누어서 올려드렸다. 한참 후에 제를 다 지내시고 난 후, 주지 스님은 창수 옷가지를 불에 태워서 창수의 흔적을 지워 주셨다. 창수가 그곳에서 행복했으면 좋겠다는 생각 하면서 정성을 다해 좋은 곳으로 보내 달라고 기도를 드렸다. 그리고 제를 다 지내고 나니 늦은 오후가 되어서 절에서 내려왔다.

제 12 화
지연이의 인생 역정사

또다시 여수로 돌아와서는 바쁘게 식당의 일을 하고, 일부러 지금까지 있었던 모든 사항들을 잠시 잊어버리려고 일부러 일에 빠져서 바쁘게 살다 보니, 여러 해가 지나고, 살면서 창수의 빈자리가 너무나 크게 느껴졌다. 항상 옆에서 챙겨주고 기분이 좋지 않을 때 힘들 때도 다독여주고, 많은 지지가 되었는데 혼자가 되니 허망하고 이렇게 쓸쓸할 수가 없다. 전생에 아마도 창수와 나는 견우와 직녀가 아니었나 생각도 했다. 지연이는 자기 때문에 창수가 이렇게 젊은 나이에 타지에서 죽을 수밖에 없었다는 죄책감에 한동안 심적으로 너무나 힘이 들었다. 정말 착하고 오직 나만을 위해 살았다는 것도 너무나 잘 알고 나에게 많은 위로가 되는 창수였다고 인정하면서 한편으로는 너무나 불쌍한 생각이 들었다. 그럭저럭 세월은 너무나 빨리 흘러가고 혼자서 성철이 뒷바라지하랴, 식당도 하랴, 매일매일 너무나 바쁘게 돌아갔다. 앞이 캄캄하고 어쩌면 좋을지 몰라 하는 사이에 외숙모가 이제는 나이가 많아 체력도 안 되고 하니, 외숙모가 하던 가게를 맡아서 가게를 하라고, 하신 바람에 느닷없이 가게를 하고, 장사는 너무나 잘되었고 세월은 많이 흘러서 창수가 먼 하늘로 간지도 어느덧 16년이라는 세월이 흘러갔다. 내가 창수를 처음 만났던 나이가 된 성철이가 벌써 고3이 되었다.

매년 제삿날이나 추석, 구정이 되면 지연이는 고향에 묻힌 창수 묘소를 찾아간다. 봄이면 창수가 나에게 자주 건네주었던 것처럼 개나리꽃, 붓꽃, 나리꽃, 철쭉꽃도 묘소 앞에 가져다 놓고, 술 한 잔 따라 주면서 나를 만나서 너무나 힘들었을 창수에게 같이 살아줘서 고마웠다고, 그리고 좋은 곳에 가서 잘 지내라고 하면서 눈물 흘리면서 혼자 말을 자주 하곤 하였다. 소석리만 가면 지연이는 항상 눈물밖에 나오지 않는다. 아빠 엄마 묘소에도 들려서 한참을 서성거리다가 돌아오곤 했다. 지연이의 나이도 들어갈수록 창수의 생각은 더욱 나고, 그리고 그립고 보고 싶었다. 가장 사랑했던 사람 창수를 잃고서, 혼자 살아온 나날들이 한탄스럽기도 하고, 하늘이 원망스럽기도 하였지만, 창수를 꼭 빼닮은 아들을 보면서, 가끔은 회상에 잠기기도 했다. 창수가 오래도록 옆에서 살아 주었다면 얼마나 좋았을까! 하면서 덧없는 인생을 원망도 했지만, 하지만 현실은 너무나 가혹했다. 어느덧 세월이 지나 지연이의 나이도 50대 중반이 넘었고, 지연이의 자식이라고는 유일한 핏줄 성철이는 의과대학을 나와서, 듬직한 내과 의사가 되었고, 서울에 대형 종합병원에 근무하게 되었다. 가끔 성철이 주려고 음식을 장만해서, 서울 성철이 집에 들러서 여러 번 음식을 만들어서 직접 가져다주고, 가장 자랑스러운 것은 병원에 일부러 찾아가서 성철이가 입고 있는 하얀 가운에 내과 의사 이성철이라고 이름이 새겨진 성철이를 보고, 잘 커가고 있는 모습을 보고 있으면, 지연이는 긴 한숨을 내 쉬면서 옛날을 회상했다. 혹시나 창수가 이런 성철이 모습을 보면 대견하게 생각할지도 모른다. 너무나 기구한 인생살이가 덧없는 세월 앞에서 만감이 교차했다. 여기 여수에는 성철이도 없으니, 혼자 남아서 식당 일을 문제없이 해 나가기도 벅차지만, 그래도 외삼촌과 외숙모가 계셔서 그나마 적적하지는 않았다. 가끔 명절이 되어서야 성철이가 내려오고, 1년 내내 그야말로 외롭기 짝이 없다. 여수 생활도 이제는 익숙해지고 계절마다 소석리를 생각하면서, 지연이는 자주 창수와 같이 칠월 칠석날 계곡 폭포에서 물을 맞았던 일들이 제일 많이 생각나고, 계곡에서 같이 보냈던 시간이 생애에서 가장 잊을 수 없는 추억의 장소가 되었다. 그리고 창수가 자라면서 남겨진 흔적과 인연이 많은 작은 절도 생각이 났다. 제삿날이 가까워지면서 지연이는 창수가 오늘따라 더욱더 보고 싶어진다. 지연에게는 너무나 소중했던 그립고 또 그리운 창수가 언제나 기억나는 것은 너무나 순진하고 착하고, 누구보다도 가까이서 자기를 지켜주는 유일한 사람으로 너무 사랑한 사람이기에 언제나 감사하다고 생각했다. 하지만 성철이는 너무 일찍 아빠가 이 세상과 작별했기 때문에 아빠 손에서 자라지 못했기 때문에 아마도, 아빠가 제일 그리울 수도 있다. 더 속상한 것은 성철이가 아빠와의 추억은 물론 얼굴조차 전혀 기억하지 못하는 것이다. 그런 것까지 대물림 되고 있다고 생각하면 너무 마음이 아프다. 창수가 아빠 없이 남의 집에서 업둥이로 살았는데, 성철이는 업둥이는 아니지만, 똑같이 그렇게 아빠 없이 자라게 되었다고 생각하면 안쓰럽다. 그래도 성철이는 엄마의 외삼촌이 가까이 있었기 때문에 그래도 외조부 어르신 덕택에 의지하면서 살아온 것이 다행이기는 하다. 그래도 지연이는 아빠를 기억하라고, 시간이 날 때마다 성철이를 낳기 전에 아빠와 엄마의 젊은 시절에 있었던 아빠와의 지나간 이야기를 들려주곤 했다. 언젠가 성철이가 장기 휴가를 받으면, 소석리에 같이 가서 아빠와 엄마가 살았던 집과 외가댁과 성철이 아버지 묘소도 보여 줄 것이다.

김 종 진

경기도 용인시 거주
전주신흥고등학교 졸업
유원건설사우디 담맘 해군본부 현장기사
(토목&건축측량 담당)
삼성그룹 입사(구,삼성엔지니어링) (현)삼성엔지니어링E&A 현장 관리담당
사천항공 농공단지 공장건설현장 관리팀장 엔지니어링 사내기술연구소 관리팀장 경춘선 복선 전철공사 현장 관리팀장
삼성엔지니어링㈜ 정년퇴임(2011)
㈜D&I건설 총괄상무
(아랍에미레이트 원자력발전소 자재관리)
㈜태현/(해원)ENC 상무
㈜JTC(steal roll/ iron plate) 대표이사
(사)문학그룹샘문 회원
(사)샘문학(구,샘터문학) 회원
(사 샘문그룹문인협회 회원
(사)한용운문학 회원(샘문)
(주)한국문학 회원(샘문)
샘문시선 회원
<수상>
2024 한국문학상 시 등단
2024 한국문학상 수필 등단
2024 한용운문학상 특별작품상
<공저>
호모 노마드투스
<한국문학시선집/샘문>

김종진 소설가 신인문학상 심사평

수채화 그림을 보는 듯한 우수한 소설

강 소 이 (시인, 소설가, 문학평론가)

　김종진 님은 2024년에 샘문그룹 계열 한국문학에서 시행한 한국문학상 공모전 신인부분에서 시로 당선되어 등단한 시인이다. 그가 응모한 세 편의 시는 모두 사랑을 주제로 하고 있었다. 나라에 대한 사랑, 어머니에 대한 사랑, 그리스 로마신화에 그려진 신들의 사랑이 그것이다.

　이번 2025년 제15회 샘문뉴스 신춘문예 신인문학상 응모작인 소설 <칠월 칠석날 설화>는 지연이라는 여인의 일대기에 얽힌 남녀 간의 애틋한 사랑과 비극, 부모의 희생적인 사랑 등을 다루고 있다.

　김종진 님의 프로필을 보면, 평생 엔지니어로서 해외 사우디, 아랍에미레이트 원자력 발전소에서 근무하거나 전철 공사 현장, 공항 공장 건설 현장 등에서 근무한 것을 알 수 있다. 거친 노동 현장에서 일해온 산업 역군이다. 머리부터 발끝까지 이공계열 전공자답게 합리적이고 이성적일 것으로 짐작된다. 정서적이기보다는 거칠고 야성적인 면모를 보일 것 같은 느낌이다. 그러나 그의 응모작 <칠월 칠석날 설화>는 매우 감성적이고 애틋하다. 지연이라는 여주인공의 삶에 애잔한 아픔과 비애까지 자아내게 만든다.

　또한, 김종진 님은 문학에 대한, 공부가 깊은 것을 엿볼 수 있다. 소설이 갖추어야 하는 인물 사건 구성의 3요소라든지, 구성의 5단계 (발단 - 전재 - 위기 - 절정 - 결말)도 잘 갖추고 있다.

　특히 이 소설의 우수성은 소설의 공간이 되는 "소석리"라든가, 여수 지역의 배경 묘사가 남다르다는 것이다. 공간의 묘사가 그림을 그리듯 서정적으로 그려지고 있다. 마치 한 폭의 수채화를 보는 느낌이 든다. 이 소설의 우수한 점이라 하겠다. 소설을 많이 써 온 내공이 역력해 보인다. 문장 또한 간결하며 글을 많이 써 본 경험이 많은 감칠맛 나는 문장력을 구사하여 독자들의 호기심을 견인해 나간다.

소설

소설 전체의 정조는 슬프고 안타깝고 가슴 아픈 정서가 흐르고 있다고 하겠다. 하지만, 김종진 님은 주인공(창수, 지연)의 첫사랑이 끝내 이루어져서 독자들의 마음을 안심시키는가 싶더니, 그들의 결혼 생활은 남짓 2여 년에 불과했고, 지연은 16년이라는 긴 세월은 아들 성철을 혼자 키우며 지내는 이야기로 독자의 상상력을 전환시킨다. 종당에는 아들 성철이 의대를 나와 내과 의사가 됨으로써 지연의 외롭고 힘겨운 삶에 보상을 주는 아이콘으로 소설의 결말을 맺고 있다.

소설의 전재와 구성이 치밀하고 구성력이 탄탄한 소설이다. 남원에서 크게 국밥집을 하던 지연의 어머니와 아버지가 사고로 어머니를 잃게 된 일이나, 다리를 다쳐 휠체어를 타고 다니는 아버지를 지연의 가족 환경으로 설정한 것이 그러하다. 그래서 지연이 16세 때 소석리로 이사를 들어온 필연성을 부여하는 것이 치밀한 설득력이 있게 한다. 그런 부친을 돌보느라 중학교에도 다니지 못하는 상황 설정이 그러하다. 그 가운데서도 지연에게 요리를 가르쳐주고 양념 만드는 것을 가르쳐준 것도 나중에 지연의 외숙모 식당에서 일을 돕다가 가게를 맡아서 하게 되는 것에도 복선과 필연성을 부여해 줄 줄 아는 치밀한 구성이다.

그리고, 이 소설의 결말 부분이 "소석리에 같이 가서 아빠와 엄마가 살았던 집과 외가댁과 성철이 아버지 묘소도 보여줄 것이다"로 되어 있다. 이 짧은 단편 소설에 두 번에 죽음이 나온다. 첫째는, 불구가 된 부친을 돌보느라, 딸 지연이가 시집을 가지 못할 것이 염려되어 자살해 버리는 지연의 부친의 죽음이다. 엄청난 부성애다. 둘째는 단명할 것을 스님이 예언했다던 창수(지연의 첫사랑이며 두 번째 결혼한 남편)의 사고사가 그것이다. 해서 지연이는 부모와 남편을 일찍 잃고 고립무원이 된다. 슬픈 일이다. 그리고 소설가는 복사꽃 흐드러진 봄날 지연이 아들과 나들이를 간다는 밝고 경쾌한 결말을 이야기하지 않고, 묘소를 찾아가는 것으로 결말을 맺는다.

묘소, 성전, 사찰 등은 일상적인 공간이 아닌 헤테로토피아의 공간이다. 헤테로토피아의 공간은 일상적이거나 흐트러지거나 해이한 공간이 아니다. 자신을 성찰하고 더 나아가 인생 전체를 성찰하는 고요하고 성스러운 공간이며 그 시간인 것이다. 끝으로 김종진 소설가 님의 등단을 감축드린다.

이 소설이 가볍지 않고 깊은 사유를 내포하는 우수성이 거기에 있다.

수상소감

입춘을 지나 매년 만물이 소생하는 시기
새로운 계절이 시작되는 즘에 너무나
기분 좋은 소식을 접하고 감개무량하였습니다

어제나 인간에게 주어진 삶에서 스스로의
감정을 문자를 통해 표현, 인간의 내면을 가치를
활자본으로 만들어서 대중에게 내보이는 첫
작품이 되고, 부족한 문장이나마 삶의 짧은 단면을
표현하는 장을 만들어 주셔서 너무나 감사합니다.

문학 아동에서 지금에 이르기까지의 긴 여정 속에
가장 보람되고, 행복한 순간이 아닌가 생각합니다.
비록 단편소설로서 인간의 삶을 간추려 담기에는
부족한 면이 많겠지만, 처음으로 표현을 하였다는 것이
보람됩니다. 앞으로의 모든 방향이 저와의 싸움이
되겠지만, 자아를 성찰하면서 앞으로 나가는
의미 있고, 뜻있는 글을 실어내는 작가가 되겠습니다.

2025.02.22.
김종진 올림

2025 신춘문예
제15호 컨버전스공동시선집

시부문
선정작

(ㄱㄴㄷㄹ순)

당신은 보약 외 2편

김 경 배

당신은 햇살,
구름 속 빛,
어둠 지난 아침처럼
내 마음에 스며드네

지쳐갈 때면 당신의 목소리
따뜻한 물결 되어
부서진 마음을 다독이네

약초보다 효험 깊은 위로의 말
수천 가지 약재도
당신의 한 마디 대신할 수 없네

내 삶의 명약,
당신은 특별한 존재,
날마다 피어나는 사랑의 향기

당신은 보약,
시간을 초월한 치유,
새로운 하루를 주는 따뜻한 손길

인생人生 도道

김 경 배

인생은 흩어진 별빛,
밤하늘 반짝이다 사라져도
그 순간은 어딘가에 남아 흐른다

길은 떨어진 씨앗,
어디서 자랄지 몰라도
뿌리 내려 길을 만든다
바람에 휘어지고 비에 씻겨도
끝내 꽃을 피운다

시간은 고요한 호수,
작은 돌 하나 던지면
파문이 일고 흔적은 사라져도
그 물결 속 우리는 흔들린다

인생은 조각난 유리,
날카롭게 빛나며
어딘가 상처를 남기지만
그 조각들 언젠가 다시 빛날 것이다

솔향의 숲

김 경 배

싸늘한 냉기 속 숲은 숨 쉬고
바람은 붓 쥐어 겨울을 그린다

솔향은 빛 되어 희망을 속삭이고
계곡 물 얼음 위로 피아노 선율 흐른다

돌 틈새 물방울은 시간의 눈물 되어
흐르는 길 적시며 봄을 꿈꾸게 한다

솔향은 겨울 품은 꽃
차가운 공기 속 향기 말없이 말한다

냉기 속에도 희망이 있다
그 속삭임에 겨울이 녹는다

김 경 배

아호 : 석전
부산시 해운대구 거주
(사)문학그룹샘문 회원, (사)샘문학 회원, (사)샘문그룹문인협회 회원, (사)한용운문학 회원, (주)한국문학 회원, (사)샘문뉴스 회원, 샘문시선 회원
<수상>
2024 한용운문학상 시 등단(샘문)
2024 한용운문학상 수필 등단(샘문)
<공저>
2024 불의 詩 님의 침묵
<한용운문학시선집/샘문시선>
제2호 도도문학 공동시선집
제1호 사람과사람 공동시선

고사리 외 2편

김 종 순

아버님의 사랑 몽글몽글 다가온다
깊은 산속 풀숲 헤치며
오르락 내리락 꺽고 계시는 모습

당신의 아픔은 온데간데 없고
햇볕에 곱게 말려 주신 고사리
구순을 바라보시는 아버님

가스렌지 불을 조절하고
고사리 삶는다고 사리향이
온방에 꽃처럼 퍼지네

아버님의 사랑이 주방에 넘친다
삶아 씻어 놓으니 세상을 다 얻은 듯
거무스름한 고사리가 탱글탱글

어머님 목소리
"고사리 맛있는 거여?
보름에 찰밥해서 묵어라" 하시네

나의 깊은 심장에 남아
고향의 그리움 고사리에 묻혀있다

봄의 소리

김 종 순

아침 맞는 마음이 즐겁다
딱따구리 까치소리 참새소리
아침의 정적을 깨우네

딱딱 따르르 찍찍 재잘재잘
전기선 줄에 앉은 참새소리
나무 위에 딱따구리 노랫소리 들으며
습관이 주는 기쁨이다

꽁꽁 얼었던 얼음도 녹아 내리고 있고
얼음 밑장으로 꾸우웅 꽁꽁 울음 우네 삼분이 주는 이 맛

공기가 상큼하니 너무 맛있다
눈, 귀, 얼굴 입에 차갑지만 좋다
온몸으로 바람 맞는 이 기분

손바닥에 서리 한 줌 담아 본다
차갑다, 뚝뚝 떨어지는 눈물
한 줌의 물로 변한 눈물 보며
아침만이 느낄 수 있는 상쾌함이다

보릿고개

김 종 순

고불고불 징검다리 건너 고갯길
어머님 일 하시는 딸기밭
칭얼대는 동생 업고
딸기밭에 젖 먹이러 갔지요

목젖이 닿을 만큼
어머님의 샘물 같은 젖무덤
자그마한 입술 위로
어머님의 사랑이 샘솟고
서산에 해는 뉘엿뉘엿 저물고 있었지요

보릿고개라 했던가
무우 뽑아 먹고 고구마 쪄 먹고
감자 호호 불며 먹던 기억들이
오덕 감자 먹던 이야기가 생각난다

간식이라야 메 있던가
칡뿌리와 옥수숫대 물 빨아 먹었고
어머님이 산나물 하러가서 간식이라고
살이 포동 한 뻴기를 주시던 모습,
숲에 가면 가시 듬성한 찔래
대껍질을 벗겨 먹으면 맛이 좋았지요

그리움이 묻어나는 산기슭
산딸기에 어린 동심이 묻어있고
울긋불긋 진달래 꽃 따 먹던 시절
지금도 잊지 못하는 고향,
하얀 목화 꽃송이 피기 전 봉실이는
맛이 있었지요

김 종 순

경북 청송군 거주
충남 대전광역시 출생
(사)한국문인협회 회원
경북문인협회 회원
한국문인협회 청송지부 사무국장 역임
한국문인협회 청송지부 부회장 역임
한국문인협회 청송지부 회장(현)
(사)문학그룹샘문 회원
(사)샘문그룹문인협회 회원
(사)샘문학(구,샘터문학) 회원
(사)한용운문학 회원(샘문)
(주)한국문학 회원(샘문)
샘문시선 회원
<수상>
좋은문학 시 등단
청송객주문학대전 문인상
<공저>
수직의 거리
<사천동인회 동인지>

카페 호야에서 외 2편

박 수 진

사각 거리는 창백한 창호지 조명에서
황금향을 배출하는 노란 불빛이 번져나가고
황소 갈빛대 같은 서까래 아래로
한겨울 자몽티가 찻잔 나무색 손잡이를
따뜻하게 데워주는 시공간 속에서
클래식한 음악을 들었지

나란히 앉아 한곳을 바라보는 젊은 커플은
귓가에 무언가를 속삭이며
사랑이 영원하기라도 할 것처럼
은밀한 미소를 나누며 서로의 마음을
섞고 있는데

반대편의 엇갈린 모습으로 마주한
나와 너는
커다란 통 유리에 비춰지는 우리는
고개를 푹 숙인채 낮은 소리로 이별 소곡을
읊조리고 있으니

그땐 그랬고 지금은 이랬다
늘 이별 노래는 짧고 간결하며 단호하다
자몽티가 다 식기도 전,

입술에 묻은 붉은 빛깔이 스미기도 전,
너는 말을 이기적으로 끝내고
서둘러 일어섰지

마치 다른 세계의 너인듯
유리에 비친 너는 신기루처럼 사라졌지
그제서야 입 안에 머금은 자몽티 꾹 삼키니
붉은 빛을 띈 씁쓸한 이별의 맛이다
따스함이 사라진 차가운 너의 맛이다

연민의 노래

박 수 진

내가 갈게
너 있는 그 곳으로
눈 뜨면 아득한 푸른 별빛들이
수놓은 그 넓은 공간으로

수많은 함성과 외침이 메아리 되어
어두운 시공간을 넘어
사방에서 그리움으로 스미어 드는 곳

행복한 눈물과 따뜻한 위로와
감미로운 속삭임이
모두의 가슴에 별빛 바다 되어
그리움의 항해를 하는 그 곳

내가 갈게
너 있는 그곳으로
손 끝을 뻗어 닿아 보고 싶은
간절함으로 혹은 스치듯 비켜버린
찰나의 얽힌 시선 안으로

떨리는 입술로
너의 이름만 되뇌이며
너를 따라 손짓 할 수 있는 그곳으로
내가 갈게

자화상

박 수 진

안녕 나야
매 순간 함께 했던 내 안의 또 다른 나
그런 너로 인해
세상 모든 편견에도 버틸수 있었고
등 뒤에서 수근대는 비난도
눈 감고 지나칠 수 있었어

세상은 화려했지만 너무도 쓸쓸했고
가끔은 깨진 유리에 베이듯
지독하게 아프기도 했어
더 이상 내가 아무도 믿을수 없게 된 날
홀로 들판에 버려진 허수아비 같은 날

반짝이는 예쁜 밤, 난 하늘에게 소리쳤어
주저 앉아 더는 울 수 없다고
눈부신 햇살 따뜻함 그 속으로 스미고 싶다고
그리운 내 안의 나를 마주 보고 싶다고

시간이 지나 문득 돌아 본 그 세상 모습이
어쩌면 나의 모습과 너무도 닮아있고
차갑고 냉담한 듯 한, 겉모습이지만
흐르는 눈물 속에 따뜻함이 남아있네

내가 가진 작은 힘으론 일어설 수 없었지만
세상 속 다른 온기가 나를 잡아주었지
그 따뜻함에 스며든 나의 차갑던 맘이
눈물로 스며들며 아픈 나를 녹여 버렸네

지독한 아픔과 쓸쓸함 대신
따뜻한 온기와 마주 하고 있는
미소 띤 내가 서 있네
세상은 여전한 모습이지만 세상 속에 비친
나의 모습이 달라져 있다네

박 수 진
시인

흔들려도 우리 함께 외 2편

변양임

이슬 머금은 방울은
시냇물 찾아 도란도란
이야기하며 흐른다

햇살 머문 바위에 기대어
잠시 쉬어 가기도 하고
풀꽃 노래에 발길 멈추기도 하지만

강바람에 손을 흔들며
비단결 물길을 따라
푸른 바다를 만나러 간다

너와 맞잡은 손,
세월에 흔들릴지라도
놓지 말자, 끝까지 놓지 말자

바람 부는 날에도
고요한 밤에도
흐르며 함께하자

우리, 쉬었다 가더라도
끝까지 함께 가자

비움의 빛

변 양 임

채움이 내게 다가와
한심하다고 속삭이더니
끝내 나를 휘어잡아
내 안에 눌러 앉으려 한다

무언가를 채우라며 나를 쫓아다니니
불편한 갈망과 덜 여문 욕망만
길을 헤맨다

허울뿐인 채움에 속지 않는 마음
비워야 빛나는 진실의 보석

숲도, 하늘도, 바다도, 바람도
가득 채우지 않아도 아름다운 것처럼
그의 욕구를 휘어잡는다

봄아, 어서 와

변 양 임

꽁꽁 얼어붙은 세상
찬바람만이 제 세상인 듯

손에 움켜지고 휘둘려
마음마저 얼려 버린다

햇살을 품던 가슴마저
얼음결에 시리다

따뜻한 봄아, 어서 와라
내 마음에도 스며들게

변 양 임
제주도 서귀포시 거주
경희사이버대학원 문화예술경영 석사
전)여행기획자협동조합위드 대표, 전)제주 여성외국어자원봉사회 회장,
전)세계평화의섬 범도민실천협의회 위원, 현)영주문학회 사무국장, 현)성
산읍주민자치위원회 문화체육분과장, (사)문학그룹샘문 운영위원, (사)샘
문학(구,샘터문학) 운영위원, (사)한용운문학 회원, (주)한국문학 회원,
(사)도서출판샘문(샘문시선) 회원
<수상>
2024 월간국보문학 시 등단
2024 한국문학상 본상 특별창작상
오라문학백일장 대상
<공저>
호모 노마드투스
<한국문학시선집/ 샘문>
*****
불의 詩 님의 침묵
<한용운문학시선집/ 샘문>

보초병 물방개 외 2편

유 정 옥

호수에 동동 떠다니는
물방개 눈은
누굴 닮아 저리 아름다울까

호수를 유유히 떠 다니며
무얼 그리 열심히 보느냐?

올챙이가 개구리 되어 가는 거
신기하게 보았겠지

미꾸라지 거머리와
풀 숲에 사마귀가 함께 사는 공간

물방개야!
눈 또렷 뜨고 보려므나
다시 한 번 확인 후 보거라

잠자리 애벌레 곧 비상 하는 것
훔쳐보는 눈동자야

호숫가에 뿌리 내린 물망초
모두가 행복하게 살아야할 호수가

언제부터냐?
언제부터 훼손하는 손길 타고
무너져 가고 있느냐?

물방개야 또렷한 네 눈으로 지켜라
자연 파괴하는 벌레를

다시 호수에 평화 찾을 수 있게
지켜 보는 물방개 또렷한 눈

하얀 바다로 가자

유 정 옥

만추의 계절에 이른 첫눈이
아직도 채 끝나지 않은 단풍 든 고목 가지에도
마른 대지에 뒹구는 낙엽 위에도
거센 바람에 하얗게 덮고 있다

하얀 바다로 가자
설꽃이 흐드러진 바다로 가자
눈도 깨끗, 마음도 깔끔하게

하얗게 내 영혼 속 깊이 깊이 수채화 그렸다
새빨간 단풍잎 위에 설화가 피어
더 신비롭다

노란 은행잎은 더 버틸 수 있었다며
혼자 중얼거린다

늘푸른 소나무 솔방울에 별을 매달면
크리스마스 추리다

눈꽃과 동행하는 하늘 천사는
검게 탄 고목 살려야한다

사람들 발자국마다 사연을 남겼다
시詩가 흐르는 눈오는 강가
뚝섬 지나 지나서 하얀 바다로 가자

눈 떠 보니 여기야

유 정 옥

눈 떠 보니 여기야
대한민국 대한민국

이쁜 내가 택한 거 아냐
잘난 네가 택한 거 아냐
엄마 아빠도 마찬가지

불합리적이라
삐그덕 삐끗이야

내가 택했으면
별나라 달나라

네가 택했으면
들녘에 신비한 꽃
고산에 늘푸른 노송

하늘 위 훨훨 백조
바다에 쌩쌩 거북이

불합리적 태어난 나와 너는
그래도 합리적 찾아야돼

찾았지 버티고 버티면서

여기 이 땅, 태어난 거
신의 섭리 있었어요

대한민국 최고야
엄마 아빠 최고야
최고 최고 장땡이야

유 정 옥

아호 : 우정
경기도 남양주 거주
서울시 동대문구 출생
문예빛단문학회 운영위원
시와창작문학회 이사
소하도서관 문학동아리 총무국장
구름산문학예술협회 회장
보수통합장로회 목사
(사)문학그룹샘문 회원
(사)샘문학(구,샘터문학) 회원
(사)한용운문학 회원
(주)한국문학 회원
샘문시선 회원
<수상>
한국창작문학 시 등단
시와창작 작가상
문예빛단 문학대상

도토리의 이력 외 2편

이 미 경

쓰지만 떫으면서 부드러운 도토리는
참나무의 자식이지!

겉은 단단하고 매끄러운 과피가 있고
그 속엔 한 개의 종지가 들어 있어,
산야에 널리 퍼져 있는 도토리 받침은 주름진 지지대로
도토리 모자 같아 귀엽고 예쁘지

쓴맛과 떫은 맛을 내는 탄닌을 제거하고
녹말을 가루로 만들어,
그리고 묵을 쑤어서 편으로 썰어
양념장에 찍어 먹으면
울엄마가 좋아하는 훌륭한 반찬이야
맛있게 먹어주는 생물의 웃음이야

엄마는 사위가 쑤어주는
찰진 묵을 좋아해

친구의 터

이 미 경

뒤돌아 본 석양길에서
젊음은 날마다 멀어져 간다

안 보면 보고 싶은 친구
서로의 정신적 허기 달래주는 친구

그 누가 말했던가
친구는 노후의 지팡이라고

때로는 다투고 토라지지만
언제나 제자리로 돌아와
다시 우리가 되는 친구들아

너희들은 내 마음 속에 있고
나 또한 너희들 생각 속에 있다

친구들이 있는 한, 난 편안하고 따뜻해
살아보고 지내보니 그렇구나

세월이 흘러 과거를 회상하며
추억의 나날을 되새기며
우리 행복했다고 미소 지으리

홀연히 별나라 여행길에
우리 마음과 생각 속에 있는
연緣 하나, 영원불멸하리라

출근길 노숙자

이 미 경

오늘 아침도 거리의 남자는
어김 없이 길 위에 있다

낙원상가 굴다리 지나
인도에 앉아 있는 덥수룩한 남자

7시 15분경 자나갈 때는 신문을 보고
7시 30분경 지나갈 때는 컵라면을 먹고
아침마다 그 장소를 지나가며
은근히 시선이 가는 그곳의 남자

항상 일정한 시간
같은 장소에서 하는 행위는
나름 노숙자도 철학이 있는가 보다

이 아침에도 신문으로 친구 삼고
컵라면으로 허기를 채우는 삶

그는 오늘 하루 무엇을 하고
어떻게 시간을 배분할까?
과거의 어떤 사람이였길래
오늘의 씨앗이 되어

지금의 모습으로 존재하고 있는가

내일 아침에도 그는
내 눈에 들어올 것이다

이 미 경

시인, 시낭송가, 교사
서울특별시 강동구 거주
초등학교 돌봄교사(현재 기간제)
포에트리슬램 회원
(사)문학그룹샘문 회원
(사)샘문그룹문인협회 회원
(사)샘문학(구,샘터문학) 회원
(사)한용운문학 회원
(주)한국문학 회원
샘문시선 회원
<수상>
2024년도 포에트리슬램 시 등단

꿈의 동반자, 세월 외 2편

전 승 오

딩신이 다가왔음에 고요함을 느낍니다

당신의 존재는 어둠이요
그 어둠은 또 하나의 세계를 펼쳐 주네요

당신이 보내주는 달빛 별빛은
꿈길을 비추어 줍니다

꿈길을 걸으며 행복의 꽃에 입맞춤 할 때
태양은 나를 부르고
오늘이란 여행을 떠납니다

어둠 속에서 걷던 꿈길은
희망의 날개를 펼치게 합니다

낮이여 그리고 밤이여
나 죽어 한 줌의 흙이 되고
재가 되는 그날까지

그대들 항상 내 곁에 머무는
영원한 동반자 입니다

허전함

전 승 오

아빠 새해 복많이 받으세요
엄마 새해 복많이 받으세요

할아버지 사랑해요
할머니 사랑해요

자식들 새해 인사
손주들 새해 인사

오랜만에 가족들 모여 와자지껄
온기로 추위를 녹인다

웃음과 즐거움도 잠시뿐 현실은
나의 가족들을 부른다

떠나는 자식들 발걸음 무겁고
보내는 부모 마음 무거운데

바람처럼 빠져나간 이들의
빈자리엔 허전함이 또아리 틀고 앉았다

버킷리스트

전 승 오

웃는 얼굴 그려놓고 나도 미소
우는 모습 그려놓고
나도 한 줄기 눈물 흘리며

하얀 백지 한 장 펼쳐놓고
마음 한 조각 털어 놓습니다

그 누가 훔쳐 볼세라 그 누가 엿들을세라
하얀 백지 위에 다시금 한 조각 털어 놓습니다

살면서 어찌 슬픈일만 있으랴
또 다시 마음 추스려 털어 놓습니다

누군가 그리워 가슴이 아려와
눈물 훔치며 그 이름 부를 때도

백지는 이렇듯 나와 대화를 나누고
또 들어줍니다

목놓아 부르고 눈물 흘릴 때면
말없이 닦아주며 털어 놓으라 합니다

한 조각 밖에 않 되는 몸뚱이에
순백의 마음으로 벗이 되어
가슴을 어루만져 줍니다

전 승 오

아호 : 산야
경기도 안성시 거주
청옥문학협회 회원
청암문학회 이사
관광버스회사 제직 중
(사)문학그룹샘문 운영위원
(사)샘문학 운영위원
(주)한국문학 회원
(사)한용운문학 회원
샘문시선 회원
<수상>
청옥문학협회 시 등단
샘문뉴스 신춘문예 당선
청암문학회 시조 등단
2024 샘문그룹회장상 본상

환희의 눈물 외 2편

정철웅

기나긴 기다림 설레이는 만남
오랜 아픔 참아내고 맞이하는 임이시여
축복의 눈빛으로
진정 온 종일 가슴 흠뻑 적시우고
이젠 다시 만물의 소생을
방울방울 고귀한 눈물로

칠흙 같이 어두운 밤을
눈물 바다로 가득 채우고
전율이 흐르는 가슴을 쓸어내리고
소중한 방문을 뜨겁게 포옹을 하고
오시는 임이여

살짝 부풀어 오르는 꽃망울에
첫 입맞춤하고
폭포수처럼 흐르는 눈물 훔치며
약동의 원동력 되어 응어리진 마음을
말끔하게 씻어내고
말없이 그렇게 떠나시나요

사랑은 늘 저만치서

정철웅

사랑은 늘 저만치서 다가와
마음 구석구석
감동의 물결로 출렁이게 하고
차가운 공기 사이로 얼굴 내민 햇살
포근하게 가슴을 쓰다듬고
무지갯빛 색깔로 물들어 장식을 한다

그대는 어슴프레한 어둠을 헤치고
먼동이 밝아오듯
시시때때로 찾아와
희망이란 찬가를 부르며
한결 같이 저만치서 다가와
잠자는 마음을 흔들어 깨워주고

새롭게 움트는 새싹들
삐쭉삐쭉 눈을 비집고 자라난다
봄 손님을 맞이하려고

봄이 오는 소리

정 철 웅

눈을 살포시 떠봐요
사랑이 숨쉬는 새싹들
축축하게 젖은 시골길 걸어 보아요

겨우내 꽁꽁 얼어 붙어
할말 잃고 헤메이는 그대를
살며시 어루만져 주고 감싸주는
부드러운 손길을 느껴보아요

여기 저기 아기 손을 내미는 산하를
이제는 서서히 다가오는 그대를
외면하지 말아요

작은 가슴이라도 따뜻하게 안아줘요
진정 그대는 다시 찾아오는
희망의 등불이라고
또다시 맥박이 활기차게 뛰는
생령의 움직임이라고

정 철 웅

고양시 일산서구 거주
천연발효 효소사
(사)문학그룹샘문 운영위원
(사)샘문학(구,샘터문학) 운영위원
(사)샘문그룹문인협회 회원
(사)한용운문학 회원(샘문)
(주)한국문학 회원(샘문)
(사)샘문뉴스 회원
이정록문학관 회원
<수상>
2023 한용운신인문학상 시 등단
<공저>
이별은 미의 창조
<한용운문학시선집/ 샘문>

하늘길 1 외 2편

최 경 순

비 내리는 창밖을 바라본다
빗물은 흘러내리고
내 마음의 그리움은 타고 오른다

먼 하늘은 흐릿한 가운데
또렷하게 새겨진 얼굴 하나
서른을 앞두고
홀연히 날아오르던
아이의 얼굴인가

함께하던 시간도
추억이라 부르며 희미해져가지만
내 귓가에 숨소리 들리고
손끝에는 따스한 감각이 살아있는
어제처럼 선명한 내 아이야!

죽음은 끝이 아니기에
너와의 재회를 마련하기에
너에게 가는 길을
미련 없이 설움 없이
가뿐한 내 걸음으로 끝내는 가리라

너에게 가는 길
남은 자들의 슬픔을 뒤로하고
나는 기쁨으로 걸으리라
너를 만나는 설렘으로 가득한 내 삶의 끝자락
아쉬울 것 하나 없이 모두 벗어 버리고
사뿐사뿐 걸어가리라

하늘길 2

최 경 순

비 그친 창밖에
햇살이 비춰오고
너의 웃음소리
바람에 실려 온다

먼 하늘 저편에
너의 환영이 흐르나니
설운 마음 녹아내리고
따스한 기운이 내 뺨을 적신다

이별 아닌 이별이었으니
재회하는 그날은 다시 오리니
하루만 하루만 하면서
오늘도 나는 여기 서있다

너를 향한 길
슬픔을 딛고 아픔을 품고
한 걸음씩 나아가리라
기쁨의 발자국을 남기며 가리라

엄마는

최 경 순

엄마는 맛 볼 미각이 없다
내 새끼 먹을 것 하느라 이것저것 맛보다가
그 녀석 하늘로 가고난 후로는 미각을 잃었다
그래서 아이 잃은 엄마에게는 맛난 음식이 없다

엄마에게는 기뻐할 감정이 없다
아이와 함께했던 아련한 추억뿐인 마음속에는
새로 비집고 들어갈 기쁨 자리가 없다
한 방울 이슬처럼 슬픔만이 오롯이 자리하고 있다

엄마는 밝은 하늘을 볼 수 없다
내 사랑하는 아들이 머무는 그곳을
차마 쳐다보지 못하는 엄마에게
하늘이란 멀리서 깜박이는 별 하나 박힌 까만 곳이다

엄마의 상처는 속으로 곪는다
바람결에 흔들리는 풀잎처럼 인간사에 상처가 흔해도
아이를 품은 엄마의 가슴에 새겨진 생채기를
뼈 속까지 다다른 그 깊이를 어찌 가늠하랴

하느님을 원망하다가, 신세를 한탄하다가
공연히 남은 이들에게 모진 소리도 해보지만

뻥 뚫린 이 가슴을 무엇이 채워줄까?
어느 때쯤이면 채워지기는 할까?

최 경 순
시인

잡초 철학 외 2편

최 정 옥

마구 힘이 솟아나는 너는 누구냐
인정 할 수가 없어

잘난 체 하는
너와 엮이게 되어 유감이야

너는 언제나 숨 가쁘게 전진하여
나를 따돌리지

너는 밟을수록 고개를 쳐들어
나를 지치게도 하지

그러나 나는 현명해
더 비참해 지기 전에

싫어도 인정하고 손을 들거야
너는 잡초니까

희망

최 정 옥

이른 아침에 맡는 연초록의 내음은
언제나 가슴 설레게 한다

계절은 살아서 움직이고 있고
나의 가슴은 한없이 부푼다

머잖아서 찾아올 계절은
농익은 초록의 아름다움이리라

다가올 계절이 기대 된다
그래서 나는 오늘 가슴이 초록이다

동행

최 정 옥

많은 사연을 맘속에 담아놓고도
하고픈 말이 상처 될까
일일이 꺼내서 당신에게 들려주지 못해요

인생의 옹이들이 결이 곱지 못해도
함께 한다는 것
그 하나만이라도 얼마나 다행인가요

인생살이가 흔들리지 않고서
어찌 인생이겠어요

함께 한다는 것은
그 어떤 것보다 아름답고 소중한 것을

최 정 옥

시인, 수필가, 시낭송가
한국방송통신대 국문학과 졸업
서울문화예술대학교 졸업 서울사회복지대학원 졸업
한국동화구연지도사협회 자문위원, 서울양천문인협회 이사, 국공립어린이집 원장(전), 민간어린이집 원장(현), (사)문학그룹샘문 운영위원, (사)샘문그룹문인협회 운영위원, (사)한용운문학 회원, (주)한국문학 회원, 샘문시선 회원
<수상>
교육발전공로 대상
박남수문학상(힐링 문학)
한국문학상 본상(샘문)
예술문화 대상(양천 예총)
양천문학상(한국문인협회)
비평문학상(한국문학비평가협회)
<저서>
개척자의 삶

춤추는 격동의 세계 외 3편

홍 윤 지

한류는 세계 구석구석에서 명성을 떨치고
나는 그 거대한 떨림 속에 흘러든다
도전의 발끝에서 시작되는 말할 수 없는
리듬이 나를 휘감고

중력을 벗어난 듯
시간과 공간 속에서 춤사위 되어
눈을 감으면
하늘도, 땅도, 나와 일체가 된다

시간을 멈추면 순환의 이치는
모든 각도에서 나를 바라보며
내 내면에서 명분 잃고 흩어진다
모든 것이 흩어져 흘러가지만
하지만 나는 그 안에서 나를 잃지 않는다

모든 경계가 사라지면
도전은 어디서든 다시 시작되는 것
끝나지 않은 사랑은 다시 흘러가는 것
몸은 말없이
세상은 소리 없이

한류의 일렁임 그 자체로 세계는 춤추고
그 춤 속에서 내 숨결은 격정으로 치닫고
흐르고 사라졌다가
다시 돌아와 꿈을 꾸는 나의 이상향

사람 사랑 관계학

홍 윤 지

사람 사랑
한 번에 이해할 수 없는 존재들

눈으로만 볼 수 없고
마음으로만 느낄 수 있는

이 세상의 고정된 것은 없다
사람도 변하고 사랑도 변하며
재화도 변하고 권력도 변한다

때로는 깊어지고
때로는 멀어지지만
늘 가까운 곳에 있는 사람이 존재하는 곳에 사랑이 있고
사랑이 흐르는 곳에 사람이 있는

어떤 힘에 의해 좌우되지 않으려 애쓰며
자신만의 아집의 길을 가지만,
결국은 서로의 마력에 이끌려
서로 다가가는

모두가 이해하려 하고 알려고 애쓰지만,
그 깊이를 다 알 수 없는

사람 사랑
같은 운명을 지닌 존재들

무알콜 맥주 개론

홍윤지

취하지 않지만
어쩔 땐 세상의 무게가
가볍게 느껴진다

한 모금 마시면
모든 것이 멈추지 않고 흐른다

세상은 때때로 달콤함을 요구하지만
씁쓸한 것들 속에서도
쓸데없는 등짐을 내려놓고
저만의 가벼운 속도로 흘러간다

인생이 거품처럼 일렁일 때
그 모든 것이 진짜가 아니고
허풍이라는 것을 안다

그래도 가끔은
가볍게 웃을 수 있는 것
그것만으로도 위무는 충분하다

아직은 서툰 내 인생도 그렇다
무알콜 맥주처럼 달지 않지만
끝까지 함께 즐길 만큼
짙은 여운을 남긴다

깍지 손

홍 윤 지

오늘도 무언의 언어를 꺼낸다
말없이 잡고, 쥐고, 놓아주며
그대 안에 내 이야기를 담으려고 합니다
고요한 그대 손끝에서 시작된 움직임이
무심코 내 손끝을 지나가는 듯 보이지만

그대의 손을 잡을 때
나는 그대가 말하지 않아도 느껴집니다
깍지 낀 손 안에 담긴 따사로움이
우리의 시간이 스며듭니다

내가 쥔 작은 힘이지만
때로는 가벼운 바람처럼
때로는 무거운 돌처럼
그대를 지탱하는 기둥이 되렵니다

내 주름 속에 기억된 세월이
작은 상처 하나하나가
내가 걸어온 흔적입니다

그대의 모든 기억을 안고 있습니다
그대가 나를 놓을 때

내가 그대를 놓을 때
우리 손끝에서 흐르는 전율은
결코 끝이 아닌,
새로운 시작임을 예감합니다

오늘도 무언의 언어를 꺼냅니다
그대와 나
모든 것을 부여잡았다가
또 모든 것을 놓아주기를 반복하며
세상과 말을 이어갔으면 합니다

홍 윤 지

서울시 은평구 거주
서울시 송파구 출생
동명여자고등학교 졸업
호원대학교 재학중(공연미디어학과)
(사)문학그룹샘문 회원
(사)샘문그룹문인협회 회원
(사)샘문학(구,샘터문학) 회원
(사)한용운문학 회원
(주)한국문학 회원
샘문시선 회원

열매 외 2편

황 재 학

친절하고 상냥한
곱디고운 여신이여!

항상 그 자리에 서로를 마주하며
서로의 외로움을 달래어요
눈빛만 보아도 와닿는
그 사랑을 져버리지 말아요

잠들 때나
눈뜰 때나
함께하기를 바라는
간절함을 아시나요?

외로운 마음을
훔쳐만 보지 마시고
간절한 믿음에 신뢰로 답하는
사랑의 열매 맺게 해주세요

큰 별 소나타

황 재 학

희미한 당신 모습
먼 길 돌아
까만 밤 환한 불빛으로
넉넉한 햇살로 반짝이네

외롭고 지친 어느 힘든 날
장난스런 코끝 간지럼으로
웃게 한 당신
내 사랑 모닥불 되어 타오르네

사랑하는 당신과 함께라면
외로움 간데 없고
당신이 훔쳐간 내 사랑 마저도
행복하게 미소 짓고 함께 동행하며
내 맘속 큰 별 되어 빛나네

반려견 주검

황재학

초롱아 잘 가렴
소실적 넌, 나를 만나
킁킁거리며 꼬리를 흔들던
네 모습이 아른거린단다.

태어나고 헤어지고 만나기를
반복하는 윤회설을 믿기에
죽어서도 자유로운 영혼으로
잉태하길 바란다

추운 겨울 부는 바람 차갑지만
저 푸른 하늘 어디선가
해님처럼 따뜻한 그곳에
환한 모습으로 다시 태어나렴

다음 생에는
더 좋은 주인 만나
행복하길 소원한단다

언제나 함께여서 행복했고
너를 보며 나를 위로했던
기억들로 가득한데

생노병사의 주검을
지켜봐야 하는 심정에
눈물이 앞을 가리고
마음이 저리구나

잘 가거라
초롱아

황 재 학

아호 : 단송
부산시 사상구 거주
부산 중앙고등학교 졸업
1985 육군 만기 제대
경성대학교 법정대학 법학과 졸업
대선조선(주) 기획관리실 기획팀장 역임
대선조선(주) 생산기획, 법무자문역 역임
(사)문학그룹샘문 회원
(사)샘문그룹문인협회 회원
(사)샘문학(구,샘문학) 회원
(사)한용운문학 회원
(주)한국문학 회원
샘문시선 회원

2025 신춘문예
제15호 컨버전스공동시선집

시조부문 선정작

(ㄱㄴㄷㄹ순)

가을날 쪽빛 꿈 외 2편

고 지 연

넓다란 마당 가득 푸른빛 심었어요
볕 좋은 어느 가을 솥 걸고 불 때지요
오래된 물빛 꿈 하나 저리 환히 빛날까

홀로 끓는 가마솥에 흰 천을 들이밀자
쪽빛보다 짙은 바다색 하늘하늘 펼쳤어요
이제야 깊은 발색으로 푸른 쪽빛 이루네

때 아닌 빗소리가 물감을 지워놓고
몇 날을 널고 헹구고 또다시 거둬들이고
가 닿지 못할 빛일랑 애 저녁에 지울까

노을빛 고운 가을 쪽물 끓여 물들여요
눈부신 백색 실크 가마솥 뭉텅 넣고
분홍빛 하늘 가득히 펼쳐놓은 쪽빛 선염!

그림의 시간
– 푸르빌의 절벽 산책

고 지 연

모네 그림 빛 머금고 거리를 장식한다
디지털 명암으로 투영된 화폭의 색조
절벽은 아득히 높아도 올라야할 나의 성지

시간이 분주하게 붓질을 반복하고
붉고 푸른 안료들이 고뇌로 덧칠 된다
마침내 오름길 되어 풍경 속에 길 낸다

겨우살이

고 지 연

부도내고 떠난 몸이 빈집 하나 찾아드네
겨울나무 그 우듬지 바람 목에 자리 잡고
찬바람 에이는 겨울 옹송그린 가족이네

봄이면 주인 오는 임시거처 발 붙이고
숭숭숭 구멍 뚫린 거푸집 드난살이
엄동의 긴 추위 딛고 오보록 잎 돋는다

뿔뿔이 흩어질 위기 혈육의 끈을 잡고
저마다 온 힘 다해 낱일 찾아 오가더니
온 가족 따뜻이 지낼 둥지 찾아 이사가네

고 지 연

경기도 용인시 거주
한국방송대학교 국문학과 졸업
중앙대학교 대학원 문예창작과정 수료
한맥문학회 회원
(사)문학그룹샘문 회원
(사)샘문그룹문인협회 회원
(사)한용운문학 회원
(주)한국문학 회원
샘문시선 회원
<수상>
2003 한맥문학 수필 등단
2006 중앙일보 시조백일장 차상
<시집>
2006 꽃과 바람과 시

○ 샘문뉴스 ○

■ 이정록 시인 영국 출판사와 출판계약 성사 ■

◎ 영국 현지 출판 후 판매 돌입 ◎

샘문그룹 산하 계열사 (사)도서출판샘문이 영국 런던에 소재한 대형 출판사 리젠드 타임즈 그룹 리젠드 프레스사와 2025년 1월 14일 도서 출판 계약을 체결하였다.

이번에 영국에서 출간된 시집은 <이정록 시인 시집 5권>과 <이수달 시집 1권> 그리고 <이인영 시인 시집 1권>을 포함하여 <총 7권>이 영문판으로 전자시집과 단행본 시집(책), 두 가지로 영국 현지 출판되어 유럽 전지역에 판매가 시작되었다.

영국이나 유럽 지역에서 해외 출간된 시집 출판은 한국 문단에서는 최초라고 한다. 소설집이나 에세이집은 간혹 출판된 적이 있으나 <케이-포에트리(K-poetry)>로는 최초다. 영국 런던에 소재한 리젠드 프레스사 관계자들과 영국 현지 출판 관계자들도 큰 관심과 기대를 하고 있다고 한다. 특히 이번에 한강 소설가의 <노벨문학상> 수상 이후 더욱더 큰 관심을 보이고 있다고 한다.

영국 출판사는 1년여에 걸쳐 이정록 시인과 도서출판샘문에 대해서 여러 형태에 인지도, 저명성, 브랜드력, 작품성, 번역 완성도, 미래 확장성 등에 조사를 실시한 끝에 경쟁력과 확장성이 높다고 판단 되어 이번 2025년 1월 14일에 최종 출판계약이 체결되었다.

그리고 뒤이어 한강 소설가 <채식주의자>를 출판하고 맨부커상과 노벨문학상을 추천한 프랑스 그라셋 출판사에서도 이정록 시인의 시집 출간이 곧 출간될 예정이라고 한다. 뒤이어 미국, 독일, 스웨덴, 중국, 일본 등지에서도 출간될 예정이다. 현재 샘문그룹 해외사업부에서는 해외 바이어들과 활발한 인콰리어들이 오가고 있다.

샘문그룹에서는 수년 동안 많은 투자를 아끼지 않고 투자하여 <한글판 출판>, <번역원 설립 및 가동>, <해외사업부 설립 및 가동>하여 해외 현지 출판하기에 이르렀다고 한다. 영국 해외 출판 시집 내역은 아래와 같다.

[이정록 영문시집 5권 출판]

1. The love I met on the trail
   (산책로에서 만난 사랑)

2. The reason I love Flower
   (내가 꽃을 사랑하는 이유)

3. Dear Wind From Flower
   (꽃이 바람에게)

4. Lover of ter Wind Fiower
   (바람의 애인 꽃)

5. Damyanggol Odyssey
   (담양골 오딧세이)

****

[이수달 영문시집 1권 출판]

1. Sudal's Whisper
   (수달이 휘바람 소리)

****

[이인영 영문시집 1권 출판]

1. God's Gift Mothers
   (신의 선물 어머니)

SMN
샘문뉴스 문화부 신재미 선임기자

편집후기

　유난히 눈이 많이 왔던 지난 겨울은 샘문그룹 문우들에게도 추위와 눈속에서 문학은 소외 당하고 불법 국가비상계엄 내란 폭동 사태로 나라가 어지럽고, 초강대국 미국에 관세폭탄으로 세상이 어지러운 가운데에서도, 움이 트고 새순이 돋는 새로운 봄을 준비하는 동면의 시간을 보냈습니다.

　그러나 한강 작가의 노벨문학상 수상으로 한류 문학 열풍이 불며, 우리 한국문학을 한 단계 업그레이드를 시켜주는 쾌거가 되었습니다. 샘문그룹에서도 이사장인 시인 이정록 교수가 영국 런던 소재 대형 출판사에서 영문판으로 전자시집과 단행본 시집을 한국문단 최초로 출간하여 유럽 및 영문권 전역에서 발매하는 놀라운 지평을 열었습니다.

　또한 샘문예술대학교 시낭송학과 출신들이 2024년 1년간 전국시낭송대회에 참가하여 대상부터 장려상까지 무려 71개의 상을 싹쓸이 수상하는 쾌거가 울려 샘문그룹 위상이 갈수록 높아지고 있음을 실감하고 있습니다.

　컨버전스공동시선집과 신춘문예 샘문학상에 응모한 문인들의 작품 수준도 우수하여 심사위원들에게 놀라움을 주었습니다. 이근배 고문(대한민국예술원 제39대 이사장), 대한민국 문단의 양대산맥 중 하나인 국제펜한국본부 손해일 고문(제35대 이사장), 김유조 고문(국제펜한국본부 부이사장), 김소엽 고문(대전대학교 석좌교수, 한예총 회장), 이정록 샘문그룹 이사장이 참여한 심사에서 높은 수준의 옥고들로 우열을 가리기가 힘들었습니다.

　우리 문학그룹 샘문에서는 우수한 문인들의 발굴과 기존 회원들의 문학적 소양을 높이기 위해 그동안 많은 노력을 강구해 왔습니다. 한국문학시선집과 컨버전스시선집, 그리고 한용운문학시선집 발간과 개인 문집 출간이 기하급수적으로 늘고 있으며, 샘문사이버교육원 문예대학, 샘문평생교육원 예술대학의 각종 학과 등 각종 교육시스템의 가동과 한국문학상 공모전, 김소엽전국시낭송대회, 한용운문학상 공모전, 한용운전국시낭송대회의 시행이 지속적으로 진행되고 있습니다.

시, 시조, 동시, 동시조, 수필, 소설, 평론, 희곡, 동화 등 문학의 모든 장르의 신인 발굴에도 노력을 경주하고 있으며, 개인 시집의 발간을 지원해 보람있는 문학 발전에 기여하는 샘문그룹으로 거듭나고 있습니다. 그밖에도 문학기행, 시화전, 능력 개발 교육과정, 명사초청 강연 등을 통하여 회원들의 창작 능력과 수준을 높이기 위한 노력을 더욱 경주할 것입니다. 주기적인 능력 교육과정을 개발하고 활동을 공유할 수 있는 방안을 찾아 회원들의 질적 향상을 이루도록 부단히 독려할 것입니다. 회원 여러분들의 건강과 행복을 기원합니다. 감사합니다.

2025. 05. 24.
편집위원단 일동 拜上

◇ 발 행 인 : 이정록
◇ 편 집 인 : 손해일
◇ 편 집 장 : 강성범
◇ 주　　간 : 김소엽
◇ 부 주 간 : 신재미, 이종식, 조기홍
◇ 총괄편집고문 : 이근배
◇ 편집고문 : 김유조, 오경자, 김후란,
　　　　　　 이진호, 공광규

[편집위원]
오호현, 김성기, 권영재, 권숙희
고태화, 표시은, 심종숙, 인정희
장주우, 김동철, 강성화, 오순덕
김춘자, 이동춘, 이수달, 김준한
정용규, 이동현, 권정선, 박수진
김정호, 고욱향, 김춘자, 김명순
이연수, 유호근, 김영창, 이태복
서현호, 신정순, 김환생, 김종국
정승운, 최명옥, 이태복, 변화진
정세현, 강소이, 김종진, 김민채
정한미, 김기홍, 강덕순, 김영남
심산태, 고영옥, 정승기, 박승문
이동완, 안은숙, 황주석, 이애숙
최경순, 김정형, 유미경, 강정옥
정은석, 조은숙, 이영하, 류선희

문집 출간 안내

도서출판 샘문 에서는

베스트셀러 명품브랜드 〈샘문시선〉에서는 각종 시집, 시조집, 수필집, 동시집, 동화집, 소설집, 평론집, 칼럼집, 꽁트집, 수상록, 시화집, 도록, 이론서, 자서전 등 문집을 만들어 드립니다.
도서출판 샘문에서는 저자님의 소중한 작품집이 많은 독자님들에게 노출되고 검색되고 구매하여 읽히고 감상할 수 있도록 그 전 과정을 기획, 교정, 교열, 퇴고, 윤문(첨삭,감수), 디자인, 편집, 인쇄, 제본, 서점 등록(납품,유통), 언론홍보, SNS홍보 등, 출판부터 발매 까지의 전략을 함께해 드립니다.

📖 출판정보

샘문시선은 도서출판비를 30% 인하 하였습니다. 국제원자재값 폭등으로 인하여 문집 원자재인 종이값 등이 3번에 걸쳐 43% 상승하였으나 이를 반영하지 않았습니다.

- 📢 저자가 필요한 수량만큼 드리고 나머지는 서점 유통
- 📢 시집 표지는 최고급으로 제작함 - 500부 이상
- 📢 제목은 저자 요청시 금박, 은박, 에폭시로도 제작함
- 📢 면지는 앞뒤 4장, 또는 칼라 첨지로 구성해드림
- 📢 본문은 100g 미색 최고급지 사용함(눈 보안용지, 탈색방지)
- 📢 본문 200페이지 이상은 80g 사용
- 📢 저서봉투 - 고급봉투 인쇄 무료 제공
- 📢 출간된 책 광고(본 협회 => 홈페이지, 샘문뉴스, 내외뉴스, 페이스북 13개그룹(독자&회원 10만명), 카페 3개, 블로그 2개, 카톡단톡방 12개, 유튜브, 카카오스토리, 인스타그램, 문예지 4개, 문학신문 등)
- 📢 견적 ▷ 인세 계약서 작성 ▷ 기획 ▷ 감수 ▷ 편집 ▷ 재감수 ▷ 재편집 ▷ 인쇄 ▷ 제본 ▷ 택배 ▷ 서점 13개업체 납품 ▷ 저자에게 납품 ▷ 유통 ▷ 홍보 ▷ 판매 ▷ 인세지급
- 📢 출판기념회는 저자 요청시 본사 문화센터(대강의실) 무료 대여 가능(70명 수용가능) 현수막, 배너, 무대 조명, 마이크, 음향, 디지털 빔, 노트북, 줌시스템, 모니터, 컴퓨터, 석수, 커피, 차, 무료 제공
- 📢 저자 요청시 저자의 작품 전국대회에서 수상한 시낭송가가 낭송하여 유튜브 동영상 제작 => 출판기념식 및 시담 라이브 방송
- 📢 저자 요청시 네이버 생방송 출판기념회 가능(유튜브 연동) - 네이버 라이브 커머스쇼
- 📢 뒷 표지에 QR코드 삽입가능 - 저자의 작품 시낭송 유튜브 동영상 등(요청시)
- 📢 교정, 교열, 감수, 윤필(첨삭감수), 평설, 서문 등(유명한 시인, 수필가, 소설가, 문학평론가, 항시 대기)

문집 출간 안내

📖 빅뉴스

이정록 시인의 〈산책로에서 만난 사랑〉이 네이버 선정 베스트셀러로 선정 된 이후 〈내가 꽃을 사랑하는 이유〉, 〈양눈박이 울프〉, 〈꽃이 바람에게〉, 〈바람의 애인, 꽃〉시집이 연속 교보문고 베스트셀러에 선정 되고 5권 전부 출간 순서대로 골든존에 등극하였다. 평생 한 번도 어렵다는 자리를 이정록 시인은 5년 동안 5번에 오르고 현재도 이번 2022년 5월경에 출간된 [바람의 애인, 꽃] 영문판과 [담양장날]이 출간을 기다리고 있다

〈서창원 시인, 2회〉, 〈강성화 시인〉, 〈박동희 시인〉, 〈김영운 시인〉, 〈남미숙 시인〉, 〈최성학 시인〉, 〈이수달 시인〉, 〈김춘자 시인〉, 〈이종식 시인〉 외 한용운문학상 수상 시인인 〈서창원 수필가〉, 〈정세일 시인〉, 〈김현미 시인〉가 올랐고, 2022년 올 봄에는 〈정완식 소설가〉 『바람의 제국』 이 소설집으로는 최초로 『네이버 선정 베스트셀러』 반열에 올랐고, 〈이동춘 시인〉에 『춘녀의 마법』 시집이 『네이버 선정 베스트셀러』 반열에 올랐다. 그리고 컨버전스공동시선집과 한용운공동시선집도 간간히 베스트셀러를 하고 있는 〈베스트셀러 명품브랜드〉 『샘문시선』 이다

〈샘문시선〉은 〈베스트셀러_명품브랜드〉로서 고객님들의 〈평생가치를 지향〉하는 〈프리미엄브랜드〉입니다. 고객이신 문인 및 독자 여러분, 단체, 기관, 학교, 기업, 기타 고객분들을 〈평생고객〉으로 모시겠습니다. 많은 사랑 부탁드립니다

📖 샘문특전

- 📢 교보문고, 영풍문고, 인터파크, 알라딘, 예스24시, 11번가, Gs Shop, 쿠팡, 위메프, G마켓, 옥션, 하프클럽, 샘문쇼핑몰, 네이버 책, 네이버쇼핑몰, 네이버 샘문스토어 등 주요 오프라인 서점, 온라인 서점, 오픈마켓 서점에서 공급 및 유통하고 있습니다.

- 📢 기획, 교정, 편집, 디자인에 최고의 시인 및 작가, 편집가, 디자이너, 평론가, 리라이팅(첨삭 감수) 및 감수 전문가들이 참여하여 감성, 심상이 살아 있는 시집, 수필집, 소설집, 등 각종 도서를 만들어 드립니다.

- 📢 인쇄, 제본, 용지를 품질 좋은 우수한 것만 사용합니다.

- 📢 당 출판사 〈한용운공동시선집〉, 〈컨버전스공동시선집〉과 〈한국문학공동시선집〉, 〈샘문시선집〉을 자사 신문인 〈샘문뉴스〉와 제휴 신문인(내외신문), 글로벌뉴스와 홈페이지(2군데), 샘문쇼핑몰, 네이버 샘문스토어, 페이스북, 밴드, 카페, 블로그를 합쳐서 10만명의 회원들이 활동하는 SNS 20개 그룹 공개 지면 및 공개 공간을 통해 홍보해 드립니다.

- 📢 당 출판사를 통해 국립중앙도서관 및 국회도서관 및 전국 도서관에 납본하여 영구적으로 보존해 드립니다.

- 📢 당 문학그룹 연회비 납부 회원은 30만원 상당에 〈표지용 작품〉을 제공 받습니다.

BestSeller Serles — 베스트셀러 시리즈

이정록 시집

산책로에서 만난 사랑
1993년 (1쇄 발행)
2019년 재발행 후(6쇄 발행)
네이버, 교보문고 선정 베스트셀러
교보문고 골든존 등극

내가 꽃을 사랑하는 이유
2019년 (6쇄 발행)
네이버, 교보문고 선정 베스트셀러
교보문고 골든존 등극

양눈박이 울프
2019년 (5쇄 발행)
네이버, 교보문고 선정 베스트셀러
교보문고 골든존 등극

꽃이 바람에게
2020년 (6쇄 발행)
교보문고 선정 베스트셀러
교보문고 골든존 등극

바람의 애인 꽃(시화집)
2021년 (6쇄 발행)
교보문고 선정 베스트셀러
교보문고 골든존 등극

바람의 애인 꽃 영문(시화집)
2023년 (1쇄 발행)
교보문고 선정 베스트셀러
교보문고 골든존 등극

산책로에서 만난 사랑 영문
2024년 (1쇄 발행)
네이버, 교보문고 선정 베스트셀러
교보문고 골든존 등극

내가 꽃을 사랑하는 이유 영문
2024년 (1쇄 발행)
네이버, 교보문고 선정 베스트셀러
교보문고 골든존 등극

꽃이 바람에게 영문
2024년 (1쇄 발행)
교보문고 선정 베스트셀러
교보문고 골든존 등극

BestSeller Series
베스트셀러 시리즈

이정록 시집

담양 오딧세이
2024년 (1쇄 발행)
교보문고 선정 베스트셀러

담양 오딧세이 영문
2025년 (1쇄 발행)
교보문고 선정 베스트셀러

남미숙 시집

바람의 의자
2020년 (2쇄 발행)
교보문고 선정 베스트셀러

강성화 시집

그런 당신이 그리워 울었습니다
2020년 (2쇄 발행)
교보문고 선정 베스트셀러

파도의 노래, 흰 꽃
2022년 (2쇄 발행)
교보문고 선정 베스트셀러

정완식 시집

바람의 제국
2022년 (4쇄 발행)
네이버, 교보문고 선정 베스트셀러

이종식 시집

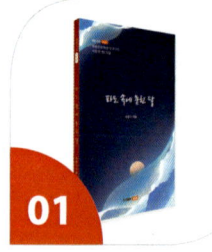

파도속에 묻힌 달
2022년 (3쇄 발행)
교보문고 선정 베스트셀러

아우라지 그리움
2021년 (3쇄 발행)
교보문고 선정 베스트셀러

이동춘 시집

춘녀의 마법
2022년 (4쇄 발행)
네이버, 교보문고 선정 베스트셀러

BestSeller Serles   베스트셀러 시리즈

이수달 시집

01
거목은 별이 되었네
2023년 (3쇄 발행)
교보문고 선정 베스트셀러

02
태화강 연가
2021년 (3쇄 발행)
교보문고 선정 베스트셀러

03
수달이 휘파람 소리(한/영)
2023년 (1쇄 발행)
교보문고 선정 베스트셀러

이상욱 시집

01
인생 총량의 법칙
2022년 (2쇄 발행)
교보문고 선정 베스트셀러

김정호 시집

01
칼잡이의 전설
2023년 (2쇄 발행)
교보문고 선정 베스트셀러

신정순 시집

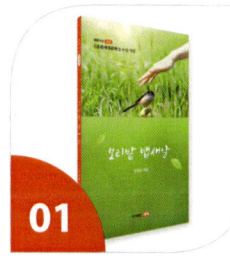

01
보리밭 뱁새알
2022년 (2쇄 발행)
교보문고 선정 베스트셀러

김춘자 시집

01
별꽃을 꿈꾸는 여자
2021년 (2쇄 발행)
교보문고 선정 베스트셀러

정세일 시집

01
달이 별빛을 사랑하는 날
2022년 (2쇄 발행)
교보문고 선정 베스트셀러

권정선 시집

01
봄비로 오신 님
2022년 (1쇄 발행)
교보문고 선정 베스트셀러

BestSeller Serles 베스트셀러 시리즈

이연수 시집

아직도 나는 초록빛 꿈을 그려요
2023년 (2쇄 발행)
교보문고 선정 베스트셀러

벼랑끝에서 건진 회춘
2023년 (1쇄 발행)
교보문고 선정 베스트셀러

안은숙 시집

공주의 황금빛 날개
2023년 (1쇄 발행)
교보문고 선정 베스트셀러

경달현 시집

멋진 인생을 수놓자
2024년 (1쇄 발행)
네이버, 교보문고 선정 베스트셀러

김기홍 시집

잊힌 꿈을 찾아서
2024년 (1쇄 발행)
교보문고 선정 베스트셀러

유호근 시집

고향의 강
2024년 (1쇄 발행)
교보문고 선정 베스트셀러

김종수 시집

행복의 간극 좁히기
2024년 (1쇄 발행)
교보문고 선정 베스트셀러

송규정 시집

관람가 신춘극장
2024년 (1쇄 발행)
교보문고 선정 베스트셀러

황주석시집

흔들리는 초상
2024년 (2쇄 발행)
교보문고 선정 베스트셀러